Helmut Konrad von Keusgen

Utah Beach
Der Kilometer Null

Druckhinweis:

Libri Plureos GmbH
Friedensallee 273
22763 Hamburg

Inhalt

Utah Beach

Der Kilometer Null

Helmut Konrad von Keusgen

Diese Neuauflage obliegt dem Originaltext mit der alten deutschen Rechtschreibung.

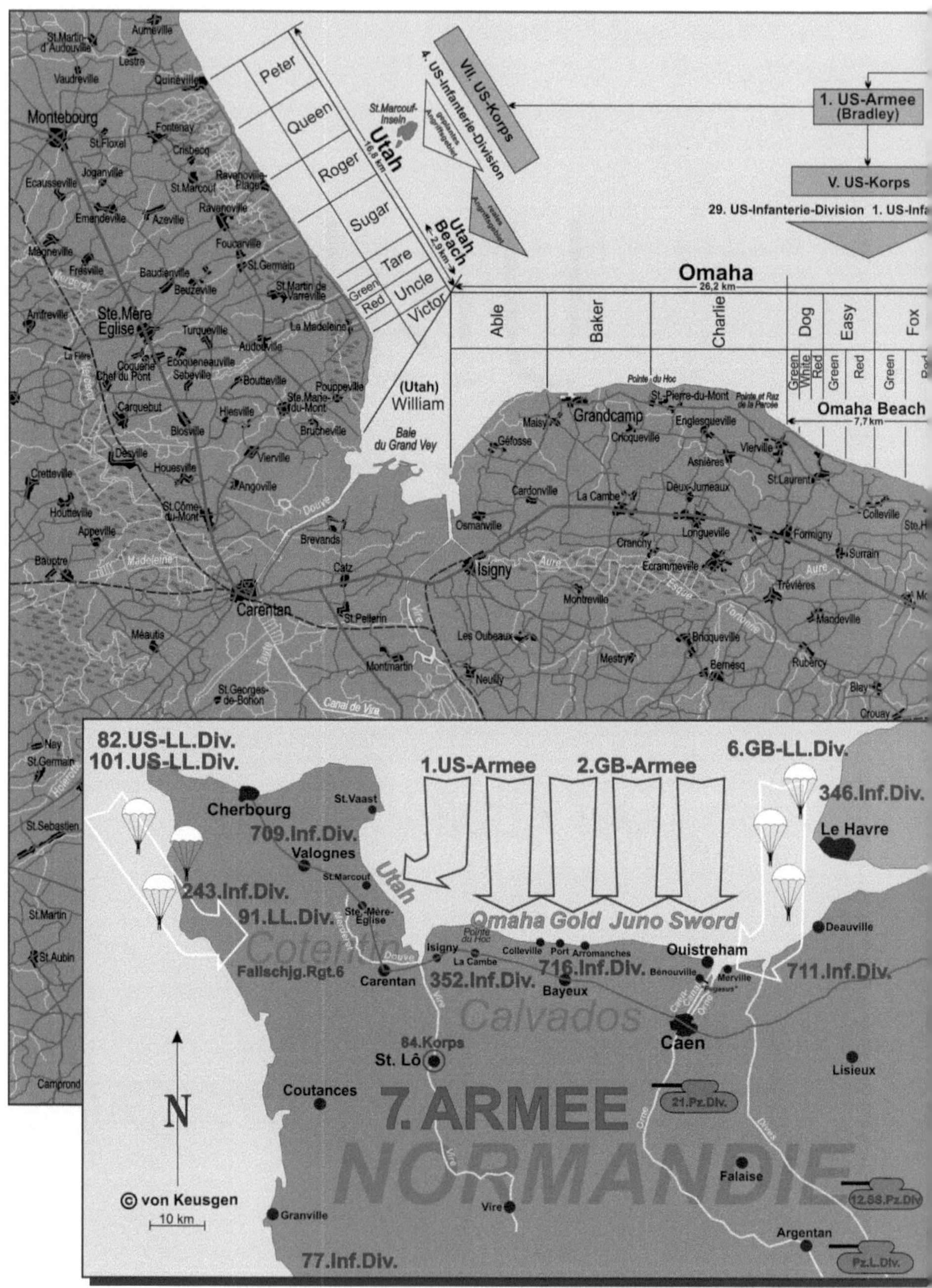

St.Martin-d'Audouville
Aumeville
Lestre
Vaudreville
Quinéville
Montebourg
Fontenay
St.Floxel
Crisbecq
Joganville
Ecausseville
Ravenoville-Plage
St.Marcouf
Emondeville
Ravenoville
Azeville
Magneville
Foucarville
Fresville
St.Germain
Baudienville
Beuzeville
St.Martin de Varreville
Amfreville
Ste.Mère Eglise
Turqueville
Audouville
La Fière
Coquerie
Ecoqueneauville
Chef du Pont
Sebeville
Boutteville
Pouppeville
Carquebut
Hiesville
Ste.Marie-du-Mont
Blosville
Brucheville
Desville
Vierville
Houesville
Angoville
Cretteville
St.Côme-du-Mont
Houtteville
Appeville
Bauptre
Madeleine
Catz
Brevands
Méautis
Carentan
St.Pellerin
St.Georges-de-Bohon
Canal de Vire
Montmartin
Peter
Queen
Roger
Sugar
Tare
Uncle
Victor
Green
Red
St.Marcouf-Inseln
Utah
16,8 km
Utah Beach
2,9 km
(Utah) William
Baie du Grand Vey
VII. US-Korps
4. US-Infanterie-Division
1. US-Armee (Bradley)
V. US-Korps
29. US-Infanterie-Division   1. US-Inf
Omaha
26,2 km
Able
Baker
Charlie
Dog
Easy
Fox
Green
White
Red
Green
Red
Green
Pointe du Hoc
St.Pierre-du-Mont
Pointe et Raz de la Percée
Omaha Beach
7,7 km
Grandcamp
Maisy
Englesqueville
Géfosse
Cricqueville
Vierville
Cardonville
Asnières
La Cambe
Deux-Jumeaux
St.Laurent
Osmanville
Colleville
Longueville
Formigny
Cranchy
Surrain
Isigny
Ecrammeville
Aure
Montreville
Trévières
Esque
Mandeville
Les Oubeaux
Briqueville
Tortonne
Mestry
Bernesq
Rubercy
Neuilly
Blay
Crouay
82.US-LL.Div.
101.US-LL.Div.
1.US-Armee
2.GB-Armee
6.GB-LL.Div.
346.Inf.Div.
Nay
St.Germain
Cherbourg
St.Vaast
Le Havre
St.Sebastien
709.Inf.Div.
Valognes
St.Marcout
243.Inf.Div.
Utah
Ste.Mère-Eglise
91.LL.Div.
Deauville
St.Martin
St.Aubin
Coten
Fallschjg.Rgt.6
Carentan
Omaha Gold Juno Sword
Pointe du Hoc
Isigny
Colleville
Port
Arromanches
Ouistreham
La Cambe
716.Inf.Div.
Bénouville
711.Inf.Div.
352.Inf.Div.
Merville
Bayeux
Calvados
Caen
84.Korps
St. Lô
Lisieux
Camprond
Coutances
7.ARMEE
21.Pz.Div.
N
NORMANDIE
Falaise
© von Keusgen
10 km
Granville
Vire
12.SS.Pz.Div.
Argentan
77.Inf.Div.
Pz.L.Div.

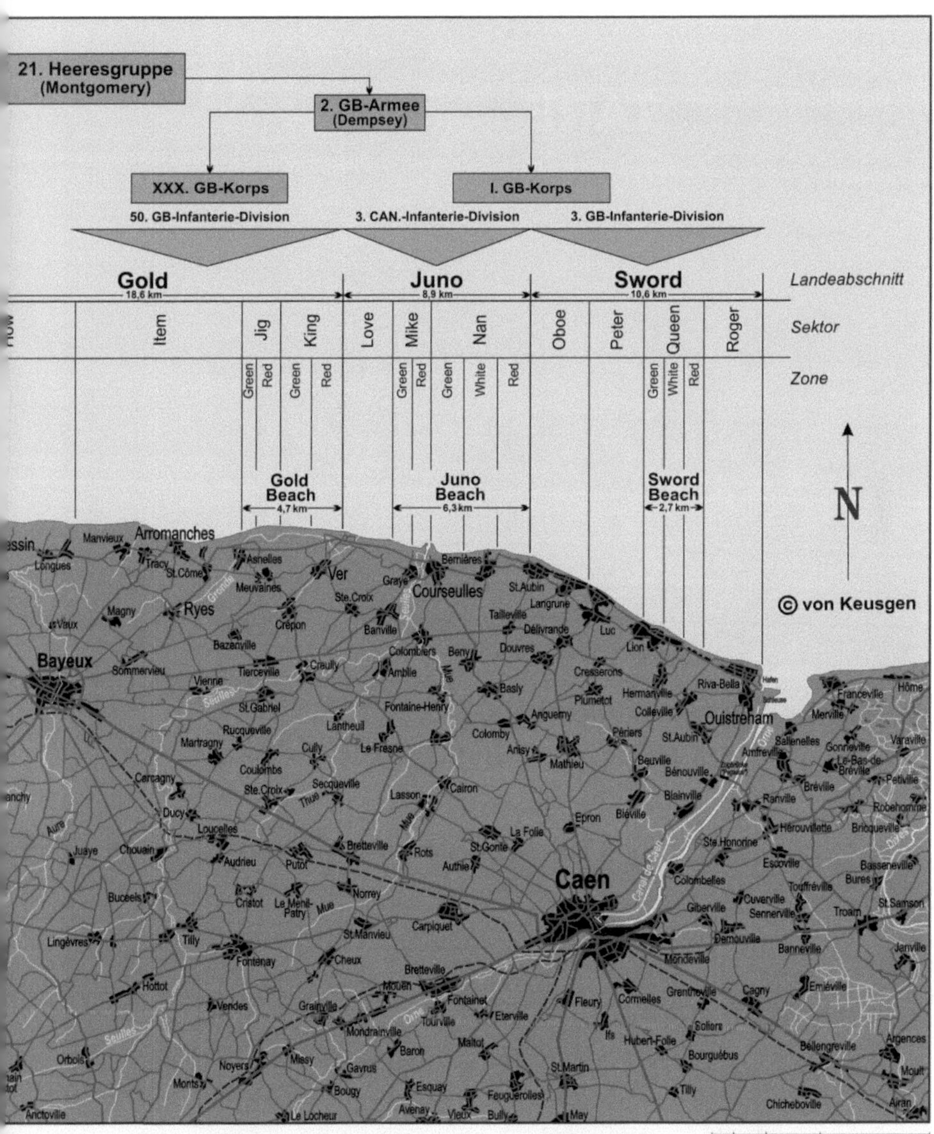

Normandie
D-Day 6. Juni 1944

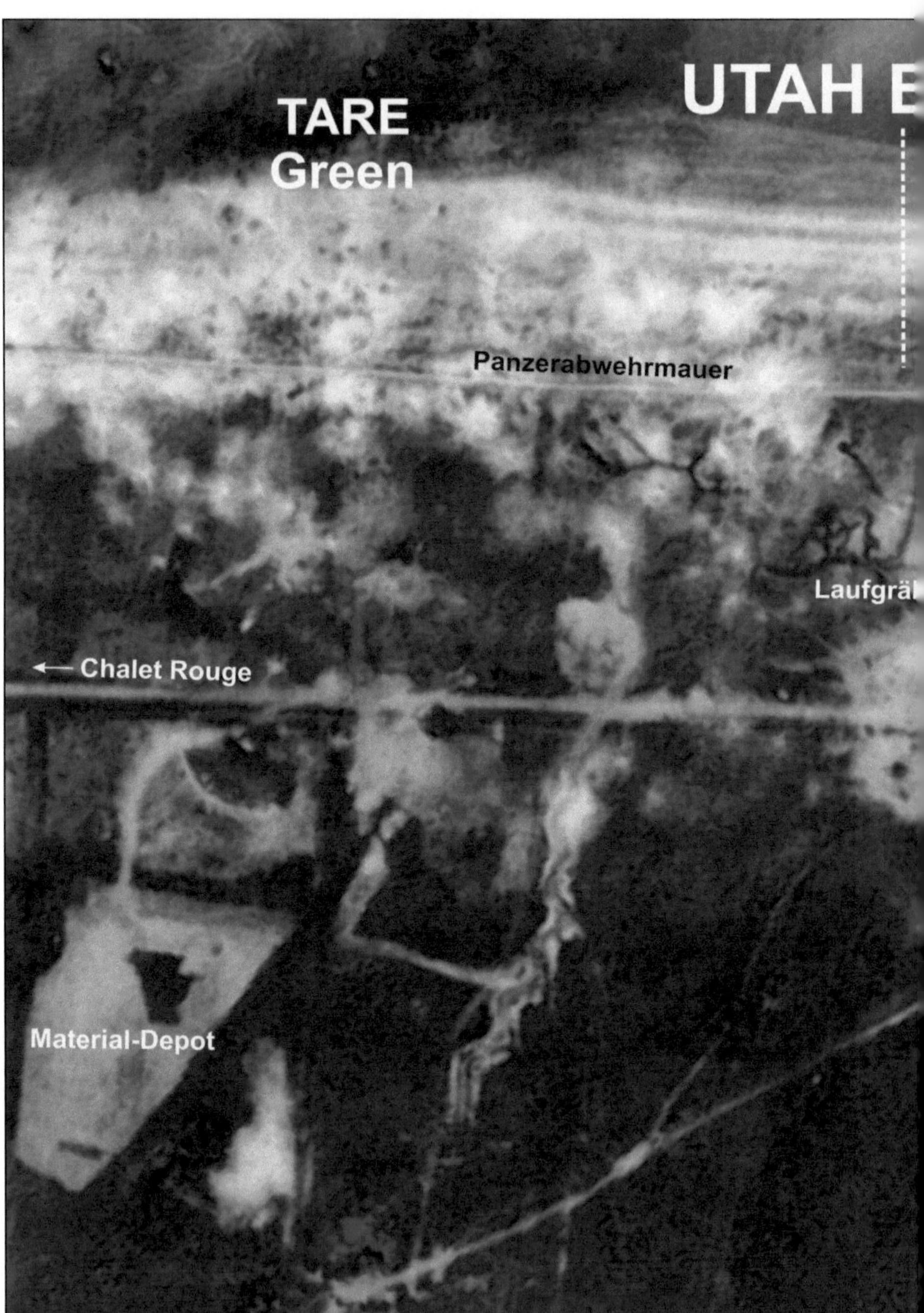

TARE
Green
UTAH E
Panzerabwehrmauer
Laufgrä
← Chalet Rouge
Material-Depot

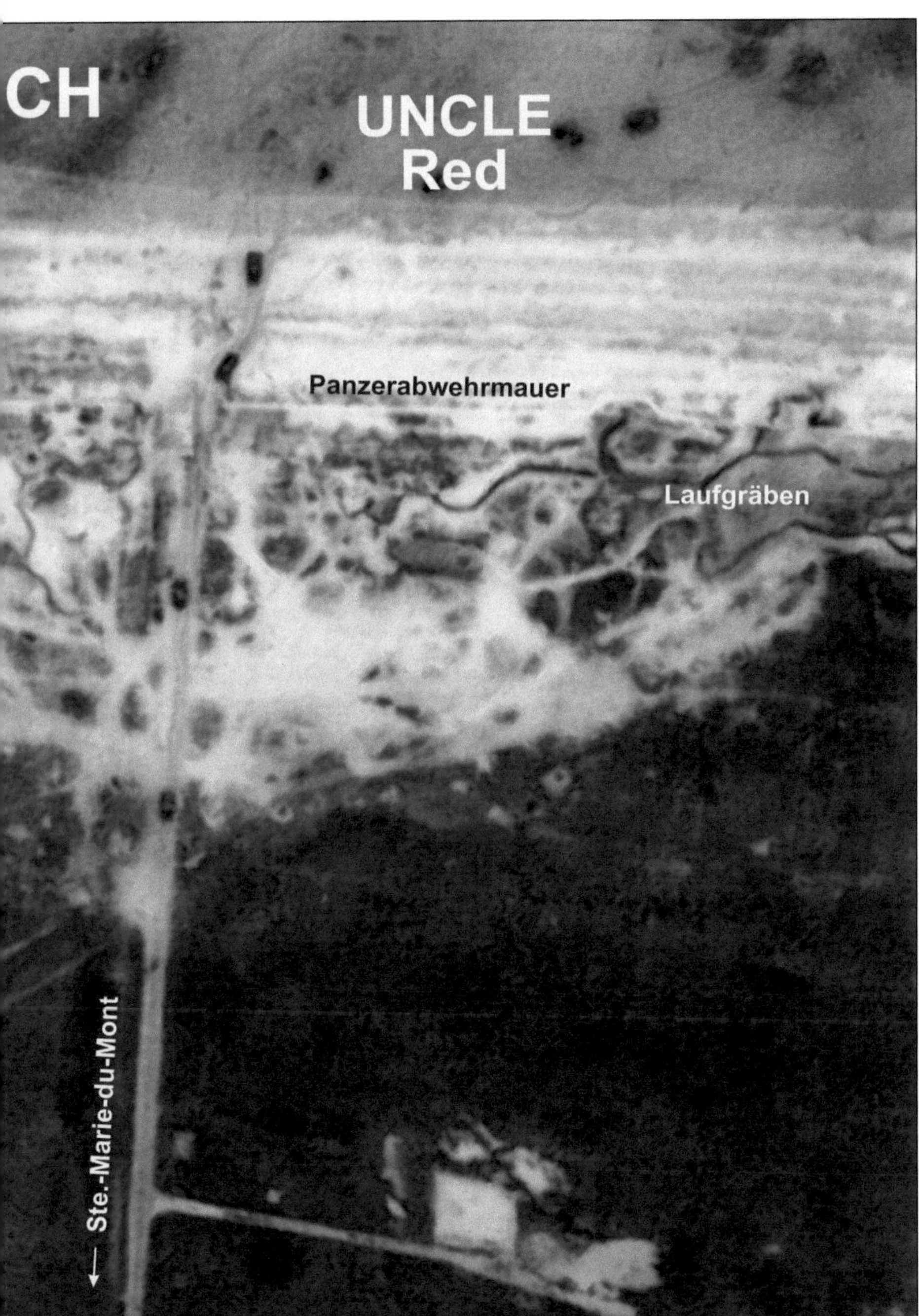

CH
UNCLE
Red
Panzerabwehrmauer
Laufgräben
Ste.-Marie-du-Mont

Die **Utah-Beach-Gedenkstätte 1973** mit dem damaligen (zweiten) Museum (links im Bild oben), an jener schmalen Passage zum Strand, von der aus die amerikanischen Truppen am 6. Juni 1944 ins Inland vorstießen – 29 Jahre zuvor.   **Fotos: von Keusgen 1973**

Vorwort

In diesem bisher achten Buch meiner **D-Day-Serie** wird der Fokus der Berichterstattung auf den US-Landeabschnitt *Utah* gerichtet und somit die anderen vier Landeabschnitte der West-Alliierten an der Küste der Normandie weitestgehend außer Acht gelassen, da ihnen von mir bereits spezielle Buchtitel gewidmet sind. Um sich über die historischen Geschehnisse des gesamten Invasionsraums am *D-Day (Deckname für den ersten Invasionstag)*, dem 6. Juni 1944, vollständig zu informieren, ist es sinnvoll, auch meine anderen zu dieser Serie gehörenden Bücher zu lesen.

Utah war der Deckname des westlichsten der fünf Landeabschnitte der Alliierten und ein weiterer, an dem amerikanische Truppen gelandet waren. Was die Invasion im Bereich *Utah* betrifft, sind besonders meine Buchtitel ***Sainte-Mère-Église und Merderet*** sowie ***Die Kanonen von Saint Marcouf*** zu empfehlen, denn sie ergänzen mit den darin speziell beschriebenen Luftlandeunternehmen der Amerikaner in der Nacht vom 5. auf den 6. Juni 1944 hinter dem *Utah Beach (dem Strandabschnitt im Landeabschnitt „Utah")* sowie die Küstenverteidigung durch die schweren Batterien Marcouf und Azeville, somit sich alles zu einem großen Gesamtbild zusammenfügt. Außerdem wird vorausgesetzt, daß dem Leser die historischen Ereignisse, die zur Besetzung Frankreichs im Jahre 1940 führten, bekannt sind.

Wie in keiner anderen Publikation, ist es hier ebenfalls nicht möglich, auf *sämtliche* Ereignisse, die in Bezug zum US-Landeabschnitt *Utah* stehen, einzugehen und sie zu beschreiben. In dieser Publikation wird schwerpunktmäßig auf den seeseitigen Angriff der Amerikaner eingegangen. Wie auch in allen meiner anderen Bücher, bilden Aussagen und schriftliche Dokumente 58 ehemaliger Kriegsteilnehmer und französischer Zeitzeugen den Schwerpunkt meiner Berichterstattung. Ganz besonders hervorzuheben ist hier die Erwähnung der Flak-Abteilung 497 des Flak-Sturm-Regiments 1 und ihres Einsatzes, die nur wenige Tage lang am Grandcamp aufgestellt war und infolgedessen offenbar in Dokumentationen anderer Autoren gewissermaßen „übersehen" wurde.

Helmut Konrad von Keusgen

(Die nachfolgend zitierten Meldungen aus den Kriegstagebüchern der Marine und des Heeres erheben keinen Anspruch auf Vollständigkeit. Es wurden lediglich die für eine Ergänzung beziehungsweise Erklärung wichtigen Passagen zum besseren Verständnis des Kriegsgeschehens ausgewählt.)

Ausblick vom Terrain des ehemaligen W 3 auf die Mündung der Vire-Bucht, der Baie du Grand Vey, und dem gegenüberliegenden, als Grandcamp bezeichneten Landstrich. **Foto: E. Schlegel 1958**

Die Cotentin-Halbinsel

...oder *der Cotentin*, wie die Franzosen sagen, war noch vor einigen Jahrhunderten fast eine richtige Insel, lediglich durch einen schmalen Landstreifen bei der *Lessayer Heide* mit dem normannischen Festland verbunden. Sogenannte *portes à flot (Flut-Tore)*, die an der Baie de Veys sowie an der Westküste gebaut wurden, können sich bei auflaufender Meeresflut schließen und bei eintretender Ebbe wieder öffnen. So ist der Cotentin *(Département Manche)* zu einer Halbinsel geworden, deren schmalste Stelle ein fast dreißig Kilometer breiter Korridor bildet. Daran, daß der Cotentin einst mehr eine Insel war, erinnern noch heute die weitläufigen, tiefliegenden *Marais du Carentan*, die Sümpfe vor Carentan.

Das weitläufige, flache Land hinter dem Strand der Cotentin-Ostküste liegt durchschnittlich nur zweieinhalb Meter über dem Niveau des Meeresspiegels *(partiell sogar noch niedriger)* und wird zwischen Valogne im nördlichen Teil, und Carentan, gewissermaßen am „Fuß" des Cotentin gelegen, zum Meer hin als La Plaine *(Die Ebene)* bezeichnet. Das gesamte, durchschnittlich zwei Kilometer breite und neunzehn Kilometer lange Terrain wurde als Weideland genutzt und ist in sich leicht vertieft. Ein schmaler, etwas erhöhter Saum, der den ganzen Küstenstreifen entlang verläuft, begrenzt die Niederung zum Meer hin. Auf dieser Erhebung führt eine schmale Straße sehr nahe an der Küste entlang. La Plaine wird durchzogen von vielen, etwa eineinhalb Meter breiten Gräben, die mit ihrer Drainage-Wirkung selbst bei starken und länger anhaltenden Regenfällen deren Trockenhaltung bewirken.

Das an La Plaine angrenzende Hinterland hat ebenfalls eine besondere Charakteristik: Vom Inland her erstreckt sich noch bis etwa fünf Kilometer über die Linie Montebourg – Ste.-Mère-Église – Carentan hinaus weites Weideland, durchzogen von schier unendlich vielen sogenannten Knicks *(wallartige Baum- und Strauchhecken)* und hohen Natursteinmauern. Mächtige, schlanke, von Efeu umrankte Bäume säumen die Vielzahl schmaler Wege, die das als Bocage *(Heckenlandschaft)* bezeichnete, Land durchziehen. Lediglich kleine Plantagen knorriger Apfelbäume bringen gelegentlich etwas Abwechslung in die äußerst romantisch und urwüchsig anmutende Landschaft.

Dieser nordwestliche Landstrich der Normandie hat eine lange, kriegerische Geschichte, noch dazu mit zwei besonderen militärischen Großereignissen:

Am 27. September des Jahres 1066 brach Wilhelm der Bastard, der Herzog der Normandie, von Dives-sur-Mer *(nahe Cabourg, im Département Calvados)* mit 7.500 Soldaten und 1.900 Pferden in 619 sogenannten Drachenbooten zu einer Invasion Englands auf, um sich dort die Königskrone anzueignen. Am 14. Oktober desselben Jahres kam es dann bei Hastings zu einem neunstündigen, äußerst blutigen Kampf, in deren Verlauf der letzte angelsächsische König, Herald II., getötet wurde. Wilhelms Armee gewann die Schlacht, er wurde König von England und ging als *Wilhelm der Eroberer* in die Weltgeschichte ein.

Mit der Landung einer Invasionsarmee des englischen Königs Eduard III. am 12. Juli 1346 auf dem nördlichen Teil der Cotentin-Halbinsel, nahe Saint-Vaast-la-Hougue, begann der Hundertjährige Krieg *(1346-1446)*. Seit damals hatten die Franzosen zur Verhinderung einer erwarteten weiteren Invasion an ihrer Kanalküste Festungs- und Verteidigungsanlagen durch ihren bedeutenden Festungsbauer, Sébastian Le Prestre de Vauban *(1633-1707)*, errichten lassen – auch auf der größeren der beiden Saint-Marcouf-Inseln – 7,5 Kilometer jenem Küstenstreifen vorgelagert, an dem am 6. Juni 1944 eine weitere Invasion stattfinden und der als *Utah Beach* in die Weltgeschichte eingehen sollte.

Die Invasionsarmee des Herzogs Wilhelm im Jahre 1066 war zu ihrer Eroberung Englands an der breitesten Stelle des Ärmelkanals ausgelaufen. Auch jene des englischen Königs Eduard III. hatte 1346 ihren Gegner über die breiteste Stelle des Ärmelkanals angegriffen – ebenso die Invasions-Armeen der West-Alliierten 1944...

Bonjour, wir sind die Besatzung

Ende Juni 1940 erreichten die ersten deutschen Besatzungstruppen die Normandie und drangen weiter in westliche Richtung vor, Anfang Juli desselben Jahres auch bis auf die normannische Cotentin-Halbinsel. Zu ihrer eigenen Sicherheit wurde im gesamten besetzten Teil Frankreichs von den Soldaten jedes Haus nach Waffen und Fotoapparaten durchsucht, denn diese zu besitzen, war nun verboten, um somit Spionage und Anschläge zu vereiteln.

Die deutsche Besatzung bestand anfangs lediglich darin, Verwaltungsämter zu übernehmen, beziehungsweise an der Seite des örtlichen Verwaltungspersonals zu arbeiten und Kontrollfunktionen auszuführen. Die Stationierung von Truppen beschränkte sich im Wesentlichen auf Wachsoldaten, dennoch wurde vieles im alltäglichen Leben der Franzosen durch die deutsche Verwaltung anders.

*Da waren sie schon wieder, die so sehr verhaßten „Boches".
Viel zu nah war noch der Erste Weltkrieg und noch viel zu frisch die Erinnerungen an den großen Feldzug der Deutschen gegen die Franzosen, und viel zu schmerzlich waren noch die Wunden – ganz besonders bei den Kriegsversehrten, wie dem französischen Veteranen Robert Blanchard (unten), dem im März 1916 eine deutsche Granate bei Verdun den linken Fuß abgerissen hatte.*
Fotos: Archiv von Keusgen

Ab dem 1. September 1941 wurde die erst am 2. Mai im Wehrkreis IX aufgestellte 709. Infanterie-Division in die Bretagne verlegt. Im Dezember desselben Jahres bezog sie ihren endgültigen Aufstellungsraum auf der normannischen Cotentin-Halbinsel. Die im Angriffsfall von ihr zu verteidigende westliche, nördliche und östliche Küstenfront erstreckte sich somit über eine Gesamtlänge von 189 Kilometern *(üblich waren maximal 20 Kilometer für eine einzige Division)*. Dieser äußerst nachteilige Zustand sollte sich erst im April 1944 ändern.

Am 7. Dezember 1941 führten die mit dem Deutschen Reich verbündeten Japaner gegen den US-Marinestützpunkt Pearl Harbor einen folgenschweren Luftangriff, denn als Reaktion darauf traten die Amerikaner in den Krieg ein – die bisher Deutschland mit Kriegsmaterial beliefert hatten.

Von nun an wuchs für Hitler die Gefahr eines Landeunternehmens der somit deutlich stärker gewordenen West-Alliierten an den von Deutschland besetzten Küstenregionen vom Nordkap bis zu den Pyrenäen. Aus diesem Grund entschied das OKW *(Oberkommando der Wehrmacht)* die unmittelbar küstennahe Errichtung eines durchgängigen Verteidigungsgürtels mit Schwerpunkt an der engsten Stelle des Ärmelkanals, der 34 Kilometer schmalen *Straße von Dover* bei Calais.

Ein mehr als viertausend Kilometer langer und als uneinnehmbar geplanter Küsten-Sperriegel sollte als sogenannter *Atlantikwall* bezeichnet werden und aus einer langen Reihe von Stützpunkten und Widerstandsnestern bestehen. Die Entscheidung für dieses Mammut-Projekt wurde noch am 14. Dezember desselben Jahres getroffen. Bereits im selben Monat wurde mit der Einrichtung der ersten *(vorerst)* kleinen, relativ schwachen und – sofern überhaupt – überwiegend mangelhaft befestigten und weit voneinander entfernten Verteidigungsanlagen an der gesamten Küstenlinie begonnen. Ihre personelle Besetzung war vorläufig nur sehr gering. Anlagen, in denen *(hauptsächlich später)* ganze Kompanien bzw. Batterien stationiert wurden, erhielten die Bezeichnung *Stützpunkt.* Anlagen mit Teilen von Kompanien, nicht selten sogar nur einer einzigen Gruppe, wurden jeweils als *Widerstandsnest* bezeichnet. Der Einfachheit halber wurden sämtliche dieser Anlagen von Osten nach Westen durchnummeriert, immer von 1 bis 100. Um die in den jeweiligen Küstenabschnitten einzelnen 100er-Gruppen besser voneinander unterscheiden zu können, erhielten diese Anlagen jeweils in abwechselnder Folge die Kurzbezeichnung *WN* oder *W (beispielsweise WN 1 bis WN 100, dann W 1 bis W 100 und wieder WN 1 und so weiter).* Die deutschen Soldaten sprachen meistens verallgemeinernd von Stützpunkten.

In den langen „Atlantikwall" mit einbezogen wurden auch noch intakte, küstennahe deutsche und französische Verteidigungsanlagen aus dem Ersten Weltkrieg (rechts) sowie deutsche und französische Geschütze aus derselben Zeit (unten), die anfangs lediglich provisorische Artilleriestellungen bildeten.
Fotos: Archiv von Keusgen

Die Areale waren von den Soldaten lediglich mit ein paar Holzpfosten und einfachem, einreihigen, dünnen Draht eingezäunt worden. Die meisten dieser Anlagen waren nur sehr notdürftig ausgestattet und wenig effektiv befestigt und getarnt. Als Unterstände dienten in manchen der Anlagen lediglich kleine Holzhütten oder gar nur mit Brettern „überdachte" Dünen. Die wenigen Geschütze wurden lediglich mit Tarnnetzen oder irgendwelchen Zweigen mit etwas Grünzeug daran vor der feindlichen Luftaufklärung zu verbergen versucht. Der französischen Bevölkerung waren sie ohnehin bekannt, fast überall sogar völlig frei zugänglich und für die Angler und Fischer zum und vom Meer durchgängig, zumal sich ein großer Teil der Franzosen sehr freundlich und kooperativ verhielt.

Doch nicht alle, die kooperativ erschienen, waren dieses aus reiner Sympathie für die Deutschen, oder um mit ihnen Geschäfte zu tätigen. Da gab es auch noch die verschiedenen Gruppierungen der Résistance, der im Untergrund agierenden französischen Widerstandsbewegung. Ursprünglich von Intellektuellen, ehemaligen Politikern und Offizieren ins Leben gerufen, setzten sich die Mitglieder dieser von den Deutschen verbotenen

Organisation schnell aus sämtlichen Volksschichten und Berufsgruppen zusammen. Alles, was sie als wissenswert erachteten, sandten sie an den britischen Geheimdienst. Die französische Widerstandsbewegung mit ihren schon bald vielen Agenten bediente sich dabei einer der herkömmlichsten und ältesten Methoden der Nachrichtenübermittlung – der Brieftauben. „Geladene" Tauben trugen in ihrem dichten Gefieder versteckte, oder am Bein befestigte, kleine Aluminiumkapseln, in denen sich auf hauchdünnes Reispapier geschriebene, verschlüsselte Botschaften befanden. Auf diesem direkten Weg gelangten Meldungen über deutsche Truppenbewegungen, ihre Stärke, den Bau von Bunkeranlagen, die Installation schweren Kriegsgerätes und vieles mehr nach Großbritannien. Deshalb waren inzwischen in Strandnähe, auf Sichtweite, spezielle deutsche Wachtposten aufgestellt worden, die mit Schrotflinten auf jede Taube schossen, die vom französischen Festland in Richtung Ärmelkanal flog.

Die Situation auf dem Cotentin bis Ende 1943

Etwa zweieinhalb Kilometer von der Küste entfernt steigt das nur wenig über dem Meeresspiegel gelegene Land innerhalb von zweihundert Metern in einem Winkel von maximal 16° auf durchschnittlich etwa zwanzig Meter an. Lediglich im zentralen und westlichen Inland gibt es vereinzelt deutlich höhere Erhebungen. Die Gestade des Küstenstreifens an der östlichen Seite der Cotentin-Halbinsel teilen sich im Strandbereich in zwei unterschiedliche Streifen: Von St. Vaast im Norden, weiter in südöstliche Richtung über Quinéville, bis annähernd zwei Kilometer über Ravenoville-Plage*(Strand)* hinaus, wo nur ein paar Meter neben dem Strand die schmale Küstenstraße D 421 verläuft. Eine stellenweise bis zu mehr als zwei Meter hohe Natursteinmauer, die bei einer eintretenden Springflut das küstennahe Hinterland mit den wenigen kleinen Weilern *(die seit 1944 bis heute deutlich an Ausdehnung zugenommen haben)* schützen soll, trennt über diese gesamte Strecke den Strand von der Fahrbahn. Doch von da ab führt die Straße mit bis zu fast vierhundert Meter Abstand vom Strand entfernt weiter, da sich dort beginnend zwischen ihr und dem Strand eine Menge bis zu mehr als fünf Meter hoher, heller Dünen befinden. Diese unregelmäßige Dünenlandschaft erstreckt sich bis in die Vire-Bucht, der Baie de Vey, im äußersten Süden der Ostküste.

Zu jener Zeit, da man mit den Bauarbeiten am „Atlantikwall" begonnenen hatte, wurden in Nordfrankreich noch offizielle, ordentliche Friedhöfe und Monumente für die militärischen Opfer des Ersten Weltkriegs angelegt...

Fotos: Archiv von Keusgen

Der Strand vor dieser Küste ist infolge seines außergewöhnlich geringen Gefälles zum Meer hin bei Niedrigwasser mehrere hundert Meter breit, an manchen Stellen und entsprechend des jeweiligen Tide-Koeffizienten *(der sich nach der zeitweiligen Mondphase richtet)* bis zu 700 Meter.

Auf dem erhöhten Hinterland verläuft parallel zur Küste, in einer Entfernung von 2,8 bis 4,1 Kilometer, von Norden her die zweispurige Landstraße D 14 über St. Vaast mit seinem kleinen Fischerhafen, dann über die Dörfer und Kleinstädte Lestre, Fontenay, St. Marcouf, Ravenoville, Foucarville, St.-Germain-de-Varreville, Audouville, Ste.-Marie-du-Mont und Vierville nach Carentan. Von dieser Straße führen insgesamt 12 schmale, zur damaligen Zeit nur wenig befestigte Verbindungswege in unregelmäßigen Abständen zueinander bis zur Küstenstraße hinunter.

Nach der Besetzung der Cotentin-Halbinsel wurde das unterhalb der D 14 liegende Küstenflachland durch das Aufstauen mehrerer kleiner Bachläufe sowie dem Schließen einer wichtigen Schleuse an der Douve in weiter Ausdehnung und parallel zur Küste mit einer durchschnittlichen Breite von 1,8 Kilometer aufgestaut – eine passive Abwehrmaßnahme gegen jede Art von Luftlandeunternehmen. Da diese Straßen nur unerheblich höher liegen, als das sie umgebende Terrain, waren die meisten von ihnen infolge des aufgestauten Wassers teilweise oder sogar gänzlich überflutet worden, manche bis zu einem Meter Tiefe. Viele der in diesem Küstenbereich wohnenden Franzosen sahen sich durch diese Maßnahme gezwungen, kleine Boote zu benutzen, um von dem nun nur noch sehr schmalen Küstenstreifen ins etwas höher gelegene Hinterland gelangen zu können, oder umgekehrt.

Parallel zum Überschwemmungsgebiet hinter dem Küstenstreifen war in durchschnittlich zwölf Kilometern Abstand, nahe westlich Ste.-Mère-Église[1], ein weiteres, noch breiteres Gewässer entlang des Merderet-Baches aufgestaut worden.

Soldaten des Georgier-Bataillons auf einem der großen Anwesen nahe St.-Martin-de-Varreville. Die hell uniformierten Männer gehörten zu jenen, die zu den Ausbauarbeiten der Küstenbefestigungen eingesetzt wurden; aber auch Angehörige der Wehrmacht mußten derartige Arbeiten verrichten.

Fotos: Archiv von Keusgen

Zwischen Ste.-Mère-Église und der 8,5 Kilometer entfernten Ostküste befindet sich die Commune d'Audouville-la-Hubert mit dem gleichnamigen Weiler. Auf einem nahegelegenen, großen Gehöft wohnte die Bauernfamilie Birette. Ein Teil dieses Anwesens war von Soldaten der Wehrmacht belegt – hauptsächlich von einem Zug Georgiern des Ost-Bataillons 795. Ihr Zugführer war der 40-jährige deutsche Stabsfeldwebel Heinz Bertram. Das Bataillon unterstand dem Kommando eines Hauptmanns namens Stiller. Zusammen mit

---

1 In Frankreich tragen viele Ortschaften die Namen von Heiligen – „Saint" bei männlichen Heiligen, „Sainte" bei weiblichen. So werden sie entweder St. (maskulin) oder Ste. (feminin) abgekürzt.

zwangsverpflichteten *(dennoch für ihre Arbeit bezahlten)* Franzosen aus der näheren Umgebung arbeiteten die Georgier seit einigen Wochen an der Errichtung von Küsten-Verteidigungsanlagen.

Auch der 20-jährige Bauernsohn Bernadin Birette war zeitweise verpflichtet worden. Eines Tages sollte er mit einem Pferdefuhrwerk Artilleriegranaten zum Bahnhof von Chefdu-Pont fahren. Da es gerade Mittag war, stellte der junge Mann sein Fuhrwerk vor der Bahnhofsgaststätte ab und begab sich zum Essen. Das bemerkte der Stabsfeldwebel und schimpfte mit ihm, weil er mit dieser leichtsinnigen Tat gegen die strengen Sicherheitsvorschriften der Wehrmacht verstoßen würde. Doch Bernadin entgegnete gelassen: „Es ist Mittag, und mittags esse ich."

Der Stabsfeldwebel war empört. Bernadin könne doch jetzt nicht einfach eigenmächtig eine Pause einlegen...

Der erwiderte in ruhigem Ton: „Ich brauche nur eine Stunde, um zu essen."

Nach exakt einer Stunde bestieg der Bauernsohn wieder seinen Wagen und erledigte seinen Auftrag.

(Bereits einige Zeit vor der Invasion hatte dieser Stabsfeldwebel der Familie Birette angeboten, daß sie nach dem Krieg seiner Einladung nach Deutschland folgen möchte – als Entschuldigung dafür, daß ihr Anwesen von deutschen Soldaten besetzt worden war.)

Zu Beginn des Februar 1942 kam an der normannischen Küste schlechtes Wetter auf, wie für diese Region und zu dieser Zeit nicht unüblich ist. In diesem Jahr sollte es jedoch ganz besonders schlecht werden. Mehrere Tage lang wütete ein starker, orkanartiger Sturm, der das Meer derart anhaltend an die Küste drückte, daß dadurch eine schwere Sturmflut

Gegen feindliche Luftlandungen war ein fast 15 Kilometer langes und teilweise bis zu zwei Kilometer breites Überschwemmungsgebiet angelegt worden. Darüber hinweg führten lediglich zwei schmale Holzstege bis zur Küste hinab, die zu überqueren nicht ungefährlich war. Oder man mußte mittels kleiner Boote übergesetzt werden.
Fotos: Kollektion Dr. H. Treiber

Dr. Treiber's täglicher Weg von seinem Quartier zu seinem an der Küste gelegenen Gefechtsstand war durchaus nicht unproblematisch...
Fotos: Kollektion Dr. H. Treiber

entstand. Etliche der kleinen, strandnahen, und noch provisorischen Verteidigungsanlagen wurden im wahrsten Sinne des Wortes fortgeschwemmt. Auch die beim Weiler Grand Hameau des Dunes schon im Dezember 1941 als eine der ersten deutschen Verteidigungsanlagen am gesamten *Atlantikwall* in Strandnähe stationierte 2. Batterie des Heeres-Küsten-Artillerie-Regiments 1261 mit ihren vier 10,5-cm-Kanonen des Hauptmanns Dr. Hugo Treiber wurde ganz erheblich in Mitleidenschaft gezogen.

Als Konsequenz aus der Erkenntnis einer möglichen weiteren Sturmflut wurde entschieden, die Batterie schnellstens zum 29 Meter höher gelegenen und 4,8 Kilometer vom Meer entfernten Dorf Azeville zu verlegen, wo der Batteriechef *(Foto oben, 2. von links)* und seine Artilleristen ohnehin in kleinen Privathäusern Quartier bezogen hatten *(auch die meisten der in den kleinen Widerstandsnestern an der Küste stationierten deutschen Soldaten wurden in Privathäusern einquartiert, häufig im unmittelbaren Küstenbereich – nicht selten nach der Zwangsräumung dieser Häuser).*

Bereits ab März desselben Jahres war eine Abteilung der *Organisation Todt* damit beschäftigt, im nördlichen Bereich des neuen, unmittelbar bei Azeville befindlichen und weitläufigen Stützpunktareals den Beton für vier runde Geschütz-Ringstellungen in den Erdboden zu gießen und Bunker zu errichten. *(Derartige Bautätigkeiten fanden an vielen Stellen – nicht nur – der französischen Küste statt.)* Doch bis zum Bezug der neuen Batterieanlage mußten der Chef und seine Männer täglich über das breite Überschwemmungsgebiet zu ihrer derzeit noch am Strand befindlichen Batterie gelangen. Da aber gerade jene beiden Wege dorthin überflutet waren, hatte Dr. Treiber von einem Bauern einen alten Holzkahn ausleihen lassen, um mit seinen Artilleristen keinen allzu weiten und zeitraubenden Umweg nehmen zu müssen. Allerdings wurden einige der überfluteten Wege schon bald von sogenannten hilfswilligen Franzosen und jungen Rekruten mit schmalen Holzstegen überbaut. Von Azeville bis zum Rand des Überschwemmungsgebietes ließ sich der Batteriechef entweder von einem seiner Artilleristen mit einem Pferdefuhrwerk fahren oder bediente sich selbst eines kleinen Feldbahnanhänger-Chassis der *Organisation Todt*. Diese hatte vom Bahnhof bei Ste.-Mère-Église über eine Streckenlänge bis 16 Kilometern Schienen für den Nachschub von Baumaterial bis zu den Baustellen der Batterien bei Azeville und Crisbecq verlegt – auch für die gelegentliche Beförderung auf der Cotentin-Halbinsel neu eingetroffener deutscher Soldaten.

(Die gesamte Geschichte Dr. Treiber's schwerer 2. Heeres-Küsten-Batterie sowie der benachbarten schweren 2. Marine-Küsten-Batterie und ihrer dramatischen Einsätze anläßlich der Invasion 1944 wird im Titel dieser Buchserie „Die Kanonen von Saint Marcouf" ausführlich beschrieben.)

In einer Lagebesprechung am 13. August 1942 – nur wenige Tage vor dem britisch-kanadischen *(Test-)*Angriff auf die nordfranzösische Küste nahe Dieppe – verlangte Hitler die Errichtung von 15.000 Bunkern und Verteidigungsanlagen. Mit der Durchführung dieses Mega-Projekts wurde weiterhin die *Organisation Todt* beauftragt, die bereits maßgeblich an der Errichtung der ersten Bunkeranlagen beteiligt gewesen war. Auch war sie zuvor am sogenannten Westwall eingesetzt worden und hatte nach Kriegsbeginn primär zerstörte Eisenbahnlinien, Brücken und Straßen sowohl im Deutschen Reich wie auch in den besetzten Gebieten wieder instandgesetzt.

Verstärkung für die Cotentin-Halbinsel

Ab Anfang 1943 wurden infolge einer zunehmenden Invasionsgefahr seitens der West-Alliierten immer mehr Soldaten in die Normandie geschickt. Nach dem Stalingrad-Desaster im Winter 1942/43, bei dem 146.000 Wehrmachtangehörige ihr Leben verloren hatten, und dem danach einsetzenden Rückmarsch der deutschen Truppen in Russland hatte Hitler angeordnet, daß die Masse junger, noch unerfahrener Soldaten nicht mehr an die Ostfront, sondern an den Atlantikwall geschickt werden sollte. Außerdem kamen viele Rekonvaleszenten aus Russland in die klimatisch so milde Normandie, hauptsächlich jene, die Erfrierungen erlitten hatten. Außerdem wurden die in Frankreich stehenden, deutschen Truppen in der späteren Zeit, als man begann, auch noch ältere Jahrgänge einzuziehen, mit diesen aufgefüllt. So rollten immer mehr Truppentransporte nach Westen.

Zu Beginn des August 1943 traf der 1923 in Frankfurt am Main geborene Gefreite Karl-Heinrich Büchner bei der

Heiligabend 1942 in Dr. Treiber's Gefechtsstand.
Foto: Kollektion Dr. H. Treiber

Ab Anfang 1943 rollten immer mehr Waffentransporte an die nordfranzösische Atlantik-Küste, auch wurden immer mehr Soldaten dorthin gebracht.
Foto: Kollektion H. G. Schönberner

Karl-Heinrich Büchner 1942
Foto: Kollektion K.-H. Büchner

In Anbetracht einer baldigen Verlegung ins küstennahe Hinterland herrschte trotz des allseits umgebenden Schmutzes bald wieder eine einigermaßen positive Stimmung.
Foto: Kollektion Dr. H. Treiber

Heinrich Leichter 1943
Foto: Kollektion H. Leichter

inzwischen fast fertiggestellten Batterie Azeville ein. Büchner hatte als Artillerist und Angehöriger der 321. Infanterie-Division ab November 1942 im Mittelabschnitt der Ostfront, im Raum Woronesch, gestanden und war Mitte Januar 1943, auf dem Rückzug seiner Division, mit Erfrierungen der Füße 2. und 3. Grades in ein Lazarett eingeliefert worden, dann über Gomel, Minsk und Brest-Litowsk in ein weiteres Lazarett in seiner Heimatstadt Dresden überführt. Nach einem anschließenden, 14-tägigen Genesungsurlaub wurde der 20-jährige Artillerist in die Normandie befohlen. Als sich Karl-Heinrich Büchner zum Antritt seines Dienstes in der 2. Batterie bei Hauptmann Dr. Treiber *(Doktor der Rechts- und Staatswissenschaften)* meldete, war sein erster Eindruck von dem freundlichen Batteriechef äußerst positiv: „Der war wirklich sehr sympathisch und offenbar auch sehr gutmütig – ein Schwabe."

In der Batterie wurde Büchner als Fernmelder in dem großen Kommunikations-Bunker eingesetzt, in dem sich eine Telefonvermittlungsstelle befand: „Da habe ich dann meinen Dienst am sogenannten Klappenschrank verrichtet. Wir waren da immer mindestens zu zweit, um uns tagsüber und nachts abwechseln zu können."

Der Alltag in der Batterie war für die Soldaten mit ihrem humanen Chef und dem wunderbar milden klimatischen Golfstrom-Einfluß äußerst angenehm. Dr. Treiber war durchaus kein strenger Vorgesetzter, vielmehr war er selbst ohnehin nicht gern Soldat. Er ließ seinen Männern viele Freiheiten und veranstaltete nicht selten – wie er sie nannte – Batteriefeste. Diesbezüglich berichtete Karl-Heinrich Büchner: „Da wurde wirklich viel gefeiert. Dann kamen französische Mädchen, die haben auf der Bühne in unserer Casino-Baracke schöne Vorstellungen aufgeführt. Aber wenn so ein Fest oder ein Feiertag war, habe ich meistens nicht daran teilgenommen, weil ein anderer, der dann Dienst gehabt hat, aber lieber daran teilgenommen hätte. Dem habe ich dann gesagt, *ich bleib' da, und Du kannst hingehen.*

Ich habe in dieser Zeit lieber Briefe geschrieben. Ich war kein so forscher Soldat, der immer überall dabei sein wollte."

Nach einigen Wochen wurde Büchner als neuer Telefonist in die 2,2 Kilometer näher an der Küste befindliche B-Stelle nahe Crisbecq geschickt: „Da habe ich oft draußen, vor dem Bunker, gesessen. Man hat da noch das Rauschen der Wellen des Ärmelkanals gehört. Es ging von dort dann nach unten leicht bergab, und da unten war das Land mit Wasser überschwemmt."

Am 18. September 1943 traf in Cherbourg ein weiterer Truppen-transport für die 709. Division ein. Einer dieser „Neuen" war der 19-jährige Heinrich Leichter aus Ritschka im Sudetenland: „Ich hatte ein halbes Jahr beim Reichsarbeitsdienst absolviert, dann wurde ich in die Ausbildungskompanie eines Jäger-Bataillons eingezogen. Die nannten sich Jäger, einfach nur Jäger. Sie trugen ein Eichenblatt-Emblem.

Wir hatten unsere Grundausbildung noch nicht einmal ganz beendet, da ging's schon mit dem Zug los; zuerst nach Toulouse in Südfrankreich, kurz darauf in die Normandie. Nachdem wir in Cherbourg angekommen waren, wurden die vielen Soldaten verteilt. Von dort aus bin ich für kurze Zeit nach Montebourg gekommen *(acht Kilometer hinter „Utah Beach")*, da hatte man uns in einer Schule einquartiert. Dort war auch die Divisionskampfschule der 709. Division *(lag im nordöstlichen Bereich auf der Cotentin-Halbinsel)*. Da erfuhren wir erst, daß wir jetzt dieser Division und dem Grenadier-Regiment 919 angehörten, der 6. Kompanie des II. Bataillons. Auf zwei dem Schulgebäude nahen Häusern standen Fliegerabwehrgeschütze; da mußten wir uns immer ablösen.

Von Montebourg ging es in Kompaniestärke mit französischen Autobussen, die hinten noch so einen kleinen Perron mit einer Haltestange hatten, zum Dörfchen St.-Martin-d'Audouville, drei Kilometer hinter der *(Ost-)*Küste, in der Nähe von Lestre. Da wurden wir nur noch in Stärke eines Zuges in einer Baracke hinter einem Gehöft einquartiert. Die anderen Züge lagen anderswo, aber ich weiß nicht, wo. Wir Neuen waren hauptsächlich sehr junge Soldaten, aber da gab's auch sehr viel ältere. In St.-Martin-d'Audouville war nicht weit der Kirche extra eine sogenannte Kultur-Baracke für uns errichtet worden. Da wurden Feste gefeiert und Weihnachten; das war ganz gut. Dort war auch unsere Schreibstube. In deren Nähe war von deutschen Soldaten auch eine Sauna gebaut worden. Direkt neben der Ortschaft verläuft ein kleiner Bach, da haben wir uns meistens gewaschen.

Heinrich Leichter (links) mit einem Kameraden im April 1943 in Quinéville.
Foto: Kollektion H. Leichter

Als einfache Soldaten hatten wir keinen Kontakt zur Bevölkerung, aber auch gar keine Zeit. Einmal hat ein Kamerad einem Bauern ein Kaninchen geklaut; das ist nicht aufgeflogen. Ein anderes Mal hat einer mit einem Knüppel nach einem Huhn geworfen. Da war's tot, und er hat's mitgenommen. Sowas war uns Soldaten alles streng verboten worden. Das mit dem Huhn hatte aber der Bauer mitgekriegt, und da mußte der Kamerad hingehen, sich entschuldigen und das Huhn bezahlen. Die Franzosen waren uns deutschen Soldaten gegenüber immer ganz freundlich, haben keine blöden Bemerkungen gemacht, oder sonstwas.

Im Ort gab's auch eine Gaststätte. Wenn wir mal dorthin gingen, sind wir sicherheitshalber immer mit mehreren Kameraden gegangen. Da war's immer lustig. Uns ging's ja gut, da oben in der Normandie. Wir jungen Soldaten tranken gern Cidre, diesen leckeren Apfelwein. Der starke Calvados war eher was für die Älteren.

Eines Tages hatte ich den Auftrag, für meine Kameraden an der Küste die Post von der Schreibstube unserer Kompanie-Niederlassung zu holen. Die war direkt in St. Marcouf – auf der anderen Seite des Wassers. Um das Überschwemmungsgebiet zu umgehen, hätte ich ganz bis Quinéville und von dort nach St. Marcouf laufen müssen; das wären hin und zurück mehr als elf Kilometer gewesen. Ich wußte aber, daß bei Les Gougins am Rand des Wassers ein kleines Ruderboot lag. Ich dachte: *Warum da ganz um das*

Der Eingang der Kompanie-Niederlassung in Saint Marcouf.

Überschwemmungsgebiet herumlaufen? Nimmst'e das Boot, ruderst rüber, holst die Post und stellst es wieder hin.

Als ich dann losgerudert war, kam ein Franzose und rief irgend etwas zu mir herüber. Er hatte sicher Angst, daß ich ihm das Boot wegnehmen würde. Ich konnte gerade soviel Französisch zusammenbringen, daß ich zurückrufen konnte: *De retour dans deux heures! (Zurück in zwei Stunden!)* Aber daraus sollte nichts werden...

Plötzlich kam ein ziemlich steifer Wind auf, schon als ich noch beim Rüberrudern war. Mir war klar, daß es mit der Rückfahrt bei diesem Wind wohl nichts wird, denn er wehte vom Meer her, also mir entgegen. So blieb ich die Nacht über einfach bei der Kompanie in St. Marcouf. Das war zwar ein unerlaubter Alleingang, aber ich hab's einfach gemacht.

Am nächsten Morgen steckte ich die Post in einen meiner Knobelbecher *(Stiefel)* und wollte wieder zurückrudern, doch der Wind war noch stärker geworden. Ich versuchte trotzdem loszufahren, aber es war unmöglich. Ich konnte noch nicht einmal die Richtung beibehalten, denn der Wind drehte den Kahn immerfort zur Seite. Bald mußte ich aufgeben, ich war zu erschöpft, mußte mich wieder zurück an Land treiben lassen. Doch dort, wo ich nun hingetrieben wurde, standen überall hohe Sträucher im Wasser. Ich hatte überhaupt keine Möglichkeit, an Land zu kommen. So begann ich, mich an den Ästen auf die andere Seite zu hangeln, um dann von dort aus das Ufer erreichen zu können. Als ich glaubte, ich wäre fast 'rum, da brach der Ast, an dem ich mich gerade festhielt, ab und ich plumpste ins Wasser – im Februar... Sofort habe ich die Briefe aus dem Stiefel gezogen und unter meine Jacke gesteckt, die innen noch etwas trocken war. Und nun stand ich da, pitschnaß. Mir war klar, daß ich mit dieser Nässe keine sechs Kilometer weit laufen konnte, denn da würde ich schon nach zwei Kilometern völlig wunde Füße haben.

Nun erinnerte ich mich an einen Weg, der zwar durch's Wasser, aber genau direkt dort unten hin führte, wo ich hin wollte. Es war ein Weg, auf dem immer die Pferdegespanne das Überschwemmungsgebiet durchfuhren. Man konnte die schmale Straße, die dort hineinführte, sehen, und bis hinüber zur Küste standen noch ein kleiner Baum und ein hoher Strommast; daran würde ich mich orientieren können... Mir war klar, daß die Durchquerung des Wassers sehr schnell gehen mußte, so schnell wie möglich, bevor ich total ausgekühlt sein würde. Ich mußte nun fast zwei Kilometer weit waten...

Mutig ging ich ins Wasser. Aber im Wasser und gegen die vom Wind aufgebrachten Wellen zu gehen, war sehr anstrengend, wie ich sofort feststellen mußte. Das eiskalte Wasser lief in meine Stiefel, kroch in meiner Hose hoch und durchnäßte meine Jacke bis über die Hüfte. Auch war mir klar, daß sich sicherlich beiderseits des Weges tiefe Gräben befinden würden, wie es sie überall hier in der Gegend zur Landentwässerung gab. Neben den Weg zu geraten, könnte also sehr gefährlich werden. Als Wegweiser sah ich den alten, runden Franzosenbunker am Strand; da bin ich genau d'rauf zu.

Schon nach wenigen Metern drehte ich mich um und überlegte, ob ich nicht doch lieber wieder an Land zurückgehen sollte. Ich entschied mich dann aber, trotzdem zur Küste hinüber zu waten, ich war doch sowieso schon völlig naß. Obwohl das Wasser mir dann unterwegs manchmal bis zur Brust stand, blieb die Post unter meiner Achsel trocken. Nach etwa einer Dreiviertelstunde kam ich dann in Les Gougins an – total durchgefroren und ohne das tags zuvor mitgenommene Boot."

Am 1. Dezember 1943 wurde Generalfeldmarschall Erwin Rommel von Hitler zum Befehlshaber der Heeresgruppe B ernannt, und somit zum Chef über die nordfranzösische Atlantik beziehungsweise Kanalküste. Er war mit der Inspektion und dem weiteren Vorantreiben des Ausbaus des *Atlantikwalls* beauftragt, denn bisher gab es noch immer keinen einigermaßen durchgängigen Küstensperriegel. Der bisherige Küstenschutz bestand – mit Ausnahme am Pas-de-Calais – lediglich aus unzusammenhängenden, teilweise sogar mehrere Kilometer voneinander entfernten, mehr oder weniger großen Verteidigungsanlagen. Viele von ihnen waren noch in langwierigen Aufbauarbeiten befindlich, an anderen war noch gar nicht mit Befestigungsanlagen begonnen worden. Die Bewaffnung war allgemein mangelhaft. Das alles traf auch und besonders im Bereich der Ostküste der Cotentin-Halbinsel

Generalfeldmarschall Erwin Rommel, Befehlshaber der Heeresgruppe B.
Fotos: Archiv von Keusgen

zu, und gerade hier waren die ohnehin kleinen Verteidigungsanlagen fast ausschließlich unmittelbar am Strand gelegen und völlig unzureichend gegen feindliche Schiffsartillerie und anlandende Infanterie geschützt.

Zum Jahreswechsel 1943/44 erging dann jedoch Hitler's Befehl, daß *(auch)* die 709. Division ihre besten Offiziere, Unteroffiziere und Mannschaften an die Ostfront abzugeben hatte. Als Ersatz kamen unerfahrene Offiziere, und die Mannschaften wurden durch sogenannte Volksdeutsche wieder aufgefüllt *(Volksliste III = Personen angeblich „deutscher Abstammung", die in den meisten Fällen noch nicht einmal die deutsche Sprache beherrschten)*.

Erwin Rommel, der „Held von Afrika", war ein Mann, dem allgemein Hochachtung und Respekt entgegengebracht wurde. Ab dem 17. Januar war er vor Ort. Über seine erste Inspektionsfahrt entlang der Cotentin-Küste berichtete Hans Lücking, der als 23-jähriger Kartenzeichner für Rommel's Stab tätig war und folglich die Gegebenheiten im späteren Invasionsraum gut kannte: „Besonders an der Ostküste der Halbinsel sah es schlimm aus, so schlimm, daß die Verantwortlichen aus Angst vor Bestrafung Rommel regelrecht betrogen haben. Nun kam dieser gewaltige Rommel und inspizierte alles. Da waren irgendwelche kleinen Leute, die Angst hatten, sich verantworten zu müssen, und so täuschte man ihm da alles Mögliche vor. Jede Nacht wurden Einheiten von Widerstandsnest zu Widerstandsnest verlegt und ihm am nächsten Tag wieder vorgeführt; so sah er fast täglich dieselben Einheiten und glaubte, da läge nun diese und jene Truppe. In Wirklichkeit war alles nur schwach besetzt, nur wollte sich niemand eine Blöße geben, niemand wollte verantwortlich sein. Dennoch schüttelte Rommel bedenklich den Kopf."

Rommel rechnete mit einer amphibischen Landung allergrößten Ausmaßes, und seine Strategie sollte darin bestehen, den Gegner bereits am Strand zu schlagen und ins Meer zurückzuwerfen. So ließ er ab Januar 1943 mit Nachdruck den Ausbau der Widerstandsnester und Stützpunkte sowie das Betonieren größerer Bunkeranlagen betreiben. Besonders die so wichtige schwere Artillerie mußte schnellstens vor feindlicher Bomben- und Granateinwirkung geschützt und deshalb massiv verbunkert werden. Rommel glaubte nicht an den allseits prophezeiten Angriff der West-Alliierten am Pas-de-Calais. Er glaubte an einen

Standortzuweisung der jeweiligen Einheiten (hier nahe Quinéville) – und ihredanach erfolgte, heimliche Verlegung.

Fotos: Archiv von Keusgen

Angriff in der Normandie – wo auch Hitler eine Invasion nicht ausschloß.

Die mit dem Ausbau des *Atlantikwalls* beauftrage *Organisation Todt* wurde von Erwin Rommel nun zu Höchstleistungen angetrieben. Französische Bau- und Handwerksunternehmen wirkten dabei als Subunternehmer mit, ebenso Tausende französischer Arbeitskräfte und aus Lagern geholte Zwangsarbeiter. Von nun an wuchsen überall an der Küste und im küstennahen Hinterland Bunker, sogar ganze Bunkeranlagen, innerhalb weniger Wochen aus dem Erdboden.

Aber noch etwas veranlaßte Rommel: Bereits Ende Januar wurde das bis dahin an der Ostküste stehende Infanterie-Regiment 729 *(Oberst Helmuth Rohrbach)* weiter nördlich verlegt und statt seiner das Infanterie-Regiment 919 *(Oberstleutnant Günther Keil)* mit der Verteidigung dieses Küstenabschnittes beauftragt – von der Isigny-Bucht bis zur Bucht von St. Vaast. Die Verteidigung der unmittelbar an der Küste gelegenen Widerstandsnester übertrug der Regimentskommandeur lediglich kleinen Trupps der Kompanien des I. und II. Bataillons *(Hauptmann Fink und Major Hadenfeldt)*. Folglich befanden sich in manchen der meistens ohnehin nur kleinen Verteidigungsanlagen oftmals nicht mehr als zehn Soldaten. Die Kompanien des III. Bataillons *(Hauptmann Berg)* stellte Oberstleutnant Keil als sogenannte Alarm-Einheiten im küstennahen Hinterland auf. Die Trennlinie der beiden in Strandnähe aufgestellten Bataillone befand sich nahe nördlich des W 13, beim Weiler Hameau Mottet. Im südlichen Küstenabschnitt, bis in die Isigny-Bucht, war das I. Bataillon in Stellung gebracht; im nördlichen, noch bis 5,2 Kilometer über Quinéville hinaus, stand das II. Bataillon.

(Für die Verteidigung einer fast 35 Kilometer langen Front hätte es normalerweise zweier ganzer Divisionen bedurft, nicht eines einzigen Regiments, folglich nur einem Drittel der Kampftruppen einer Division.)

Am 12. Dezember 1943 war Generalmajor Karl-Wilhelm von Schlieben zum Kommandeur der 709. Infanterie-Division ernannt worden. Seinen Gefechtsstand hatte der 50-jährige General im *Château de Chiffrevast*, nahe Tamerville eingerichtet, 23 Kilometer nördlich Ste.-Mère-Église und 17 Kilometer von der Ostküste des Cotentin entfernt.

Am 1. Februar 1944 erhielt die Batterie Marcouf einen neuen Chef, einen 32-jährigen Oberleutnant zur See namens Walter Ohmsen – ein entschlossener, harter und ehrgeiziger Mann *(siehe, wie auch betreffs der Batterie Azeville, das Buch zur D-Day-Serie „Die Kanonen von Saint Marcouf")*. Die personelle Stärke des stark ausgebauten und befestigten Stützpunktes war mittlerweile auf 3 Offiziere, 24 Unteroffiziere und 287 Mannschaften angewachsen, doch waren viele dieser Soldaten bereits mehr als 38 Jahre alt *(das Durchschnittsalter betrug 32 Jahre)*. Auch einige Angehörige eines Ost-Bataillons gehörten zur Stützpunktbesatzung. Der neue Batteriechef ließ als erste seiner Maßnahmen die Männer an gleichzeitig mehreren Baustellen auf dem großen Areal arbeiten. Da die Batterie bisher noch immer nicht über ein eigenes Entfernungsmeßgerät verfügte, fertigte der gelernte Maschinenbauer und Vermessungstechniker Ohmsen als eine seiner eigenen ersten Handlungen, zusammen mit einigen technisch versierten Helfern, ein äußerst präzises Telemetriegerät an.

Am 27. Dezember 1943 erteilte Hitler den Befehl, seine Streitkräfte in der Normandie zu verstärken. Nach Rücksprache mit Hermann Göring bestimmte Hitler als ersten Großverband die Verlegung der 91. Division auf die Halbinsel Cotentin. Weitere Verstärkungen für die Normandie sollten folgen.

(Anmerkung des Autors: Dieser Befehl steht im krassen Gegensatz zu vielen bisherigen Publikationen, in denen behauptet wird, Hitler habe als Landkrieger die Invasion an jener Stelle im Ärmelkanal erwartet, die den kürzesten Abstand zu Großbritannien bildete – am Pas-de-Calais.)

Der neue Chef der Marine-Küsten-Batterie Marcouf: Oberleutnant zur See Walter Ohmsen.
Fotos: Kollektion W. Ohmsen

Bereits Anfang des Jahres 1944 hatte die 91. Infanterie-Division nach den monatelangen schweren Kämpfen und wegen akuter Personalverluste aufgelöst werden sollen. So wurde das gesamte restliche Personal (ohne Waffen) ab dem 15. Januar (im Zuge der 25. Aufstellungswelle) zum Truppenübungsplatz Baumholder, im Hunsrück (Wehrkreis XII), überführt – für eine Neuaufstellung der Division, die dann als Luftlandedivision bezeichnet wurde.

Nachdem Hitler das „ausblutende" Heer mit ehemaligen Angehörigen der Marine und der Luftwaffe auffüllen wollte, versuchte Reichsmarschall Hermann Göring, sein Personal für den Fall eines neuen Aufschwungs seiner Luftwaffe gewissermaßen auf „Nebenwegen" behalten zu können. So hatte er beschlossen, sogenannte Luftwaffen-Feld-Divisionen aufzustellen, die jedoch gemäß Hitler's Weisung dem Heer zugeführt werden mußten.

Ein großer Teil der Soldaten in der Normandie kam von der Ostfront, wo sie sich bereits bewährt hatten – aber mindestens ein ebenso großer Anteil waren noch sehr junge, völlig unerfahrene und ältere, kranke…
Fotos: Archiv von Keusgen

Die bis Mitte April neu aufgestellte 91. Division verfügte infolgedessen jetzt auch über eine erhebliche Masse von Luftwaffensoldaten, die sogar eine personelle Mehrheit gegenüber der Infanteristen bildeten. So erhielt sie eine neue Deklaration als Luftlandedivision. Ihre Umbewaffnung wurde gemäß eines diesbezüglichen Befehls vom 6. März geregelt.

Die neu gegründete 91. Luftlandedivision setzte sich im Kern zusammen aus den Grenadier-Regimentern 1057 (Oberst Sylvester von Saldern) und 1058 (Oberst Kurt Beigang), dem Artillerie-Regiment 191 (Oberstleutnant Heinrich Kiewitt), der Panzerjäger-Abteilung 191 (Oberleutnant Reimer), dem Pionier-Bataillon 191 (Leutnant Bonecamp) sowie der Nachrichten-Abteilung 191 (Hauptmann Günter Buchreihs). Des Weiteren wurden der

Division unterstellt: Die Panzer-Ersatz- und Ausbildungsabteilung 100 (Major Bardtenschlager / Gefechtsstand Francevetot) und das Fallschirmjäger-Regiment 6 (Major Friedrich-August von der Heydte).

Auch das Fallschirmjäger-Regiment 6 hatte an der Ostfront äußerst verlustreiche Einsätze erlebt und wurde ab Anfang April 1944 ebenfalls aufgefrischt. Mit seinen (nach der Auffrischung) insgesamt 3.457 Soldaten gehörte das Regiment truppendienstlich zwar zur 2. Fallschirmjäger-Division, wurde nun aber der neuen 91. Luftlandedivision unterstellt – ebenso das Artillerie-Regiment 191, das am 15. Januar des Jahres auch bei Baumholder aufgestellt worden war (in 3 Abteilungen mit jeweils 3 Batterien).

Da Hitler die normannische Cotentin-Halbinsel mit ihrem großen Cherbourg-Hafen für eine zu erwartende Invasion der West-Alliierten als besonders gefährdet betrachtete, ließ er Ende April 1944 die 91. Luftlandedivision mit ihren insgesamt 10.555 Soldaten nebst sämtlicher zugestellter Truppen im Zentrum der Cotentin-Halbinsel aufstellen. Ihr neuer Kommandeur war ab dem 25. April 1944, mit dem Abschluß der Neuaufstellung, Generalmajor Wilhelm Falley *(am 1. Mai 1944 zum Generalleutnant befördert)* dessen offizieller Gefechtsstand sich im *Château de Bernaville* befand.

Soldaten der 91. Luftlandedivision. **Foto: Archiv von Keusgen**

Generalleutnant Wilhelm Falley, Kommandeur der 91. Luftlandedivision.

Foto: Kollektion M. Falley

Zur gleichen Zeit bezog das Fallschirmjäger-Regiment 6 seine an der Engstelle zur Halbinsel, von der West- bis zur Ostküste hinüberreichende Verteidigungsstellung. Das mehr als 3.500 Soldaten starke Regiment bildete mit seinen drei Bataillonen somit eine 26 Kilometer lange und 15 Kilometer breite, sogenannte Riegelstellung von Carentan, nahe der Bucht von Isigny im Nordosten, über den Mont Castre bis Lessay, am südwestlichen Teil des „Fußes" der Halbinsel.

Das I. Bataillon *(Hauptmann Emil Preikschat)* stand etwa in der Mitte dieser Linie, zwischen dem Mont Castre und St. Jores; das II. Bataillon *(Hauptmann Rolf Mager)* bei Lessay und das III. Bataillon *(Hauptmann Horst Trebes)* zwischen Périers und Carentan. Kommandeur des Fallschirmjäger-Regiments 6 war seit Januar 1944 Major Dr. Friedrich August Freiherr von der Heydte. Das Regiment verfügte über nur siebzig Kraftfahrzeuge, von denen es sehr viele verschiedene Typen gab. Man war zusätzlich auf viele Pferdegespanne normannischer Bauern angewiesen. Über sein Regiment sagte Major von der Heydte zum General der Flieger Kurt Student: „Für den Fallschirmeinsatz voll, für den Erdkampf infolge mangelnder Ausrüstung an schweren Panzerwaffen und mangelnder Kraftfahrausstattung nur bedingt geeignet."

(Hitler hatte den mangelhaften Kampfwert seiner Abwehrtruppen in der Normandie ebenfalls erkannt. Deshalb ließ er jeden Stützpunktkommandanten sein schriftliches Ehrenwort ablegen, daß er „im Ernstfall seine Position unbedingt bis zur letzten Patrone und bis zum letzten Mann zu halten und nicht aufzugeben" habe. Major von der Heydte bezeichnete eine derartige Erklärung als unehrenhaft und weigerte sich, sie abzugeben – ohne dafür zur Rechenschaft gezogen zu werden.)

Im April 1944 wurde die 709. Infanterie-Division von der 11.529 Soldaten starken 243. Division *(mit einem großen Anteil an Magenkranken)* auf dem Cotentin verstärkt. Sie bezog entlang der Westküste der Halbinsel Aufstellung, somit sich der Verteidigungsraum der 709. zwar deutlich reduzierte, jedoch mit dem nördlichen und östlichen Küstenabschnitt noch immer eine Länge von 117 Kilometern ergab. Ihre personelle Stärke betrug 10.536 deutsche Soldaten sowie 1.787 Ost-Soldaten und 333 sogenannte Hilfswillige aus Ost-Gebieten *(als Chauffeure, Küchenpersonal etc. tätig)*.

Die 709. Division bestand Ende Mai 1944 aus den Grenadier-Regimentern 729 *(Oberst Helmuth Rohrbach)*, 739 *(Oberst Walter Köhn)*, dem Grenadier-Regiment 919 *(Oberstleutnant Günther Keil – Aufstellung dieses Regiments siehe Seite 28)*, dem Artillerie-Regiment 1709 *(Oberst Robert Reiter)*, der Panzerjäger-Abteilung 709 *(Hauptmann Willi Hümmerrich)*, der Nachrichten-Abteilung 709 *(Major Hartmann)*, dem Pionier-Bataillon 709 *(Major August Hornung)* sowie seinen Versorgungs-, Verwaltungs- und Sanitätseinheiten und einer Veterinär-Kompanie. Außerdem unterstand der Division das Grenadier-Regiment 752 *(Oberst Keßler / Gefechtsstand in Gavray)* sowie die Ost-Bataillone 635 *(freiwillig der Wehrmacht beigetretene, ehemalige kriegsgefangene Russen / Gefechtsstand in Donville-les-Bains)*, 649 *(Gefechtsstand im Château de Digosville bei La Brasserie / das Bataillon war dem Grenadier-Regiment 729 unterstellt)*, 795 *(Georgier / Hauptmann Ludwig Bub / Gefechtsstand Château le Bigard bei Querqueville / das Bataillon war dem Grenadier-Regiment 739 unterstellt)* sowie 797 *(Georgier / Hauptmann Peter Maßberg / Gefechtsstand in Gouville)*.

Des Weiteren war im Bereich der Division noch das *(am 5. Juni 1944)* 1.106 Soldaten starke *Sturmbataillon A.O.K. 7 (Armeeoberkommando 7)* stationiert, dessen Kommandeur Major Hugo Messerschmidt war *(Sturmbataillon Messerschmidt)*. Der Gefechtsstand befand sich bei La Pernelle, im nördlichen Teil der Cotentin-Ostküste, 4,2 Kilometer im nordwestlich von St. Vaast gelegenen Hinterland.

An dem nordöstlichen, rund zwanzig Kilometer langen Küstenstreifen waren im Laufe der Zeit immer mehr kleine Widerstandsnester entstanden. Bis Ende Mai 1944 gab es auf dem Cotentin insgesamt rund 40.000 deutsche Soldaten – hauptsächlich junge, erst kurze Zeit zuvor rekrutierte, völlig kampfunerfahrene Männer. Der Rest bestand aus vornehmlich von der Ostfront abgezogenen Soldaten mit einem nicht unerheblichen Anteil Rekonvaleszenten, außerdem einer Menge Soldaten aus osteuropäischen Gebieten.

„Anfang Februar 1944 wurde unsere Kompanie nach St. Marcouf verlegt", berichtete Heinrich Leichter, „ich mußte mit weiteren elf Kameraden dann zur Küste, nach Les Gougins. Dort wurden wir in ein Privathaus einquartiert und befanden uns somit im Widerstandsnest 16, direkt am Meer, unterhalb der großen Batterie Marcouf.

In der ersten Zeit mußten meine Kameraden und ich Schützengräben schaufeln, direkt hinter der hohen Mauer, die den ganzen Strand entlang verläuft. Wir Soldaten dort stammten alle aus dem Sudetenland. Wir mußten die Gräben mit Hohlblocksteinen befestigen,

Ein Soldat des Panzer-Artillerie-Regiments 116 bringt ein MG'42 im Fenster in der ersten Etage eines Wohnhauses in Bauptre in Stellung.
Foto: Kollektion H. G. Schönberner

weil der Boden dort nicht aus fester Erde, sondern nur aus losem Sand besteht und alles immer wieder zusammenrutschte. Der große Bunker, der dort bei der Kirche steht, war der Gefechtsstand unserer Kompanie. Der hatte auch eine Panzerkuppel. In dem Bunker saß unser Kompaniechef. Dieser Bunker war erst im Frühjahr 1944 fertiggestellt worden. Anfang Mai wurde die Panzerkuppel dann wieder herausgesprengt. Es hieß, daß sie irgendwo anders am Atlantikwall gebraucht würde. Dann war da noch ein von Franzosen schon vor der Besatzungszeit errichteter, überirdischer Bunker, direkt an die Mauer angebaut. Der hatte so etwa zwei, drei Meter Durchmesser und war rund. Aber den haben wir gar nicht benutzt; der taugte für uns nichts.

Zu dieser Stelle der Küste führt eine schmale Straße von der Geländeanhebung hinter dem Überschwemmungsgebiet direkt zu uns herab, mitten durch das Wasser, knapp einen Dreiviertelmeter tief. Bis zur nächsten Furt waren es fast sieben Kilometer, und bis ans andere Ufer waren's etwa zwei Kilometer. Unser Troß fuhr da mit den Pferdegespannen einfach durch. Das war nicht ungefährlich.

Dann wurden wir weiter verlegt, nach Hameau du Sud. Wir paar Männer erfuhren nun, daß die Stelle, wo wir jetzt standen, Widerstandsnest 14a genannt wurde. Das andere, W 14, gehörte auch zu uns; da lag ein ganzer Zug Soldaten, so etwa vierzig Mann, vielleicht auch mehr. Die hatten größere Betonbunker; die standen im Freien.

Alle Widerstandsnester lagen längs an der Küste und mit einigem Abstand zueinander. Der Landstreifen zwischen dem Strand und dem Überschwemmungsgebiet war nur fünfzig bis hundert Meter breit. Was die Ausstattung der einzelnen Widerstandsnester betraf, gab's da große Unterschiede:

W 14 hatte einen tief ausgebaggerten und breiten Panzergraben, über den führte ein schmaler Steg. Da hatten sie auch noch einen großen Betonbunker, einen Geschützbunker, der direkt an der Mauer steht, gleich neben der Küstenstraße, direkt über dem Strand. Aber große Kanonen hatten die auch nicht. W 14 reichte von der Mauer am Strand bis ein ganzes Stück hinter die andere Straßenseite, und vieles war dort mit Tarnnetzen verdeckt. Unser W 14a war nur ein paar Meter breit und reichte nur von der Mauer bis zur Straße, war nur etwa einhundert Meter lang und bestand aus provisorischen, flachen Erdbunkern und einem kleinen Verpflegungsbunker in einem Schuppen. In der Nähe mußte ein Haus gesprengt werden, um dort freies Schußfeld zu schaffen. Wir haben dann die Balken und alles andere Material eingesammelt und als Abdeckung über unseren Erdbunker gelegt, alles kreuz und quer, in der Hoffnung, daß das vielleicht einen einigermaßen guten Schutz bieten würde. Irgendwann haben wir dann zwei 5-cm-Panzerabwehrkanonen bekommen; die standen dann völlig offen und ungeschützt herum. Da gab's auch noch ein Maschinengewehr auf einer Lafette *(siehe Foto links unten).*

Das konnten wir gut zur Fliegerabwehr gebrauchen. Eingezäunt war unser W 14a auch nicht. Man konnte gar nicht erkennen, daß da überhaupt ein Widerstandsnest war. Auf der anderen Seite der Küstenstraße zog sich ein schmales Minenfeld entlang, aber die Straße selbst war befahrbar. Vor der Mauer, direkt unten am Strand, waren die Minen den ganzen Küstenabschnitt entlang verlegt worden. Da waren überall Pfähle mit vielen Bändern dran, und wir wußten, daß wir darüber hinaus nicht gehen durften. Den ganzen Strand entlang waren inzwischen Hunderte Baumstämme mit Minen obenauf in den Sand eingespült worden, zur Abwehr von Landungsbooten, wie es hieß.

Von unserem W 14a aus kam dann außer W 14 bis zur nächsten Verteidigungsanlage etwa eineinhalb Kilometer weit nichts, und dann stand da ein großer Geschützbunker, auch direkt am Strand. Das war bei Ravenoville-Plage. Die

Im W 14a brachten Infanteristen ein MG'42 auf einer Lafette in Stellung; „anfangs noch auf der anderen Straßenseite, später, als dort ein kleines Minenfeld angelegt wurde, direkt hinter der hohen Mauer", erklärte Heinrich Leichter.
Foto: Kollektion H. Leichter

Ein kleines Haus, nur zehn Meter vom Strand vor Quinéville entfernt und in die Flutschutzmauer integriert – aber in Wirklichkeit war es eine als Haus getarnte Kasematte für eine 5-cm-Kampfwagenkanone. Der Bunker war mit einem Dachstuhl samt der Ziegel überbaut und mit einfachen Holzklappen (ohne Fenster dahinter) versehen worden. Derartige Tarnungen waren durchaus keine Seltenheit.
Foto: Bundesarchiv

Anlage war wohl noch im Entstehen. Da waren nur wenig Soldaten. Wozu dieser Bunker gehörte, weiß ich nicht. *(Er sollte zum jedoch zuvor verlegten W 13 gehören.)*

Als ich mal als Pendelposten am Strand entlanggehen mußte, bis rauf nach Quinévil-le, da kam ich dort an einem Stützpunkt vorbei *(W 18)*, da war ein ganz unauffälliger Ge-schützbunker, direkt in der hohen Mauer am Strand, zur Seeseite hin. Seine Scharte war mit Holzklappen verkleidet worden. Der war als Haus getarnt, mit Fensterrahmen d'ran und einem Dach d'rauf, und davor war alles vermint, wovor ein Schild warnte. Die Franzosen mußten das ja auch erkennen können, damit da nichts passiert. Aber ab April 1944 wurden sie alle aus diesem schmalen Küstenstreifen ins Hinterland evakuiert, da standen plötzlich alle Häuser leer."

Ein echter Sperr-Riegel war das nicht...

Hans Lücking war als Karten-zeichner für Rommel's Stab tätig und kannte infolge dessen sämtliche Verteidigungsanlagen im späteren Invasionsraum sehr genau.
Foto: Kollektion H. Lücking

In den erst knapp vier Monaten, seit Rommel seinen Dienst am *Atlantikwall* ausübte, waren in vielen Widerstandsnestern und Stützpunkten Schützengräben ausgehoben und massi-ve Bunker errichtet worden. Die Verteidigungsanlagen hatte man deutlich vergrößert und eine Menge offener Feldstellun-gen waren entstanden. Außerdem war eine stärkere Bewaff-nung vorgenommen worden und die Anlagen durch eigene MG- und Granatwerferstände sowie mittels Stacheldraht und Minenfeldern gesichert. An der Küste befanden sich in vorde-rer Linie viele Flak-Stände, vornehmlich mit 3,7-cm-Geschüt-zen. Größere Kaliber hatte man im näheren Hinterland aufge-stellt. Sehr viele der an der Atlantikküste installierten Waffen stammten aus von gegnerischen Armeen erbeuteten Bestän-den. So stellte sich schon früh heraus, daß es wegen der vie-len unterschiedlichen Kaliber mit der Munitionszuteilung und -versorgung nicht einfach sein würde. An den Stränden wa-ren nach Rommel's Idee massenhaft Strandhindernisse ver-schiedener Art errichtet und zahlreiche Minenfelder angelegt worden. Auch strategisch wichtige Verkehrswege waren stel-lenweise vermint worden. Dennoch, der enorm große Bedarf an Minen, den Rommel zur passiven Abwehr forderte, konnte nicht geliefert werden. Dazu sagte Hans Lücking: „Da hatte man oft Schilder aufgestellt, die zwar vor Minen warnen und abschrecken sollten, doch waren an diesen Stellen gar keine verlegt worden – eine Maßnahme, die nicht selten der Fall war und an der sich an vielen Stellen bis in den Juni hinein nichts mehr änderte."

An der Cotentin-Ostküste waren somit fast sämtliche Verteidigungsanlagen deutlich ver-stärkt und viele neue angelegt worden. Davon befanden sich etliche allerdings erst noch im Entstehen. Als im Januar 1944 Oberstleutnant Günther Keil zu einer Besichtigung der Kü-stenverteidigungsanlagen an der Ostküste erschien, war ihr Ausbau seit dem Vorjahr nur sehr wenig vorangekommen. Zwei Drittel der Anlagen waren noch im Planungsstadium. Überall gab es Schwierigkeiten. Aus Mangel an Beton wurden – wie an der Ostfront – Bun-ker aus Holz gebaut. Keil war der Ansicht, daß zwischen den einzelnen Anlagen der Ab-stand nicht 1.400 Meter überschreiten dürfe, so daß sie sich bei einem feindlichen Angriff gegenseitig Feuerschutz geben konnten, andernfalls gegnerische Truppen zwischen ihnen einigermaßen ungehindert ins Hinterland vordringen könnten. Doch die Abstände betrugen stellenweise bis zu fast 3.000 Meter. Der Oberstleutnant sprach von einer „Mauer der Illusion".

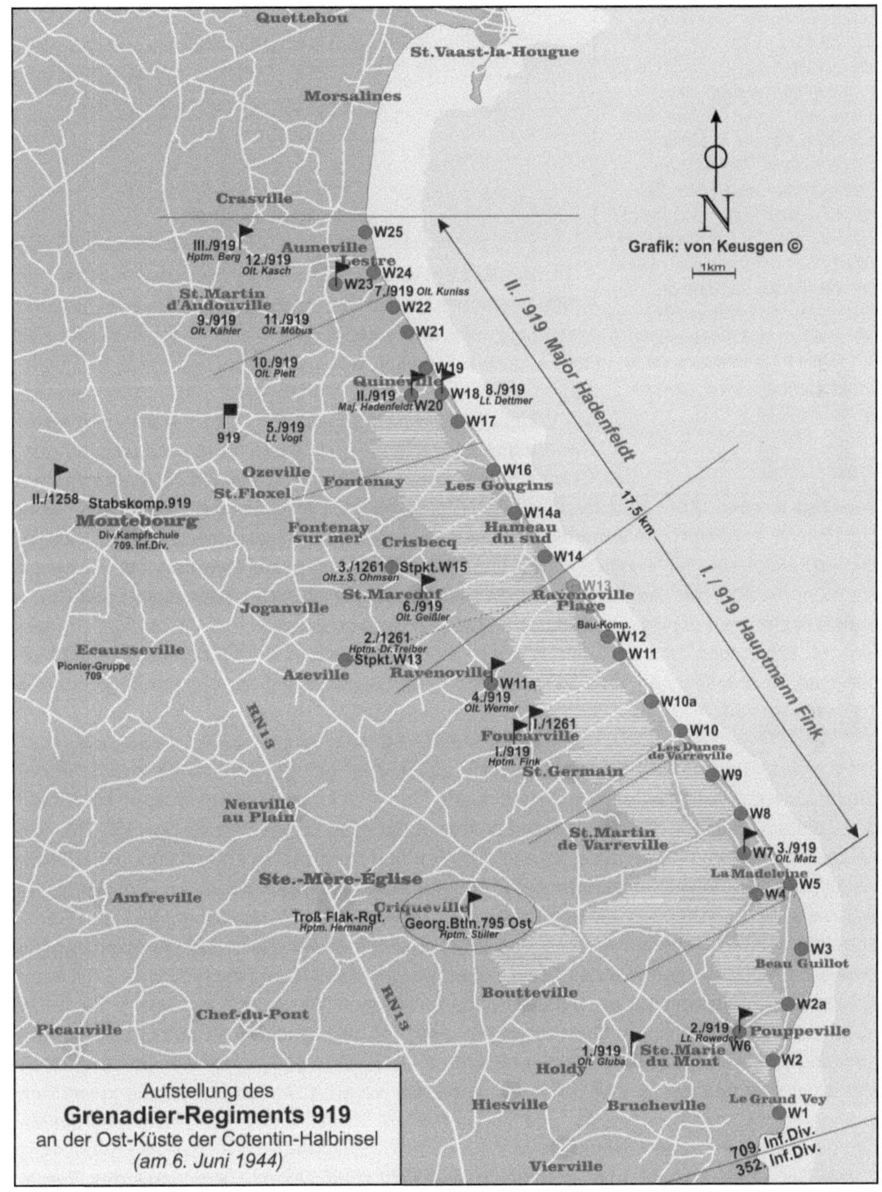

Aufstellung des
Grenadier-Regiments 919
an der Ost-Küste der Cotentin-Halbinsel
(am 6. Juni 1944)

Plan der deutschen Widerstandsnester im späteren US-Landeabschnitt „Utah".

Die vormals als „WN" deklarierten Verteidigungsanlagen bestanden bis zum Beginn ihres Ausbaus (ab Februar 1944) meistens nur aus provisorischen Holzunterständen, die lediglich mit etwas Erde oder Sand überschüttet worden waren, und in denen man nur ein Maschinengewehr, einen Granatwerfer oder eine Kanone in Stellung gebracht hatte. Mehrreihige Drahtverhaue waren eine Seltenheit – auch noch nach ihrem Ausbau, wie hier das ehemalige WN 102 an der westlichen Seite der Vire-Bucht, der Baie du Grand Vey. Ab Februar 1944 wurde es zu W 3 umbenannt (auch alle 97 in westliche Richtung folgenden WN wurden mit W neu deklariert).
Foto: Kollektion H. Lücking

In den Küstenverteidigungsanlagen ließ Keil nur geringe Kräfte positionieren; das Gros der Truppe sollte im Hinterland stationiert sein. Die Verteidigung der Cotentin-Ostküste war dem I. und II. Bataillon des Grenadier-Regiments 919 übertragen worden. In den deutlich unterschiedlich dimensionierten Widerstandsnestern dieses Regiments waren in direkter Strandnähe etliche über- und halb-unterirdische Unterstände, Granatwerfer- und MG-Stände sowie kleinere Kasematten angelegt worden. Aber hauptsächlich hatte man offene Feldstellungen beibehalten oder zusätzliche angelegt. Die Verteidigungsanlagen waren von unterschiedlich breiten Minenfeldern umgeben – nicht selten waren aber nur Schilder aufgestellt worden, die vor Minen warnten, die aber gar nicht verlegt worden waren. Sämtliche Widerstandsnester und Stützpunkte waren neu durchnumeriert und in diesem Bereich lediglich mit „W" _(anstatt wie bisher mit „WN")_ abgekürzt deklariert worden. Stützpunkte waren in Kompaniestärke mit Verpflegung für drei Wochen verproviantiert, Widerstandsnester mit nur einigen Zügen für bis zu zwei Wochen.

W 1 _(ursprünglich WN 100)_ war das am südlichsten gelegene Widerstandsnest in der Bucht von Isigny und stellte die äußerste rechte Flanke der Verteidigungsanlagen am Strand der Cotentin-Ostküste dar. Hier befand sich jene Grenze, wo der Bereich der 352. Infanterie-Division endete und an die sich, nach Norden und Nordwesten fortsetzend, die 709. Division anschloß. In seinem südlichen Teil umzäunte das Areal den Weiler Le Grand Vey und war mit knapp vierhundert Metern Länge zur Sicherung der Zufahrt zum Carentan-Kanal angelegt worden – ebenso wie W 2 und W 2a. Bewaffnet war die Verteidigungsanlage mit zwei 5-cm-Kampfwagenkanonen _(KwK)_, einer kleinen Kasematte des Typs H 612 mit einer 4,7-cm-Panzerabwehrkanone, einem drehbaren Renault-Panzerturm mit einer 3,7-cm-Kanone auf einem betonierten Geschützstand, zwei Tobruk-Ständen mit 5-cm-Granatwerfern und einem Tobruk-Stand für Maschinengewehre. Außerdem gab es hier vier Gruppenunterstände, von denen zwei mit MG-Ständen versehen waren, sowie drei Maschinengewehren in offenen Positionen. Im Norden und Süden grenzte jeweils in direkter Strandnähe ein Minenfeld an das Widerstandsnest.

Der Gefechtsstand der an diesem Strandabschnitt stationierten 2. Kompanie des Grenadier-Regiments 919 war in einem Privathaus im Weiler Le Grand Vey etabliert.

W 1 befand sich unmittelbar an der breiten Isigny-Bucht (Foto rechts).
An der bei Flut ins Wasser führenden Rampe für Fischerboote hatte
die Organisation Todt direkt an die Flut-Mauer einen speziellen
Tobruk-Stand angebaut und auf ihn eine Renault-Panzerkuppel mit einer 3,7-cm-Kanone montiert (Foto unten – nach der Einnahme durch
die Amerikaner).   **Foto: US National Archives**

Eine etwas mehr als einen Meter hohe Mauer, die vor der Meeresflut
schützensoll, verlief schon 1944 an fast der gesamten Westseite der
Isigny-Bucht entlang.   **Fotos rechts und unten: von Keusgen**

W 2 *(ursprünglich WN 101)* befand sich 800 Meter weiter nördlich, am 900 Meter vor Pouppeville gelegenen Strand und war lediglich feldmäßig angelegt. Die Schützenlöcher waren in die Dünen gegraben, fünf Meter im Durchmesser. Ringsum waren Sandsäcke aufgeschichtet, hinten etwas höher als vorn. Oben drüber war jeweils ein Tarnnetz gespannt. Ebenso war auch ein Artillerie-Beobachtungsstand improvisiert. An den Flanken der Anlage war je ein MG'42 in Stellung gebracht, in der Mitte des etwa dreihundert Meter langen Widerstandsnestes stand ein Betonblock und auf ihm ein drittes MG'42 auf einer Lafette. In zwei kleinen betonierten Stellungen waren zwei von Tarnnetzen verdeckte Kampfwagenkanonen aufgestellt. Die eine war eine 5-cm-Skoda-Kanone, die andere in der Kuppel eines Renault-Panzers. Auf der linken Seite des W 2 stand eine 7,5-cm-Pak – ohne jede Deckung und Tarnung. Als zusätzliche und ganz besondere Waffe waren am 21. Mai noch sechs Kleinstpanzer geliefert worden – sogenannte *Goliaths*. Sie waren unbemannt, besaßen kein Geschütz und mittels eines dünnen, zweiadrigen Kabels, das über eine am Heck befindliche Rolle lief, fernlenkbar. Infolge ihrer nur geringen Größe *(150 cm lang, 90 cm breit, 60 cm hoch)* und mit einem Tarnanstrich versehen, waren sie in unebenem Gelände kaum zu erkennen. Bei Artilleriebeschuß boten sie ein nur kleines, durch ihre wacklige Fortbewegung sehr schwer auszumachendes Ziel. Ihre Geschwindigkeit richtete sich nach dem Untergrund, auf dem sie fuhren und reichte von 8 bis 16 km/h, doch war ihr Steuersystem äußerst empfindlich. Leer wogen die *Goliaths* 369 Kilo – aber in ihrem Inneren befanden sich 60 Kilo Sprengstoff.

Die mit Dynamit beladenen Sprengpanzer waren für die Zerstörung von Brücken, Befestigungsanlagen und Hindernissen aller Art konstruiert worden. An der Cotentin-Ostküste sollten sie auf dem Strand gegen feindliche Landungs- und Kraftfahrzeuge sowie Panzer eingesetzt werden.

W 2a, das weitere 550 Meter weiter nördlich lag, war noch im Entstehen begriffen. Deshalb befand sich die eigentliche Verteidigungsstellung, in diesem Bereich 860 Meter vom Meer zurückgelegen, im W 6, im Weiler Pouppeville. *(W 2 und W 2a waren jedoch bis zur Invasion noch immer nicht gänzlich fertiggestellt.)*

W 3 *(ursprünglich WN 102)* befand sich weitere 1.400 Meter nördlich, beim Weiler Beau Guillot, und an der fünfeinhalb Kilometer breiten Mündung der Isigny-Bucht, die es zu sichern hatte. Bestückt war das ebenfalls noch unfertige Widerstandsnest mit einer 5-cm-KwK und zwei 4,7-cm-Panzerabwehrkanonen, alles noch in offenen Feldstellungen.

W 4 *(ursprünglich WN 103)* lag 1.050 Meter vom Strand entfernt, unmittelbar im Weiler La Madeleine, 860 Meter hinter dem W 5, und war ebenfalls noch im Ausbaustadium befindlich und nicht mit Waffen bestückt.

Stützpunktführer Leutnant Arthur Jahnke

Die tief in den Strand eingeschwemmten und mit Minen bestückten Pfähle bildeten vor der Küste eine gefährliche Maßnahme zur passiven Abwehr anlandender feindlicher Truppen (hier vor dem W 3, siehe Seite 9).
Foto: US National Archives

W 5 *(ursprünglich WN 104)* lag 1.200 Meter vom W 3 entfernt, direkt am Strand. Es erstreckte sich über eine Länge von 420 Metern und einer Breite von 290 Metern. Im W 5 war ein 46 Soldaten starker Zug der 3. Kompanie I./919 stationiert. Stützpunktführer war ein von der Ostfront in die Normandie versetzter, fronterfahrener und durchaus mutiger 23-jähriger Leutnant namens Arthur Jahnke.

Zwischen den hohen Dünen waren, unmittelbar am Strand gelegen, zwei offene Ringstellungen mit je einer 5-cm-KwK entstanden, und eine weitere hatte ihren Standplatz in einem Kleinstschartenunterstand des Typs H 667 erhalten – bei Flut ebenfalls unmittelbar am Wassersaum. Weiterhin gab es im W 5 inzwischen drei Tobruk-Stände für Maschinengewehre, einen Tobruk-Stand für Granatwerfer und einen mit einer Panzerkuppel mit einer 3,7-cm-Kanone. Drei weitere Maschinengewehre standen in offenen Feldstellungen. An dem einzigen schmalen Durchgang vom Strand zum Widerstandsnest *(und weiter ins Hinterland)* war eine 4,7-cm-Pak in Stellung gebracht worden, zwei Festungsflammenwerfer installiert und

eine mobile 8,8-cm-Flak im Mittelbereich des Areals aufgestellt. Außerdem gab es auch hier noch fünf *Goliaths*, die direkt am Strand, an den Flanken des W 5, in kleinen, halbrunden Wellblech-Unterständen bereitgestellt worden waren. Als weitere nicht fest installierte Waffe gab es einen transportablen 5-cm-Granatwerfer.

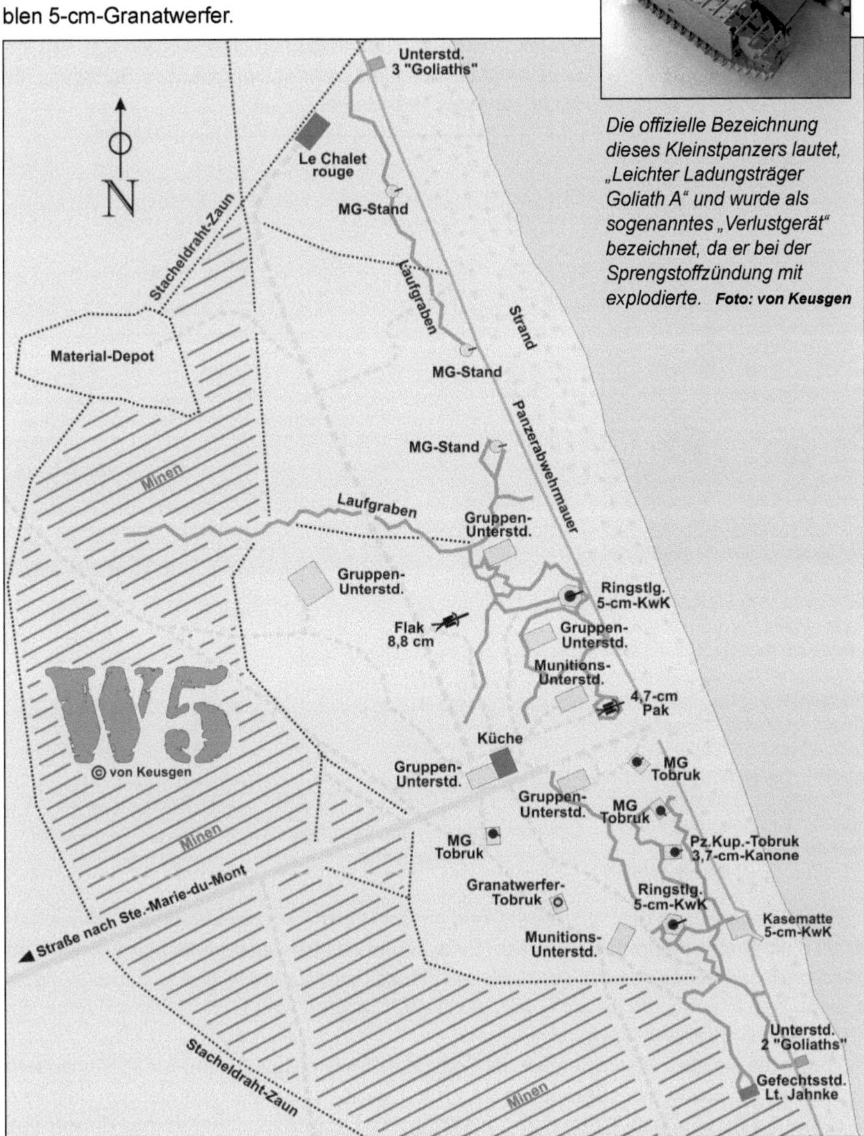

Die offizielle Bezeichnung dieses Kleinstpanzers lautet, „Leichter Ladungsträger Goliath A" und wurde als sogenanntes „Verlustgerät" bezeichnet, da er bei der Sprengstoffzündung mit explodierte. **Foto: von Keusgen**

Grafische Darstellung des Widerstandsnestes 5.(Rekonstruktion auch anhand amerikanischer Luftaufnahmen vom 6. Juni'44.)

Einer von insgesamt fünf Tobruk-(Ein-Mann)Ständen im W 5.

Abbildung rechts: Grundrißplan eines Kleinstunterstandes entsprechend dem Regelbau-Typ H 667.

An jener Stelle, auf der sich damals das alte Fischerhaus befand, wurde in den 1980er Jahren ein fast identischer Neubau errichtet und als Café und Restaurant genutzt. Der 1943 an das Fischerhaus angebaute, noch erhaltene Gruppenunterstand desRegelbau-Typs H 702 diente als Unterkunft für 10 Soldaten (Vergleich siehe Foto nächste Seite).

Fotos: von Keusgen

Einer der fünf Gruppenunterstände des Typs H 702 war im Zentrum des W 5 direkt an die dem Meer abgewandte Rückwand eines kleinen, schon lange vor der Besatzungszeit errichteten, ehemaligen Fischerhauses angebaut, direkt am Zufahrtsweg zum nur noch 120 Meter entfernten Strand und diente 1943/44 dem W 5 als Küche. Da auch dieser Unterstand vollständig überirdisch errichtet worden war, ließ ihn Leutnant Jahnke mittels einer entsprechenden Bemalung als ein angebautes Haus tarnen.

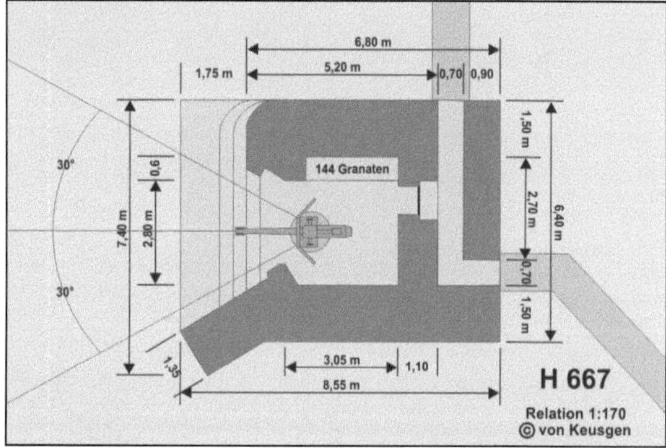

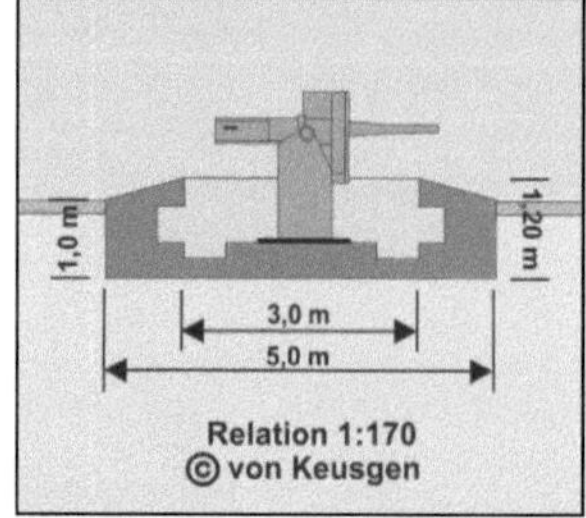

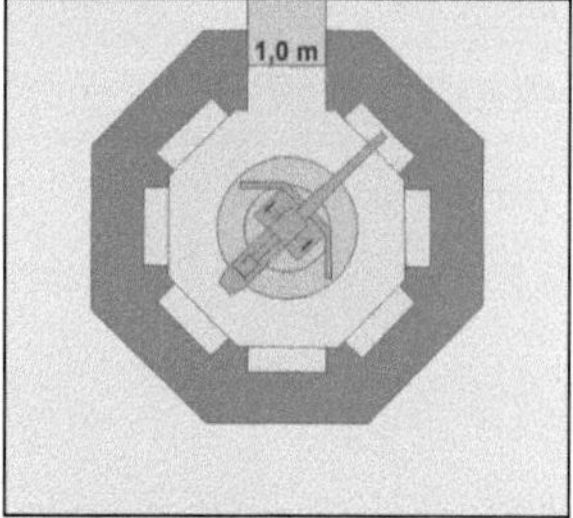

Querschnitt- und Grundrißplan einer offenen Bettung für eine 5-cm-KwK mit einer Sockel-Lafette.

Den Gefechtsstand des W 5 bildete kein großer Bunker, sondern Leutnant Jahnke hatte ein mit dicken Brettern und massiven Eisenbahnschwellen versehenes, großes Loch im Sand zwischen den Dünen, an der südlichen Flanke des W 5 und in direkter Strandnähe zu diesem Zweck herrichten lassen – dort, wo ihn kein Jagdbomber-Pilot vermuten würde. So war er es aus Russland gewohnt.

Waren die wenigen Mannschaften der Widerstandsnester 1, 2, 2a und 3 in Privathäusern der Weiler Le Grand Vey, Brucheville und Pouppeville einquartiert, so standen Jahnke's Männern solide Gruppenunterstände zur Verfügung: Ein großer, überirdischer Bunker des Regelbau-Typs H 501 sowie fünf Unterstände des Typs H 702. Die Soldaten waren über ihre neuen Bunker allerdings nicht besonders glücklich, weil aus den noch feuchten Wänden der erst in den letzten Wochen fertiggestellten Betonklötze nicht nur starke Feuchtigkeit austrat, sondern auch der darin enthaltene Kalk und Zement. Die Ausdünstungen führten bei vielen von ihnen schon in kurzer Zeit zu Hustenreiz und leichten Augenentzündungen.

Am nördlichen Ende, noch von den Stacheldrahtzäunen des W 5 umgeben, stand ein älteres, großes Haus, dem die Franzosen einst die Bezeichnung *Chalet Rouge (Rotes Landhaus)* gegeben hatten. Es bildete jedoch keinen strategisch genutzten Bestandteil der Verteidigungsanlage, sondern lediglich eine Freizeitstätte für die Unteroffiziere und Mannschaften des W 5.

(Entsprechend Foto Seite 34:) Der an das Haus im Zentrum des W 5 angebaute Gruppenunterstand H 702 (mit zur Tarnung aufgemalten Fenstern) diente zehnSoldaten als Unterkunft (das Foto entstand nach dem Beginn der Invasion am 8. Juni'44).
Foto: US National Archives

Die dem Inland zugewandte Rückseite des Widerstandsnestes wurde von einem breiten Minenfeld über die gesamte Länge gesichert, das sich auch an der nördlichen Flanke fortsetzte. In den letzten beiden Wochen des Monats Mai waren noch zwei Munitionsbunker des Regelbau-Typs H 134 entstanden.

Auch vor dem W 5 verlief die einen Meter hohe und 22 Zentimeter starke, von der Organisation Todt betonierte Panzermauer vom in der Vire-Bucht gelegenen Weiler Le Grand Vey über mehrere Kilometer Länge in westliche Richtung am Rand des Strandes entlang, allerdings immer wieder mit Unterbrechungen vor den Widerstandsnestern, beziehungsweise schmalen Durchgängen zum Strand, so auch vor dem Zentrum des W 5. Sie bestand aus jeweils zwei Meter langen Einzel-Elementen. Vor der Mauer waren in den Sand des Strandes Minen bestückte Holzpfähle eingeschwemmt und eiserne Panzerhindernisse aufgestellt worden.

Von seinem ersten Tag im W 5 an hatte Leutnant Arthur Jahnke seinen Männern tatkräftig beim Ausbau ihrer Verteidigungsanlage geholfen. Das in einer sehr sandigen, bis zu sechs Meter hohen Berg- und Tal-*(Dünen-)*Landschaft angelegte Widerstandsnest wurde mit dem ihnen zur Verfügung stehenden Mitteln und in Zusammenarbeit mit einem Bautrupp der Organisation Todt im Laufe der Zeit neben W 9 und W 10 zu einer der drei größten und stärksten Verteidigungsanlagen an der insgesamt, 48 Kilometer langen Ostküste der Cotentin-Halbinsel.

W 6 war eine kleine, lediglich mit Sandsäcken und Bohlen improvisierte Verteidigungsanlage im 860 Meter hinter dem Strand gelegenen, hinteren Teil des Weilers Pouppeville, bestehend aus einigen offenen Feldstellungen für Schützen mit Karabinern und Granatwerfern.

Bild oben links: Noch heute ist eine der beiden 5-cm-KwK des W 5 zur Seeseite ausgerichtet.

Bild oben rechts: Der nach außen hin ungewöhnlich groß wirkende Gruppenunterstand H 501 bot dennoch nur zehn Soldaten Platz. Er stammte noch aus dem alten Westwall-Bauprogramm. Der H 501 war obenauf mit einem Sehrohr ausgerüstet. **Fotos: von Keusgen**

Abbildung rechts: Grundrißplan des Gruppenunterstandes R 501.

Grundrißplan der Kasematte des RegelbauTyps H 612 im Widerstandsnest 8.

Auch entlang der gesamten Cotentin-Küste wurden (wie überall am „Atlantikwall") viele Schützengräben ausgehoben.
Foto: Archiv von Keusgen

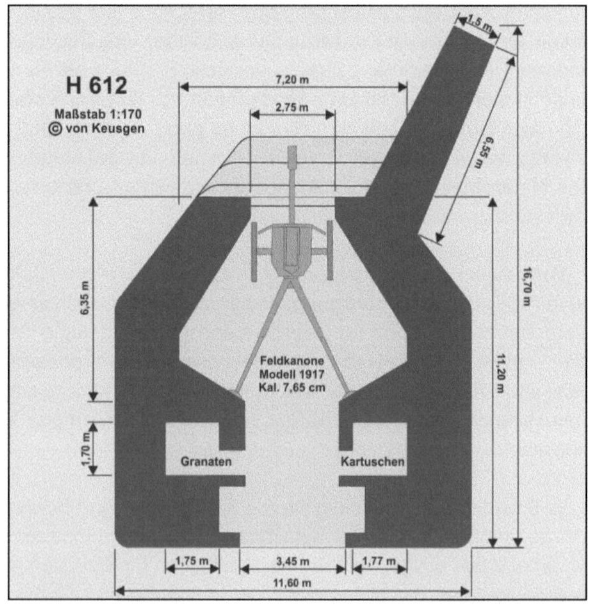

W 7 *(ursprünglich WN 105)* lag 900 Meter hinter dem Strand und der *Grande Dune (Gro-ße Düne)*, 500 Meter nördlich des Weilers La Madeleine, der sich fast in der Mitte eines We-ges befand, der das noch unfertige W 4 mit dem W 7 verband. Als Verteidigungsanlage völ-lig bedeutungslos, wurde lediglich eines der älteren Gebäude als Gefechtsstand für die in diesem Küsten- beziehungsweise Strandabschnitt aufgestellte 3. Kompanie des Oberleut-nants Matz des Grenadier-Regiments 919 genutzt.

W 8 *(ursprünglich WN 106)* befand sich in direkter Strandnähe, vor jener T-Kreuzung, an der die schmale Straße vom 4,4 Kilometer im Hinterland gelegenen Audouville-la-Hubert auf die Küstenstraße trifft. Das Terrain wurde als La Redoute *(Die Festung)* d'Audouville bezeichnet, wo sich noch eine Festungsruine aus dem Mittelalter befand, vor der die neue Verteidigungsanlage angelegt wurde. Sie bestand aus zwei Tobruk-Ständen für Maschinen-gewehre und zwei offenen Ringstellungen mit je einer 5-cm-KwK, einem Betonunterstand mit einer 4,7-cm-Pak, einem Schartenstand des Typs H 612 mit einem 7,65-cm-Geschütz.

Der Geschützbunker des W 8 befand sich unmittelbar am Strandsaum. In ihm war eine 7,65-cm-Feldkanone aufgestellt worden. (Auch dieses Foto war erst nach der Einnahme des Widerstandsnestes durch die Amerikaner und von ihnen aufgenommen worden.)
Foto: US National Archives

Des Weiteren gab es im W 8 noch einen Tobruk-Stand für einen 5-cm-Granatwerfer, drei Mannschaftsbunker, von denen in zweien MG-Tobruk-Stände integriert waren, außerdem auch noch vier feldmäßige MG-Stellungen. An den Flanken des Widerstandsnestes befan-den sich zwei kleine, betonierte Beobachtungsstände. In dem gesamten W 8 gab es ledig-lich einen einzigen und nur kurzen Laufgraben im nördlichen Bereich, der primär als Split-terschutzgraben bei Bombenangriffen dienen sollte. Gesichert wurde das Widerstandsnest durch mehrere kleine, unzusammenhängende Minenfelder. Auch diese Verteidigungsanla-ge lag hinter der Panzermauer, die den Strand vom Land abgrenzte.

W 9 war 950 Meter weiter nordwestlich und ebenfalls direkt am Strand gelegen (W 9 wird immer wieder fälschlich als Stützpunkt bezeichnet – vermutlich infolge seiner Dimension und der starken Befestigung und Bewaffnung. Als solcher galt eine Verteidigungsanlage je-doch erst, wenn darin mindestens eine gesamte Kompanie [oder Batterie] stationiert war. Im W 9 war das nicht der Fall).

Ebenfalls über die gesamte Breite von der Panzerabwehrmauer geschützt, bildete das Areal ein unregelmäßiges Vieleck, das von einem langen Panzerabwehrgraben zur Land-seite hin begrenzt war. Auf seiner südlichen und nördlichen Seite wurde das W 9 zusätzlich von je einem Minengürtel geschützt. Direkt an der Panzermauer befanden sich zwei Kase-matten des Regelbautyps H 677 mit je einer 8,8-cm-Kanone, die eine in nördliche Richtung ausgerichtet, die andere in südliche, auf den Mündungsbereich der Isigny-Bucht.

Um die Bunker vor der gegnerischen Luftaufklärung zu tarnen, wurden sie derart bemalt, daß sie von weitem den in der Normandie typischen Natursteinhäusern und -mauern ähnlich sahen.

Foto: Archiv von Keusgen

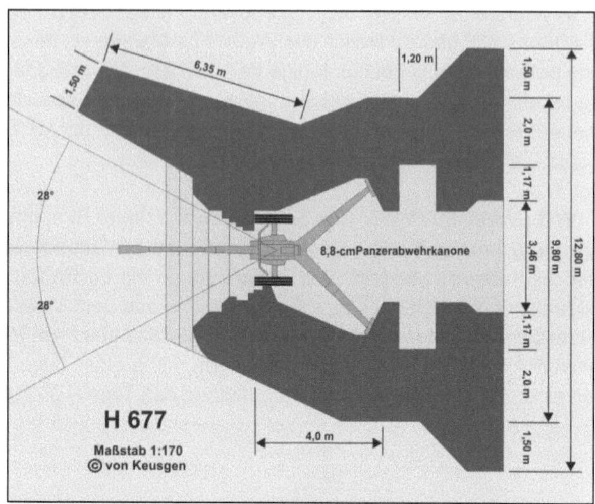

Grundrißplan der Kasematte des Regelbau-Typs H 677 im W 9.

Die „Rückseite" (die dem Strand abgewandte Seite) des W 9 mit zwei niemals gänzlich fertiggestellten und beidseitig „eingegrabenen" Gruppenunterständen (oben) sowie dem großen Mannschaftsbunker des Regelbau-Typs H 633 (links unten).

Fotos: von Keusgen

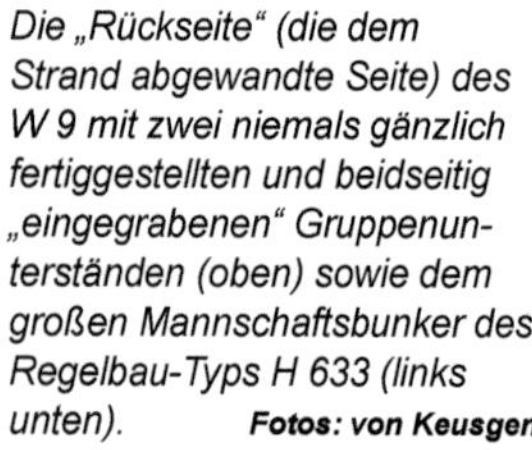

Im W 9 waren weiterhin fünf Panzertürme mit je einer 3,7-cm-Kanone auf spezielle Tobruk-Stände montiert, von denen man zwei im rückwärtigen Bereich des Areals errichtet hatte, drei an der linken und rechten Flanke der Panzermauer, und einen in deren Mitte; dieser befand sich über einer betonierten Panzergrube. Am linken Flügel der Panzermauer waren zwei Beobachtungsstände sowie ein MG-Tobruk-Stand errichtet worden. Zwei weitere derartige Stände waren an ihrem rechten Flügel plaziert. Dort hatte man außerdem in einem speziellen Betonunterstand einen großen Suchscheinwerfer mit 150 Zentimeter Durchmesser aufgebaut. Gespeist wurde er von einem Generator, der in einem fast fünfzig Meter zurückgelegenen Gruppenunterstand aufgestellt war. Insgesamt gab es im W 9 vier Grupenunterstände für Mannschaften. Den größten Bunker bildete ein H 633, bestückt mit einer Panzerglocke, in dem sich auch noch ein 5-cm-Granatwerfer sowie ein MG-Stand befanden.

(Üblicherweise wurde auch dieser Bunkertyp ebenerdig angelegt; das heißt, nachdem er – wie man das beim Bunkerbau fast generell praktiziert hatte – völlig freistehend erbaut worden war, wurde nach der Aushärtung des Betons das Erdreich bis zu seiner Oberkante beziehungsweise Abdeckung angeschüttet. Da dieser Bunker jedoch noch heute ohne jede Erdanschüttung völlig frei im Gelände steht, ist daraus ersichtlich, daß auch auf diesem Terrain die Arbeiten bis zur Invasion noch nicht vollständig abgeschlossen waren. Da man an diesem Küstenstreifen erst spät mit den Befestigungs- und Ausbauarbeiten begonnen hatte, findet man gerade hier einige dieser noch immer freistehenden Bunker.)

Auch das W 9 gehörte zu den stärksten Verteidigungsanlagen in diesem Küstenabschnitt.

Foto links: Der Kampfraum des H 677 mit der 8,8-cm-Panzerabwehrkanone (nach dem 6. Juni '44).

Foto: US National Archives

Grundsätzlich wurden sämtliche Bunker völlig freistehend erbaut (Foto links). Die Erdanschüttung erfolgte erst nach dem Abbinden des Betons (Foto oben).

Foto links: US National Archives
Foto oben rechts: Archiv von Keusgen

Ab Mitte Februar 1944 war Hans Lücking (Foto) ständig mit Vermessungsarbeiten der neuen Verteidigungsanlagen und dem Zeichnen neuer Karten beschäftigt.
Foto: Kollektion H. Lücking

Aufstellen verschiedenartiger Strandhindernisse vor dem W 10. (Im Vordergrund ein Tobruk-Stand mit einer Renault-Panzerkuppel mit einer 3,7-cm-Kanone.) **Foto: Archiv von Keusgen**

W 10 lag ebenso direkt am Strand, 750 Meter nördlich *Les Dunes de Varreville (Die Dünen von Varreville)*, weite 1.240 Meter vom W 9 entfernt. An ihrer rechten Flanke waren an der 230 Meter langen Anlage unmittelbar am Strand ein Kleinstschartenstand des Regelbau-Typs H 676 sowie eine ähnliche Sonderkonstruktion für je eine 4,7-cm-Festungspak errichtet worden, an der linken Flanke eine Kasematte des Regelbau-Typs H 677, bestückt mit einer 7,65-cm-Feldkanone. Somit konnten diese drei Geschütze den Strand in nördliche sowie in südliche Richtung bestreichen.

Eine weitere 4,7-cm-Pak stand in einer offenen Feldstellung im Zentrum der Strandlinie, flankiert von zwei Tobruk-Ständen mit französischen Panzertürmen mit 3,7-cm-Geschützen. Am rechten Flügel gab es noch eine offene Ringstellung mit einer 5-cm-KwK, eine weitere im rückwärtigen Bereich der Anlage. Acht MG-Stände, zwei Tobruk-Doppelstände des Typs Vf 69 mit je einem Maschinengewehr und einem 8-cm-Granatwerfer sowie elf Festungsflammenwerfern waren im Areal zur Rundumverteidigung aufgestellt.

Innerhalb der von einem weitläufigen Gewirr von Schützengräben durchzogenen Anlage des W 10 befanden sich außerdem auch noch drei Gruppenunterstände und drei Beobachtungsstände auf dem hügligen Terrain. In den Sand des Strandes waren massenhaft Holzpfähle mit Minen darauf eingeschwemmt, dazwischen etliche sogenannte Rollböcke *(um darauf Landungsboote zum Kentern zu bringen)* sowie zwei Reihen als Tschechenigel bezeichnete, eiserne Panzerhindernisse. Jedoch war diese große, längs des Strandes ausgedehnte Verteidigungsanlage weder durch rückwärtig und flankierend angelegte Minenfelder noch durch einen alles umgebenden, soliden Stacheldrahtverhau gesichert.

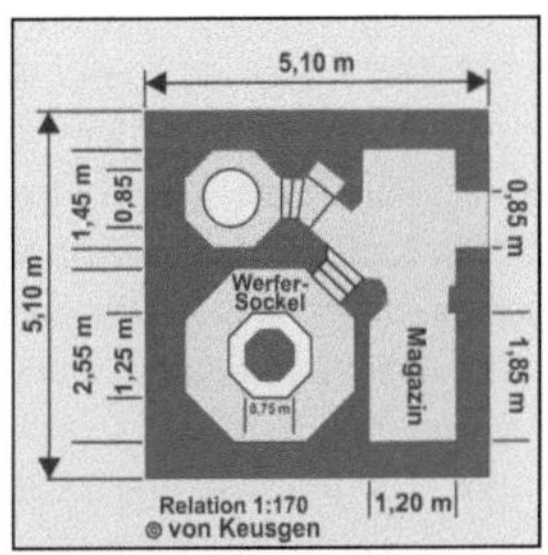

An der rechten Flanke des W 10 befanden sich direkt am Strand ein Kleinstschartenstand des Regelbau-Typs H 676 sowie eine ähnliche Sonderkonstruktion für je eine 4,7-cm-Festungspak (im Hintergrund rechts die H-677-Kasematte). **Foto: von Keusgen**

Grundrißplan eines Tobruk-Doppelstandes des Typs Vf 69 für einen Granatwerfer und ein Maschinengewehr.

An der nördlichen Flanke des W 10 befand sich die Kasematte des Regelbau-Typs H 677. In ihrem Gefechtsstand, in dem die 7,65-cm-Feldkanone aufgestellt war, hatten Soldaten der Geschützmannschaft ihre Parole an eine der Wände geschrieben (Foto unten).
Foto links: von Keusgen
Foto unten: Dr. A. Konschak

Foto Unten: Schon die etwa 50%-ige Teilansicht der dem Hinterland zugewandten Seite desW 10 läßt die für eine Küstenverteidigungsanlage ungewöhnlich große Dimension erkennen. **Foto: von Keusgen**

Das Widerstandsnest 10 bildete mit seinen 26 Verteidigungsstellungen von allen unmittelbar am Strand befindlichen Verteidigungsanlagen die zweitstärkste an der gesamten Ostküste des Cotentin.

W 10a sollte als *(vorerst)* kleine, zusätzlich flankierende Anlage zum W 10 beim Weiler La Selleraie angelegt werden, dort, wo die von St.-Germain-de-Varreville kommende Straße in die Küstenstraße D 421 mündet, 960 Meter nordwestlich des W 10. W 10a war jedoch zur Invasion noch lange nicht fertiggestellt und somit keine effektive Verteidigungsanlage. So klaffte zwischen dem W 10 und der nächsten *(wie fast alle unfertigen)* Verteidigungsanlage*(n)* ein gefährlich großes „Loch" von 1.710 Metern...

W 11 lag Foucarville 2,8 Kilometer vorgelagert, zu beiden Seiten der D 421 und direkt am Strand, 750 Meter vom unfertigen W 10a entfernt, ebenfalls hinter der hier *(ab dem geplanten W 10a in nördliche Richtung weiterhin)* verlaufenden Flutschutzmauer. Im Zentrum der Strandlinie war ein Observationsbunker errichtet worden, am nördlichen Flügel befand sich ein direkt in die Panzermauer integrierter Stand mit einem Renault-Panzerturm mit einer 3,7-cm-Kanone, ein weiterer am südlichen Flügel der Anlage. Auf einem anderen Tobruk-Stand war eine 5-cm-KwK montiert, in einem Doppelstand befanden sich ein Maschinengewehr sowie ein 8-cm-Granatwerfer. Zwei zusätzliche MG-Posten waren in offenen Stellungen aufgestellt. Den Mannschaften standen sieben Unterstände zur Verfügung, vor denen einige relativ kurze Laufgräben angelegt worden waren. Das gesamte, ohnehin nicht besonders große Terrain war mittels Stacheldrahtverhaue und beiderseits flankierender Minenfelder gesichert. Da das W 11 über keine Kasematten und keine großen Geschütze verfügte, stellte es keine besonders starke Verteidigungsanlage dar.

W 11a war lediglich die Niederlassung der 4. Kompanie und befand sich in einem der alten Häuser in Ravenoville.

W 12 war nur 550 Meter weiter nördlich und den Marcouf-Inseln direkt gegenüber gelegen. Ebenfalls hinter der dortigen Flutschutzmauer dehnte sich die deutlich kleinere Verteidigungsanlage auch über die Küstenstraße aus. Seeseitig befanden sich direkt an der Mauer drei Tobruk-Stände mit je einem Panzerturm mit 3,7-cm-Geschütz – zwei der Stände flankierten die Anlage, der dritte befand sich im Zentrum der Mauer. Zwischen den Tobruks waren zwei Kasematten errichtet worden. Der linke Geschützstand entsprach dem Regelbau-Typ H 612 und war mit einer 7,5-cm-Kanone und auf seiner Abdeckung mit einem großen Suchscheinwerfer ausgestattet; der rechte war ein H 667 mit einem 5-cm-Geschütz sowie zwei MG-Ständen. Ein weiterer Tobruk-Stand mit einem Panzerturm mit 3,7-cm-Geschützstand im rückwärtigen Teil der Verteidigungsanlage. In ihrem Zentrum hatte die Organisation Todt einen Gruppenunterstand angefertigt, und im südlichen Teil einen Bunker des Typs H 644, ausgestattet mit einer Panzerkuppel mit sechs Scharten für zwei Maschinengewehre. Eine weitere, lediglich offene MG-Stellung war im nördlichen Bereich des Areals eingerichtet. Zur Landseite hin war das W 12 von einem Panzerabwehrgraben umschlossen. *(Diese Verteidigungsanlage war bis zum Beginn der Invasion ebenfalls nicht fertiggestellt.)*

W 13 war bis zum Sommer 1943 eine nur kleine, aber ursprünglich schon im Dezember 1941 eine der ersten deutschen Verteidigungsanlagen am gesamten Atlantikwall. Jedoch

Einer der zwei direkt in die Flutschutzmauer integrierten Tobruk-Stände, auf denen französische Panzerkuppeln mit 3,7-cm-Kanonen montiert waren.

Etwas zurückgelegen, gab es im W 11 sieben Mannschaftsbunker.

Bild unten: Dieser Tobruk-Stand für ein Maschinengewehr befand sich an der südlichen Flanke des W 11.

Da in diesem Bereich die Küste wieder etwas höher lag, gab es hier keine Flutschutzmauer. So wurde wieder über einige hundert Meter eine spezielle Panzerabwehrmauer längs der Promenade betoniert.
Fotos: von Keusgen

hatte im Februar 1942 ein orkanartiger Sturm mehrere Tage lang derart gewütet, daß dadurch eine schwere Sturmflut entstanden war, die einige der kleinen, strandnahen und noch provisorischen Verteidigungsanlagen fortgeschwemmt hatte. Auch die beim Weiler Grand Hameau des Dunes in Strandnähe stationierte schwere 2. Batterie des Hauptmanns Dr. Hugo Treiber des Heeres-Küsten-Artillerie-Regiments 1261 wurde ganz erheblich in Mitleidenschaft gezogen *(siehe Seiten 15 und 16)*. Als Konsequenz daraus wurde entschieden, noch im März des Jahres die Batterie zum 4,8 Kilometer im Hinterland und höhergelegenen Dorf Azeville zu verlegen. Schon im März wurden von einer Abteilung der Organisation Todt beim Dorf Azeville, auf dem dortigen, neuen und weitläufigen Stützpunkt-Areal, zuerst vier betonierte Geschütz-Ringstellungen, dann neun Unterstände, zwei große Kasematten des Regelbau-Typs H 671 sowie zwei des Typs H 650 erbaut. Die Anlage bildete mit ihren 4 10,5-cm-Kanonen nun den **Stützpunkt W 13** der schweren 2. Heeres-Küsten-Batterie *(die gesamte Bestückung sowie die ganze ausführliche Geschichte dieser Verteidigungsanlage siehe das Buch zu dieser Serie mit dem Titel „Die Kanonen von Saint Marcouf")*.

Diese Bunker-Sonderkonstruktion war 12 Meter lang und besaß zwei sich gegenüber befindliche Scharten (heute vermauert). Aus jener nach Südosten gerichteten Scharte (Foto) war es der auf dieser Seite in der Kasematte aufgestellten 5-cm-KwK möglich, den dortigen Strand zu bestreichen; aus jener nach Nordwesten gerichteten konnte eine 4,7-cm-Kanone auf den entgegengesetzten Strandbereich feuern.
Fotos: von Keusgen

Auf der einen Seite der Promenade ein ehemaliger Tobruk-Stand (unten), auf der anderen Seite ein alter Gruppenunterstand – Reste des W 14a.

Im April des 1942 verlegte die schwere 2. Batterie des Hauptmanns Dr. Treiber von der Küste zum 4,8 Kilometer im Hinterland liegenden Dorf Azeville.
Foto: Kollektion Dr. H. Treiber

An jener Stelle am Strand bei Ravenoville-Plage, an der sich das Widerstandsnest befunden hatte, war Anfang März 1944 eine große Kasematte für eine 5-cm-KwK errichtet worden. Ursprünglich für das W 13 geplant, jedoch nach dessen Verlegung nach Azeville *(bis zur Invasion)* keiner anderen Verteidigungsanlage zugeordnet, beziehungsweise zu keiner ausgebaut worden. *(Betreffs dieser Kasematte siehe auch die Aussagen des 1944 in diesem Bereich stationierten Soldaten Heinrich Leichter auf Seite 25.)*

W 14 befand sich zwar in unmittelbarer Strandnähe, aber infolge der Verlegung des W 13 ins Hinterland war W 14 nun in der langen Reihe der Strandverteidigungsanlagen die nächste nach dem W 12 – dazwischen klaffte eine weitere, bei einem gegnerischen Angriff gefährlich große Lücke von 2.900 Metern.

Hinter der hier wieder verlaufenden Panzermauer erstreckte sich die 240 Meter lange Verteidigungsanlage. Sie war relativ dicht mit kleineren Bunkern bebaut. Es gab fünf

Gruppenunterstände für Mannschaften, drei Munitionsbunker, zwei MG-Tobruk-Stände sowie zwei Granatwerfer-Stände, einen Tobruk-Stand mit einem Panzerturm mit einer 3,7-cm-Kanone, eine offene Ringstellung mit einer 5-cm-KwK, eine offene Feldstellung für ein Maschinengewehr und einen großen Doppelscharten-Bunker, der keinem Regelbau-Typen entspricht. Innerhalb der nur einfach eingezäunten Anlage waren die meisten Bunker mittels Laufgräben untereinander verbunden. Viele der Verteidigungsstellungen waren mit großen Tarnnetzen verhängt. Im südwestlichen Außenbereich gab es zwei zusätzliche MG-Stellungen.

W 14a war nur ein improvisierter Posten beim in Strandnähe gelegenen, aus nur 12 Häusern bestehenden Hameau du Sud *(Weiler Süd)*. Die nur sechsköpfige Besatzung war in einem leerstehenden der wenigen Häuser einquartiert, jenem mit der Nummer 7, an der Strandseite der Dorfstraße. Ab Mitte Mai 1944 mußten die Soldaten infolge ständiger Luftangriffe in einem nahen, mit alten Eisenbahnschwellen überdeckten Splitterschutz-Unterstand schlafen – der jedoch nicht zur Verteidigung geeignet war *(siehe auch diesbezüglich Heinrich Leichter's detaillierten Bericht auf Seite 25)*.

Ab April 1944 war in diesem Widerstandsnest testweise eines der neu entwickelten Lichtsprechgeräte aufgestellt worden, mit dem man von dort aus einerseits mit einer Kommandostelle in St. Vaast im Norden kommunizieren konnte, andererseits mit der Batterie Maisy am Grandcamp im Süden *(betreffs Lichtsprechgerät siehe das Buch „Stützpunkt WN 62" zu dieser Serie)*.

W 15 war die stärkste Verteidigungsanlage an der gesamten Ostküste des Cotentin. Bild links: Der große Observationsbunker der Batterie. Bild rechts: Eine der beiden bis zum D-Day fertiggestellten großen Kasematten mit ihren bis zu 33 Kilometer weit reichenden 21-cm-Kanonen. **Foto links: von Keusgen 1973**
Foto rechts: ecpa.d

Stützpunkt W 15 wurde von der 2,8 Kilometer im Hinterland gelegenen, schweren 3. Marine-Küsten-Batterie Marcouf des Heeres-Küsten-Artillerie-Regiments 1261, unmittelbar oberhalb des nur aus sieben Häusern bestehenden Weilers Crisbecq und 700 Meter nördlich St. Marcouf, gebildet. Mit ihren drei 21-cm-Langrohrkanonen *(zwei davon verbunkert)* sowie sechs Fliegerabwehrgeschützen, neun MG-Stellungen und etlichen Unterständen war dieses die stärkste Verteidigungsanlage an der gesamten Cotentin-Ostküste. *(Die gesamte Bestückung dieses Stützpunktes sowie seine ausführliche Geschichte siehe ebenfalls das Buch zu dieser Serie mit dem Titel „Die Kanonen von Saint Marcouf".)*

W 16 lag am Strand – weite 1.750 Meter vom letzten größeren Widerstandsnest *(W 14)* entfernt. Nahe nordwestlich des Weilers Les Gougins war diese große Anlage entstanden. Zwei Kasematten des Regelbau-Typs H 671 mit je einer 10,5-cm-Kanone flankierten das Terrain. Außerdem gab es einen großen Unterstand mit einem 6-Scharten-Turm des Typs H 634, dessen Panzerkuppel mit zwei Maschinengewehren bestückt war. Vier weitere Panzertürme, vier Mannschaftsunterstände und ein 60-cm-Suchscheinwerfer gehörten ebenfalls zum W 16. Das Widerstandsnest war von ausgebaggerten Gräben und Stacheldrahtverhauen an seinen Flanken sowie zur Landseite hin geschützt.

W 17 war im Abstand von 620 Metern vom W 16 direkt am Meer angelegt worden – in den Dünen vor dem Hameau de Fontenay. Es bildete ebenfalls nur eine kleine Verteidigungsanlage. Die Bewaffnung bestand lediglich aus zwei Tobruk-Ständen mit Panzerkuppeln und ihren 5-cm-Kanonen, einem Stand mit einem 8-cm-Granatwerfer und einer Panzerkuppel mit einem Maschinengewehr.

Als „Maschinengewehrstellungen" bezeichnete Ein-Mann-Löcher mit einem MG waren am gesamten „Atlantikwall" keine Seltenheit, auch waren sie meistens noch nicht einmal überdacht – trotz der darin befindlichenWaffen (hier ein wassergekühltes polnischen Maschinengewehr).
Foto: Archiv von Keusgen

W 18 befand sich ebenfalls unmittelbar am Strand, vor dem Dorf Le Havre, wiederum weite 1.260 Meter nördlich des W 17. Hinter einer sehr starken, stellenweise bis zu mehr als mannshohen Flutschutzmauer mit mehreren Schießscharten, die sich auch über eine längere Strecke in beide Richtungen den Strand entlang fortsetzt, war hier ein zwar nur kleines, aber relativ starkes Widerstandsnest entstanden. An seiner rechten Flanke, nahe jener schmalen Straße, die vom Dorf zum Strand und durch die Mauer führt, waren in diese Mauer zwei kleine, seitlich zur Seeseite hin geöffnete Kasematten integriert. In der Kleineren war eine 5-cm-Kampfwagenkanone aufgestellt, die in südliche Richtung auf den Strand sowie auf das Meer feuern konnte. Die größere Kasematte entsprach dem Regelbau-Typ H 612 *(siehe Seite 36)*. In ihr stand auf einer fest montierten Sockellafette eine 7,5-cm-KwK, die den Strand und das Meer in nördliche Richtung bestreichen konnte. Diese Kasematte wurde mit einem darauf errichteten Giebeldach mit Dachpfannen, einer kleinen Gaube und einem Schornstein als Haus getarnt *(siehe Seite 27)*. Die Schießscharte konnte mit einem zweiflügeligen Holztor verschlossen werden. Darüber hatte man zwei Fenster auf die Außenwand gemalt. Außerdem befanden sich im W 18 zwei Panzertürme mit je einem 3,7-cm-Geschütz, ein Suchscheinwerfer mit 1,60 Meter Durchmesser und ein Gruppenunterstand mit einem MG-Tobruk-Stand. Zwei weitere, offene Maschinengewehrstellungen waren unweit des Durchgangs zum Strand angelegt worden.

(Da der amerikanische Landeabschnitt „Utah" von der Isigny-Bucht bis Quinéville reichte, wird auf die sich in nördliche Richtung fortsetzenden Widerstandsnester hier nicht weiter eingegangen.)

An dem gesamten Küstenabschnitt, von der Vire-Bucht bis hinauf nach Quinéville *(und darüber hinaus)*, entstanden am Strand vor den Panzerabwehrmauern Rommel's sogenannte Teufelsgärten: Überall auf etwa einhundert Meter Breite wurden Hunderte Baumstämme tief in den Sand des Strandes eingespült, die etwa zwei Meter emporragten und obenauf mit Minen und Granaten bestückt waren *(im Landserjargon nach seinem Erfinder „Rommel-Kerzen" genannt)*, und große Holz- und Stahlhindernisse sollten das Heranfahren von Landungsbooten und Panzern verhindern. Außerdem verlief auf mehrere Meter Breite ein Saum aus Minen und Granaten direkt an der Trennstelle von Land und Strand entlang. Größtenteils waren sie mit dünnen Drähten miteinander verbunden und bildeten somit äußerst gefährliche, sogenannte Minenfallen, dahinter Stacheldrahtverhaue. Die Schneisen zwischen den Minen, durch die es den Soldaten der Widerstandsnester möglich war, bis ans Meer zu gelangen, hatte man mittels dünner Holzpflöcke mit auffälligen Bändern gekennzeichnet. Die Soldaten wußten, daß sie sich vorsichtshalber darüber hinaus zu keiner Seite begeben durften, weder nach links, noch nach rechts.

Trotz Hunderter Bunker, Tausender Strandhindernisse und Hunderttausender Minen war die normannische Küste bis zum Beginn der Invasion nur mangelhaft gegen einen feindlichen Großangriff geschützt.
Fotos: Archiv von Keusgen

Die Widerstandsnester an der Cotentin-Ostküste waren von den Soldaten der drei Bataillone des Grenadier-Regiments 919 besetzt *(Oberstleutnant Keil)*. Verstärkt wurde das Regiment durch seine beiden schweren Kompanien, der 13. und der 14. Die 13. *(Oberleutnant Schön)* hatte mit ihrem 1. und 2. Zug und vier 7,62-cm-Feldkanonen nahe nördlich Audouville-la-Hubert Stellung bezogen, 4,2 Kilometer hinter dem W 8. Der 3. Zug stand mit zwei 7,62-cm-Feldkanonen beim Weiler Cauvin *(Gemeinde Brucheville)*, 2,2 Kilometer hinter dem W 1 gelegen. Die 14. war eine Panzerabwehr-Kompanie, die ihre Züge an der D 14, der hier 3,2 Kilometer rückwärtigen Küstenstraße, aufgestellt hatte – einen ihrer Züge samt ihrer Panzerabwehrgeschütze auf der Anhöhe an der Straßenkreuzung bei Audouville-la-Hubert, eine weitere nahe St.-Germain-de-Varreville und eine nahe Ravenoville. Die 15. Kompanie stand komplett bei St.-Germain-de-Varreville.

Bereits am 13. Oktober 1943 war die Verlegung eines schon am 8. Juli 1942 in Polen aufgestellten und sogenannten Georgischen Infanterie-Bataillons in die Normandie und seine Eingliederung in die 709. Division erfolgt. Es bestand aus einst gefangengenommener oder übergelaufener, dann der Wehrmacht freiwillig beigetretener Russen, die im Kaukasus beheimatet waren. Am 4. Mai 1944 wurde das fünf Kompanien starke Bataillon umbenannt in Georgier- bzw. Ost-Bataillon 795 *(Hauptmann Stiller)*. Das Bataillon bestand aus 69 Offizieren und Unteroffizieren sowie 837 Mannschaftsdienstgraden. Eine der Kompanien dieses Bataillons wurde bei La Hague stationiert *(an der äußersten Nordwestspitze der Cotentin-Halbinsel und somit weit von der Ostküste entfernt)*, eine in Audouville-la-Hubert, und die schwere MG-Kompanie in Ecoquenauville. Zwei Kompanien wurden hinter dem späteren amerikanischen Angriffsraum *Utah Beach* aufgestellt, bei Turqueville und bei St.-Martin *(etwa fünf bzw. sieben Kilometer hinter der Küstenlinie und drei bzw. fünf Kilometer östlich Ste.-Mère-Église).*

Die schwere Maschinengewehr-Kompanie des Ost-Bataillons 795 (Hauptmann Stiller) hatte einen georgischen Leutnant als Chef.
Foto: US National Archives

Hans Lücking, der alle Verteidigungsanlagen und Aufstellungsräume akribisch in die Landkarten eingezeichnet und immer wieder aktualisiert hatte, sie infolge seiner wiederholten Besuche sehr gut kannte, sagte dazu: „Die Anlagen in unmittelbarer Strandnähe an der Ostküste hatten auch seit Rommel hier der Chef war, keine deutliche Verstärkung erfahren und die Situation sich dort infolgedessen kaum wesentlich verbessert. Es waren lediglich einige Bunker gebaut worden, aber hauptsächlich Mannschaftsunterstände. Gerade in diesem Bereich konnte man nicht von einem durchgehenden Sperr-Riegel reden."

Ende Dezember 1941 war im küstennahen Hinterland der Ostseite der Cotentin-Halbinsel mit dem Anlegen der ersten Batteriestellungen in diesem Großraum begonnen worden – 1,1 bis 4,4 Kilometer vom Strand entfernt und mit mehreren Kilometern Seitenabstand zueinander. Diese, dem Heeres-Küsten-Artillerie-Regiment *(HKAR)* 1261 zugehörigen Heeres- und Marine-Batterien, waren auf die Nordostseite der Cotentin-Halbinsel ausgerichtet und meistens mit vier Geschützen bestückt, seltener mit sechs. Stationäre, verbunkerte Batterien waren von mehr oder weniger großen, teilweise nur Schein-Minenfeldern und Stacheldrahtverhauen umgeben und mittels eines Grabensystems untereinander verbundener Flak-, Granatwerfer- und MG-Stände gesichert. Erst nach Rommel's Ernennung zum Generalinspekteur des *Atlantikwalls* und seinem diesbezüglichen Befehl, war der Ausbau der Batterieanlagen ab Februar 1944 besonders intensiv vorangetrieben worden. Dennoch waren bis zur Invasion nicht nur viele Verteidigungs-, sondern auch etliche Batterieanlagen nicht endgültig fertiggestellt:

(Auch hier nachfolgend werden lediglich jene Batterien angeführt, die im nahen Küstenhinterland des von den Amerikanern für den „D-Day" benannten Landeabschnitts „Utah"

aufgestellt worden waren, sowie für jene nahe östlich, im Aufstellungsraum der 352. Infanterie-Division befindlichen Batterien am Grandcamp benannten Küstenabschnitt zwischen Isigny und der kleinen Fischerhafenstadt Grandcamp. Ihren Namen hatten alle Batterien nach jenen Orten erhalten, in dessen Nähe sie aufgestellt waren.)

Das HKAR 1261, dessen Kommandeur ab dem 20. Dezember 1943 der 58-jährige Oberst Gerhard Triepel war, wurde in drei Abteilungen gegliedert:

Die Heeres-Küsten-Artillerie-Abteilung *(HKAA)* I beeinhaltete drei Batterien der Küsten-Verteidigungs-Unter-Gruppe *(KVUGr)* St. Mar-couf:

Die schwere **1. Batterie St.-Martin-de-Varreville** *(Leutnant Erben)* des Heeres-Küsten-Artillerie-Regiments *(HKAR)* 1261 war ursprünglich bereits 1941 beim Weiler La Madeleine errichtet worden und auch danach benannt. Sie verfügte über vier an der Ostfront erbeutete, mobile Geschütze – zwei polnische 10,5-cm-Feldkanonen sowie zwei *(erbeutete)* russische des Kalibers 12,2 cm, die auf drehbaren Plattformen standen. Da die Batterie in ihrer Stellung für das amerikanische Landeunternehmen eine sehr ernste Gefahr darstellte, wurde ihre derzeit noch im Bau spezieller Kasematten befindliche Anlage in der Nacht vom 28. auf den 29. Mai 1944 von 64 Lancaster-Bombern der Royal Air Force mit 500-Kilo-Bomben derart stark bombardiert, daß sie fast völlig zerstört worden war. Die Verluste an Mannschaften waren gravierend. Daraufhin hatte man nahe der 3,7 Kilometer weiter nordwestlich befindlichen Ortschaft St.-Martin-de-Varreville, einen neuen, feldmäßigen Standplatz in einer versteckt gelegenen Stellung hinter dem W 9 gefunden, 2,7 Kilometer vom Meeressaum entfernt. Nach ihrer Verlegung wurde die Batterie entsprechend umbenannt *(aber dennoch weiterhin häufig als **Batterie La Madeleine** bezeichnet).* Sie bestand noch immer aus ihren vier mobilen Geschützen. *(Die offene Feldstellung blieb auch weiterhin in einem improvisatorischen Zustand, der bis zum 6. Juni nicht optimiert wurde. Wegen des erst sieben Tage zuvor stattgefundenen, verheerenden Bombardements mit den vielen toten und schwerverwundeten Artilleristen, hatte man infolge einer regelrechten „Kollektiv-Resignation" beschlossen, daß man bei einer Invasion keinen einzigen Schuß abgeben und sich in keiner Weise auf irgendwelche Kampfhandlungen einlassen würde – was dann tatsächlich auch eingehalten wurde. Der neue Standort der Batterie blieb den Amerikanern bis zu ihrer zufälligen Entdeckung im Laufe des 6. Juni unbekannt und wurde daher weder bombardiert noch von der Schiffsartillerie beschossen.)*

Die schwere **2. Batterie Azeville** mit ihrem kampferfahrenen Chef, Hauptmann Dr. Treiber, war als erste *(damals*

Bau der großen Kasematten der Batterie Azeville Ende März 1944.

Dr. Hugo Treiber, der Chef der 2. Batterie.

Fotos: Kollektion Dr. H. Treiber

*Die vier Kasematten seiner Batterie ließ Hauptmann Dr. Treiber wie ty-
pisch normannische Häuser aus Natursteinen bemalen und die Scharten mit Holzgittern zustellen, um somit die Geschütze darin vor dem
Erkennen durch Aufklärungsflugzeuge zu verbergen.*

Fotos: Kollektion Dr. H. Treiber

noch unverbunkerte) Batterie in diesem Küstenabschnitt in Strandnähe bei Les Gougins, zwei Kilometer östlich Quinéville, als offene Feldstellung errichtet worden. Nach ihrer Verlegung nach der schweren Sturmflut war sie gegen Ende April desselben Jahres zum 4,8 Kilometer entfernten Azeville zurückverlegt worden. Ab Anfang Juni 1944 bestand die Batterie aus vier verbunkerten 10,5-cm-Kanonen und bildete mit mehreren größeren Unterständen und Munitionsbunkern, die teilweise mittels unterirdischer Laufgräben miteinander verbunden waren, den weitläufigen und starken **Stützpunkt W 13**. Der Gefechtsstand und die einzelnen Geschützstellungen standen mittels eines sehr starken, unterirdischen Kabels in direktem telefonischen Kontakt. Außerdem war die HKB Azeville auch noch mit ihren beiden „Schwester-Batterien", der MKB Marcouf und der HKB St.-Martin-de-Varreville durch unterirdische Kabel verbunden.

Die HKB Azeville war eine sogenannte „blinde Batterie", denn von ihrer Position aus war das Meer für die Artilleristen nicht einsehbar, folglich kein zu beschießendes Ziel auszumachen. So war es notwendig, eine eigene, vorgeschobene Beobachtungsstelle zu errichten. Diese B-Stelle *(sogenannter VB = Vorgeschobener Beobachter)* wurde nahe des Weilers Crisbecq und in der Nähe der Batterie Marcouf betoniert – ein halbunterirdischer, großer Bunker, 2.200 Meter der Batterie Azeville vorgelagert. Dieser Bunker war mit einer stählernen, nur wenig über die Betonabdeckung herausragenden Beobachtungsglocke und einem Periskop für den Rundumblick ausgestattet. Dem hier stationierten Batteriechef, seinem Feuerleitoffizier, einem Telefonisten und sieben weiteren Soldaten bot sich von dieser ersten Anhöhe hinter der Küste ein herrliches Panorama über eine von Ginstersträuchern und niedrigem Kraut bewachsene Landschaft. Dr. Treiber notierte in seinem Tagebuch: „Ein unvergleichlich schöner Ausblick auf den Strand und das Meer. Ein Horizont ohne Ende."

Hauptmann Dr. Treiber hielt sich, wie es für einen Batteriechef üblich ist, fast ständig in der B-Stelle auf. Die Batterie wurde währenddessen von seinem Stützpunktführer, dem österreichischen Leutnant Hans Kattnig, geleitet. Nur abends fuhr Dr. Treiber zurück nach Azeville, in sein Quartier in einem Privathaus direkt neben dem Batteriegelände.

Die schwere **3. Batterie Marcouf** *(Oberleutnant Ohmsen)* befand sich auf dem weitläufigen MKB-**Stützpunkt W 15**, 700 Meter nordwestlich der kleinen Ortschaft Saint Marcouf entfernt und 250 Meter oberhalb des Weilers Crisbecq gelegen. Das seit Dezember 1941 in ständiger Erweiterung befindliche Areal bildete mit mehreren großen Gruppen- und Munitionsunterständen, drei weitreichenden 21-cm-Langrohrkanonen *(lediglich zwei davon waren bisher in Kasematten des Regelbau-Typs H 683 verbunkert; die vierte wurde noch beim 2,6 Kilometer entfernten Château Courcy gelagert)* sowie zehn Flak- und 16 MG-Ständen die stärkste Batterie in der gesamten Seine-Bucht *(mit Ausnahme jener 124 Kilometer weit entfernt liegenden Festung Cherbourg an der linken Spitze der neunzig Kilometer breiten Seine-Bucht und der noch weiter entfernten Festung Le Havre an der rechten Seite).*

Die Batterien Azeville und Marcouf befanden sich exakt im Zentrum jenes Küstenstreifens, der von den Planern der Invasion als US-Landeabschnitt mit dem Decknamen „Utah" bestimmt werden sollte – von der Vire-Bucht, der Baie du Grand Vey, bis zur kleinen Küstenortschaft Quinéville. In den Heeres-Küsten-Batterien standen Soldaten des Heeres, in jenen der Marine-Küsten-Batterien Soldaten der Marine, jedoch mit Heeres-Uniform, allerdings mit Anker-Ornamenten auf den Knöpfen ihrer Jacken.

Die Heeres-Küsten-Artillerie-Abteilung *(HKAA)* II führte die Batterien der KVUGr *(Küstenverteidigungsuntergruppe)* Sankt Vaast: Die **4. Batterie Le Mont Coquerel** war Anfang 1943 auf der 2,1 Kilometer hinter der Küstenortschaft Quinéville *(deshalb auch oft fälschlich als **Batterie Quinéville** bezeichnet)* befindlichen, gleichnamigen Anhöhe errichtet worden. Sie bestand aus vier älteren, in Kasematten des Regelbau-Typs H 671 verbunkerten 10,5-cm-Geschützen – zwei Feldkanonen sowie zwei Feldhaubitzen. Die Geschütze waren vor ihrem Einbau von den Radlafetten genommen und fest im Geschützstand der Kasematten installiert worden. Da die Batterie 2,6 Kilometer weit vom Strand entfernt stand und ihre bereits im Ersten Weltkrieg hergestellten Geschütze über keine besonders große Reichweite verfügten, war sie für einen Seezielbeschuß wenig geeignet und konnte lediglich für den Strandbeschuß eingesetzt werden. *(Infolge ihrer Verschartung wäre es ihren Kanonen ohnehin unmöglich gewesen, den späteren, für die Geschütze viel zu weit rechts, beziehungsweise östlich gelegenen US-Landesektor „Utah Beach" zu beschießen. Diese Anlage flankierte den äußersten westlichen Flügel des US-Landeabschnitts „Utah".)*

Noch im selben Jahr der Errichtung der Batterie-Anlage war in der Nacht vom 26. auf den 27. Dezember ein für seine Soldaten sehr gefährliches Kommando-Unternehmen der Alliierten unter dem Decknamen *Hardtack 21* am Strand direkt vor Quinéville und im Feuerbereich der Batterie durchgeführt

Bild oben: Oberleutnant Walter Ohmsen, Chef der 3. Marine-Küsten-Batterie, in seiner dunkelblauen Marine-Uniform.
Bild unten: Leutnant Hans Kattnig, Stützpunktführer der 2. Heeres-Küsten-Batterie in der feldgrauen Uniform des Heeres.
Foto oben: Kollektion W. Ohmsen
Foto unten: Kollektion H. Kattnig

worden. Angeführt hatte die aus Großbritannien herübergekommenen französischen *Commandos Nr. 1* und *Nr. 10* Leutnant Francis Joseph Marie Vourch. Zwei Stunden lang führten die Männer sehr geschickt und erfolgreich eine umfangreiche Strandaufklärung durch, um für eine Invasion wichtige Informationen zu erhalten: Verminung, Aufstellung von Strand- und Panzerhindernissen, Richtung und Stärke der Meeresströmung, Neigungswinkel des Strandes, außerdem ein analytischer Vergleich des Strandes, um in England adäquate Strände zu Übungszwecken zur Vorbereitung eines Angriffs im geplanten Landeabschnitt *Utah* zu finden.

*(Die **5. Batterie Crasville** – 4 x 10,5-cm-Geschütze – gehörte ebenso zur KVUGr Sankt Vaast wie die **6. Batterie Morsalines** – 6 x 15,5-cm-Geschütze. Diese beiden Batterien befanden sich jedoch nördlich über Quinéville hinaus, auf der nordwestlichen Landzunge der Cotentin-Halbinsel und somit außerhalb des amerikanischen Landeabschnitts „Utah", weshalb hier nicht weiter darauf eingegangen wird.)*

Die Heeres-Küsten-Artillerie-Abteilung III führte die Batterien der KVUGr Barfleur:

Die **7. Batterie Gatteville** *(15,5-cm-Geschütze)* stand an der nördlichen Spitze der Ostküste. *(Obwohl 14 bis 27 Kilometer vom sogenannten „Utah Beach" entfernt, waren sie infolge ihrer großen Kaliber imstande, während der Invasion weitreichendes Wirkungsfeuer auf das Landeunternehmen der Amerikaner zu legen.)*

Die **8. Batterie Quinéville** *(4 x 10,5-cm-Geschütze)* war vollverbunkert *(befand sich nahe bei der kleinen Ortschaft Lestre und wird deshalb – auch – als **Batterie Lestre** bezeichnet. Sie lag am D-Day ebenfalls außerhalb des Landeabschnitts „Utah").*

*(Auch die auf der nördlichen Landzunge des Cotentin aufgestellte **9. Batterie La Pernelle I** – 6 x 10,5-cm-Geschütze – sowie die **10. Batterie La Pernelle II** – 3 x 17-cm-Geschütze – befanden sich außerhalb „Utah".)*

Die an der Cotentin-Ostküste am südlichsten befindliche, war die **3. Batterie Holdy** des Artillerie-Regiments 191. Sie stand beim 1,7 Kilometer nordöstlich gelegenen Weiler Holdy sowie 1,1 Kilometer nördlich Ste.-Marie-du-Mont und 6,4 Kilometer hinter dem Widerstandsnest 5. Die Batterie verfügte über vier mobile 10,5-cm-Gebirgshaubitzen und einen Personalbestand *(am 6. Juni)* von 47 Artilleristen, von denen einige freiwillig der Wehrmacht beigetretene, ehemals in Russland

Ein Bad im Freien und Äpfel schälen im Land der Apfelbäume. Die deutschen Soldaten (hier Artilleristen der 3. Batterie Holdy) fühlten sich wohl im vom nahen Golfstrom beeinflußten, milden Klimader landschaftlich so reizvollen Normandie und genossen „Calva", Cîdre und Apfelkuchen.

Fotos: Archiv von Keusgen

gefangengenommene Georgier waren. Die vier Geschütze hatte man in einer geraden Reihe unter hohen Bäumen längs eines schmalen Feldweges aufgestellt. Ihre Feuerbereiche befanden sich nahe Pouppeville, direkt vor den beiden nahe beieinander liegenden Strandausgängen *(die beide von den Amerikanern gemeinsam als „Exit Nr. 1" bezeichnet wurden)* – vor den Widerstandsnestern 2 und 2a.

Die meisten der Artilleristen dieser 3. Batterie waren auf dem nahen, kleinen Bauernhof Dugouchet einquartiert, der Rest auf dem Gehöft Houelbec. Der Batteriechef, ein Hauptmann, sowie sein Stellvertreter, ein Leutnant, hatten sowohl ihr privates Quartier wie auch ihr Büro in einem Manoir *(Herrenhaus)* in Brucheville bezogen, 1,4 Kilometer von Holdy entfernt – eine Maßnahme, die von den Offizieren nicht selten praktiziert wurde, da bei einem Angriff auf ihre Batterie als erstes diese und das nahe Umfeld von der gegnerischen Artillerie unter Feuer genommen wird. Die Offiziere hatten – wie das ebenfalls nicht selten war – eine positive Beziehung mit den Wirtsleuten, denn häufig waren sie der französischen Sprache mächtig.

(Die unter dichten Bäumen versteckt aufgestellte Batterie Holdy blieb dem Invasions-Planungsstab der Alliierten bis zum D-Day unbekannt.)

Die **6. Batterie Brécourt**, ebenfalls zugehörig zum Artillerie-Regiment 191, war beim 4,6 Kilometer hinter dem W 3 gelegenen Weiler ebenso in einer offenen Feldstellung aufgestellt und mit vier 10,5-cm-Feldhaubitzen bestückt.

(Die weiteren sieben stationären Batterien des Artillerie-Regiments 919 waren nicht im unmittelbaren Küstenverteidigungsraum aufgestellt. Der Regiments-Gefechtsstand befand sich im Weiler Les Carrière, einen Kilometer nördlich Montebourg.)

Außerdem gab es die **1. Batterie** des ***Sturmbataillons A.O.K. 7*** *(Armee-Oberkommando 7)*, unweit westlich von Foucarville. Südlich von Brucheville war auch noch die **1. Raketenwerfer-Batterie** des Nebelwerfer-Regiments 100 aufgestellt worden. Die anderen Nebelwerfer *(Deckname für Raketenwerfer für Spreng-Raketen)* standen unweit der Dünen bei Varreville. Beide gehörten ebenfalls zur Heeres-Küsten-Artillerie-Abteilung 1261.

Der 24-jährige Gefreite Hans Blaschke war Angehöriger der 2. Batterie der Heeres-Artillerie-Abteilung 1152 und Kraftfahrer einer Zugmaschine für eine 21-cm-Kanone *(Bild oben)*, aber gelegentlich auch als Chauffeur seines Abteilungskommandeurs Erich Rüttger auf der Ostseite der Cotentin-Halbinsel unterwegs.

Der 24-jährige Soldat Hans Blaschke war infolge seiner vielen Fahrten auf dem Cotentin sehr gut über das große Potential auch mobiler deutscher Batterien informiert.
Abbildung links: Archiv von Keusgen
Foto rechts: Kollektion H: Blaschke

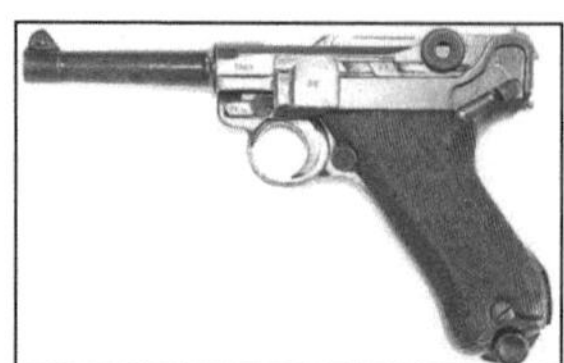

Die Pistole 08 galt als deutsche Ordonnanzwaffe und war eine Weiterentwicklung der von Hugo Borchardt konstruierten Pistole C 93 durch den Österreicher Georg Luger. Offizielle Bezeichnung: 9 mm P 08 Originalhersteller: Deutsche Waffen- und Munitionsfabrik (DWM) Konstrukteur: Luge Erstherstellungsjahr: 1898 Ursprünglich im Kaliber 7,65 mm hergestellt, 1908 auf Kaliber / Patrone 9 mm x 19 Parabellum erweitert Magazininhalt: 8 Patronen Länge: 222 mm Lauflänge: 102 mm Gewicht, ungeladen: 870 Gramm Vo / Mündungsaustrittsgeschwindigkeit: 320 m/sec. wirksame Schußweite: 50 m Von dieser Waffe wurden bis 1943 mehr als zwei Millionen in mehreren verschiedenen Ausführungen hergestellt.
Foto: Dr. A. Konschak

Blaschke erklärte: „Da gab es im nahen östlichen Hinterland auch noch eine Menge mobiler Batterien, wie die unsere. Sie wurden wegen der feindlichen Luftaufklärung sicherheitshalber immer wieder verlegt. Soviel ich weiß, waren am Invasionstag insgesamt etwa dreißig Batterien auf die Ostküste der Cotentin-Halbinsel und das dahinter liegende Meer ausgerichtet."

In keinem anderen der fünf von den Alliierten geplanten Landeabschnitte gab es derart viele Batterien, wie in „ihrem" Abschnitt *Utah*.

Die sogenannten Vorgeschobenen Beobachter aller Küstenbatterien befanden sich *(meistens zusammen mit ihren Feuerleitoffizieren)* in den vorgelagerten, am Strand befindlichen Observationsständen *(sogenannte B-Stellen = Beobachtungsstellen)* der jeweils zunächst gelegenen Widerstandsnester.

An der gesamten Ostküste der Halbinsel, von der Vire-Bucht bis hinauf nach Barfleur und dem auf gleicher Höhe zum 10 Kilometer im Hinterland gelegenen St.-Pierre-Église, waren auf insgesamt 39 Kilometer Küstenlänge und einer Gesamtfläche von 390 Quadratkilometer bis zum 6. Juni 1944 17 Batterien *(inklusive jener vier des Nebelwerfer-Regiments 100)* aufgestellt worden. Die Artillerie der 709. Division war im nördlichen Raum des Cotentin aufgestellt und hatte somit keinen Einfluß auf die Ereignisse am *Utah Beach*.

(Bis zur Invasion 1944 hatten am gesamten „Atlantikwall" mehr als 125.000 Zwangs- und Zivilarbeiter 17,3 Millionen Tonnen Beton sowie 1,2 Millionen Tonnen Stahl in zirka 12.000 Bunkeranlagen und Geschützständen verbaut. Die Gesamtzahl der OT-Arbeiter betrug 1,36 Millionen. Dennoch gab es zwischen den einzelnen Verteidigungsanlagen immer wieder weite, unbefestigte Freiräume, außer am besonders stark befestigten Pas-de-Calais – doch gerade dort sollte kein einziger Soldat der Alliierten angreifen.)

Das **Fallschirmjäger-Regiment 6** hatte mit seinen drei Bataillonen für den Bodeneinsatz an der schmalsten Stelle, der Cotentin-Halbinsel eine sogenannte Riegelstellung bezogen. Die Bataillone waren jeweils in den Räumen Lessay, am südwestlichen Küstenabschnitt *(das III. Bataillon)*, nahe südöstlich Ste.-Mère-Église, in der nordöstlichen Küstenregion *(das II. Bataillon)*, und in der Mitte zwischen den beiden Bataillonen, westlich Périers/Carentan *(das I. Bataillon)* aufgestellt worden.

Hans Lücking kannte als Kartenzeichner alle diese Truppenaufstellungen und Verteidigungsanlagen entlang der gesamten Küste gut. Er sagte dazu: „Wenn man außer der weit verteilt aufgestellten Batterien noch die äußerst lückenhaft zueinander angelegten, meistens nur sehr schwach befestigten und schlecht bewaffneten Widerstandsnester mit berücksichtigt, dann muß man sagen, ein echter Sperr-Riegel war das nicht."

Verstärkung der Cotentin-Ostküste durch Batterien am Grandcamp

Am Grandcamp, der westlichen Flanke der Vire-Bucht, der Baie du Grand Vey, gab es noch eine weitere, sehr starke *(Doppel-)* Batterie, die infolge der großen Reichweite ihrer Geschütze *(mit 19 Kilometern Radius)* sowohl das Landeunternehmen der Amerikaner an ihrem als *Utah Beach* benannten Sektor *(8 bis 10 Kilometer entfernt)* sowie jenem am *Omaha Beach (11 bis 17 Kilometer entfernt)* gefährden konnte: Die **schwere Heeres-Küsten-Batterie Maisy**, ebenfall benannt nach der benachbarten Lage bei der gleichnamigen kleinen Ortschaft.

Schon 1942 angelegt, befand sie sich 850 Meter hinter der Küste, war ein großräumig eingezäuntes Terrain *(mehr als fünfmal so groß wie der sechs Kilometer in östliche Richtung gelegene Stützpunkt Pointe du Hoc)*, auf dem die Widerstandsnester 83 und 84 angelegt worden waren *(in Bereich des Grandcamp noch als WN abgekürzt)*. Das gesamte Gelände war außergewöhnlich stark vermint und vom Meer aus landenden feindlichen Truppen fast unzugänglich, denn dem Strand war ein 5.400 Meter breiter Gürtel aus sehr voluminösem Kalksteingeröll bis zu 2.100 Meter vorgelagert. Ein Heranfahren bis in die unmittelbare Nähe der Küste mit Landungsbooten war einem Angreifer somit unmöglich. Außerdem erschwerte ein über mehrere Kilometer durchgehender Panzerabwehrgraben sowie fast nahtlos aneinandergrenzende Minenfelder gegnerischen Soldaten ein rasches Vordringen ins Hinterland.

WN 83 wurde als **Stützpunkt La Martinière** benannt. In ihm war die **9. Batterie** der Heeres-Küsten-Artillerie-Abteilung 1716 mit ihren vier 10,5-cm-Kanonen stationiert *(drei von ihnen verbunkert)*. Im unmittelbar benachbarten *(nur durch einen unbefestigten Weg getrennt)* **WN 84**, dem ebenso großen **Stützpunkt Les Perruques**, stand die **8. Batterie** mit sechs 15,5-cm-Haubitzen. Auf dem weitläufigen Areal befanden sich außer einer Vielzahl von Nahverteidigungsanlagen auch noch insgesamt zwölf 8,8-cm-Kanonen.

Diese beiden starken Verteidigungsanlagen waren den Planern der Alliierten ein äußerst häßlicher „Dorn im Auge".

Am nordwestlichen Küstenstreifen des Grandcamp bezogen nur zwei Tage vor dem *D-Day* auch noch **vier Batterien der gemischten Flak-Abteilung 497** ihre neuen Stellungen.

Das III. Flak-Korps war ein Großkampfverband der deutschen Luftwaffe und unterstand dem Luftwaffenkommando West. Die Aufstellung dieses neuen Flak-Korps Anfang 1944 war in Erwartung einer Invasion seitens der West-Alliierten in Nordfrankreich vollzogen worden. Die diesem Korps unterstellten Kampfverbände sollten weniger der Luftsicherung als primär zur mobilen, folglich vollmotorisierten Panzerabwehr dienen. Zwar hatte bereits Anfang Mai 1944 Generalfeldmarschall Rommel die Unterstellung des III. Flak-Korps unter sein Kommando verlangt, um es im erwarteten Invasionsraum für einen sofortigen Abwehrkampf zusammenziehen zu können, doch der Chef der Luftwaffe und Oberbefehlshaber aller Flak-Korps, Hermann Göring, hatte eine Übertragung der Befehlsgewalt über das III. Flak-Korps an

Oberst Werner von Kistowski war Kommandeur des Flak-Sturm-Regiments 1.
Foto: Kollektion von Kistowski

Die offizielle Bezeichnung für diese Flugabwehrkanone war 8,8 cm Flak 18, 36 & 37. Kaliber 88 mm x 570 mm
Länge der Waffe: 4930 mm
Rohrlänge: 4686 mm
Marschgewicht: Flak 18 – 6,861 t
Flak 36 & 37: 8,2 t
Gefechtsgewicht: aufgeprotzt 5,15 t, abgeprotzt 3,71 t
Gewicht der Kanone:
Flak 18 – 1,44 t
Flak 36 & 37 – 1,45 t
Seitenrichtbereich: 2 x 360°
Höhenrichtbereich: -3°/+85°
Vo: 820-840 m/sec
Feuergeschwindigkeit: 15-20 Schuß/min
Rohrlebensdauer: Kupfer – 2000-2500 Schuß
Sintereisen – 6000 Schuß

Die Flak 18 war die erste der von Krupp-Ingenieuren 1931 konstruierten und berühmt gewordenen Baureihe. Sie wurde ab 1933 in Serie produziert und war eine äußerst wirkungsvolle und auch für den Erdkampf geeignete Waffe.

Foto: Archiv von Keusgen

Rommel abgelehnt. Infolgedessen befand sich das Gros des Korps zu Beginn der Invasion weit entfernt vom Angriffsraum, somit am „D-Day" lediglich ein einziges Regiment in der Normandie stationiert war – das Flak-Sturm-Regiment 1.

Dieses Regiment war erst Anfang April 1944 aufgestellt worden und bestand aus der gemischten Flak-Abteilung 266 (Hauptmann Schmuck), der gemischten Flak-Abteilung 497 (Hauptmann Stein) und der leichten Flak-Abteilung 90 (Hauptmann Brook). Kommandeur dieses Regiments war Oberst Werner von Kistowski. Am 28. April war das 2.500 Soldaten starke Regiment dem neugebildeten III. Flak-Korps unterstellt worden. Das vollmotorisierte Regiment benötigte für 100 Kilometer Wegstrecke 33.000 Liter Brennstoff.

Nach etlichen Verlegungen traf das Flak-Sturm-Regiment 1 am Spätnachmittag des 4. Juni in seinem neuen Aufstellungsraum im „Dreieck" zwischen dem als Grandcamp benannten Küstenstreifen mit dem gleichnamigen kleinen Hafenstädtchen, nordwestlich von Isigny, bis zur kleinen Ortschaft Maisy und dem vier Kilometer hinter dem zukünftigen US-Landeabschnitt *Omaha* gelegenen Formigny ein und bezog seine neuen Stellungen. Oberst von Kistowski sagte betreffs des Aufstellungsraums seines Regiments: „Hier *(in diesem Luftraum)* fanden täglich Nacht*(ein)*flüge des Engländers nach Südfrankreich statt. Der Auftrag für unseren Einsatz lautete, Abschüsse in dieser Einflugschneise zu erreichen und damit den Einflug zu stören."

Zwar verfügte das Regiment über zwölf 8,8-cm-Geschütze, jedoch mangelte es erheblich an Munition, an ausreichender Brennstoffzuteilung, und die aus Russland zu diesem Regiment versetzten Führer und Unterführer waren zu wenige und die Mannschaften überwiegend überaltert. Ein Austausch gegen jüngere Soldaten erfolgte nur sehr langsam. Von Kistowski bemängelte weitere schwerwiegende Faktoren: „Da das Flak-Korps keinen eigenen Nachschub hatte, war das Luftgaukommando Westfrankreich für die Flak-Munition, das Flak-Gerät, die Kraftfahrzeuge und die Nachrichtenmittel verantwortlich, während das Heer die Verpflegung, Infanteriemunition, Nahkampfmittel und Brennstoff zu stellen hatte. Die ganzen Versorgungslager, bis auf Verpflegung, lagen im Raum Paris. Trotzdem kann gesagt werden, daß das Regiment, im Gegensatz zu anderen Einheiten, noch gut versorgt worden war."

Die Stationierung des Flak-Sturm-Regiments 1 im Großraum des Grandcamp bedeutete eine nicht unerhebliche Verstärkung dieses ohnehin schon stark armierten Abschnitts. Da die vier Batterien der gemischten Flak-Abteilung 497 am Grandcamp, im Raum der Dörfer Géfosse, Fontenay, Le Douet, Maisy, aufgestellt wurden, waren sie durchaus in der Lage, mit ihren 8,8-cm-Geschützen mit einer Reichweite bis zu 14,8 Kilometern, bis weit über den späteren US-Landesektor *Utah Beach* hinaus zu feuern. Sie stellten somit eine zusätzliche, sehr ernste Bedrohung für die dortige Landeoperation der Amerikaner dar.

Dazu sagte Oberst von Kistowski: „Wegen der Unkenntnis des Heeres, besonders seiner oberen Führer, über die Einsatzgrundsätze der Flak-Artillerie im Erdkampf, über die Empfindlichkeit der Flakgeschütze und überhaupt einer Flak-Batterie, wurde der Einsatz der 8,8-cm-Geschütze zur Flak-Kampftruppe nur im äußersten Notfall zugebilligt."

Der Artillerist und 38-jährige Obergefreite Walter Steimler, der 2. Batterie der gemischten Flak-Abteilung 497 angehörig, bemängelte: „Es gab überhaupt keine bombensicheren Unterstände; eigentlich war alles nur sehr provisorisch hergerichtet. Außerdem wußten wir gar nicht, wo wir uns überhaupt befanden – Normandie, das war alles, was wir wußten…"

Es lag etwas in der Luft…

Die Masse der jungen deutschen Soldaten, die an der Cotentin-Küste stationiert waren, war trotz der mangelhaften Verteidigungsanlagen betreffs eines Angriffs zuversichtlich. Sie glaubten unbedingt an einen Sieg. Die älteren Männer jedoch, besonders jene, die im Ersten Weltkrieg an der Front gelegen hatten, waren eher besorgt, denn sie wußten aus eigener Erfahrung, wie es war, wenn plötzlich ein Großangriff begann… Seit einigen Tagen hatte es immer wieder geheißen, daß es „bald losgehen" würde, doch wurden derartige Aussagen ebenso oft und oberflächlich als sogenannte Latrinen-Parolen abgetan.

Auf der anderen Seite des Kanals bereitete man sich indessen tatsächlich auf einen baldigen Angriff vor. Im Süden Großbritanniens waren die Truppenlager, Marine-Basen und Häfen inzwischen total überfüllt. In Southampton waren sämtliche Docks mit Schiffsbau und -reparaturen sowie dem Umladen von ständig aus den USA eintreffendem Kriegsmaterial rastlos beschäftigt, außerdem mußten für die vielen eintreffenden Landungsboote Anlegeplätze geschaffen werden. In Großbritannien standen indessen in 1.108 Truppenlagern 37 Divisionen zur großen Invasion bereit. Weitere 40 Divisionen warteten in den USA auf ihre Verschiffung nach Europa.

Am 2. April schrieb Unteroffizier Ferdinand Ardner vom Widerstandsnest 9 an seine Ehefrau und seine Tochter:

Liebe Maria und Annemi!

[…] Ich habe Dir doch zwei Pakete zwischen der Zeit geschickt. Das eine mit 2 Puppen für Neumeier und Annemie, das andere ist 1 Pfund Butter und Seife. […] Habe schon eine Flasche Sekt reserviert für Dich, den Du doch auch gerne hast. Ich sollte bloß wissen, wann ich in Urlaub fahren kann. Ich denke, erst im Mai. Vielleicht bin ich an unserem Hochzeitstag bei Euch. Das wäre schön. Auch unser Annemi würde sich freuen. […] Es wird bald ein großes Ereignis kommen. Da werden viele staunen. Es braucht nur Geduld und Zeit dazu. Ich zweifle sogar deswegen an meinem Urlaub. Das macht nichts. Die Hauptsache ist, daß dadurch der Krieg bald zu Ende ist. Und ich bin dann wieder bei Euch.

Nun recht viele Grüße und viele Bussi

Dein Ferdinand und Vati

(Ardner fiel während der Rückzugkämpfe im Juli 1944.)

Unteroffizier Ferdinand Ardner
Foto: Kollektion M. Ardner

An diesem 2. April 1944 war für das zwischen den Dünen vor dem Weiler La Madeleine gelegene Widerstandsnest 5 ein neuer Stützpunktführer ernannt worden, ein 23-jähriger Leutnant, der zuvor eineinhalb Jahre lang an der Ostfront gekämpft hatte und dort verwundet worden war – Arthur Jahnke, ein freundlicher, stets positiv erscheinender, sympathischer Mann. Seine besondere Begabung bestand in der Fähigkeit, seinen Soldaten ein Vorbild zu sein und sie zu überdurchschnittlichem Einsatz zu motivieren. Allerdings dauerte der Beginn dieses Prozesses erst einige Zeit lang, denn es waren gerade die älteren Männer seines Zuges, die infolge ihrer Erfahrungen aus dem Ersten Weltkrieg so gänzlich andere Vorstellungen vom Ausbau einer Verteidigungsanlage hegten, als sie der junge Leutnant aus Russland mitgebracht hatte. So hatte es diesbezüglich in den ersten Tagen seit Jahnkes Anwesenheit einige heftige Dispute gegeben, denn der junge Leutnant verfügte über wichtige Frontkampferfahrungen.

Das Besondere an der Lage dieses Widerstandsnestes gegenüber der meisten anderen bestand darin, daß die Verlängerung der aus dem Hinterland und von Ste.-Marie-du-Mont zur Küste führende Straße direkt durch sein Zentrum und bis an den Strand führte – eine äußerst wichtige Voraussetzung für eine Landung angreifender Truppen von See her – und das als einzige in diesem Bereich. Nur auf derartig direkten Wegen konnten Panzer und Lastwagen rasch ins Hinterland fahren. Auch war dieser Weg nur einer von vieren, die als leicht erhobene Dammstraßen durch das Überschwemmungsgebiet führten. Auch das hatte Jahnke durchaus erkannt.

Da gab es einige Dinge, die der Leutnant als Unmöglichkeit betrachtete und die er sofort abstellen ließ. Eine davon war die ihm total unfaßbare Tatsache, daß französische Fischer von La Madeleine her völlig eigenmächtig über den Hauptweg mitten durch das Widerstandsnest an den vorgelagerten Strand gehen durften. Niemand von den Soldaten konnte wissen, ob da nicht eventuell einer der Franzosen der Résistance angehörte...

Auf dem Terrain der Marine-Küsten-Batterie Marcouf war bereits zu Beginn des Monats April der erste der vier geplanten großen Geschützbunker fertiggeworden – in *Baustärke a*, mit einer Wand- und Deckenstärke von 3,5 Metern *(gegenüber der sonst üblichen Standard-Stärke b mit 2,5 Meter)*. Ein paar Tage später wurde die erste von vier mächtigen, tschechischen 21-cm-Langrohrkanonen unter großem Aufwand herantransportiert. Diese fast 20 Tonnen schweren, 11,46 Meter langen Geschütze hatten bereits seit einiger Zeit gut getarnt auf dem nicht weit entfernten Anwesen des Schlosses von Courcy gestanden, nahe Fontenay. Nachdem die Kanone, die weder über Rollen noch Räder verfügte, endlich bei ihrer Kasematte angekommen war, wurde sie unter weiterem, ganz erheblichen Aufwand und unter Verwendung eines zu diesem Zweck speziell errichteten Krans, durch die Scharte an ihren Bestimmungsplatz im sogenannten Geschützstand bugsiert und fest installiert.

Nachdem der Stab der Techniker nach zehn Tagen sämtliche Installationsarbeiten beendet hatte, ließ der Batteriechef

In der MKB Marcouf waren nur kurze Zeit später auch die beiden nächsten 21-cm-Kanonen installiert und feuerten testweise einmal fast gleichzeitig. Dazu sagte Heinrich Leichter: „Wenn die alle zusammen losbrüllten, dachte man, daß die Welt untergeht."
Foto: Kollektion H. Leichter

das große Geschütz am Mittwoch, den 19. April 1944, einschießen. Das erste abgefeuerte 21-cm-Geschoß sollte weit aufs Meer hinausfliegen...

„Das hat ganz schön gewummert, als die da oben, direkt hinter uns, geschossen haben", erinnerte sich Heinrich Leichter, der gerade im unterhalb vorgelagerten W 14a auf der Küstenstraße stand.

„So einen lauten Knall hatten wir zuvor noch nie gehört, obwohl das ja immerhin mehr als zweitausend Meter weit von uns entfernt war. Aber mit dem Schuß hätten sie fast die Kirche von Les Gougins zusammengeschossen. Die Granate schlug viel zu früh ein, ziemlich nahe der Ortschaft und der Kirche – auch ganz nahe bei uns. Da kriegt man ganz schön Muffe..."

Zwei Tage später erhielt Karl-Heinrich Büchner von Hauptmann Dr. Treiber den Befehl, mit seinem Kameraden Walter Jüngling von der B-Stelle der HKB Azeville aus zum Strand hinunterzugehen – wo sie sich überhaupt nicht auskannten. Büchner erzählte: „Der Jüngling war in Beutelsbach zuhause, war also auch ein Schwabe. Wir sollten mit so einem dämlichen Zweirädrig den Strand entlanggehen und von dort aus testweise irgend etwas zur Batterie hinauf funken..."

Als sich die beiden über die Küstenstraße auf den Strand begaben, wurden sie aus der dortigen, nur kleinen Verteidigungsanlage

W 14a von Heinrich Leichter angerufen: „Seid ihr verrückt geworden?"

Büchner und Jüngling blieben stehen und blickten sich verständnislos an. Dann rief Leichter: „Seid ihr wahnsinnig? Ihr seid auf einem Weg, der vermint ist!"

Büchner berichtete, was er und sein Kamerad daraufhin taten: „Da haben wir uns mit dem kleinen Karren gaaanz langsam wieder zurückbegeben – auf genau derselben Spur..."

Am 11. Mai kam Generalfeldmarschall Rommel zu einer weiteren Inspektionstour auf die Cotentin-Halbinsel. Begleitet wurde er von Oberstleutnant Günther Keil, dem Kommandeur des Grenadier-Regiments 919, sowie Divisionskommandeur August Karl-Wilhelm von Schlieben, der am 1. Mai 1944 zum Generalleutnant befördert worden war. Bei dieser Tour war auch wieder Rommel's Gefechtsschreiber, Wachtmeister Rolf Munninger, zugegen: „Rommel war mit dem, was er da oben an der Küste sah, immer noch nicht zufrieden. Manches hatte sich zwar etwas besser entwickelt, aber vieles war noch mächtig im Argen. Seine Laune war deshalb auch nicht besonders gut. Nach der Inspektion einiger anderer Anlagen ließ der Feldmarschall seinen Wagen beim Widerstandsnest 5 anhalten."

Bereits bis zu diesem Zeitpunkt war im W 5 einiges getan worden. Aus dem kleinen, provisorischen Küstenposten war ein relativ großes Widerstandsnest geworden, obwohl infolge immer akuter werdenden Materialmangels noch längst nicht alles fertig und etliche Bauarbeiter der *Organisation Todt* noch immer mit der Erstellung einiger Bunker beschäftigt waren. Munninger berichtete weiter: „Sofort kam der Stützpunktführer angelaufen, ein junger, sympathischer Leutnant. Er salutierte zackig und machte überhaupt einen guten Eindruck, trat sehr couragiert auf.

Generalleutnant August Karl Wilhelm von Schlieben war Kommandeur der auf dem Cotentin aufgestellten 709. Infanterie-Division.
Foto: Archiv von Keusgen

Rommel ließ sich herumführen und alles erklären. Die aufgestellten Waffen waren in ordentlichem Zustand und taktisch gut plaziert, und was nicht unter Beton stand, war gut getarnt. Dennoch war der Feldmarschall nicht zufrieden mit dem Zustand der Anlage. Es ginge alles nicht schnell genug, sagte er, auch die Offiziere müßten mitarbeiten. Als Jahnke gegen Rommel's Aussage protestierte, ließ der sich dessen Hände zeigen. Der Leutnant zog seine Handschuhe aus und streckte sie dem Feldmarschall hin. Sie waren schwielig und sichtlich zerschunden.

Dem nun folgenden Gespräch zwischen dem Feldmarschall und dem Stützpunktführer war zu entnehmen, daß der Leutnant schon an der Ostfront Erfahrungen gesammelt und beim Ausbau seines Stützpunktes selbst fleißig mit seinen Männern mitgearbeitet hatte. Rommel war offensichtlich von der Leistung des Leutnants beeindruckt. Er sagte zu ihm: *Offiziere wie Sie, möchte ich hier gern viele haben.*"

Josef Horn

Foto: Kollektion J. Horn

Am 15. Mai 1944 wurde die Batterie Holdy administrativ mit der ebenfalls zum Artillerie-Regiment 191 gehörenden 6. Batterie zur *Abteilung Schmidt* zusammengelegt.

An diesem 15. Mai trafen weitere neue deutsche Soldaten auf der Cotentin-Halbinsel ein. Gegen Abend dieses Tages stiegen sie auf dem Bahnhof von Carentan aus dem Zug. Einer von ihnen war der 18-jährige Josef Horn.

Aus Damscheid *(Rhein-Hunsrück-Kreis)* stammend, war der gelernte Schlachter Josef Horn am 25. August 1943 eingezogen worden. Seine Grundausbildung hatte er bei Verdun absolviert, außerhalb der Stadt. Horn erzählte: „Ich war der einzige von siebzig Leuten, der über kein Abitur verfügte. Dafür hatte mein Vater, der im Ersten Weltkrieg im Garde-Regiment 6 an fast allen großen Schlachten teilgenommen hatte und infolgedessen ab 1933 den rechten Arm nicht mehr hochbekam *(zum Hitler-Gruß)*, mir vier wertvolle Ratschläge mitgegeben: *Höre gut zu, wenn die Alten Dir etwas erzählen; hüte Dich vor Geschlechtskrankheiten; Dein größter Feind steht nicht vor Dir, sondern hinter Dir; wenn Du schießt, dann so, daß der Andere danach nicht mehr reden kann.*

Da kam gleich am ersten Tag ein Unteroffizier, ging an unserer angetretenen Reihe entlang und sagte: *Wir brauchen noch einen Mann.*

Dann schaute er mich an, und ich glaube, weil ich eine Brille trug und dadurch etwas intellektueller wirkte, sagte er: *Du!*

Ich kam somit zu einer offenbar speziell ausgewählten Gruppe, und wir erhielten eine qualifizierte Ausbildung als Funker und Fernmelder, die wir allerdings schon neben der Grundausbildung hatten mitmachen müssen. Tempo sechzig mußte man schaffen, also pro Minute sechzig Morsezeichen hören und erkennen, beziehungsweise selbst senden können.

Nach dieser Ausbildung wurden wir in die unmittelbare Nähe von Paris verlegt. Da waren wir dann für ein paar Monate. Am Ende dieser Zeit kannte ich Paris wie meine Hosentasche, auch alle Kirchen und sämtliche Museen. Die anderen Landser dort, die soffen doch nur. Daran hatte ich kein Interesse, habe lieber Kultur getankt. Dann waren wir eine Woche in Evreux, von dort kamen wir an den Pas-de-Calais, in die Nähe des kleinen Dörfchens Zuidkerke. Die Leute dort sprechen Flämisch.

Zum Ende des Februar 1944 wurden wir erst nach Bitsch, dann nach Baumholder in Lothringen verlegt. Dort wurde die neue 91. Luftlandedivision aufgestellt. Unser Trupp bestand aus achthundert Leuten, davon wurden neun Leute ausgewählt; acht Funker und ein Fahrer, der wurde direkt von seinem Bock abkommandiert. Da erschien ein wenig sympathischer Unteroffizier, der rief: *Waffenempfang!*

Ich bekam einen alten Karabiner, dessen Schloß nicht mehr voll funktionsfähig war. So sagte ich zum Unteroffizier: *Herr Unteroffizier, hierfür unterschreibe ich nicht, hier fehlt die Ausziehkralle am Schloß.*

Er schrie mich an: *Unterschreiben!*

Dann wurde ich als Fernmelder einer Artillerie-Einheit zugestellt, einer Batterie. Mitte April wurde ein Übungsschießen mit einer der Kanonen befohlen. Der neue Batteriechef, ein forsch auftretender Hauptmann, erteilte den Befehl, zu schießen, doch danach mußten die Artilleristen zwangsläufig auf den Offiziersunterstand feuern.

Seit ein paar Tagen war da auch ein General namens Falley, ein sehr sympathischer Mann. Ich stand bei diesem Übungsschießen zufällig ganz in seiner Nähe. Da drehte er sich um und fragte den Hauptmann in strengem Ton: *Wie können Sie so ein erbärmliches Scheißfeuerkommando erteilen? Wenn ich den jüngsten Funker aus Ihrer Batterie nehme, der gibt ein besseres Feuerkommando als Sie!*

Ja, wir waren auch ausgebildet, ein solches Kommando richtig geben zu können. Da hat Falley mich angesehen und knurrig gesagt: *Feuerkommando erteilen!*

Der dritte Schuß hat dann das Ziel getroffen. Daraufhin lächelte Falley zufrieden und fragte mich: *Wie heißen Sie? Wie lange sind Sie schon Soldat? Wie lange waren Sie im Urlaub?*

Ich beantworte seine Fragen und sagte: *Ich war noch nie im Urlaub, Herr General.*

Darauf sagte Falley zu unserem Unteroffizier: *Der Mann fährt sofort in den Urlaub, und wenn er zurückkommt, wird er zum Gefreiten befördert!*

General Wilhelm Falley war einer der humansten und beliebtesten Generäle derWehrmacht.
Foto: Kollektion M. Falley

Doch sollte es weder zum Einen noch zum Anderen kommen, denn am nächsten Tag wurden wir ohne jegliche Ankündigung verladen. Wir waren nun Soldaten der neuen 91. Luftlandedivision und entsprechend ausgerüstet."

Nun war Josef Horn wieder in der Normandie angekommen: „Von Carentan aus mußten wir zu Fuß zum mehr als neun Kilometer entfernten Weiler Holdy marschieren. Mit unserem Transport wurden auch weitere Pferde und Maultiere an den dortigen Küstenstreifen gebracht – auch der unsympathische Unteroffizier.

In Holdy angekommen, sollten wir direkt in einer Batterie Stellung beziehen. Es gab dort zwei Batterien des Heeres-Küsten-Artillerie-Regiments 919 – die 3. und die 6. Beide gehörten zum Artillerie-Regiment 191 unserer 91. Luftlandedivision und waren bespannte Batterien. Ich gehörte nun zur 3.

Noch immer stand ich unter dem Druck, daß mein Gewehr nicht in Ordnung war. Wäre ich in eine Kontrolle der Kettenhunde gekommen *(zynische Bezeichnung der Landser für die Feldgendarmerie, deren Angehörige zur Erkennung ein kleines, an einer grobgliedrigen*

Kette um den Hals gehängtes Aluminium-Schild mit der Aufschrift ‚Feldgendarmerie' tru-gen), dann hätte man mich womöglich wegen Sabotage gleich an die Wand gestellt, da kannten die kein Erbarmen.

Wir sind also in Stellung gegangen und haben uns in die Zelte gelegt. Da war noch einer bei uns, der Otto Dreher, der war auch Funker, der mußte nach Sainte-Marie-du-Mont, in die Ortsmitte, und auf diesem orientalisch aussehenden Turm der dortigen Kirche seinen Beobachtungsposten beziehen. Da oben war die B-Stelle unserer 3. Batterie, da war auch ein Telemetriegerät montiert. Da mußten zwei Funker rauf, die sich dann gegenseitig als Beobachter abwechseln konnten.

Es verging an diesem Abend nicht viel Zeit, da bekam ich schon von dem Unteroffizier den Befehl, meine Sachen zusammenzupacken und der Fernsprechleitung nachzugehen, um sie gewissenhaft zu kontrollieren: *Immer dem roten Draht nach, bis zum W 2. Da ist ein In-fanteriestützpunkt, da liegt unser vorgeschobener Beobachter, da müssen Sie sich melden!*

Er sagte mir, das W 2 direkt am Strand liegt und gab mir die Richtung an. Ich hab' alles gepackt, mein 24 Kilo schweres Funkgerät auf den Rücken geschnallt, zusätzlich ein Feldtelefon und einen Feldstecker, um alle dreihundert bis fünfhundert Meter die Telefonleitung etwas abzuisolieren und Testanrufe durchzuführen. Dann hat man noch zwei Notbatterien, die Gasmaske, den Stahlhelm, den Karabiner und die Munition. Dann bin ich losgegangen.

Nach vier Kilometern im Dunkeln und durch ein ziemlich feuchtes Gebiet kam ich irgendwann in Pouppeville an. Dort traf ich einige Infanteristen. Ein Feldwebel fragte mich: *Sag' mal, junger Mann, wo willst Du denn in dieser dunklen Nacht noch hin?*

Ich erklärte ihm meinen Befehl. Da sagte er: *Da kommst'e nich' durch, da ist alles unter Wasser. Da liegt zwar alle Meter ein Stein, aber wenn Du da im Dunkeln mit Deinem schweren Funkgerät vorbeispringst, wirst'e ersaufen.*

Ja, da war viel überschwemmt, zwar ganz unterschiedlich, aber da waren ja auch die Marais, die Sümpfe. Dann sagte er: *Ich rufe in Deiner Batterie an und werde ihnen sagen, daß Du erst morgen, wenn es wieder hell ist, nach vorn gehen solltest.*

Doch mein Unteroffizier brüllte so laut ins Telefon, daß ich es mithören konnte: *Das ist Feigheit vor dem Feind! Wenn der Kerl nicht nach vorne geht, ist die Batterie nicht feuerbereit!*

Darauf erklärte der Feldwebel: *Wenn er durchs Überschwemmungsgebiet geht und macht im Dunkeln einen falschen Schritt, ertrinkt er; dann ist die Batterie auch nicht feuerbereit.*

In diesem kleinen Anwesen der damaligen Familie Lay war das Batteriepersonal, zu dem auch Josef Horn gehörte, 1944 einquartiert – ein Anwesen, auf dem und um das herum sich schon sehr bald noch viel ereignen sollte...

Foto: von Keusgen

Dann wurde ich von einem ortskundigen Infanteristen zur Batterie zurückgebracht. Ich meldete mich bei dem Unteroffizier zurück, demselben von vorhin. Der hat getobt...

„Am nächsten Tag habe ich mir dann erstmal die Batteriefeuerstellung angesehen, die man nahe der wenigen Häuser von Holdy aufgestellt hatte. Da standen, mit etwas Abstand zueinander, vier total nagelneue Geschütze, Gebirgshaubitzen, Modell 40, Kaliber 10,5. Ich habe dann erfahren, daß sie gerade erst kurz zuvor eingetroffen waren, in Einzelteilen, und nun hatte man sie zusammengesetzt."

Während sich in der Normandie die Offiziere in den Stäben und Kommandostellen darüber die Köpfe zerbrachen, wann „sie" denn nun kommen, und wo, war auf der anderen Seite des Ärmelkanals bereits ein Kriegspotential noch nie dagewesener Dimension zusammengezogen worden – nur zweihundert Kilometer entfernt...

Auch die in den Häfen an der Südküste Englands zusammengezogenen Soldaten fragten sich schon seit einigen Wochen, wann es wohl losgehen und wohin man sie bringen würde – und als wie stark und gefährlich sich die deutsche Abwehr erweisen wird...
Foto: US National Archives

Der „Tag X" rückte immer näher...

Am 15. Mai stellte General Montgomery in Gegenwart von König Georg VI., Premierminister Winston Churchill, den Oberbefehlshabern der Alliierten und den Obersten des britischen und amerikanischen Militärs, die *Operation Overlord* vor – den „Sprung über den Kanal" und den Angriff auf die „Festung Europa". *(Betreffs des Angriffsplans der Alliierten wird hier, entsprechend des Buchtitels, schwerpunktmäßig auf den Landeabschnitt „Utah" eingegangen.)*

Ab dem *D-Day* sollten die Truppen der Alliierten dann innerhalb von neunzig Tagen die Normandie und die Bretagne einnehmen und den Gegner hinter eine Linie auf Höhe der Loire- bis zur Seine-Mündung zurückdrängen. Die Briten und Kanadier sollten am ersten

Tag der Invasion in den drei aneinandergrenzenden östlichen, insgesamt 38,1 Kilometer langen Invasionsräumen mit drei Infanterie-Divisionen landen *(in ihren als „Sword" und „Gold" für britische und „Juno" für britisch-kanadsche Einheiten bezeichneten Abschnitten)*, verstärkt durch eine Luftlandedivision, zusätzlich mit kanadischen Einheiten. Die Amerikaner sollten in den beiden ebenfalls aneinandergrenzenden westlichen, insgesamt 43 Kilometer langen Invasionsräumen ebenso mit drei Infanterie-Divisionen landen, jedoch in lediglich zwei Abschnitten *(„Omaha" und „Utah")*, im Westen flankiert von zwei Luftlandedivisionen.

Für den amerikanischen Angriff an seiner rechten Flanke *(Utah)* war der Raum zwischen Ravenoville Plage und der Vire-Mündung vorgesehen. Dort sollten zuerst in der Nacht zum *D-Day* die Fallschirmjäger der 82. und die 101. Airborne Division im küstennahen Hinterland heruntergehen, gleichzeitig eine größere Masse Infanteristen mittels Lastensegler am Boden abgesetzt werden. Ab Sonnenaufgang sollte über mehrere Stunden der Angriff von See her erfolgen, wobei die Infanteristen der 4. Division mit Landungsbooten und in mehreren Angriffswellen an Land gebracht werden mußten, insgesamt 23.250 Soldaten.

*Die beiden höchsten Stabs-
chefs der Alliierten Expeditions-
streitkräfte (SHAEF): General
Dwight David Eisenhower
(links) und General Sir Bernard
Law Montgomery.*
Foto: Archiv von Keusgen

Nachdem dann die amerikanischen Truppen am Strand fußgefaßt haben würden, sollten sie mit der Unterstützung ihrer Fallschirmjäger beginnen, sich auszubreiten. Zu diesem Zweck würden in den nächsten Tagen unentwegt weitere große Truppenkontingente angelandet werden. Ihre Aufgabe bestand in folgender Vorgehensweise:

Ein Teil sollte vorerst bis zur Mitte der Cotentin-Halbinsel vorstoßen und die von Isigny und Carentan über Sainte-Mère-Église und Montebourg bis nach Cherbourg führende, zentrale Bahn- und Straßenverbindung einnehmen; ein anderer Teil sollte in östliche Richtung und über Carentan vorgehen, um sich an ihrer linken Flanke mit den von Osten heranrückenden US-Truppen *(von der 25 Kilometer entfernten Pointe du Hoc und dem 33 Kilometer entfernten „Omaha Beach")* zu vereinen, außerdem hatten sie die Cotentin-Halbinsel an ihrer Engstelle von eventuell nachdrängenden deutschen Truppen abzuschneiden. Ein weiterer Teil sollte sich in nordwestliche Richtung auf Cherbourg zubewegen, um in der Folge den dortigen großen Hafen einzunehmen und später darüber einen großen Teil der eigenen Truppenversorgung und weiteren Truppennachschub ausführen zu können.

Ein spezieller Stab war mit der Aufgabe betraut, die gesamte Organisation für diese gewaltige Operation logistisch zu planen. Es mußte für alles gesorgt werden – von den Brühwürfeln bis zu den Planierraupen, vom Sprit bis zum Verbandmaterial. An nichts sollte gespart werden und von manchem sogar die doppelte Menge verfügbar sein. *(Die später für die Invasion bereitgestellten Lebensmittelvorräte hätten ausgereicht, damit die Einwohner einer mittelgroßen Stadt eine ganze Woche lang zu versorgen.)*

Am 17. Mai bestätigte General Eisenhower nochmals den 5. Juni als den nächsten geeigneten *D-Day* – den Angriffstag. An diesem Tag erschien der Oberbefehlshaber der Heeresgruppe B bereits ein weiteres Mal *(zum letzten Mal)* zu einer Inspektionsfahrt auf der Cotentin-Halbinsel. An diesem und dem nächsten Tag inspizierte Rommel einen Teil der dort stationierten Truppen, besonders jene des Fallschirmjäger-Regiments 6. Er sprach mit den drei Bataillonskommandeuren sowie dem Kommandeur der 91. Luftlandedivision, Generalleutnant Wilhelm Falley. Das Wetter war, wie in den letzten Tagen zuvor, zwar sonnig, aber mit nur +10° in der vom Golfstrom so stark beeinflußten Normandie deutlich zu kalt für diese Jahreszeit.

Am 20. Mai erschien Generalmajor von Schlieben, der Kommandeur der 709. Division, völlig überraschend im Widerstandsnest 5. Er brachte einige hochdekorierte Offiziere und eine sechzehnköpfige Musikkapelle mit – und ein Ritterkreuz...

Als Chef der 5. Kompanie des Grenadier-Regiments 572 der 302. Infanterie-Division hatte sich der 23-jährige Leutnant Arthur Jahnke an der Ostfront noch im Frühjahr 1944, im Gebiet bei Nikolaievsk, durch, wie es hieß, „besondere Tapferkeit vor dem Feind" für eine hohe Auszeichnung verdient gemacht. Nun wurde ihm mit einer kleinen, improvisierten Zeremonie das Ritterkreuz zum Eisernen Kreuz durch General von Schlieben höchst offiziell und „im Namen des Führers" für seinen Mut an der Ostfront verliehen. Man hatte dafür sogar extra einen Kriegsberichterstatter mitgebracht.

Leutnant Arthur Jahnke, am 23.12.1921 in Flensburg geboren, hatte gehofft, daß es in der Normandie ruhiger zugehen würde, als an der Ostfront. Den Wunsch, nach Frankreich versetzt zu werden, hegten alle in Russland stehenden deutschen Soldaten – ins Land, in dem, wie sie sagten, „Milch und Honig fließen"...

Der Oberbefehlshaber der Heeresgruppe B, Generalfeldmarschall Rommel (vorn rechts) am 18. Mai 1944 im Gespräch mit Hauptmann Horst Trebes, dem Kommandeur des III. Bataillons des Fallschirmjäger-Regiments 6.(Von links: Hauptmann Rolf Mager, Kommandeur des II. Bataillons des FJR 6; Oberleutnant Johann Engelhardt [mit Ritterkreuz], Chef des VIII. Bataillons FJR 6; Hauptmann Emil Preikschat, Kommandeur des I./FJR 6; Hauptmann Horst Trebes; Generalleutnant Wilhelm Falley [im Hintergrund zwischen Trebes und Rommel], Kommandeur der 91.Luftlandedivision. Zweiter von rechts: Major i. G. Joachim Bartuzat, Falley's Ordonnanz-Offizier.
Foto: Archiv von Keusgen

(Fotoserie) Der 20. Mai 1944 war ein großer Tag für den erst 23-jährigen Leutnant Jahnke.   **Fotos: ecpa>d**

In dieser Woche mußte sich der Funker Josef Horn wieder einmal von der Batterie Holdy zum Widerstandsnest 2 begeben: „Ich sollte dort für einige Zeit beim Vorgeschobenen Beobachter verbleiben. Stützpunktführer war dort Leutnant Meinecke aus Norddeutschland.

Jeden Tag kam ein Franzose mit einem Eselskarren mit einem Dreihundert-Liter-Faß d'rauf und brachte frisches Wasser für die dortigen dreiunddreißig Soldaten, für dreißig Männer der Infanterie und für drei von unserer Batterie. Da waren überhaupt alles nur Norddeutsche. Die haben einen etwas sonderbaren Humor. Unter ihnen waren Ostfriesen – seltsame Typen, die hatten dort ihre Schützenlöcher in die Dünen gegraben, fünf Meter im Durchmesser, und ringsum waren Sandsäcke aufgeschichtet worden, hinten etwas höher als vorn. Oben drüber war ein Tarnnetz gespannt, rechts und links je ein MG'42. In der Mitte des etwa dreihundert Meter langen Widerstandsnestes stand ein Betonblock und auf ihm ein drittes MG'42, auf einer Lafette. Dann gab's da noch zwei Kampfwagenkanonen, die in kleinen, betonierten Stellungen standen, oben drüber auch Tarnnetze. Die eine war eine 5-cm-Skoda-Kanone, die andere eine Kuppel von einem Renault-Panzer. Auf der linken Seite des W 2 stand noch eine 7,5-cm-Pak, einfach so, ohne jegliche Deckung und Tarnung, ohne alles. Überhaupt war alles nur feldmäßig hergerichtet. Eine Woche zuvor waren noch sechs dieser fernsteuerbaren Kleinpanzer geliefert worden – Goliaths. Sie sahen

aus wie drolliges Spielzeug, da war aber in jedem ein ganzer Zentner Sprengstoff drin, und der ging auf Fernzündung
hoch. Mehrere Widerstandsnester hatten diese Dinger bekommen, auch W 5. Das war der größte Stützpunkt an diesem Küstenstreifen. Da mußten wir, wenn wir auf Wache gehen sollten, immer als Pendelposten hingehen, immer vom W
2 bis W 5, am Strand entlang; zweieinhalb Kilometer hin und
zweieinhalb Kilometer zurück, und wieder hin und her; immer zwei Stunden lang. Einmal habe ich den dortigen Stützpunktführer gesehen, den Leutnant Jahnke. Von dem sprach
hier jeder. So ein junger Mann mit Ritterkreuz, der fällt natürlich auf. Deswegen ist er ja wohl auch auf den größten Stützpunkt an unserem Küstenabschnitt gekommen." *(Das größte
Widerstandsnest war jedoch W 10.)*

*Josef Horn war auch einer
jener vielen Männer, die bis ins
hohe Alter immer wieder in die
Normandie zurückkehrten –
auf der endlosen Suche nach
etwas, von dem sie selbst nicht
wußten, was es war…*
Foto: Kollektion J. Horn

Der Plan der Alliierten

Nach den Rückschlägen der Wehrmacht in Russland
und Nordafrika wurde im März 1943 in London ein gemein-
sames Hauptquartier der Briten und Amerikaner eingerichtet. Dort war man mit der Aufgabe betraut, die Möglichkeiten einer Landung auf dem westeuropäischen Kontinent
auszuarbeiten, um die von Stalin schon seit 1942 so dringend gewünschte zweite Front gegen Deutschland zu eröffnen.

*(Anmerkung des Autors: Inwieweit Stalin's Anliegen betreffs einer zweiten Front Ende
1943 noch im Vordergrund der Überlegungen der Alliierten stand – und wenn ja, dann für
noch wie lange? – bleibt fragwürdig, denn seit genau dieser Zeit befanden sich die deutschen Ostfront-Truppen fast kontinuierlich auf dem Rückzug und die russischen auf dem
Vormarsch – in Richtung Deutschland.)*

Dem obersten Führungsstab der Alliierten *(Combined Operations Strategic Alliied Com-
mand = Kombinierte Operation strategischer Dienste des alliierten Kommandos)* standen
unbegrenzte finanzielle Mittel zur Verfügung. Der *Chief of Staff to the Supreme Alliied Com-
mander* war der britische General Sir F. E. Morgan. Die Entscheidung für eine Invasion als
amphibisches Landeunternehmen an einer der westlichen Küstenabschnitte des europäischen Kontinents wurde am 28. Juni 1943 getroffen und dieser Plan am 20. August desselben Jahres im kanadischen Quebec anläßlich der *Quadrant-Konferenz* verabschiedet.
Doch Sir Morgan verwarf die Überlegung, an der nur 38 Kilometer schmalen Meerenge des
Pas-de-Calais zu landen. Dagegen sprachen die zu starken deutschen Befestigungsanlagen und deren derart weitreichende Kanonen, mit denen man von Frankreich aus eine Invasionsflotte an der britischen Küste hätte versenken können, bevor sie überhaupt in See
stechen würde *(was auch der deutschen Führung hätte bewußt sein müssen)*. Eigentlich
wäre das die logischste Angriffsstelle, da dort eine Flotte die kürzeste Zeit brauchte, den Ärmelkanal zu überqueren. Aber solange sich die Angreifer auf dem Wasser befinden, können
sie sich nicht wehren und sind infolgedessen am verwundbarsten. Auch Napoléon und Hitler hatten diese Engstelle bereits für eine Invasion vom Festland nach Großbritannien in Er-
wägung gezogen. So wurde festgelegt, daß eine Invasion, durchgeführt von drei Divisionen

und unter dem Decknamen *Overlord*, an der französischen Westküste, jener der Normandie, stattfinden sollte, zwischen Grandcamp und Ouistreham. Dafür sprachen mehrere wichtige Fakten: Weit voneinander entfernt befindliche und überwiegend kleine deutsche Verteidigungsanlagen, langgezogene, breite und sehr flache Strände, Schutz vor westlichen Winden und die Möglichkeit, nahe der Küste künstliche Hafenanlagen zu errichten.

Der Oberkommandierende über sämtliche Invasionstruppen: General Dwight D.Eisenhower (oben) und General Bernard L. Montgomery, der Oberbefehlshaber über die britische 21st Army Group sowie Befehlshaber über die gesamten alliierten Streitkräfte während der ersten Phase der Landeunternehmen am 6. Juni 1944 und bis zur Konsolidierung der in den jeweiligen Landeabschnitten gebildeten Brückenköpfe.
Foto oben: US National Archives
Foto unten: Battlefield Historian Ltd.

Ursprünglich war der Termin der Invasion für den 1. Mai 1944 vorgesehen. Als jedoch General Dwight David Eisenhower und General Bernard Law Montgomery ihre Kommandos übertragen bekamen, stimmten sie darin überein, daß die bis dahin geplante Breite des Invasionsraums viel zu schmal war. Auch war die Gesamttruppenstärke viel zu gering angesetzt. Außerdem verlangte gerade Eisenhower erheblich mehr Schiffsraum, der von den Alliierten erst aus der ganzen Welt zusammengezogen werden mußte. Um dafür die erforderliche Zeit zu haben, setzte Eisenhower durch, daß der Termin für die geplante Invasion um vier Wochen verschoben wurde. Des Weiteren sollten noch viel mehr Transportschiffe und Landungsboote gebaut werden.

Das endgültige Datum des nun für Juni 1944 geplanten Angriffs hing von den Gezeitenverhältnissen ab und einer Einigung betreffs der Frage, ob man bei Ebbe oder bei Flut landen sollte. Die vielen Fotos der Luftaufklärung bewiesen den Invasionsplanern, daß die Deutschen seit dem Frühjahr 1944 verstärkt am Ausbau ihres *Atlantikwalls* arbeiteten. Die massenhaft aufgestellten Strandhindernisse, noch dazu die meisten mit Minen bestückt, konnten nur dem Zweck dienen, Landungsboote zu zerstören, die bei Flut die Soldaten bis direkt an den Strand, wenn möglich, bis an den Dünenfuß heranfahren sollten. Ebenso sollten jede Art von Amphibienfahrzeugen und Lastenprähme auf die bei Flut unter Wasser befindlichen und folglich besonders tückischen Hindernisse auflaufen und kentern oder explodieren.

Montgomery opponierte gegen Eisenhowers ursprünglichen Plan einer Landung bei Flut und plädierte für eine solche bei Ebbe, jedoch im Moment des Einsetzens der Flut. Somit war Rommel's gesamter Aufwand seiner von ihm als „Teufelsgärten" benannten Strandhindernisse bereits unwirksam gemacht, bevor seine Soldaten mit ihrem Errichten überhaupt fertig waren *(was auch bis zum 6. Juni 1944 noch nicht gänzlich beendet war)*. Aber auf deutscher Seite glaubte niemand daran, daß eine Landung bei Niedrigwasser stattfinden würde – wenn die Soldaten mit ihrem schweren Gepäck und ihren Waffen 400 bis 700 Meter freien Strand respektive völlig freies Schußfeld überlaufen müßten. Deshalb wurden die gesamten Verteidigungsanlagen und -maßnahmen gänzlich auf einen Angriff bei Flut ausgerichtet. Sämtliche Waffen waren *(und wurden noch immer)* an der Küste derart ausgerichtet, daß sie hauptsächlich den Strand unter Feuer nehmen konnten, größere Kaliber auch Seeziele. Montgomery war sich der Konsequenz einer Landung bei Ebbe durchaus bewußt und kalkulierte von Beginn an hohe Verluste unter den Infanteristen ein – zum Zwecke einer Materialschlacht, weshalb er bereits vom ersten Moment an, schon mit der ersten Angriffswelle, Panzer mit absetzen lassen wollte, um der Infanterie auf dem offenen Strand Feuerschutz zu verschaffen. Auch sollten die deutschen Verteidigungsanlagen schon vor der amphibischen Landung durch schwere Bombardements aus der Luft weitgehend zerschlagen werden.

Unter Berücksichtigung der Vollmondphase für das Absetzen der Fallschirmjäger und der ersten Lastensegler an den Flanken des Invasionsraums sowie des Gezeitenstandes und noch einiger anderer wichtiger Faktoren, wurde der 5. Juni 1944 bestimmt. Außerdem soll-te dem deutschen Geheimdienst vorgetäuscht werden, daß eine Landung in der Normandie lediglich ein Ablenkungsangriff von der Hauptlandung am Pas-de-Calais wäre.

Nach der Fertigstellung des Invasionsplans sollte die Lan-dung definitiv in der Normandie stattfinden, zwischen den bei-den großen Seehäfen von Cherbourg und Le Havre, ziemlich genau zwischen den Flußmündungen der Vire *(westlicher In-vasionsraum)* und der Orne *(östliche Flanke)*, auf einer Län-ge von 87 Kilometern zuzüglich des beiderseitigen Luftlan-deraums von 12 Kilometern, insgesamt auf einen Invasions-raum von 99 Kilometern Breite. Die *Western Task Force* wür-de aus der *Force U (Utah)* und der *Force O (Omaha)* beste-hen; die *Eastern Task Force* würde aus der *Force G (Gold)*, der *Force J (Juno)* sowie der *Force S (Sword)* bestehen.

Eisenhower und Montgomery stimmten darin überein, daß jede anlandende Armee ihre eigenen Brückenköpfe *(er-oberte Landeabschnitte)* schaffen sollte, um Verwirrung un-tereinander zu vermeiden. Deshalb wurde das Landege-biet *(Deckname „Neptune")* in fünf verschiedene, aneinan-dergrenzende Landeabschnitte eingeteilt. *(Diese einzelnen Abschnitte sollten zum Zwecke der Geheimhaltung jedoch erst am 3. März 1944 ihre jeweiligen Decknamen erhalten: Der östlichste Landeabschnitt, in dem die Briten landen soll-ten, wurde „Sword" benannt; dann, für die britisch-kanadi-schen Truppen der Abschnitt „Juno"; daneben, für weitere britische Truppen, „Gold"; dann die beiden amerikanischen Landeabschnitte „Omaha" und „Utah"; letzterer nach ei-nem US-Staat – benannt nach dem Indianer-Volk der Ute).*

Dieses von einem amerika-nischen Aufklärungsflugzeug aufgenommene Foto läßt die großen, als „Belgische Tore" bezeichneten, eisernen Hinder-nisse am Strand erkennen. Sie bildeten die erste Reihe sämtli-cher Hindernisse und standen somit dem Meer am nahesten.
Foto: US National Archives

Außerdem wurde jeder Abschnitt in verschiedene Sektoren unterteilt, und die wiederum in bestimmte Zonen, deren wichtigste man mit den Namen von Farben bezeichnete. Für den ersten Angriffstag, der mit dem Codenamen *D-Day (Decision-Day = Entscheidungs-tag)* bezeichnet wurde, sollten 150.000 alliierte Soldaten bereitstehen – amerikanische, britische, kanadische, sogar französische *(die 1942 von Dünkirchen nach Großbritannien evakuiert worden waren)* und mehrere kleine Kontingente einiger anderer Nationen. Dar-über hinaus sollten für die Fortsetzung der Invasion noch weitere fast zwei Millionen Sol-daten in Großbritannien bereitgestellt werden *(was bis zum D-Day auch alles realisiert*

Generalmajor Raymond O. Barton war Kommandeur der 4. Infanterie-Division, die als erste am „Utah Beach" landen sollte.
Foto: US National Archives

werden konnte, doch waren es bis zum ersten Angriffstag sogar insgesamt 157.685 Soldaten).

Am *Utah Beach* sollte die 23.250 Soldaten starke 4. Infanterie-Division, die von Truppen der 90. Division verstärkt war, unter Generalmajor Raymond O. Barton ab 6:30 Uhr landen. Um diesen Brückenkopf zusätzlich zu sichern, sollten ab 1:00 Uhr nachts desselben Tages die 11.664 Fallschirmjäger der 101. Luftlandedivision in drei vorbestimmten Landezonen im küstennahen Hinterland herunterkommen. Da die Alliierten auch über das sich nahe hinter und längs der fast gesamten Ostküste hinziehende Überschwemmungsgebiet informiert waren, bestand von Beginn an Klarheit darüber, daß der nur schmale Landstreifen hinter dem *Utah Beach* die neuralgischste Stelle in diesem Landeabschnitt bilden würde, denn dort sollte die Berührung der von See her landenden Truppen mit den Luftlandetruppen erfolgen. Deshalb mußten die Männer der 101. den Brückenkopf schon vor der seeseitigen Anlandung zum Hinterland hin gesichert haben. Den Auftrag, besagte Verbindung herzustellen, übertrug General Eisenhower dem 1. Bataillon des 502. PIR *(Parachute Infantry Regiment)* des Oberstleutnants Cassidy. Das Regiment sollte in der *Absprungzone A* herunterkommen, einem freien, großflächigen Areal zwischen den Ortschaften Ste.-Mère-Église im Westen und St.-Martin-de-Varreville im Osten. Außerdem sollten die 101er die Verbindung mit der weiter im Hinterland herunterkommenden 82. Luftlandedivision herstellen. Die Soldaten sollten jene des Feindes eliminieren und jene deutschen Stellungen beziehen, die die schmalen Vormarschwege der am Strand gelandeten Truppen durch das Überschwemmungsgebiet sicherten. Dafür waren vier Strandausgänge vorgesehen:

Exit 1 im Bereich der nahe beieinander liegenden Widerstandsnester 2, 2a und 6 bei Pouppeville

Exit 2 hinter dem W 5 *(mit zwei Ausgangswegen)*

Exit 3 hinter dem W 8

Exit 4 hinter dem W 10

Am D+4 *(D-Day + 4 Tage)* würde durch die 9. Infanterie-Division weitere Verstärkung eintreffen. Am D+8 begänne auch die 79. Division mit ihrer Anlandung. Es war vorgesehen, hier derart starke Verbände anzusammeln, um von hier aus, einerseits nach Norden ziehend, Cherbourg einnehmen zu können, um den großen Hafen für weiteren Nachschub und Verstärkung einzunehmen, andererseits einen großangelegten Feldzug in östliche Richtung zu beginnen – in Richtung auf Deutschland. Bis dahin würde die 1. Special Service Brigade Strandhindernisse, deutsche Verteidigungsanlagen und die Minenfelder beseitigen und das Terrain um *Utah Beach* großräumig absichern. Außerdem sollte sie ermöglichen, daß notwendige Sammelstellen und Anlagen für die Ausschiffung verwundeter Soldaten und deutscher Gefangener nach Großbritannien errichtet werden.

Da wehte plötzlich ein schärferer Wind

Ab Mitte Mai 1944 hatten die sporadischen Angriffe auf deutsche Küstenverteidigungs-anlagen erheblich zugenommen, wie Heinrich Leichter bestätigte: „Es war ja schon seit einigen Monaten unruhig geworden. Irgendwie wehte da plötzlich ein schärferer Wind. Wir mußten nun sicherheitshalber immer mit unseren harten Knobelbechern an den Füßen schlafen – ständige Alarmbereitschaft. Das war sehr unangenehm.

Eines Tages kamen wieder mehrmals feindliche Jagdflieger im Tiefflug über uns hinweg-gerauscht. Die kamen immer aus westlicher Richtung daher, über die Halbinsel, und flogen meistens die ganze Küste 'runter. Sie schossen mit ihren 2-cm-Bordmaschinengewehren. Einmal schossen sie direkt in das Haus, in dem wir wohnten. Da merkten wir schon, daß es unruhig wurde. Dann die Bombardements, die wir aber gar nicht als so nahe empfunden haben, als die Küstenbatterien da oben so oft eingedeckt wurden..."

Fast täglich kamen von den britischen Basen Bomberpulks über den Ärmelkanal geflogen und bombardierten die deutschen Küstenverteidigungsanlagen sowie die weiter im Hinterland gelegenen Nachschubwege. An der Cotentin-Ostküste wurden besonders die beiden starken Küsten-Batterien bei Crisbecq und Azeville von Großbritannien aus von ganzen Bomberpulks angegriffen – und ständig wurden die Bombardements stärker und präziser. Immer mehr der küstennah aufgestellten Fliegerabwehrkanonen erwiesen sich zunehmend als unwirksam, da ihre Reichweite kaum noch bewirken konnte, die immer höher fliegenden Bomber zu treffen.

Am 23. Mai waren indessen weitere deutsche Soldaten auf dem nördlichen Teil des Cotentin, im Raum St. Vaast, eingetroffen. Einer von ihnen war der 22-jährige Funker Hans Günther Schönberner. Er gehörte von nun an zur mobilen 3. Batterie des Panzer-Artillerie-Regiments 116. Sie verfügte über sechs russische 15,2-cm-Beutegeschütze, die in einer offenen Feldstellung unweit eines großen landwirtschaftlichen Anwesens aufgestellt waren, annähernd drei Kilometer südlich Quettehou und neunhundert Meter vom Meer entfernt. Für die Artilleriemunition gab es keine betonierten Bunker. So mußte sie bestimmungsgemäß in mindestens einen Meter tiefe Löcher im Erdboden deponiert werden – immer nur kleine Mengen.

Eine deutsche Flak-Batterie bei St. Vaast, unweit westlich des geplanten amerikanischen Landeab-schnitts „Utah", feuerte auf einen nachts angreifenden Bomberpulk der Alliierten. **Foto: Archiv von Keusgen**

Der Batterie etwa dreihundertfünfzig Meter vorgelagert, befand sich ein Beobachtungsstand, der einen weiten Blick auf die Bucht von St. Vaast und das Meer bot. Die Batterie und
der Beobachtungsstand wurden durch einen Wald aus hohen Bäumen getrennt. Der Beobachtungsstand war ein improvisiertes Gebilde aus vier einigermaßen in quadratischem Abstand gewachsenen hohen Bäumen, deren Stämme auf etwa halber Höhe mit dicken Seilen miteinander zusammengehalten wurden. In zirka fünfzehn Metern Höhe war eine runde
Holzplattform mit einem Durchmesser von etwa drei Metern befestigt worden. Ein in Hüfthöhe von Baum zu Baum gespanntes, umlaufendes Seil sollte die Beobachter davor schützen, versehentlich von der kleinen Plattform herunterzufallen. Eine stabile Holzleiter diente zur Ersteigung dieses ungewöhnlichen Beobachtungspostens. Der Seeseite zugewandt
hatte man lediglich ein Scherenfernrohr auf einem Stativ aufgestellt, daneben eine dünne Holzscheibe mit einem Durchmesser von etwa sechzig Zentimetern auf einem Pfahl
angebracht. Vier helle Striche darauf bezeichneten die Himmelsrichtungen. Mittels einer
flachen, hin und her beweglichen Messingschiene mit einer Kimme und einem Korn darauf mußte die Position des erkannten Feindziels möglichst genau ermittelt und dann für
den Seezielbeschuß zur Batterie mit einem auf der Plattform fest installierten Feldtelefons
durchgegeben werden.

Schönberner berichtete: „Die Batterie, zu der ich gehörte,
habe ich niemals gesehen. Wo die stand, wußte ich nicht genau – irgendwo hinter dem nahen Wald. Aber ich denke, daß
die Kanoniere es wußten… Auf diesem seltsamen Beobachtungsstand war immer nur ich und noch ein anderer Fernmelder gewesen. Wir waren keine richtigen Vorgeschobenen Beobachter da oben, einfach nur Beobachter, auf der Plattform
zwischen den Bäumen. Die waren fast zwanzig Meter hoch,
und da war noch das ganze Grünzeug dran. Das war eine
gute Tarnung. Meistens war nur einer von uns da oben auf
dem kleinen Rondell. Da war ja kaum Platz für zwei. Es war
alles sehr primitiv. Wir haben uns mit Beobachten gegenseitig
abgewechselt und das alles nicht so ganz ernst genommen.
Wer sollte denn unter diesen Umständen und mit diesen Mitteln der Batterie genaue Koordinaten durchgeben können?
Wir hatten da oben noch eine Landkarte oder Seekarte und
einen Winkelmesser, mit dem wir da rummachen und irgend
etwas ermitteln sollten. Kolumbus hatte vor dreihundert Jahren bei seiner Ozeanüberquerung besseres Material, aber
deshalb hat er ja wohl auch Amerika entdeckt…

Einquartiert waren wir auf einem Bauernhof, keine fünfzig Meter entfernt. Geschlafen haben wir zwei Fernmelder im
Stall, und ein Leutnant, der für unseren Posten zuständig war,
irgendwo im Haus.

Da war auch sein Gefechtsstand. Bewachen mußten wir
uns selbst, wir beiden Fernmelder. Kampferfahrung hatte
aber keiner von uns Dreien. Ich war ja noch nicht so lange
da, aber da lag schon irgend etwas in der Luft…“

*Der 1944 22-jährige Hans
Günther Schönberner war einer
der Funker der 3. Batterie des
Panzer-Artillerie-Regiments
116. Bereits mit 12 Jahren
Ableistung seines sogenannten
Landjahres, 1940 absolvierte er
den Reichsarbeitsdienst, dann
wurde er zur Wehrmacht eingezogen – zur schweren Artillerie.
Nach der Grundausbildung,
im November 1942, wurde
seine Einheit in Südfrankreich
stationiert; im Mai 1944 erfolgte
ihre Verlegung in die Normandie. (Schönberner verstarb am
6. Juni 2008 – exakt 64 Jahre
nach dem D-Day.)*
Foto: Kollektion H. G. Schönberner

Ab dem 27. Mai wurde es ungewöhnlich warm *(27.5. +22°; 28.5. +26°; 29.5. +29°; 30.5. +21°; 31.5. +26°)*. Aber infolge der Trockenheit nahm nicht nur die Mückenpopulation in diesem Küstenlandstrich ganz erheblich zu, sondern auch die Bombenangriffe der Alliierten auf wichtige Verkehrsknotenpunkte, Eisenbahnlinien und Brücken im Hinterland.

Einer der starken Bombenangriffe richtete sich am 29. Mai, um 1:00 Uhr nachts, auch gegen die im Bau befindliche und folglich noch unverbunkerte 1. Batterie des HKAR 1261 bei La Madeleine. Sie befand sich unmittelbar in jenem Bereich, in dem die Amerikaner für den *D-Day* ihren Strandausgang Nr.1 geplant hatten, direkt hinter dem W 5.

Während der Errichtung einer stationären, verbunkerten Anlage waren die russischen 12,2-cm-Geschütze auf mobile Plattformen montiert worden. Bei diesem Bombenangriff mit 100 schweren und 100 leichteren Bomben sowie einer größeren Anzahl von Raketenbomben wurde Oberleutnant Erben's Stellung regelrecht umgegraben. Ein Mannschafts-, ein Munitions-, ein Verpflegungsbunker und mehrere Mannschaftsbaracken wurden gänzlich zerstört. Auch die vier im Bau befindlichen H-669-Kasematten waren derart zertrümmert, daß an eine baldige Beendigung der Bauarbeiten nicht mehr zu denken war. Außerdem hatte es bei diesem Bombardement fünf tote und vier verwundete deutsche Soldaten gegeben. Daraufhin wurde beschieden, die Geschütze etwas weiter im Hinterland, nahe St.-Martin-de-Varreville, aufzustellen.

(Nicht nur die Batterie La Madeleine wurde „nur" dieses eine Mal in den Monaten bis zum Invasionsbeginn von Bombern angegriffen. Trotz der etlichen anderen Batterieanlagen entlang der Cotentin-Ostküste wurden aber lediglich die beiden bei La Pernelle ‚dreimal' und hauptsächlich die schwere Batterie Marcouf ‚siebenmal' bombardiert.)

Der Beobachtungsstand der 3. Batterie des mobilen Panzer-Artillerie-Regiments befand sich in den Wipfeln von vier großen Bäumen unweit der Küste (oben). Die Panzer der Batterie standen getarnt im nahen Umfeld, sogar direkt am Strand (unten).

Fotos: Kollektion H.G. Schönberner

An der Küste wurde indessen weiterhin gebaut, befestigt, bewaffnet, vermint, eingezäunt und Strandhindernisse errichtet, „und dennoch war hier oben, auf der Halbinsel, alles noch längst nicht fertig, und es sah auch noch Anfang Juni'44 schlimm aus", erklärte Kartenzeichner Hans Lükking. Auch Rommel's Gefechtsschreiber Rolf Munninger, der an vielen der Inspektionsfahrten seines Chefs teilnahm, äußerte sich betreffs der Cotentin-Ostküste sehr kritisch: „Da sah es trotz der vielen von Rommel betriebenen Ausbauarbeiten ja wirklich immer noch aus wie in einem Sandkasten, in dem Kinder spielen. Was da im Sand hinter, zwischen und vor den Dünen entstanden war, konnte kein Gegner wirklich ernst nehmen. Einmal zog Rommel an einem der dünnen Eisenpfähle, durch deren zwei gebogene Ösen man den Stacheldraht für die Stützpunktumzäunung gezogen hatte. Völlig mühelos konnte er ihn aus dem Sand ziehen. Einige der kleinen Verteidigungsanlagen, die zwischen den größeren lagen, verfügten über keine zusätzlichen Waffen, außer denen, die

Lastensegler-Pilot Robert
Charles Casey gehörte zur 437.
Truppentransportgruppe der
amerikanischen 82. Luftlande-
division.
Foto: Kollektion R. C. Casey

die Soldaten mitführten; und an manchen Stellen bestanden diese Anlagen sogar nur aus dem Draht, der sie umgab, nicht selten einem Draht ohne Stacheln daran. Rommel hatte wirklich allen Grund zur Sorge."

Der 22-jährige Leutnant Robert Charles Casey war Lastensegler-Pilot und gehörte mit weiteren neun anderen Piloten der 437. Truppen-Transportgruppe der 82. Airborne Division an.

„Unsere Transportgruppe besaß DC-47, Horsa- und WACO-Gleiter" *(Lastensegler)*, erzählte Robert Casey. „Anfang Juni hatte man uns gesagt, daß wir unsere gesamte Feldausrüstung inklusive Waffen und Munition einpacken sollten. Es war uns nicht gesagt worden, wo und warum wir eingesetzt und wie lange wir uns irgendwo aufhalten würden. Wir hatten einige Zeit vorher nur erfahren, daß wir der 85. Staffel angehören und bis nach dem D-Day eine besondere Mission auszuführen hätten. Alles ging ganz leise vonstatten und war als oberste Geheimsache eingestuft. Das sollte mein erster Einsatz als Pilot werden, und ich wußte auch, daß er sehr wichtig und historisch sein würde. Unsere Zelte waren in dem großen Truppenlager bei Ramsbury separiert aufgestellt und mit Stacheldraht umgeben worden, um uns von allen anderen auf der Basis abzugrenzen. Das Lager der 82. Airborne Division war ebenfalls mit Stacheldraht eingezäunt, und überall waren Wachen aufgestellt. Niemand kam ohne Paß herein oder heraus. Sogar den Offizieren des Bodenpersonals war es nicht gestattet, mit uns zusammen zu essen. Wir waren komplett von jedem isoliert, der nicht Mitglied dieses bevorstehenden Einsatzes war."

Seit einigen Wochen machte sich infolge der zunehmenden Luftangriffe auch unter der französischen Bevölkerung immer mehr Sorge und Unruhe breit. Zu oft war in der letzten Zeit von einer bevorstehenden Invasion die Rede, und daß die auch für die Franzosen eine ernsthafte Bedrohung darstellte, war ihnen durchaus bewußt. Ältere Franzosen, die den Ersten Weltkrieg mitgemacht hatten, kannten die vernichtende Wirkung von Artilleriegeschossen und ihre enorme Reichweite. Daß, wenn „sie" kommen, sie über das Meer und aus der Luft kommen würden, war ihnen ebenfalls klar. Was allerdings niemand wußte, war, *wann* und *wo* die Alliierten ihre Invasion beginnen würden.

Obwohl es von den deutschen Besatzern verboten war, daß Franzosen ein Radio besaßen und dieses sehr streng und mit Gefängnis geahndet wurde, gab es aber dennoch viele von ihnen, die irgendwo eines versteckt hatten. So auch die Familie Jaunet in St. Floxel, nahe Montebourg und 5,9 Kilometer hinter der Cotentin-Ostküste. Allabendlich wurde das Radio aus seinem gut gehüteten Versteck geholt, und die gesamte Familie saß um den Wohnzimmertisch herum und hörte leise die Meldungen.

Der damals 16-jährige Bauernsohn Bernard Jaunet erzählte: „Natürlich hörten wir Radio London. Radio hören war zwar längst verboten, aber *diesen* Sender, das konnte ganz besonders gefährlich werden. Es begann jedes Mal mit zweimal vier Paukenschlägen von Beethoven's Schicksalssymphonie, und wenn sie erklangen, lief uns immer wieder ein

Schauer über den Rücken. Es gab dann viele aktuelle Meldungen, die uns sehr interessierten, auch sehr viele Durchsagen, deren Sinn wir aber nicht verstanden, weil sie verschlüsselt waren und nur für bestimmte Personen gesendet wurden, wahrscheinlich an die von der Résistance."

Die Familie Jaunet konnte die fast täglichen Bombardements auf die nur vier Kilometer entfernte Marine-Küsten-Batterie Marcouf und der ebensoweit entfernten Heeres-Küsten-Batterie Azeville hören. Man machte sich große Sorgen. Bernard Jaunet fragte sich, „warum gerade hier, in der Normandie, so viel bombardiert werde, in einem Küstenlandstrich, der am weitesten von England entfernt ist..."

Um sich im Falle einer großangelegten Invasion – und großangelegt würde sie mit Sicherheit sein – etwas schützen zu können, gruben viele Franzosen auf ihren Grundstükken tiefe Löcher oder Gräben, in denen meistens mehrere Personen Platz finden konnten, und überdachten sie mit dicken Balken oder Baumstämmen und einem großen Holzstapel.

Da keines der Gebäude auf dem landwirtschaftlichen Anwesen der Familie Jaunet unterkellert war – was in der Normandie keine Seltenheit ist – hatte man sich im Garten einen Unterstand gebaut. Es war ein mit dicken Balken abgedeckter Graben, der bis zu 15 Personen Platz bot. Die Einwohner von St. Floxel hatten große Angst, denn erst vor kurzem war eine Person von einem Artillerie-Querschläger getötet worden.

Auch der 16-jährige Bernard Jaunet hörte mit seiner Familie allabendlich den verbotenen Nachrichtensender „Radio London".

Foto: Kollektion B. Jaunet

Auf der anderen Seite des Ärmelkanals stellte der Lastensegler-Pilot Leutnant Robert C. Casey am 3. Juni fest, „welche Nummer unser Segler hat, daß wir in Formation fliegen werden und welche Ladung wir nach Frankreich zu bringen haben. Gordon Chamberlain und ich werden den Horsa Nr. 13 fliegen und die C-Kompanie des 325. Regiments der 82. Airborne rüberbringen – 30 Männer. Außerdem würden wir zwei Gummiflöße sowie fünf Behälter mit Landminen und Panzerabwehrminen an Bord haben. Unser Einsatz würde unter dem Decknamen Galveston am D-Day und an dem Tag danach *(D-Day+1)* stattfinden..."

Der 5. Juni

Die gesamte zweite Hälfte des Monats Mai hatte bestes Wetter mit sommerlichen Temperaturen geherrscht, und der Chefmeteorologe des Hauptquartiers der Alliierten, Hauptmann Stagg, prognostizierte anfänglich auch für die erste Juni-Woche gute Witterungsbedingungen. Doch vom 3. auf den 4. Juni schlug das Wetter in Großbritannien und auf der nördlichen Seite des Ärmelkanals drastisch um. Heftiger Wind, eine tiefhängende Wolkendecke, starker Regen und schlechte Sichtverhältnisse wurden auch für den 5., 6. und 7. Juni vorausgesagt – exakt jene Tage, an denen der für den Einsatz der Fallschirmjäger so wichtige Vollmond herrschte und die Ebbe genau zur geeigneten Stunde eintrat. Der Führungsstab der Alliierten sah sich infolgedessen dringend veranlaßt, die für den 5. Juni geplante Invasion um 24 Stunden zu verschieben, wenngleich bereits viele Schiffe aus den weit entlegenen britischen Häfen schon seit dem 3. Juni, ab 21:30 Uhr, unterwegs in

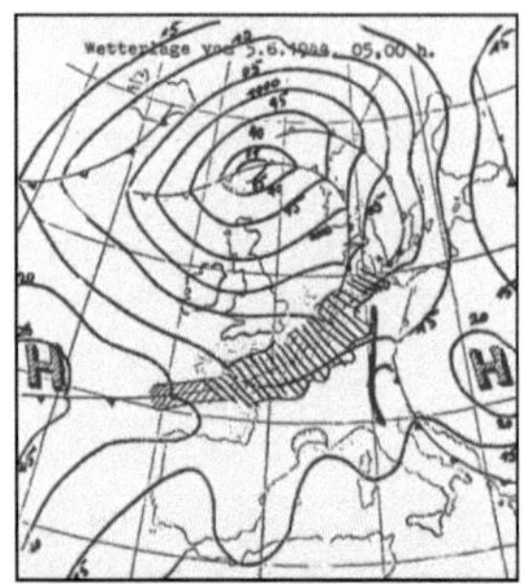

*Die von den deutschen Meteo-
rologen erstellte Wetterkarte
beweist, daß man auf deutscher
Seite durchaus über das „Zwischenhoch" am 6. Juni 1944
informiert war.*

Abbildung: Archiv von Keusgen

Richtung Normandie waren. Sie mußten nun alle wieder unbedingt zurückbeordert werden, was durchaus nicht unproblematisch war.

Während es in der nördlichen Kanalregion ununterbrochen
regnete, hatte sich das Wetter auf der anderen Seite des Kanals zwar ebenfalls eingetrübt, war aber in der Normandie
dennoch deutlich besser, wenngleich auch auf der gesamten Länge der geplanten Invasionsfront recht unterschiedlich
*(am 1.6. +15°, Wind West-süd-west 5, 3/10 bedeckt; am 2.6.
+14°, Wind West 4, 10/10 bedeckt; am 3.6. ebenso, jedoch
9/10 bedeckt).*

Der *(örtliche)* Wetterzustandsbericht vom 4. Juni 1944 wurde im Kriegstagebuch des Admiral Kanalküste in Le Havre
notiert:

*05:00 Uhr: Wind Nordwest 3; Seegang 2; Sicht 10 Seemei-
len, 3/10 bedeckt; Temperatur + 12°*

*19:00 Uhr: Wind Westsüdwest 4; Seegang 3; Sicht 15 See-
meilen, 7/10 bedeckt; Temperatur +23°*

*(Regen gab es auf der französischen Seite des Ärmelka-
nals an keinem einzigen dieser Tage.)*

Bis zum Morgen des 5. Juni hatte sich das Wetter beiderseits des Ärmelkanals nicht verändert. Indessen waren wieder Truppentransporter und Kriegsschiffe aus den entfernteren britischen Häfen ausgelaufen und seit einigen Stunden unterwegs, um planmäßig mit den anderen der Invasionsflotte *(die erst am Nachmittag aus den Häfen im Süden Großbritanniens
auslaufen sollten)* wenige Meilen südlich der Isle of Wight pünktlich zusammenzutreffen – insgesamt 6.479 Schiffe und Boote; die meisten waren Landungsboote. Außerdem saßen mehr
als 150.000 Soldaten schon tagelang dicht zusammengedrängt auf den schaukelnden Schiffen, und eine deutliche Wetterbesserung wurde von den Meteorologen nicht in Aussicht gestellt, lediglich ein kleines Zwischenhoch für den 6. Juni prophezeit. So erteilte Eisenhower
am 5. Juni, um 10:00 Uhr, endgültig den Befehl zur Invasion mit den Worten: „Okay, let's go!"

Genau zu dieser Zeit begannen die Soldaten des Flak-Sturm-Regiments I am Grandcamp
damit, ihre 8,8-cm-Geschütze "einzugraben" und in Stellung zu bringen, sowie etliche Laufgräben und Schützenlöcher auszuheben. Auch andernorts wurde eifrig weiter geschanzt –
an jener Küste, die in nur noch weniger als 24 Stunden zum Schauplatz des größten

*Ein 8,8-cm-Geschütz wird in
Stellung gebracht.*

Foto: Archiv von Keusgen

amphibischen Landeunternehmens der Weltgeschichte werden sollte...

Wie an jedem Morgen, studierten deutsche Stabsoffiziere entlang des *Atlantikwalls* auch an diesem 5. Juni die eingegangenen Meldungen und Berichte der jeweiligen Küstenabschnitte. Sie vergewisserten sich betreffs der weiteren Befestigungsarbeiten, der Feindeinflüge und Bombardierungen, dem Wirken der gefürchteten französischen Widerstandsbewegung und widmeten sich hernach ihrer täglichen Routinearbeit. Im Hinblick auf die Mondphase, den Gezeiten sowie der Großwetterlage war die erste Juni-Woche für ein großangelegtes Landeunternehmen tatsächlich begünstigend. Dennoch setzte Generaloberst Friedrich Dollmann, der Oberbefehlshaber der 7. Armee *(in genau deren Aufstellungsraum die Invasion am nächsten Tag stattfinden sollte)*, eine Kommandeursbesprechung mit einem anschließenden, sogenannten *(Sandkasten-)*Kriegsspiel fest – im fast 175 Kilometer vom bevorstehenden Invasionszentrum entfernten Rennes *(in der Bretagne)* – für den 6. Juni, um 10:00 Uhr. Da jeder Divisionskommandeur auch noch zwei Regimentskommandeure

Generaloberst Friedrich Dollmann war Oberbefehlshaber der in der Normandie stehenden 7. Armee. Er verstarb am 28.Juni 1944. Sein Stabschef, Generalmajor Max J. Pemsel, sprach von Selbstmord...
Foto: Archiv von Keusgen

mitzubringen hatte, würde der gesamte Verteidigungsbereich der 7. Armee zwei Tage lang seine wichtigsten Kommandeure entbehren müssen. Der höchste Befehlshaber über die gesamte nordfranzösische Küstenfront, Generalfeldmarschall Erwin Rommel, hatte sich bereits am Morgen des 5. Juni in seinem Hauptquartier in La Roche Guyon von seinen Stabsoffizieren verabschiedet und war – im Einverständnis mit Generalfeldmarschall von Rundstedt – nach Deutschland abgereist *(so die offizielle Version)*.

Anmerkungen des Autors:

* *In diversen Publikationen – besonders in älteren – heißt es immer wieder fälschlich, daß am 5. und 6. Juni auf deutscher Seite eine Invasion infolge des schlechten Wetters ausgeschlossen wurde. Auch hätten die deutschen Meteorologen angeblich nichts von dem zu erwartenden Zwischenhoch für den 6. Juni gewußt. Diesbezüglich wurden von den damaligen Autoren offenbar die deutsche bzw. französische Seite betreffende falsche Angabe der Kriegsgewinner übernommen. Es sei an dieser Stelle betont, daß man definitiv von der Wetterbesserung für den 6. Juni wußte, auch war das Wetter auf der französischen Seite des Kanals deutlich besser als im Süden Großbritanniens, somit die notwendigen Voraussetzungen für eine Invasion durchaus gegeben.*

* *In einigen themenbezogenen Publikationen wird häufig behauptet, Rommel habe in Anbetracht der widrigen Witterungsbedingungen und infolge der Prognosen der Meteorologen nicht an eine Invasion Anfang Juni 1944 geglaubt und sei deswegen in Begleitung seines ersten Generalstabsoffiziers, Oberst Tempelhoff, nach Deutschland gefahren, wo er gleich zwei Besuche abstatten wollte – jenen bei seiner Frau Lucie anläßlich ihres 50. Geburtstags, am 5. Juni, und am 6. Juni einen zuvor vereinbarten mit Adolf Hitler. Diesbezüglich erklärte Generalleutnant Hans Speidel (ab April 1944 Chef des Stabes der Heeresgruppe B) in seinem Buch „Invasion 1944 – Ein Beitrag zu Rommels und des Reiches Schicksal": „Hitler verschob seinen längst in Aussicht gestellten Besuch im Westen von Termin zu Termin. Deshalb wollte Feldmarschall Rommel unter allen Umständen vor der bevorstehenden Invasion seine militärischen und politischen Lageerkenntnisse noch einmal persönlich vortragen und die entsprechenden politischen Maßnahmen fordern."*

* *Seitens hoher Offiziere aus Rommel's näherem Umfeld wurde immer wieder offiziell behauptet, der Generalfeldmarschall sei am 5. Juni nach Deutschland abgereist. Hans Speidel schrieb diesbezüglich in seinem vorstehend erwähnten Buch: „Im Einverständnis mit Generalfeldmarschall von Rundstedt fuhr er (Rommel) nach vorheriger fernmündlicher Vereinbarung mit Hitler's Adjutanten, Generalleutnant Schmundt, am 5. Juni vormittags im Kraftwagen nach dem Obersalzberg (...)."Im Kriegstagebuch der Heeresgruppe B wurde jedoch das Datum betreffs Rommel's Abreise mit dem 4. Juni angegeben – einen Tag vor dem ursprünglich geplanten Beginn der Invasion...*

Brigadegeneral James M. Gavin war Kommandeur des 507. Parachute Infantry Regiment (PIR) der 82. US-Luftlandedivision.

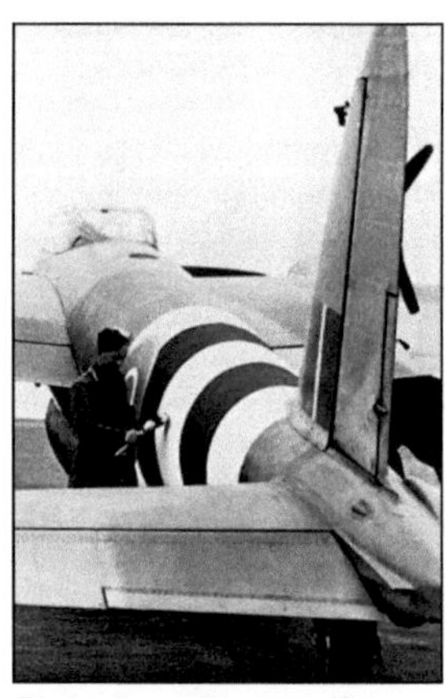

Die breiten schwarz-weißen Streifen sollten einer Verwechslung eigener Jagdflugzeuge mit feindlichen Flugzeugen dienen.
Fotos: US National Archives

Leutnant Robert C. Casey hätte – wie viele seiner Fliegerkameraden auch – am Morgen dieses Tages schon um 9:00 Uhr die Ladung seines Lastenseglers nochmals chekken müssen. Aber der Kontrollbefehl wurde kurzfristig abgesagt, „und wir standen bis zum Mittagessen tatenlos herum. Am Nachmittag hatte ich dann Gelegenheit, eine Messe zu besuchen und erhielt wieder die Kommunion, und unser Priester hatte Zeit, mir die Beichte abzunehmen.

Am Abend gingen wir aufs Rollfeld, auf dem unsere Horsa-Gleiter in Reih' und Glied aufgestellt waren, um nochmals alles zu kontrollieren. Während Chamberlain und ich diese Kontrolle durchführten, war es ziemlich dunkel geworden, und wir entdeckten ein Problem, das eine zusätzliche Kraft erforderte. Da sah ich in einiger Entfernung die Silhouette eines Mannes und rief zu ihm hinüber, daß er herkommen und helfen sollte. Weil er nicht antwortete, lief ich zu ihm hinüber – und war schockiert. Auf der Stirnseite seines Stahlhelms prangte ein weißer Stern. Ich entschuldigte mich kurz und kehrte zu meinem Lastensegler zurück. Der General war James Gavin, der stellvertretende Kommandeur der 82. Airborne Division, der mit seinen Männern in ein paar Stunden in Frankreich landen würde..."

Robert F. Reynolds war ebenfalls ein amerikanischer Fliegeroffizier und gehörte einem Geschwader an, das bisher die Aufgabe gehabt hatte, deutsche U-Boote im Nordatlantik aufzuspüren: „Ich war Mannschaftsmitglied und mit meinen gerade erst 22 Jahren in Ermangelung an Flug- und Kampferfahrung noch kein Pilot, der selbständig fliegen durfte. Ich war der vierte Mann an Bord.

Nun bekamen wir für den späten Abend des 5. Juni den Befehl, an der englischen Küste entlangzufliegen und massenhaft Staniol-Streifen abzuwerfen. Keiner von uns wußte, zu welchem Zweck wir das tun sollten. Unser Flugzeug war mit breiten weißen und schwarzen Streifen bemalt worden. Auch warum das geschehen war, konnten wir uns nicht erklären. Diese Streifen wurden an die Rümpfe und Tragflächen aller Flugzeuge gemalt *(zur auffälligen Kennzeichnung für eine sofortige und zweifelsfreie Erkennung aller an der Invasion teilnehmender Flugzeuge).*

Wir starteten um 17:00 Uhr mit einem Wasserflugzeug von einem See in Irland. Die ganze Nacht lang flogen wir über den Kanal und haben diese seltsamen Staniolstreifen abgeworfen *(zur Störung der deutschen Funkpeilung).* Erst um 6:00 Uhr des 6. Juni war unser dreizehnstündiger Einsatz beendet, und wir landeten wieder dort, wo wir gestartet waren."

(Nachdem Reynolds und seine Kameraden am 6. Juni wieder gelandet waren, gingen sie sofort ins Bett, um sich auszuschlafen. Erst am Abend erfuhren sie aus dem Radio, daß die

Invasion begonnen hatte. Dazu Reynolds: „Erst jetzt begriffen wir, in welcher Gefahr wir uns während unseres Einsatzes befunden hatten…")

Um kurz nach Mittag war Josef Horn in der B-Stelle im W 2 von einem anderen Funker abgelöst worden: „Ich mußte zur Feuerstellung zurückkommen. Etwa gegen fünfzehn Uhr war ich wieder in Holdy. Die erste Frage vom Herrn Unteroffizier war dort: *Wieviel Munition hast Du bei Dir?*

Inzwischen war das so, daß ein Soldat nur zwei Handgranaten bei sich haben *durfte* und vierzig Schuß Infanteriemunition. In der Batterie hatten wir zwei Maschinengewehre des Typs 42 mit jeweils 1.050 Schuß Munition. Davon war die Hälfte im Gurt, und die andere Hälfte war gelackte Munition. Die war in der MG-Anschlagtrommel. Gelackte Munition ist grün lackierte Munition; die kann man mit dem Karabiner verschießen, aber nicht mit einem MG. Die klemmt. Für unsere vier Haubitzen waren nur 130 Schuß Übungsgranaten vorhanden; die hatten nur die halbe Sprengkraft. Und dann sollte man unterschreiben, daß bis zur letzten Patrone gekämpft werden sollte.

Ein Schießgerüst mit einem Maschinengewehr zur Fliegerabwehr in der Nähe des Weilers Pouppeville bildete die provisorische „Verteidigungsanlage" des Widerstandsnestes 2a.
Foto: Kollektion W. König

Nun erteilte mir der Unteroffizier den Befehl, wieder einmal die Telefonverbindung abzulaufen und sie zu kontrollieren, dieses Mal bis zum Abteilungsgefechtsstand. Er sagte, sie sei gestört. Ich habe dann eine Leiter geholt, an das Haus mit unserer Telefonzentrale angestellt und bin zum Vermittlungskasten rauf, der außerhalb des Hauses angebracht war. Ich wollte darin die Störung suchen. Da hat der Unteroffizier mich angebrüllt, ich hätte doch den Befehl… Da bin ich losgelaufen, drei Stunden bis zum Abteilungsgefechtsstand. Das dünne Kabel war nur lose in den Straßengräben verlegt worden. Ich hatte wieder ein Feldtelefon und einen Feldstecker dabei und konnte das Kabel anzapfen und somit überprüfen; aber da war keine Störung. Ich wieder drei Stunden zurück. War um einundzwanzig Uhr wieder da und hab dem Unteroffizier gesagt: *Da hinten ist alles in Ordnung; das muß hier im Vermittlungskasten sein…*

…und siehe, da war der Fehler. Entweder war der Unteroffizier zu blöd, oder es war einfach nur Schikane. Da hat er gesagt: *So, Du kannst jetzt was essen, und ab zweiundzwanzig Uhr machst Du bis Mitternacht Telefonvermittlungswache.*"

Den ganzen 5. Juni über war der Himmel über der Normandie stark bewölkt, was sich auch bis zum Abend nicht änderte. Um 19:00 Uhr wurde bei Le Havre eine Temperatur von +14° gemessen, und der Wind wehte mit Stärke 5 aus Westsüdwest. Die Sicht betrug auf dem Meer 10 Seemeilen, der Seegang Stärke 4.

Zu dieser Zeit notierte Lastensegler-Pilot Robert Charles Casey in sein Tagebuch: *Heute Nacht wird Geschichte geschrieben, wenn die erste Welle der Fallschirmjäger um 1:00 Uhr am 6. Juni irgendwo in Frankreich am Boden ankommt. Die 438. T.C.-Gruppe wird die erste sein, die ihre Springer absetzt. Die zweite Gruppe, die ihre Springer absetzen soll, wird die 436. sein, die von Membury aus startet.*

Auf der anderen Seite des Ärmelkanals trafen sich gegen 20:00 Uhr – es war noch tag-hell – nahe der Weggabelung nach La Vierge und Audouville die Bauernsöhne Bernardin Birette und Edouard Pergeaux. Dort gabelte sich ebenfalls die lange Reihe der neben der Straße aufgestellten, hohen Telegrafenmasten, an denen auch die Stromleitungen zur Elek-trizitätsversorgung für die umliegenden Weiler und Dörfer befestigt waren.

In diesem Moment kamen dorthin auch zwei deutsche Soldaten auf Fahrrädern heran-geradelt. An einem der Masten hielten sie an und stellten ihre Räder gegeneinander. Dann kletterte einer der beiden an dem Mast hinauf und zerschnitt mit einer speziellen Zange die zwei Leitungsstränge.

Bernadin und Edouard beobachteten diese Aktion mit größtem Befremden. Als der Sol-dat wieder sein Fahrrad bestieg, um mit seinem Kameraden davonzufahren, fragte Bernar-din ihn, warum er das gerade getan habe. In gebrochenem Französisch antwortete der Deutsche: „Monsieur, Elektizität fini, beendet.“

„Aber wieso?“

Der Soldat sagte: „Diese Nacht, à la nuit, vielleicht, peut-être, ein grand Malheur...“

Während die deutschen Wachtposten in den Widerstandsnestern von ihren Unterstän-den aus in die anbrechende Nacht und auf das wolkenverhangene Meer hinausblickten, war bereits auf der anderen Seite des Kanals die größte Armada aller Zeiten aufgebrochen. Gleichzeitig begannen sich die Piloten und Besatzungsmitglieder von 12.837 Flugzeugen auf den *D-Day* vorzubereiten, etliche waren bereits auf dem Weg zur Küste der Normandie. Indessen sprach Eisenhower zu seinen Soldaten beruhigende Worte: „Kümmert Euch nicht um die Flugzeuge über Euch, es sind alles unsere.“

(Die Luftflotte der Alliierten bestand aus 3.467 schweren Bombern, 1.645 mittleren, leich-ten und Torpedo-Bombern, 5.409 Jagd- und 2.316 Transportflugzeugen.)

Die größte Armada aller Zeiten auf dem Weg zur Küste der Normandie:6.479 Schiffe und Boote (inklusive Landungsboote) pflügten in 12 Bahnen mit ihren vorausfahrenden Minensuchern den Weg über das Meer, bewacht von B-32-Bombern – den sogenannten „Fliegenden Festungen“. Da diese Bomber lediglich als Geleitflogen und beim Angriff über der Normandie nicht zum Einsatz kamen, waren sie nicht mit den mar-kanten schwarz-weißen Streifen gekennzeichnet. **Foto: US National Archives**

Als die Bomber über dem Kanal die riesige Schiffsflotte überflogen, blinkten die Piloten das optische Erkennungszeichen: Drei kurze und ein langes Licht – die ersten drei Takte von Beethovens 5. Symphonie – das Kürzel für *Victory (Sieg)*. Der BBC-Sender *Radio London* hatte als akustisches Erkennungszeichen vier dumpfe Paukenschläge gewählt. Die Soldaten zeigten *Victory* mit gespreiztem Zeige- und Mittelfinger.

Plötzlich waren auf den Bildschirmen der deutschen Radarstellungen massierte Bewegungen zu sehen, die auf umfangreiche Schiffsansammlungen hinwiesen – nur für kurze Augenblicke, dann wurde die Ortung plötzlich gestört. Statt dessen ortete das Radar gewaltige Massen maritimer Bewegungen in Richtung Boulogne und Dieppe. Tatsächlich handelte es sich jedoch um Täuschungsmanöver der Alliierten, durchgeführt unter den Decknamen *Operation Glimmer* und *Operation Taxable*. Auch die *Operation Mandrel* täuschte dem deutschen Radar riesige Flottenbewegungen in Richtung auf Fécamp sowie Calais vor, inszeniert von 24 Bombern der Royal Air Force, was in den deutschen Stäben allergrößte Verwirrung auslöste...

Zwei Fallschirmjäger des 506. PIR der 101. Airborne Division schminken sich gegenseitig mit der Kriegsbemalung der Mohikaner-Indianer – psychologische Kriegsführung...
Foto: US National Archives

Um 21:15 Uhr erhielt der Abwehrchef der 15. Armee, Oberstleutnant Meyer, in der Nachrichtenstelle der 15. Armee eine sensationelle Meldung. Einer der Horchfunker hatte sie aus einer speziell für die französische Widerstandsbewegung durchgegebenen Radiosendung *(Messages personelles – Personenbezogene Nachrichten)* der *BBC* abgefangen. Die deutsche Abwehr war über ihren Sinn und Zweck bereits informiert. Es handelte sich dabei um die zweite Textzeile des Herbstgedichtes von Paul Verlaine: *„Blessont mon coeur d'une longueur monotone"* *(„verwunden mein Herz mit eintöniger Mattigkeit")*.

Die erste Zeile, *„Les sanglots longs des violons de l'automne"* *(„so schluchzend zieht das Geigenlied des Herbstes hin")* war bereits am 1. Juni gesendet und am 2. und 3. Juni wiederholt worden. Nun bedeutete die zweite Zeile, daß die Invasion innerhalb der nächsten 48 Stunden beginnen würde – ab 00:00 Uhr des nächsten Tages. Auch diese Meldung wurde gewissenhaft ins Kriegstagebuch der 15. Armee eingetragen: *21:15 Uhr: Zweite Hälfte des Spruches wird durch Nast (Nachrichtenstelle) abgehört.*

Nur fünf Minuten später wurde diese Meldung als Fernschreiben durchgegeben: *Fernschreiben No. 2117/26 dringend an 67., 81., 82., 89. Korps; Militärbefehlshaber Belgien und Nordfrankreich; Heeresgruppe B; 16. Flakdivision; Admiral Kanalküste; Luftwaffe Belgien und Nordfrankreich. BBC-Nachricht durchgegeben 5. Juni 22:15 Uhr. Bedeutet nach den verfügbaren Unterlagen ,Erwarten Invasion innerhalb 48 Stunden, beginnend 6. Juni Null Uhr.'*

Bestätigend erfolgte der diesbezügliche Eintrag ins Kriegstagebuch der 15. Armee: *21:20 Uhr: Spruch an Ic-AO durchgegeben (Ic = Abteilung Feinderkennung / AO = Armee-Oberkommando – in diesem Fall die 15. Armee). Danach mit Invasionsbeginn ab 6.6. 00:00 Uhr innerhalb 48 Stunden zu rechnen.*

Nicht benachrichtigt wurden genau jene wichtigen Kommandostellen, in deren Aufstellungsraum die Invasion – beginnend in weniger als drei Stunden – stattfinden sollte – die

7. Armee *(Generaloberst Dollmann)* sowie das LXXXIV. Armee-Korps *(General der Artillerie Marcks)*. Dieses war auch gar nicht Meyer's Aufgabe, vielmehr jene der Heeresgruppe B, der diese Einheiten unterstanden. Da sich Rommel jedoch zu dieser Zeit in Deutschland aufhielt, war ausschließlich dessen Generalstabschef Dr. Hans Speidel für die Weiterleitung dieser so bedeutsamen Meldung verantwortlich. Aber nicht nur der zweite Teil des Codes war vom *BBC* durchgegeben worden, vielmehr auch noch Ratschläge für die französische Bevölkerung, zum Beispiel, daß sie bei *(den unmittelbar bevorstehenden)* Luftangriffen die Ortschaften, in denen deutsche Truppen stationiert waren, verlassen sollte, besonders solche, in denen die Generalstäbe lagen. Es bahnte sich etwas Großes an...

Oberst von Kistowski schrieb in seinem späteren Bericht: *Als ich am Spätabend des 5.6.1944 mit dem Fliegerstabsingenieur Busche vom Hauptquartier des Generalkommandos LXXXIV. aus St. Lô auf dem Wege zu meinem Gefechtsstand bei La Cambe war, stand über dem gesamten Raume von Carentan bis zu meinem Gefechtsstand ein (hell leuchtendes) Markierungszeichen (sogenannte Tannenbäume) neben dem anderen. In meinem Gefechtsstand selbst wurde mir lebhafte Gefechtstätigkeit der Batterien gemeldet, auch bereits feindliche Bombenabwürfe.*

Tag Uhrzeit Ort und Art der Unterkunft	Darstellung der Ereignisse (Dabei wichtig: Beurteilung der Lage [Feind- und eigene], Eingangs- und Abgangszeiten von Meldungen und Befehlen)
5.6.44	Am 1., 2. und 3.6.44 ist durch die Nast innerhalb der "Messages personelles" der französischen Sendungen des britischen Rundfunks folgende Meldung abgehört worden : "Les sanglots longs des violons de l'automne ". Nach vorhandenen Unterlagen soll dieser Spruch am 1. oder 15. eines Monats durchgegeben werden, nur die erste Hälfte eines ganzen Spruches darstellen und ankündigen, dass binnen 48 Stunden nach Durchgabe der zweiten Hälfte des Spruches, gerechnet von 00.00 Uhr des auf die Durchsage folgenden Tages ab, die anglo-amerikanische Invasion beginnt.
21.15 Uhr	Zweite Hälfte des Spruches "Blessent mon coeur d'une longeur monotone" wird durch Nast abgehört.
21.20 Uhr	Spruch an Ic-AO durchgegeben. Danach mit Invasionsbeginn ab 6.6. 00.00 Uhr innerhalb 48 Stunden zu rechnen. Überprüfung der Meldung durch Rückfrage beim Militärbefehlshaber Belgien/Nordfrankreich in Brüssel (Major von Wangenheim).
22.00 Uhr	Meldung an O.B. und Chef des Generalstabes.
22.15 Uhr	Weitergabe gemäss Fernschreiben (Anlage 1) an Generalkommandos. Mündliche Weitergabe an 16. Flak-Division.

Die Eintragung ins Kriegstagebuch der 15. Armee, der zu entnehmen ist, daß Oberstleutnant Meyer den Verlaine-Spruch richtig gedeutet hat. Es ist die einzige die Invasion betreffende Nachricht, die in dieser Form in einem deutschen Kriegstagebuch niedergeschrieben wurde.
Abbildung: Archiv von Keusgen

Bis zum Abend des 5. Juni 1944, als die Invasionsflotte der Alliierten bereits aus den britischen Häfen am Auslaufen war, waren von den ursprünglich 92 deutschen Radarstellungen entlang der Nordküste Frankreichs und Belgiens alle massiv von der Luft aus angegriffen worden. Durch starke Funkstörungen und Radartäuschungsmaßnahmen wurde ein Großteil der immer noch funktionierenden deutschen Radaranlagen irritiert – viele, aber nicht alle.

Ab 22:00 Uhr erfüllte ein ständig näherkommendes, dann gewaltig anschwellendes Dröhnen den bisher ruhigen Abend auf der Cotentin-Halbinsel. Das letzte Licht des Tages neigte sich seinem Ende zu, da überflogen plötzlich mehrere Bomberpulks vom Meer her die Küste und weit ins Hinterland. Von nun an begannen die Alliierten, systematisch für die deutschen Truppen wichtige Nachschubwege zu bombardieren und somit unbenutzbar zu machen.

In St. Floxel sah der 16-jährige Bernard Jaunet die Bomber: „Sie kamen in Pfeil-Formation – sehr viele."

Er berichtete weiter: „Man hatte schon lange von einer bevorstehenden Invasion gesprochen, die hier stattfinden könnte, und die Bevölkerung war sehr wachsam geworden. Zum Schlafen legte man sich seit einigen Tagen nur noch angezogen auf die Betten. Mein Bruder und ich mußten aber, wie immer, ins Bett gehen. Meine Eltern hielten abwechselnd Wache. Als die Flugzeuge kamen, wurden wir von unserem Vater geweckt, und wir mußten uns eilig anziehen. Nun schien es loszugehen. Wir liefen zu unserem Unterstand. Es wurde ein sehr heftiges Bombardement. Da hockten wir nun unter den dicken Holzbalken, und der ganze Erdboden bebte."

Außer der einfliegenden Bomber wurde auch eine Vielzahl von Lastenseglern mittels Transportflugzeuge zur Normandie geschleppt.

Kleintransportflugzeuge in Leichtbauweise: Horsa- und Waco-Segler.

Bomberpulks auf dem Weg zur Normandie...

Fotos: US National Archives

Zu dieser Zeit tauchten auf den Radarschirmen der noch funktionsfähigen deutschen Anlagen in regelmäßigen Abständen Transportflugzeuge auf. Das Besondere daran war, daß hinter jedem Flugzeug im selben Abstand ein weiterer Flugkörper zu erkennen war – Lastensegler! In diesem Augenblick war auch die Stunde der deutschen Nachtjäger gekommen, galten sie doch als Elite-Truppe. Doch kein einziger Einsatzbefehl erreichte sie...

Inzwischen setzten die Transportmaschinen der Alliierten fast ungestört massenhaft Fallschirmjäger hinter der Cotentin-Ostküste ab, und auf dem Ärmelkanal näherte sich die riesige Armada unaufhaltsam der normannischen Küste...

Um 22:30 Uhr näherte sich dem südlichen Teil der Cotentin-Ostküste und der Vire-Bucht ein weiterer, einzelner Flugzeugpulk, doch dieses Mal warfen die Bomber ihre Last schon an der Küste ab, um die dortigen Widerstandsnester zu zerstören. Josef Horn hatte gerade die Telefonvermittlungsstelle verlassen: „Da kamen um halb elf so an die vierzig Bomber in großer Höhe, aber die haben keinen Schaden angerichtet; das ging alles in den Sumpf – plopp, plopp, plopp, plopp; nix passiert. Die haben eine Sekunde zu spät ausgeklinkt, sonst hätt's genau unsere Batterie getroffen."

Generalfeldmarschall Karl Rudfolf Gerd von Rundstedt, Oberbefehlshaber West.
Foto: Archiv von Keusgen

Major Dr. Freiherr von der Heydte, Kommandeur des kampferprobten Fallschirmjäger-Regiments 6.
Foto: Kollektion F. J. Frhr. von der Heydte

Nach seiner Rückkehr von einer Inspektionstour einiger Küstenbefestigungsanlagen, rief Generalfeldmarschall von Rundstedt noch an diesem Abend im Führerhauptquartier an und meldete: „Das nahe Bevorstehen einer Landung ist nicht erkennbar."

Ganz anders sah der Kommandeur des Fallschirmjäger-Regiments 6, Major Dr. Freiherr von der Heydte, die Situation. Er hatte bereits am Vorabend von seinen Funküberwachern erfahren, daß große Verbände von Transportflugzeugen in Südengland gestartet waren. So hatte er sein Regiment bereits in Alarmbereitschaft versetzen und die zugewiesenen Stellungen einnehmen lassen.

Inzwischen war die Résistance durch verschlüsselte Rundfunkmeldungen über die unmittelbar bevorstehende Invasion informiert worden. Einige ihrer Mitglieder hatten indessen schon etliche der deutschen Telefonverbindungen zerstört. Dennoch war es von der Heydte gelungen, mit dem Hauptquartier des LXXXIV. Korps zu sprechen und General Marcks zu verständigen. Auch andere Truppenteile hatte der Major noch erreichen können. Marcks war ebenfalls der Meinung, daß der Beginn der Invasion kurz bevorstand. Die vielen tausend „einfachen" Soldaten ahnten von alledem nichts, und wenn sich irgend etwas herumsprach, glaubten sie nichts davon, denn viel zu oft hatte es schon derartige Gerüchte gegeben.

Zu dieser Zeit befand sich der 18-jährige britische Seemann Alan Reid auf hoher See und auf einem der vielen Sicherungsboote, die zum Geleit der großen Armada gehörten. Das Sicherungsboot, auf dem der junge Reid als MG-Schütze fuhr, sollte während des Großangriffs der Landungsboote mehrere ihrer Angriffswellen begleiten, sowohl zum *Omaha Beach* wie auch zum *Utah Beach*. Alan Reid fuhr nicht zum ersten Mal auf einem Geleitboot: „Bisher hatte ich einem Konvoi angehört, der bis ins Eismeer gefahren war. Wir haben damals deutsche U-Boote gejagt. Nun war ich inmitten dieser gewaltigen Invasionsflotte und auf dem Weg nach Frankreich. Erst drei Wochen vor dem D-Day waren wir noch nach Schottland geschickt worden und total überrascht, als wir vor der Küste eine riesige Schiffsflotte sahen, von der niemand wußte, wofür sie bestimmt war. Drei Tage lang sind die Schiffe dann auf dem Meer langsam im Kreis gefahren, bis plötzlich der Einsatzbefehl kam, da mußten sie alle mit voller Fahrt in Richtung Frankreich fahren, aber niemand kannte das endgültige Ziel. Irgendwo mitten im Ärmelkanal, zwischen England und Frankreich, gab es nochmals einen Sammelpunkt, der Piccadilly Circus genannt wurde. Da fand eine Schiffsansammlung allergrößten Ausmaßes statt. Das alles im Dunkeln zu erleben, war sehr eindrucksvoll.

In dieser Nacht, vom 5. auf den 6. Juni, wurde nach etwa einer Stunde auf unserem Boot für die 58 Mann Besatzung das Signal zum Antreten auf Deck gepfiffen. Da standen wir nun alle. Ich hatte mein Maschinengewehr unter dem Arm. Der Kapitän stand mit zwei großen, auffällig versiegelten Briefumschlägen vor den Männern und öffnete sie langsam. Im ersten Umschlag war eine Botschaft von Montgomery, in der er uns mitteilte, daß es ihm zwar sehr leid tue, aber man müsse mit den Amerikanern in den Krieg ziehen.

Der zweite Umschlag enthielt eine Botschaft von Eisenhower, der den Männern auf diesem Weg sagte: *Ihr wißt nun, wo Ihr hingeht, Jungs. Heute ist ein großer Tag. Ihr geht einen schweren Weg, aber Ihr werdet Eure Sache gut machen. Ich wünsche Euch viel Glück. Gebt Euer Bestes.*

Das alles hat der Kapitän vorgelesen – und dann ging's los..."

Der 18-jährige britische Seemann Alan Reid fuhr als MG-Schütze auf einem der Sicherungsboote.
Foto: Kollektion A. Reid

Am Morgen dieses *(noch)* 5. Juni war von Hauptmann Dr. Treiber für seine Batterie eigentlich ein Seeziel-Schießen für Mitternacht auf den 6. Juni angeordnet worden. Gegen 23:00 Uhr war deshalb der erst vier Tage zuvor zum Oberleutnant beförderte Hans Kattnig von seinem Quartier in Azeville in Begleitung seiner beiden anhänglichen Spaniel-Hunde zur Batterie zurückgekehrt, nur mit einem dunklen Trainingsanzug bekleidet, über den er sein Koppel mit der Pistole geschnallt hatte. Dort erfuhr er, daß der Batteriechef wegen der seit 22:00 Uhr stattfindenden vielen Bombereinflüge von See her, das Übungsschießen sicherheitshalber kurzfristig abgesagt hatte. So begab sich der Oberleutnant in den Gefechtsstand in der Kasematte Nr. 2 um noch einige wichtige Papiere durchzusehen.

Der Österreicher Hans Kattnig war Stützpunktführer Dr. Treibers 2. Batterie. Am 1. Juni 1944 war er zum Oberleutnant befördert worden – fünf Tage vor dem D-Day.
Foto: Kollektion W. Kattnig

Um 23:18 Uhr löste Seekommandant Normandie, Konteradmiral Walter Henneke, in Cherbourg den ersten Alarm aus (an der gesamten, bevorstehenden Invasionsküste – auszugsweise): Fliegeralarm Cherbourg! Anflüge sehr vieler Maschinen Ost- und Westteil Halbinsel. Schwerpunkt Angriff im Osten.

In einer kleinen, beschlagnahmten Villa in Cherbourg lauschte Hennecke dann einem privaten Klavierkonzert, als sein Ordonnanzoffizier ihm um 23:30 Uhr die Meldung von „stärkeren Luftangriffen auf Städte und Straßen im Küstengebiet" überbrachte. Hennecke war nun in großer Sorge, denn an diesem Tag hatte er erfahren, daß die 2. Gruppe des Luftwaffen-Jagdgeschwaders 26 des erfolgreichen Kommodore Oberstleutnant Josef Priller zur Auffrischung nach Südfrankreich verlegt worden war. Die 1. und 3. Gruppe des Geschwaders war wegen der Gefährdung durch die Luftangriffe der Alliierten in Reims und Metz, im nordöstlichen Frankreich, stationiert. So bestand die einzige Luftabwehr in diesem Raum nur noch aus dem Jagdgeschwader 2, dem sogenannten Richthofen-Geschwader. Von Rundstedt hatte diesbezüglich tröstend erklärt, daß spätestens am dritten Tag nach dem Beginn einer Invasion mit der Unterstützung von eintausend Flugzeugen zu rechnen sei, und sich dabei auf die feste Zusage des Reichsmarschalls und Oberbefehlshabers der Luftwaffe, Hermann Göring, berufen: „Spätestens am dritten Tage nach dem Tag X werde ich die Invasionsfront in den Stand setzen, die Luftherrschaft der Anglo-Amerikaner zu brechen!"

(In der Folge hatte Göring dann tatsächlich 956 Flugzeuge an die Invasionsküste befohlen, jedoch wurden fast alle infolge der überlegenen Luftherrschaft der Alliierten auf dem Weg zu ihrem Einsatzgebiet abgefangen.)

Einer der 11.664 Fallschirmjäger der 101. Airborne Division war der kanadische Mohawks-Indianer Winggezy alias Jack Dixon, der mit diesen beiden Zeichnungen die Absprünge über Ste.-Mère-Église (Bild links) und bei La Fière sehr anschaulich dargestellt hat. **Abbildungen: Winggezy**

Während es vom Himmel über der Ostseite der Cotentin-Halbinsel Bomben auf die deutschen Artillerie-Stellungen – und sehr viele daneben – regnete, näherten sich bereits die Pulks der Transportmaschinen mit 23.402 Fallschirmjägern zweier Luftlandedivisionen. 11.738 Männer der 82. Airborne Division *(Generalmajor Matthew B. Ridgway)* sollten im östlichen Zentrum der Halbinsel landen – in ihren drei Absprungzonen *N*, *O* und *T* zwischen den beiden Überschwemmungsgebieten nahe nördlich Ste.-Mère-Église *(8,6 Kilometer hinter der Ostküste gelegen)* und dem fast vier Kilometer in westlicher Richtung davon entfernten Merderet-Bach, in einem von deutschen Truppen weniger stark besetzten Gebiet. Von dort aus sollten sie nach Nordosten *(auf „Utah Beach")* vorstoßen, um die dort landenden Truppen von Land her zu unterstützen. Auf diesem Weg sollten sie die längs zum Merderet verlaufende Bahnlinie unterbrechen, die einen Kilometer bis fünf Kilometer von ihren Absprunggebieten entfernte Ortschaft Ste.-Mère-Église einnehmen und dort die ebenfalls von Caen über Bayeux und Carentan nach Cherbourg führende Hauptstraße abriegeln. Außerdem sollten die Fallschirmjäger noch zwei nur kleine, aber wichtige Brücken über den Merderet möglichst unbeschädigt einnehmen und besetzen, da sie später für den weiteren Vorstoß der an der Ostküste landenden Infanteristen der 4. Division von großer Wichtigkeit waren. Aus demselben Grund war auch die Einnahme von Ste.-Mère-Église von erheblicher operativer Bedeutung *(siehe den diesbezüglichen Titel dieser D-Day-Buch-Serie „Sainte-Mère-Église und Merderet")*.

Die 11.664 Fallschirmjäger der 101. Airborne Division *(Generalmajor Maxwell Taylor)* hatten die Aufgabe, direkt hinter dem küstennahen Überschwemmungsgebiet in den drei von ihren vorausgeflogenen und abgesprungenen Pfadfindern markierten *Absprungzonen A*, *C* und *D* herunterzukommen und jene schmalen Dammstraßen zu besetzen, die durch das überflutete Terrain führten. Diese Straßen waren für die im Laufe des *D-Day* anlandenden US-Infanteristen für deren Vorstoß ins Hinterland von größter Notwendigkeit. Außerdem sollten die 101er auch die Brücken über die Douve und eine Schleuse besetzen, oder, falls das nicht gelang, sie zerstören. Insgesamt hatten sie die Aufgabe, die südliche Flanke des amerikanischen Landeraums zum normannischen Inland abzuriegeln, jedoch stand ihnen dort das III. Bataillon des Fallschirmjäger-Regiments 6 *(Hauptmann Horst Trebes)* im Wege...

Der 18-jährige RAD-Mann Johann Ennenga aus dem Landkreis Leer/Ostfriesland war einer von vier Fernmeldern der 7. Batterie der Reserve-Flak-Abteilung 152 der 13. Flak-Division. Sie stand beim Dorf Négreville, 5,7 Kilometer westlich von Valognes und 19 Kilometer nordwestlich Ste.-Mère-Église. Seit Februar 1944 war auch Ennenga hinzugekommen: „Da kamen wir in die Batterie. Die war erst halb fertig. Die Baracken standen in Bodenvertiefungen *(zum Schutz vor Bomben- und Granatsplittern)*, die Geschütze auch, aber da mußte noch viel getan werden. Die Hälfte der RAD-Leute wurde entlassen; die sind dann später direkt zur Wehrmacht übergegangen. Wir anderen blieben da und waren dann so je fünfzig Prozent RAD-Leute und Luftwaffensoldaten, denn das war ja eine Flak-Batterie der Luftwaffe, mit einem 10,5-cm-Langrohrgeschütz. Ein Riesending war das. Es gab im Umkreis von Valogne zehn Batterien *(8 schwere, 2 leichte)*. Am Telefon mußte ich mich immer melden mit *hier ist die Siebte.*

Johann Ennenga in seiner Reichsarbeitsdienst-Uniform 1944.   **Foto: Kollektion J. Ennenga**

Ab Mitte Februar 1944 war unsere Batterie einsatzbereit und wurde dann die ganzen Monate lang auch mächtig bombardiert. Daß die Invasion hier losgehen würde, war uns allen durch die andauernden Bombardierungen und die Jagdbomber-Angriffe klar. Die Jabos waren doch jeden Tag da. Die haben systematisch alles kaputtgehauen, was kaputtzuhauen möglich war. Morgens, wenn die Sonne aufging, kam ein einzelnes Flugzeug angeflogen, das allein unsere ganze Bude in Gang gebracht hat. Nachts kamen die ja nicht. Und dann ging das den ganzen Tag lang so. Wir waren dann ja immer nur mit unserer 2-cm-Schnellfeuerkanone der Batterieschutz. Aber die konnte gegen die Jabos gar nicht erfolgreich eingesetzt werden. Die brachte nichts. Die Jabos waren immer viel zu schnell, und ständig waren wieder neue da. Unser Schutzobjekt war eine sechs Kilometer nördlich gelegene Baustelle für V1-Abschußrampen, und um diese Rampen herum waren die Batterien aufgestellt *(beim Dorf Brix, auf halber Strecke zwischen Valognes und Cherbourg)*. Unsere Batterie lag nahe südwestlich der Baustelle.

Die Bomber kamen immer über die Kanalinseln und sind dann aus südwestlicher Richtung bei uns 'reingeflogen. Die flogen nicht über Cherbourg, weil da die Flak unheimlich stark war. Dann kamen die immer über unsere Batterie. Das war ja der ungefährlichste Weg. Sobald die Bomber 'reinkamen, haben wir auf sie geschossen, haben auch mehrere abgeschossen. Das waren ja immer diese B-17, diese amerikanischen fliegenden Festungen, die viermotorigen, die waren ja auch brutal stark. Die kamen immer nur in einem Pulk von 32 Maschinen, das hatte ja Gewalt. Die uns aber angriffen, waren die B-25, die haben uns die Eier reingelegt. Doch öfter haben wir welche von den Dingern 'runtergeholt *(mit den 10,5-cm-Langrohrkanonen)*, mit Sprenggranaten. Die waren auf deren Flughöhe eingestellt. Das war alles vollautomatisch. Da brauchte der Kanonier nur den Hebel umzuschmeißen, dann flog die Granate – bumm, weg war sie. Das ging alles elektrisch. Aber die da oben waren auch nicht von Pappe, die haben dann einfach ein bißchen mehr Gas gegeben, dann trafen die Granaten nicht das Ziel, blieben dahinter. Wir schossen zwar zwölf Kilometer hoch, aber die kamen meistens in einer Höhe von zehntausend Meter, und es war sehr schwierig, sie abzuschießen. Die *(Bomber)* luden ihre Sachen schnell alle ab und verschwanden wieder. Da wurden viele Maschinen abgeschossen, aber die hatten ja genug von dem Scheiß.

Der B-17 war ein Horizontal-Bomber der Boeing Airplane Company, gebaut ab 1938. Die Länge betrug 23 Meter, die Spannweite 32 Meter und die Höchstgeschwindigkeit 462 km/h. Da es diesem besonders stabil gebauten Bomber trotz erheblicher Beschädigungen dennoch möglich war, flugfähig zu bleiben, wurde er als „Fliegende Festung" bezeichnet, dennoch kam es immer wieder zu Abschüssen.
Foto: Archiv von Keusgen

Unsere Geschütze hatten an den Rohren etliche weiße, d'raufgemalte Ringe. Jeder Ring bedeutete einen Abschuß. Die Bäume in der Normandie, die hingen immer voller Flugzeugteile. Manchmal hingen noch halbverbrannte, tote Besatzungsmitglieder darin. Wir konnten auch die schweren Bombardements da hinten hören, bei Saint-Mère-Église, das war ja nur knapp zwanzig Kilometer entfernt. Es hörte sich an wie ein entferntes Gewitter, und es hat jeden Tag gedonnert. Besonders die Riesenbombenangriffe konnte man sehr gut hören. So weit war das ja auch nicht, bis zur Küste, bis Saint Marcouf und Azeville. Die Küste war 18 Kilometer von uns entfernt. Dort saß auch einer unserer Beobachter."

Am 5. Juni saß der Fernmelder Ennenga abends wieder am Klappenschrank: „Wenn man als Telefonist da am Klappenschrank saß, da konnte man so manches mithören, man durfte nur nicht darüber reden. Das war ja doll, was es da manchmal zu hören gab...

Plötzlich fiel die Klappe. Es war genau 23:40 Uhr; das vergesse ich nie. Da hieß es: *Einige tausend Maschinen aller Typen im Anflug auf Cherbourg.* Die hatte der Stab in Cherbourg aufgefaßt, weil dort die Radaranlagen standen. Da standen ja auch die schweren 12,8-Zentimeter-Geschütze, aber von da sind sie ja nicht gekommen.

Weiter hieß es in dem Befehl vom Stabsquartier: Wenn die Maschinen hier ankommen, Feuer- und Leuchtverbot für alle Waffen, eigene Maschinen in der Luft!

Es sollten eigene Flugzeuge in der Luft sein, und es war Vollmond, aber wir haben keine gesehen... Die Feindflugzeuge kamen dann auch, aber da war der Befehl für Feuer- und Leuchtverbot für alle Waffen. Das hieß, wir durften nicht schießen, und wir durften auch keine Scheinwerfer betätigen. Das war sehr sonderbar... Aber *warum* durften wir sie nicht beschießen?

Dann kamen sie. Am Himmel waren tiefhängende Wolken mit großen Lücken, dazwischen der Vollmond, und es wehte ein leichter Wind. Ich sah die Flugzeuge ziemlich tief fliegen, die Transportmaschinen, die wohl die Fallschirmjäger und die Lastensegler abgesetzt haben, bei Sainte-Mère-Église. Wir hätten sie mit Steinen bewerfen können, so tief und langsam sind sie geflogen. Und wir standen ohnmächtig da, weil dieser komische Befehl gekommen war. Wir durften nicht schießen, wir durften auch keine Scheinwerfer betätigen. Das war sonderbar. Wir kamen uns richtig blöd vor – echt. Nun kamen sie nicht über die Kanalinseln, sondern direkt über Cherbourg. Die mußten also genau wissen, schießen durften die Deutschen nicht, hatten ja Befehl, feuern und Scheinwerfer verboten."

Die unentwegt einfliegenden Bomberverbände waren gleichermaßen für die deutschen Soldaten wie für die französische Bevölkerung beunruhigend... **Foto: US National Archives**

Wilhelm König (rechts) mit zwei deutschen Kameraden und fünf freiwilligen Russen in einer offenen Stellung des kleinen Widerstandsnestes 2: „Es lag ja schon lange in der Luft, daß es hier bald losgehen sollte..."
Foto: Kollektion W. König

Erst Ende März 1944 war Wilhelm König nach der Genesung von seiner vierten Verwundung von der Ostfront in die Normandie gekommen und dem W 2 zugestellt worden. Der Gefreite erzählte: „Wir konnten weit in der Ferne das ständige Brummen offenbar endlos vieler Flieger hören. Das bereitete uns Sorge, auch den hierher geschickten freiwilligen Russen. Die konnten zwar kaum ein paar deutsche Worte sprechen, aber sie gaben zu verstehen, daß sie nach ihrer Verlegung von der Ostfront geglaubt hatten, daß für sie der Krieg eigentlich vorbei wäre; das glaubte ich auch. Um so beunruhigender war das anhaltende Brummen der Flugzeuge..."

Es war schon sehr spät, als Leutnant Jahnke vom W 5 aus Leutnant Ritter im W 2 anrief. Die ständigen Einflüge feindlicher Flugzeuge hatten auch die beiden Offiziere besorgt werden lassen. Keiner der beiden konnte genug Ruhe finden, um einschlafen zu können. Aus der Ferne waren auch Bombendetonationen und das Schießen vereinzelter Fliegerabwehrkanonen zu vernehmen. Die Männer unterhielten sich einige Zeit lang, und abschließend war Jahnke der Meinung, daß sie die Vorgänge dort oben nicht betreffen würden, zumal ja die Flut gerade am Ablaufen war. Hatte Rommel doch gesagt, daß mit einer feindlichen Landung bei Niedrigwasser nicht zu rechnen wäre, und morgen früh, da hätte man Niedrigwasser – und einen sehr breiten Strand...

Von dem breiten Strand in der Bucht von St. Vaast mit dem herrlich weißen Sand konnte Hans Günther Schönberner trotz der räumlichen Nähe nur noch wenig sehen, weil er soeben seinen Dienst auf dem provisorischen Beobachtungsstand zwischen den vier Bäumen begonnen hatte: „Es war 22:00 Uhr als ich da oben 'rauf bin. Wenn man da auf fünfzehn Meter Höhe hochklettern soll, dann guckt man schon, wo die nächste Leitersprosse ist – und das bei anbrechender Nacht. Um 4:00 Uhr, war der Dienst dann üblicherweise beendet. Dann mußte man im Stockdunklen wieder 'runter – und das war noch gefährlicher.

Das Wetter war ruhig, kein Wind, kein Regen. *(Das Wetter am 6. Juni in dieser Region um 19:00 Uhr: +14° C, Wind Westsüdwest 5, Seegang 4, Himmel bedeckt.)* An Langeweile war nicht zu denken, vielmehr hatte man in der Finsternis ständig das Scheißgefühl, den Teufel im Nacken zu haben. Wenn man da oben saß, schlief man garantiert nicht ein…"

…und unablässig kamen Flugzeuge

General der Artillerie Erich Marcks, Oberbefehlshaber über die 7. Armee. (Er kam am 24. Juni 1944 bei einem Jagdbomber-Angriff bei St. Lô ums Leben.) **Foto: Bundesarchiv**

Der 6. Juni 1944 war angebrochen, den die Alliierten mit einem vielsagenden Code-Namen verschlüsselt hatten: *D-Day – Decision Day (Entscheidungstag).* Für die deutschen Soldaten war das der schon so lange erwartete *Tag X* – doch das wußten sie noch nicht…

In St. Lô, im 33 Kilometer südöstlich von Ste.-Mère-Église entfernten Stabsquartier des LXXXIV. Korps der 7. Armee, beging General der Artillerie Erich Marcks mit nur wenigen seiner Offiziere seinen 53. Geburtstag. Marcks liebte keine großen Feiern. Er trank nur ein paar Schlucke Châblis, denn er wollte sich auch auf seine bevorstehende Abreise zu der Kommandeursbesprechung und dem sogenannten theoretischen Kriegsspiel im fast 140 Kilometer weit entfernten, in der Bretagne liegenden Rennes vorbereiten. Den Beginn dieses Planspiels hatte der Oberbefehlshaber der 7. Armee für 10:00 Uhr vormittags des gerade begonnenen 6. Juni angesetzt. Aber die unentwegten Bombereinflüge begannen nun auch General Marcks zunehmend zu beunruhigen. Doch noch hatte er bis zu seiner für 5:00 Uhr geplanten Abreise ein paar Stunden Zeit, konnte abwarten, wie sich die Dinge weiterhin entwickeln würden…

Obwohl ebenfalls von den vielen Flugzeugen beunruhigt, hatte sich noch am späten Abend des 5. Juni *(zwischen 22:00 Uhr und 23:00 Uhr)* der Kommandeur der 91. Luftlandedivision, Generalleutnant Wilhelm Falley, zusammen mit seinem Ordonnanzoffizier, Major Joachim Bartuzat, auf ihre fast 190 Kilometer lange Fahrt nach Rennes begeben. Falleys Fahrer war der „Bursche" des Generals, der Gefreite Vogt. Er steuerte bereits den großen Mercedes über die dunklen Landstraßen.

(Anmerkung des Autors: Da man allgemein der Meinung war, daß eine Invasion nur in den frühen Morgenstunden beginnen würde, hatte noch am Abend des 5. Juni der Chef des Generalstabes der 7. Armee, Generalmajor Max Pemsel, vorsichtshalber alle an der Kommandeursbesprechung beteiligten Offiziere Fernschreiben mit folgendem Wortlaut schikken lassen: „Kommandierende Generale und alle Teilnehmer am Planspiel sind gehalten, sich nicht vor Tagesanbruch am 6. Juni nach Rennes in Marsch zu setzen" – doch für Wilhelm Falley war diese Mitteilung zu spät erfolgt, er war bereits unterwegs…

Das Wetter in dem fast einhundert Kilometer langen Küstenabschnitt, in dem von nun an die Invasion stattfinden sollte, war in den verschiedenen Regionen leicht unterschiedlich. Oberst Werner von Kistowski sagte über die Witterung im westlichen Raum der Cotentin-Halbinsel und am Grandcamp aus: „Im Laufe der Nacht vom 5. auf den 6. Juni war der Himmel bewölkt, dann leichter Regen, langsam aber aufklarend und gegen Mittag des 6. gute Sicht."

Manfred Häberle war Sanitäter im I. Bataillon des Fallschirmjäger-Regiments 6. Er lag mit seiner 7. Kompanie „bei Turqueville da oben, nicht weit von der Küste entfernt *(6,5 Kilometer)*. Es wurde viel von einer Invasion geredet, und mal hieß es, sie kommen, dann hieß es, alles sei vom Wetter abhängig. Im Mai war gutes Wetter gewesen, sie kamen aber dennoch nicht, und dann, dann ist das doch plötzlich sehr überraschend gewesen..."

Um Mitternacht war für Josef Horn der Dienst in der Telefonvermittlungsstelle zu Ende gewesen: „Um kurz nach zwölf bin ich hinausgegangen, und da kamen wieder Flieger, andauernd, ein Pulk nach dem anderen. Alle flogen sehr hoch und ins Landesinnere."

Karl-Heinrich Büchner berichtete: „Die haben schon in der Nacht angefangen, auch unsere Batterie zu bombardieren, trotz der unmittelbaren Nähe von Azeville..."

Heinrich Leichter beobachtete die unablässigen Bombereinflüge vom W 14a aus: „Wir haben überhaupt keinen Alarm gekriegt, wir da unten, in unserem kleinen Widerstandsnest. Wir haben nur gestaunt, was da plötzlich los war und daß so viel Luftabwehr da war. Die schossen ja alle mit Leuchtspur;

Wilhelm Falley war am 1. April 1944 im Alter von 47 Jahren zum Generalleutnant befördert und am 25. dieses Monats zum Kommandeur der 91. Luftlandedivision ernannt worden. Seiner Entscheidung zufolge, schon so früh nach Rennes aufzubrechen, sollte er der erste General sein, der anläßlich der Invasion ums Leben kam. Mit ihm starb auch sein Ordonnanzoffizier Major Joachim Bartuzat (unten).

Foto oben: Kollektion M. Falley
Foto unten: J. Bartuzat jr.

Heinz Lunkenheimer, 1944, Sanitätssoldat im Sturmbataillon Messerschmidt.
Foto: Kollektion H. Lunkenheimer

das war ein einziges großes Feuerwerk. Die schossen alle Farben in die Luft; ein richtiges Feuerwerk war das.

Ein Stück weiter, beim W 16, da war irgendwie trockenes Gras entzündet worden. Weil das Feuer ein weithin sichtbarer Zielpunkt sein könnte, hatte ich die Sorge, daß wir von dem Bombenregen nun auch noch was abbekommen könnten. Wir waren dann die ganze Nacht lang wach..."

Ein Teil des *Sturmbataillons Messerschmidt* war an der Ginsterhöhe inzwischen auf seine Fahrzeuge aufgesessen. Heinz Lunkenheimer beschrieb die Situation: „Alle hatten irgendwo einen Platz gefunden, und sei es nur auf einem Fahrrad. Mit einem infernalischen Bombenspektakel nahm unsere Latrinenparole im idyllischen Normandie-Wäldchen plötzlich teuflische Gestalt an. Ein richtiger Krieg war ausgebrochen."

Schon als die ersten Bomben heulend und pfeifend aus dem Nachthimmel herabfielen, waren die Soldaten von ihren Fahrzeugen gesprungen und hatten sich Deckung suchend hingeworfen. Lunkenheimer und drei Kameraden wurden noch während des Bombardements als Trupp eingeteilt, der am Rand des südlich der Ginsterhöhe gelegenen, kleinen Dorfes Ozeville Stellung beziehen sollte, zwischen Quinéville und Montebourg, 4,4 Kilometer hinter der Küste. Die Vier marschierten los...

Um Mitternacht war beim Flak-Sturm-Regiment 1 eine angesichts der gegenwärtigen Situation höchst befremdliche Order eingegangen, die, wie Oberst von Kistowski berichtete, „...die Verlegung der leichten Flak-Abteilung 90 in den Raum von Paris mit Unterstellung unter die 1. Flak-Brigade befahl" *(ein Befehl, der in den frühen Morgenstunden wieder rückgängig gemacht wurde, die Abteilung in der Nacht aber zusätzlich zu ihrer Gefechtstätigkeit noch mit den Vorbereitungen für den Abmarsch belastete).*

Im genau entgegengesetzten, fast neunzig Kilometer entfernten, britischen Teil des Invasionsraums, unweit östlich der Orne, landete um 0:10 Uhr der erste Fallschirmjäger der Alliierten auf französischem Boden.

Zu einer der amerikanischen Vorausabteilungen an der westlichen Flanke des Invasionsraums gehörte auch der 21-jährige Mohawks-Indianer Jack Dixon. Er war als Berufssoldat Angehöriger der 101. Airborne Division und hatte im Range eines Leutnants das Kommando über einen Zug Pioniere, der fast nur aus Navaro-Indianern bestand. Diesbezüglich erklärte Dixon: „Ich unterstand dem Befehl meines Freundes Frank Lillyman, dem Kommandanten der Pfadfinder der 101. Airborne. Es gab in meinem Bataillon drei Indianer-Kompanien; zu einer gehörte ich. In meinem Flugzeug waren noch weitere 17 Kameraden. Wir hatten die Aufgabe, alle Drähte durchzuschneiden und somit sämtliche Telefonverbindungen der Deutschen zu unterbrechen."

Dann bereiteten sich die Indianer auf ihren Absprung vor. Als Jack Dixon aus der offenen Ausstiegluke zur normannischen Landschaft unter ihnen hinuntersah, war ihm augenblicklich bewußt, daß sich der Pilot weit von der vorgesehenen *Landezone C*, zwei Kilometer westlich von Ste.-Marie-du-Mont, verflogen hatte: „Ich erkannte sofort, daß es der Sumpf am Merderet war. Ich war ja schon 1943 hier gewesen und hatte von einem

Beobachtungsflugzeug aus Zeichnungen angefertigt. Der Pilot unseres Flugzeugs hatte sich geirrt, denn ich sollte mit meinem Zug zwischen Saint-Martin-de-Varreville und Sainte-Marie-du-Mont abspringen, neun Kilometer weiter östlich, und dort der Straße nach Carentan folgen."

Dixon blickte auf seine Armbanduhr: „Es war genau 0:15 Uhr europäischer Kontinentalzeit."

Da leuchtete das grüne Licht neben der Absprungluke auf, genau über dem breiten Überschwemmungsgebiet des Merderet... „Als ich sprang", erzählte Jack Dixon, „wurde ich vom kalten Wind nach Osten abgetrieben, so landete ich nicht im Wasser. Das war mein Glück."

Ab 0:15 Uhr hatten nun an der westlichen Flanke der Invasionsfront die sogenannten *Pfadfinder* der Amerikaner mit ihren Absprüngen begonnen *(siehe den speziellen Titel zu dieser D-Day-Buchserie „Sainte-Mère-Église und Merderet – US-Luftlandeunternehmen, 6. Juni'44")*. Diese speziell ausgebildeten Fallschirmjäger hatten sich freiwillig zu ihrem äußerst gefährlichen Einsatz gemeldet. Sie mußten über der Cotentin-Halbinsel aus nur dreihundert Metern Höhe abspringen und für die nachfolgenden Lastensegler und Transportflugzeuge die Absprungzonen am Boden mittels spezieller Signalgeräte kennzeichnen. Viele von ihnen waren infolge bereits einiger Zeit zuvor stattgefundener Aufklärungsflüge einigermaßen mit den topografischen Verhältnissen ihres Einsatzgebietes vertraut. Sie hatten weniger als eine Stunde Zeit, die geplanten Absprungzonen für die 82. und 101. Airborne Division mit kleinen, himmelwärts gerichteten Lampen zu markieren.

Nur fünf Minuten später, exakt um 0:20 Uhr, setzte an der östlichen Flanke des geplanten Invasionsraums eine Spezialeinsatztruppe mit sechs Lastenseglern an der Hebebrücke bei Bénouville über den Orne-Kanal sowie bei Ranville an der

Absprünge der ersten Pfadfinder – in der Hoffnung, die vorgesehenen Zielgebiete zu finden und kennzeichnen zu können...
Foto: US National Archives

Brücke über die Orne zu ihrer Handstreichaktion an. *(Die gelungene Aktion unter der Leitung des britischen Majors John Howard ging als „Coup de main" in die Geschichte ein – ebenso wie der neue Name, den die Brücke unmittelbar darauf von den Briten erhielt: „Pegasus-Brücke", benannt nach dem Pegasus-Emblem des besagten Spezialkommandos; siehe den Titel zu dieser Buchserie „Pegasus-Brücke und Batterie Merville – zwei britische Kommando-Unternehmen".)*

Um 0:47 Uhr meldet Hafenkommandant Ouistréham an Seekommandant Normandie: *Ab sofort Alarmstufe II von (der 716.) Division befohlen. Grund: Schwere Fliegerangriffe auf Merville (am äußersten linken/östlichen Flügel des geplanten Invasionsraums).*

Ab 0:50 Uhr begannen an dieser östlichen Flanke die britischen Fallschirmjäger-Massenabsprünge. *(Aus taktischen Gründen sollten jene an der westlichen Flanke 25 Minuten später erfolgen.)*

Erst um 1:08 Uhr ging beim Seekommandant Normandie eine erste Meldung betreffs eines Fallschirmjägerabsprungs ein: *Fallschirmabsprung ostwärts Cherbourg beobachtet.*

Zwei Minuten später eine weitere diesbezügliche Meldung: *Fallschirmabsprung in Gegend Batterie Marcouf.*

Um 1:10 Uhr meldete die 7. / HKAR 1261: *Starkes Schiffsmotorengeräusch in nördlicher Richtung.*

Gleichzeitig ging eine Meldung der 711. Infanterie-Division beim Generalkommando des LXXXI. Armee-Korps ein: *Feindliche Luftlandungen im Raum Glanville – St. Vaast – Branville. Armee und übrige Divisionen werden benachrichtigt. Es wird Alarmstufe II befohlen.*

(Anmerkung des Autors: Bemerkenswert ist diese Meldung aus zweierlei Gründen: Zum Einen stand die 711. Division am äußersten rechten Flügel des deutschen Verteidigungsraumes, folglich neunzig Kilometer von den von ihr benannten Ereignissen entfernt; zum anderen meldete sie an das LXXXI. Armee-Korps, nicht an das ihr unterstellte LXXXIV. Armee-Korps. Überhaupt wurde lediglich die östlich benachbarte 15. Armee in Alarmbereitschaft versetzt, aber [noch] nicht die 7. – in deren Aufstellungsraum die Invasion genau zu diesem Zeitpunkt begann.)

Da hingen Brautkleider in den Bäumen

„Es war etwa 0:30 Uhr als ich mich von der kleinen Bahnstation bei La Fière mit meinen fünf Kameraden auf den Weg zu unserem geplanten Einsatzgebiet begab", erzählte der 21-jährige Leutnant Jack Dixon. Die sechs Indianer hatten bereits einen ersten grausamen Kampfeinsatz am Mérderet-Bach hinter sich *(siehe den Buchtitel „Sainte Mère-Église und Merderet").*

Fallschirmjäger-Massenabsprünge bei Ste.-Marie-du-Mont, jener Kleinstadt mit ihrem charakteristischen Kirchturm. Der geplante Absprungraum der sechs Indianer und vieler ihrer amerikanischen Kameraden hätte sich eigentlich nahe westlich dieser Ortschaft befinden müssen – bei Holdy.
Foto: US National Archives
Zeichnung: Winggezy

„Mir war die Planung bekannt", berichtete der Mohawks-Indianer, „ab 6:00 Uhr sollte am Utah Beach die Landung beginnen, und bis dahin mußte den deutschen Streitkräften in diesem Raum der Zugang dorthin von der Landseite her abgeschnitten und sämtliche Telefonverbindungen, die wir fanden, unterbrochen werden."

Nun wollten sich Winggezy und seine fünf Kameraden zu ihrem eigentlich vorgesehenen Absprungraum unweit westlich der nur fünf Kilometer hinter dem W 5 liegenden Kleinstadt Ste.-Marie-du-Mont durchschlagen...

Um 1:15 Uhr erteilte der Chef des Generalstabs der 7. Armee, Generalmajor Max Pemsel, Alarmstufe II für den gesamten Stationierungsraum. Zu dieser Zeit näherten sich 59 Schiffskonvois der Alliierten mit 157.685 Soldaten *(einschließlich der Fallschirmjäger)* der normannischen Küste *(weitere, mehr als zwei Millionen Soldaten, standen für die längerfristige Invasion in Großbritannien bereit).*

In dem Moment des Beginns der großen Invasion auf den europäischen Kontinent war die 7. Armee, auf deren Großraum sich die enorm komplexen Streitkräfte der Alliierten zubewegten, fast völlig führungslos, denn die höchsten Entscheider und Befehlshaber waren fast alle unterwegs nach Rennes, zum theoretischen „Kriegsspiel". Das Thema sollten *(unter anderen)* auch feindliche Luftlandeunternehmen sein...

Von nun an begannen auch an der westlichen, der amerikanischen Flanke des Invasionsraums die Fallschirmjäger-Massenabsprünge der 101. und 82. Airborne Division – in den ersten Minuten im südöstlichen Teil der Cotentin-Halbinsel. Die Masse der überwiegend jungen Fallschirmjäger, die in ein für sie landschaftlich völlig unbekanntes Terrain abspringen sollte, hatte noch niemals zuvor an einem Kampfeinsatz teilgenommen. Sie wußten überhaupt nicht, was sie dort unten erwartete, ebenso wie die vielen Infanteristen, die in Hunderten plumper Lastensegler auf höchst unsichere Weise hinuntergebracht und am Erdboden abgesetzt werden sollten. Etliche dieser fragilen, aus mit Segeltuch bespannten Rohrrahmen oder aus dünnem Sperrholz bestehenden WACO- oder Horsa-Gleiter erreichten noch nicht einmal die französische Küste. Von ihren Zugmaschinen losgerissen, stürzten mehrere von ihnen noch auf dem Flug über den Ärmelkanal ab und

In den großflächigen Überschwemmungsgebieten ertranken viele der amerikanischen Fallschirmjäger oder kamen in den großen Bäumen zu Tode.
Fotos: US National Archives

versanken mit ihrer lebenden Fracht in den kalten, dunklen Fluten – für immer. Doch hing vom Gelingen der Luftlandeunternehmen das Gelingen der Invasion ab.

Die Transportmaschinen für die Fallschirmjäger flogen die Cotentin-Halbinsel aus westlicher Richtung an und mußten sie in östliche Richtung überqueren. Dazu brauchten sie genau

...und unablässig schwebten Tausende und Abertausende amerikanische Fallschirmjäger vom nächtlichen Himmel in die dunkle Normandie herab...
Foto: US National Archives

Sanitätshelfer Heinz Lunkenheimer (links im Bild) bei einem nur aus weiteren fünf Infanteristen bestehenden Spähtrupp.
Foto: Kollektion H. Lunkenheimer

12 Minuten. Ließen die *Jumpmaster (Aufsichtspersonal während der Absprünge)* die Fallschirmjäger zu früh aussteigen, kamen sie irgendwo im Zentrum der Halbinsel und zu weit vom *Utah Beach* entfernt herunter; sprangen sie zu spät, bestand die Gefahr, ins küstennahe Überschwemmungsgebiet oder sogar ins Meer zu fallen und zu ertrinken. Etliche Trupps wurden tatsächlich derart ungenau abgesetzt, daß sie schon fast noch an der Westküste herunterkamen, andere sogar erst in der Vire-Bucht. *(Mindestens)* ein Flugzeug setzte seine Truppe zwischen der Pointe du Hoc und dem *Omaha Beach* ab. Einige der Lastensegler und Hunderte Fallschirmjäger landeten in den drei großen Überschwemmungsgebieten, jenem des Merderet-Baches, jenem der Douve sowie in dem küstennah und

großflächig überfluteten Terrain. Im Dunkel der Nacht oder in Panik geraten, ertranken viele Männer dieser Luftlandetruppen, oder fielen unter deutschem Infanteriebeschuß.

Auf deutscher Seite war man sich nicht sicher, ob es sich trotz der massenhaften Fallschirmjäger-Einflüge tatsächlich um die schon so lange erwartete Invasion handeln würde, denn es gingen bereits erste Meldungen ein, in denen lediglich von Fallschirmjäger-Puppen gesprochen wurde. *(Derartige, jedoch nur etwa sechzig Zentimeter große, aus grober Jute simpel stilisierte Fallschirmjäger-Attrappen mit dem Decknamen „Rupert" wurden tatsächlich in großer Anzahl an den Flanken des Invasionsraums aus Flugzeugen abgeworfen, um Verwirrung unter den deutschen Truppen zu verursachen. Jene im Film „Der längste Tag" zu sehenden, 125 Zentimeter hohen, sehr plastischen Fallschirmjager-Attrappen, die echten Fallschirmjägern in Form und Farbe verblüffend ähnelten, waren speziell für diesen Film angefertigt worden.)*

Heinz Lunkenheimer war einer der ungläubigen Soldaten. Der 18-jährige Sanitätshelfer war gerade erst am 18. Mai 1944 auf die Cotentin-Halbinsel verlegt worden und nun Angehöriger des *Sturmbataillons Messerschmidt.* Auf der sogenannten Ginsterhöhe, in der Nähe des Gefechtsstandes der 709. Infanterie-Division *(Oberst Heinz Triepel)*, hatte man wegen „seltsamer Vorkommnisse" drei kleine, nur aus wenigen Infanteristen bestehende Spähtrupps zusammengestellt. Jedem dieser Trupps war ein Sanitätshelfer beigestellt worden – einer von ihnen war Heinz Lunkenheimer: „Nach allem, das verdächtig ist, suchen", war den jungen Männern befohlen worden, „auch nach ominösen Flugblättern..."

Dann hatte man sie in die Nacht hinausgeschickt, in die dichtbewachsene, knorrige normannische Bocage-Landschaft mit den unheimlichen Lauten ihrer Nachttiere. Über der Cotentin-Halbinsel war inzwischen die Bewölkung immer mehr aufgerissen. Der Vollmond stand nun tief über dem Horizont und beleuchtete mit seinem kalten, bläulichweißen Widerschein die nur noch schmalen, langgezogenen Wolkenbänke von unten. Die hohen, efeuumrankten Bäume, die dichten Hecken und die alten Natursteinmauern warfen lange, dunkle Schatten. In den vielen Hohlwegen herrschte indes tiefste Finsternis. Aus den Überschwemmungs- und Sumpfgebieten war das tausendfache Quaken der Frösche zu hören.

Lunkenheimer, der in dem kleinen Zeltlager in jenem Wäldchen an der Ginsterhöhe, nahe dem Weiler Vaudreville, schon etwas geschlafen hatte, fröstelte es. Er war von diesem Einsatz absolut nicht begeistert: „Richtig ernst nahm die Sache ohnehin keiner von uns. Es war halt wie immer, seit einigen Abenden täglich. Nur etwa zehn Meter unterhalb unserer Zelte verlief im Schutz großer Laubbäume eine Straße, vollgestopft mit Fahrzeugen und Kriegsgerät. Überall war eine merkwürdige Unruhe, und wilde, sich widersprechende Gerüchte machten schon seit einiger Zeit die Runde. Besonders gut Informierte wollten sogar wissen, daß die Amerikaner die schon länger in der Luft liegende Invasion auf Flugblättern angekündigt hätten – allerdings ohne anzugeben, wann und wo diese genau stattfinden werde. Wahrhaftig eine irre, aber echte Latrinenparole. *(Derartige Flugblätter gab es tatsächlich.)*

Wieder einmal hatte man uns gesagt, es stehe viel auf dem Spiel. Meiner Ansicht nach machte man sich aber nicht sonderlich verrückt. Wir hatten nur das Allernötigste an Ausrüstung mitgenommen und begnügten uns mit Klamotten, die nur für's Grobe taugten, und trugen unsere Drillich-Uniformen. Wir waren fest davon überzeugt, daß wir es wieder einmal mit einer Übung zu tun hatten. Klar, daß ich als Sanitätshelfer meine Verbandssachen dabei hatte."

So zogen die Soldaten im Dunkeln und in einiger Entfernung zueinander durch schmale, finstere Hohlwege und an dichten Hecken entlang. Immer wieder gaben die nur dünnen, länglichen Wolkenschleier für einige Zeit den hellen Vollmond frei, und das bläulichkalte Licht, das er reflektierte, vermittelte der Landschaft einen besonders schauerlichen Charakter. Skurril muteten die sich vor der schwach erhellten Umgebung abhebenden, hohen Bäume an. Das sie umrankende, dichte Efeu, das nicht selten bis in ihre Wipfel hinaufreichte, unterdrückte ihre seitliche Entfaltung. Aus vielen Bäumen hing das Efeu in langen, dichten Rispen herab und erweckte in dem diffusen Licht den grusligen Eindruck eines langhaarigen Riesenmonsters.

Plötzlich stolperte einer von Lunkenheimer's Kameraden. Als er sich wieder aufgerichtet und erkannt hatte, woran er eben hängengeblieben war, rief er aufgeregt: „Schnell, schnell, hier is' was Schlimmes!"

Heinz Lunkenheimer war als Erster bei ihm: „Ein Fallschirm – tatsächlich was Schlimmes! In der Dunkelheit und

Hunderte „Brautkleider" hingen in dieser Nacht in den hohen Bäumen auf der Cotentin-Halbinsel.
Foto: US National Archives

wegen seiner Tarnfarbe war er kaum zu sehen. Die Schuhe meines Kameraden hatten sich in den Schnüren verfangen. Wahrscheinlich stammte der Schirm vom Besatzungsmitglied eines in Not geratenen amerikanischen Bombers, so unsere einhellige Meinung – aber in Tarnfarbe...? Doch niemand verschwendete auch nur einen einzigen Gedanken an eine eventuelle Invasion, zumal wir wußten, daß Frankreich aufgrund der massiven deutschen Befestigungen uneinnehmbar war..."

„Keine Angst vor einer Invasion", hatte man den Soldaten gesagt, „und sollte dennoch irgend jemand eine Invasion wagen, dann mit Sicherheit nicht hier; nicht hier, an dieser breitesten Stelle des Ärmelkanals. Die werden es garantiert bei Calais versuchen."

Trotz allem war bei den jungen Soldaten nun eine besondere Aufmerksamkeit erwacht. Nur wenig später fanden sie

Die lediglich aus metallenen Rohrrahmen oder dünnem Sperrholz gebauten und mit gestrichener Leinwand überzogenen WACO-Segler (oben) und Horsa-Segler (links) konnten außer der beiden Piloten noch bis 12 (in WACO-Glidern) und bis zu 26 Personen (in Horsa-Glidern) transportieren, waren aber äußerst fragil – und kamen immer nur ein einziges Mal in den Einsatz.
Fotos: US National Archives

einen weiteren Fallschirm – dieses Mal einen weißen. Dennoch gehörte für die Soldaten eine Invasion an dieser Stelle in den Bereich der absoluten Unmöglichkeit.

Einer von ihnen bückte sich und zupfte an dem Fallschirm, und sofort taten es ihm die anderen gleich. Alle waren fasziniert von dem seidenweichen Stoff. Jemand rief einem Kameraden zu: „Hey, Franz, Du willst doch bald heiraten. Dann schnapp Dir den Fallschirm und schick' ihn heim; das wird ein tolles Brautkleid!"

Franz raffte den Fallschirm eifrig zusammen und nahm ihn mit. Der kleine Trupp war nicht weit gegangen, da fanden sie den nächsten Fallschirm. Nun wollten alle einen haben, denn sicherlich gäbe es irgendwann irgendeine gute Verwendung dafür.

Wenngleich der Truppführer über das entbrannte Begehren der Soldaten nicht sonderlich begeistert war, so ließ er sie dennoch gewähren. Aber man mußte nun unbedingt umkehren und von den Funden Meldung erstatten. So sagte er lächelnd: „Was auf dem Rückweg noch an weiteren Brautkleidern gefunden wird, kann bei echtem Bedarf eingesammelt werden."

Für den Rückweg wurde nun ein anderer Weg genommen, der an hohen, dunklen Hekken entlangführte. Wieder dauerte es nicht lange, da machten die Soldaten im diffusen Licht des Mondes eine neue, höchst sonderbare Entdeckung. Heinz Lunkenheimer war beeindruckt: „Da standen wir plötzlich vor einem ungewöhnlich aussehenden Gerippe. Einen Moment lang sah es für mich wie ein geborstener, schmaler Omnibus aus, dem große Stükke seiner Verkleidung fehlten. Die Überraschung war perfekt, als der Feldwebel mit seiner

Taschenlampe endlich Licht machte. Ein Flieger – aber was für ein seltsamer. Der hatte gar keine richtige Führerkanzel, auch keinen Motor. Und das starre Fahrgestell war scheinbar so schwach auf den Beinen, daß es teilweise eingeknickt war. Alles war auf's Primitivste zusammengezimmert. Unvorstellbar, wie so etwas überhaupt fliegen konnte. Überall lagen Holzteile herum, und ein Flügel war völlig zerfetzt. Vielleicht war der Vogel ganz bewußt ins Gebüsch geschlittert, um nicht auf dem freien Feld zu zerschellen. Was, in aller Welt, hatte das zu bedeuten? Klar, daß man irgend etwas damit transportiert hatte – vielleicht sogar Soldaten. Gut ein Dutzend hätten darin Platz."

Aber diese Möglichkeit hielten die Soldaten für äußerst abstrakt.

Auf seinem Rückweg stieß der kleine Spähtrupp im Dunkeln auf noch etliche weitere in den Bäumen hängende, sogar bereits zusammengeraffte und mit einigen Zweigen und Grünzeug flüchtig getarnten Fallschirme. Den Soldaten war der Gedanke, daß sie sich nun zwischen für sie unsichtbaren feindlichen Fallschirmjägern bewegten, äußerst unheimlich. Die Situation erschien ihnen nun im höchsten Maße bedrohlich, sogar lebensgefährlich.

Heinz Lunkenheimer vermittelte ihre Angst: „Jedes Mal, wenn es nun im Gebüsch raschelte, wurde es mir ganz anders. Vielleicht aber hatten wir die Kerle durch unsere Anwesenheit ja auch schon verscheucht. Vielleicht waren sie schon längst über alle Berge, hatten sich zu einem vorbestimmten Treffpunkt durchgeschlagen und sich mit ihren Kameraden verbündet. Immer schneller marschierten wir nun auf unseren Standort zu. Ich ging jetzt davon aus, daß die Invasion begonnen hatte."

Verwirrungen

Der Funker Josef Horn stand nahe seiner Batterie bei Holdy und beobachtete noch immer sorgenvoll den dunklen Himmel: „Plötzlich kamen viele Flieger von hinten, von genau der anderen Seite, von Land her – Dakotas. Die flogen noch nicht einmal zweihundert Meter hoch. Dann sah ich, wie Fallschirmjäger ausstiegen, noch ziemlich weit weg. Da hab' ich die Abteilung per Sprechfunk angerufen und gesagt: *Alarm, Alarm! Sie kommen!*

Doch man sagte mir: *Sie haben reichlich Phantasie, Mann. Wir haben Informationen, daß der Feind lediglich Puppen abwirft.*

Ich entgegnete nachdrücklich: *Aber das sind welche, die laufen können!*

Plötzlich stand der Fernmelde-Unteroffizier, der mir damals den funktionsunfähigen Karabiner gegeben hat, vor mir. Er befahl: *Nimm Dein Gewehr und geh' da hinten hin. Da ist ein Deckungsloch, und da tust Du den Rücken von der Batterie decken!*

Ich sagte: *Herr Unteroffizier, mein Karabiner funktioniert doch nicht, das wissen Sie doch.*

Er schnauzte: *Geh, oder Du wirst sofort an die Wand gestellt, wegen Feigheit vor dem Feind!*

Ich ging – mit zwei Handgranaten und einem Karabiner bewaffnet, mit dem ich nur noch hauen konnte, und hockte mich da im Dunkeln in das sandige Loch."

Verwirrung und Ungewißheit bei den deutschen Kommandostellen. Wie glaubhaft sind die eingegangenen Meldungen? Könnte das tatsächlich die schon so lange erwartete Invasion sein?

Foto: Archiv von Keusgen

Um 1:16 Uhr informierte die Flugmeldezentrale: *Fallschirmspringer zwischen Marcouf und See...*

...folglich *(versehentlich)* hauptsächlich im Überschwemmungsgebiet, was dem Admiral Kanalküste um 1:20 Uhr vom Seekommandanten Normandie bestätigt wurde: *Fallschirmabspringer zwischen Batterie Marcouf und See.*

1:26 Uhr: Seekommandant Normandie an Admiral Kanalküste: *Weitere starke Kräfte Fallschirmspringer vor 2./1261 (Batterie Marcouf) und in Bereich 716. I.D.*

An der östlichen Flanke des Invasionsraums fanden zu dieser Zeit ebenfalls Fallschirmjäger-Massenabsprünge statt.

Als sich der stellvertretende Ic des Ob. West, Major Dörtenbach, bei der Heeresgruppe B telefonisch über die Lage informieren wollte, wurde ihm lediglich mitgeteilt, daß Generalstabschef Speidel die Situation einigermaßen gleichmütig betrachten würde. Er sei der Meinung, es bestünde ja die Möglichkeit, daß es sich bei den gemeldeten Fallschirmjägern nur um Bomberbesatzungen handeln könnte, die abgesprungen waren...

Von nun an gingen fast unentwegt derartige Meldungen über Landungen an den Flanken des Aufstellungsraumes der 7. Armee ein – inzwischen auch Meldungen über Lastensegler-Landungen und erste Kampfhandlungen mit feindlichen Fallschirmjägern in mehreren verschiedenen Gebieten der Cotentin-Halbinsel.

Hauptmann Dr. Treiber stand hinter der offenen Scharte seines großen Observationsbunkers auf der Geländeanhöhe zwischen dem Weiler Crisbecq und St. Marcouf, seiner Batterie 2,2 Kilometer vorgelagert und in naher, rechtsseitiger Nachbarschaft zur B-Stelle Oberleutnant Ohmsen's 3. Batterie. Dr. Treiber blickte zum 2,8 Kilometer entfernten Meer hinunter. Wenn die Wolken gelegentlich aufrissen, spiegelte sich das Licht des Vollmondes darin. Der Batteriechef hatte viele Einflüge von Transportmaschinen und Lastenseglern

Generalleutnant Dr. Hans Speidel, Rommel's Generalstabschef der Heeresgruppe B, sagte auch noch um 2:05 Uhr zum Oberbefehlshaber West, Generalfeldmarschall von Rundstedt: Die (bisher eingegangenen) „Meldungen werden (von ihm, Speidel) für übertrieben gehalten".
Foto: Bundesarchiv, Bild 146-1972-032-06

Die starken Bombardierungen galten zu dieser Zeit der 2. und 3. Batterie bei Crisbecq und Azeville.
Foto: US National Archives

beobachtet. Nun war es fast genau 1:30 Uhr. Da grollte von See her dumpfes Motorengeräusch herüber. Dr. Treiber erblickte „eine dunkle Wolke von Flugzeugen – Bomber! Dann brach ein Orkan los."

Nach diesem Bombardement und einer anschließenden Flut von Transportmaschinen folgte eine noch größere von schweren Lancaster-Bombern. Aus den vorausfliegenden Transportflugzeugen wurden große Leuchtmittel an breiten Fallschirmen abgesetzt, die ihre Umgebung mit gleißendem Licht erhellte. Die Hauptangriffsziele der Bomber waren die Batterien mit ihren Geschützständen – in deren Nähe bereits Hunderte Fallschirmjäger heruntergekommen waren. Der Bombenhagel fiel stellenweise derart dicht, daß ganze Areale geradezu umgepflügt wurden – auch kleine Siedlungen und viele alleinstehende Häuser. Die französische Bevölkerung wurde nicht unerheblich von diesen Angriffen *(und den späteren Kampfhandlungen)* betroffen.

Der Unteroffizier Heinrich Müller von der 5. Kompanie des Grenadier-Regiments 919 gehörte zu jenen Soldaten, die das Kampfgeschehen der Invasion lediglich aus der Entfernung sahen: „Ich kann sagen, daß ich die ganze Zeit vom 6. Juni bis zu meiner Gefangennahme am 23. Juni'44, bei Cherbourg, nicht einen einzigen Schuß abgegeben habe."
Foto: Kollektion H. Müller

Der Funker Josef Horn beschrieb seinen Eindruck von diesem Großangriff philosophisch: „Ein wahres Feuerwerk des Irrsinns! Wohin man auch blickte, die ganze Küste entlang konnte man die unzähligen Leuchtspurgeschosse der Fliegerabwehrkanonen zu Hunderten in den dunklen Himmel aufsteigen und sich wie farbige Fontänen wieder herabsenken sehen. Unentwegt zuckende Mündungsfeuer der Artillerie, überall die orangefarbenen Explosionsblitze der vielen Schrapnellgeschosse, die grellen Blitze einschlagender Bomben, und vom Himmel schwebten Tausende gleißende Lampen herab. Es war ein phantastischer, grauenhafter Anblick dieses von Menschenhand gemachten Wahnsinns..."

Wie Tausende andere deutsche Soldaten auch, so blickte Unteroffizier Heinrich Müller im W 18 ebenfalls zum Himmel empor:

„Das war wirklich irre, was da runterkam und gleichzeitig raufgeschossen wurde. Das Bombardement ließ die Erde beben. Überall die bunten Leuchtspuren der Flak, besonders heftig auf der anderen *(östlichen)* Seite der Vire-Bucht *(Flaksturmregiment 1).* Aber was ich so gar nicht verstand, war, daß doch schon einige Zeit zuvor massenhaft Ami-Fallschirmjäger runtergekommen waren, die kriegten doch jetzt auch den ganzen Segen ab..."

Auch die kleine Ortschaft St. Marcouf wurde mit bombardiert. Die fünfköpfige Familie Milet hatte kaum Zeit, ihr Haus zu verlassen, um in ihrem kleinen, selbstgebauten Unterstand Schutz zu suchen. Der 16-jährige René Milet „glaubte, daß die ganze Welt untergeht. Eine Flut von Eisen und Feuer überrollte unseren ganzen Ort. Wir fühlten, wie sich der Boden unter unseren Füßen hob und wieder senkte. Plötzlich rief mein Vater: *Das Haus stürzt zusammen!*

Auch unser Unterstand brach zusammen."

Zwei Familienmitglieder wurden von den Trümmern schmerzlich eingeklemmt. René konnte sich befreien und lief in die Nacht hinaus, um von irgendwo Hilfe zu holen. Vieles seiner Kleidung und große Hautpartien seiner Beine waren verbrannt.

Über den Raum des geplanten US-Angriffssektors *Utah* hinaus sollte noch ein weiterer, ganz spezieller Angriff der Heeres-Küsten-Batterie Maisy am Grandcamp gelten – und der bei ihr stehenden Flak-Abteilung 497 des auch in diesem Bereich stehenden Flak-Sturm-Regiments 1. An dem Angriff nahmen zusätzlich die beiden französischen schweren Bomber-Gruppen *Goyenne (Guyana)* und *Tunisie (Tunis)* teil. Jedoch reichte die gesamte Bombenlast von 600 Tonnen – abgeworfen von mehreren hundert Bombern – nicht aus, die Batterien in den Widerstandsnestern 83 und 84 sowie die Flak-Abteilung gänzlich zu zerschlagen.

Die Verluste unter den amerikanischen Fallschirmjägern waren in dieser Nacht erheblich. Infolge der nur geringen Absprunghöhe hatte sich bei vielen von ihnen der Fallschirm nicht ausreichend geöffnet, und so schlugen sie fast völlig ungebremst auf den Erdboden auf.
Foto: US National Archives

Ab 1:30 Uhr begannen an der östlichen Flanke der Invasionsfront, im Raum östlich der Orne, Lastensegler-Massenlandungen. Zeitgleich wurde in der Batterie Azeville Fliegeralarm ausgelöst. Oberleutnant Hans Kattnig, der bis zu diesem Augenblick noch immer im Gefechtsstand gesessen hatte, eilte aus dem Bunker und hörte das Dröhnen eines bereits sehr nahen Bomberpulks. Rasch brachte er seine beiden äußerst unruhigen Spaniel-Hunde in den Bunker zurück. Von der MKB Marcouf hallte der Donner der schweren Bombardierungen herüber, und grelle Explosionsblitze erhellten zukkend den Nachthimmel über St. Marcouf und das kleine Crisbecq. Die MKB wurde derart heftig bombardiert und getroffen, daß etliche große Betonbrocken bis zu einer Entfernung von zweitausend Metern umherflogen. Der Bombardierung folgten unmittelbar Massen amerikanischer Fallschirmjäger, die in langen Reihen vom Himmel herabschwebten.

Unmittelbar darauf überflog eine weitere Flut von Bombern und Transportmaschinen auch schon das Terrain der Batterie Azeville. Die beiden auf den Kasematten Nr.1 und Nr.3 aufgestellten Fliegerabwehrkanonen feuerten in hämmerndem Stakkato himmelwärts. Einige Bomben schlugen auf dem weitläufigen Batteriegelände ein. Da wurde eines der Flugzeuge von der Flak getroffen. Mit heulenden, überdrehten Motoren kam es herunter, raste einige hundert Meter dicht über dem Erdboden dahin, dann schlug es auf dem benachbarten Anwesen der Familie Dorey ein und explodierte. Das Getöse der ständig heranfliegenden Flugzeuge nahm nicht ab.

Kattnig blickte besorgt zum Nachthimmel empor. Zwischen länglichen Wolkenfetzen erhellte der kaltweiße Widerschein des Vollmondes eine unheimliche Szenerie. Der Oberleutnant beschrieb die Situation: „Der nächtliche Himmel war auf einmal weiß von Fallschirmen…"

Überall sanken Fallschirmjäger herab, jedoch landete kein einziger innerhalb des Batteriegeländes. Doch gerade diese Fallschirmjäger hatten den Auftrag, die Azeville-Batterie zu eliminieren.

Batteriechef Dr. Hugo Treiber, der sich, wie üblich, in der B-Stelle aufhielt, war von den ungewöhnlichen Ereignissen äußerst beeindruckt: „Hunderte von Fallschirmjägern fielen vom nächtlichen Himmel. Wie die Herbstblätter vom Wind zu Boden geblasen, so dicht fielen sie rings um uns, am dichtesten in Richtung Ravenoville und den Gefechtsständen meiner Abteilung. Heftige Explosionen dröhnten von der Vire-Mündung her, furchtbare Explosionen, MG-Feuer, der orangefarbene Schein von Flammenwerfern, Hunderte von Christbäumen *(an Fallschirmen hängende Phosphor-Leuchtmittel)* und Hunderte von niedrig fliegenden Flugzeugen über und um uns…"

Von überall her hallten die unentwegt schießenden Flugzeugabwehrkanonen. Von der MKB Marcouf dröhnten die letzten Bombenexplosionen herüber. Plötzlich verebbte der Lärm.

Nun wollte Stützpunktführer Kattnig beim Divisionsstab Meldung machen und sich gleichzeitig vergewissern, ob es sich bei diesem Angriff um die schon so lange erwartete Invasion handelte. Doch er bekam keinen Anschluß. Auch Dr. Treiber war empört darüber, daß es, wie er sagte, „keine klaren Weisungen von oben gab".

Plötzlich hallte von der westlichen Umzäunung des Batteriegeländes eine heftige Schießerei mit den Außenposten herüber. Oberleutnant Kattnig berichtete: „Die Batterie wurde an ihrer Flanke von etwa zwanzig aus der Dunkelheit auftauchenden Fallschirmjägern angegriffen."

Doch infolge der gut ausgebauten Nahverteidigungsanlagen und der beherzten Abwehr der Stützpunktbesatzung konnte der Angriff abgewehrt werden. Die Amerikaner zogen sich ins Dunkel der Nacht zurück, wobei etliche ihre verwundeten Kameraden mitschleppten.

Karl-Heinrich Büchner, der sich zu dieser Zeit im großen Bunker Nr.2, in der Telefonvermittlungsstelle, aufhielt, hatte gar nicht mitbekommen, daß die Batterie angegriffen worden war: „Dadurch, daß ich in dieser Nacht in der Vermittlungsstelle saß, habe ich erfahren, daß gerade Fallschirmjäger gelandet waren, jedoch nicht in unserer Batterie, sondern in der 1., die bei Varreville."

Im Hinterland gingen unentwegt Lastensegler nieder, die nicht nur Soldaten, sondern auch Kriegsgerät und Fahrzeuge heranbrachten.
Fotos: US National Archives

Der 19-jährige Günter Prignitz gehörte zum III. Bataillon des Fallschirmjäger-Regiments 6 und lag mit 16 Soldaten des 1. Granatwerferzuges seiner 13. Kompanie bei St.-Georges-de-Bohon, fünf Kilometer südlich Carentan: „Wir lagen in vier Zelten unmittelbar neben dem Friedhof. Auf dem Turm der Kirche, die auf diesem Friedhof stand, hatten wir einen ständigen Beobachter postiert, den Widtold Florczik. Um 1:30 Uhr hat er uns mit mehreren Schüssen und dem Ruf *Alarm! Fallschirmjäger! Segelflugzeuge!* den Beginn der Invasion verkündet.

Die Nacht war dunkel und die Sicht schlecht. Als erster kam ich aus meinem Zelt und hörte die Worte: *Oh, oh, broken leg.*

Ein amerikanischer Fallschirmjäger lag mit einem gebrochenen Bein stöhnend neben einem hohen Baum zwischen zwei Zelten unseres Zuges. Sein Schirm hing in der Krone des Baumes. Ich nahm ihm seine Waffen und die Sprengmittel ab und sprach mit ihm. Offene Wunden konnte ich nicht feststellen. Er war vielleicht der erste Kriegsgefangene in der Normandie.

Da riefen Kameraden aus einem unserer Zelte, man sollte ihnen helfen. Ein Fallschirm lag über ihrem Zelt. Ein zweiter Schirm – aber wo war der zweite Amerikaner? Unser erfahrener Oberfeldwebel Roskewicz wollte die Situation klären, rief: *Wer da? Parole!*

Keine Antwort. Aber ich sollte den Amerikaner noch treffen..."

Bei Holdy kauerte indessen Josef Horn in seinem Deckungsloch und beobachtete, wie in einiger Entfernung, in nordwestlicher Richtung, etliche Fallschirmjäger mit ihren vom hellen Mondschein grell beleuchteten, weißen Fallschirmen über dem Sumpf- und Überschwemmungsgebiet zwischen La Madeleine und St.-Martin-de-Varreville herabgeschwebt kamen. Der über fast seine gesamte Fläche überflutete und als La Plaine bezeichnete Landstrich sollte in dieser Nacht noch einer Vielzahl von US-Fallschirmjägern zum Verhängnis werden. Die Masse dieser Fallschirmjäger gehörte zur 101. Airborne Division, die Minderheit zur 82. Von ihren schweren Ausrüstungen behindert, fielen sie in zeitweilig fast völliger Dunkelheit ins Wasser und verloren ihr gesamtes Material und ihre Waffen. Sie hatten ihre ursprünglich vorgesehenen Absprungrespektive Landezonen, die deutlich hinter dem überfluteten Terrain lagen, weit verfehlt. Jene Soldaten der 101. Airborne Division sollten in der 1,8 Kilometer davon entfernten *Zone A* herunterkommen, im Raum zwischen Ste.-Mère-Église, St.-Germain-de-Varreville und St.-Martin-de-Varreville. Die geplante *(naheste) Zone O* für die Männer der 82. Airborne Division lag unweit westlich Ste.-Mère-Église, 6,5 Kilometer vom Überschwemmungsgebiet entfernt.

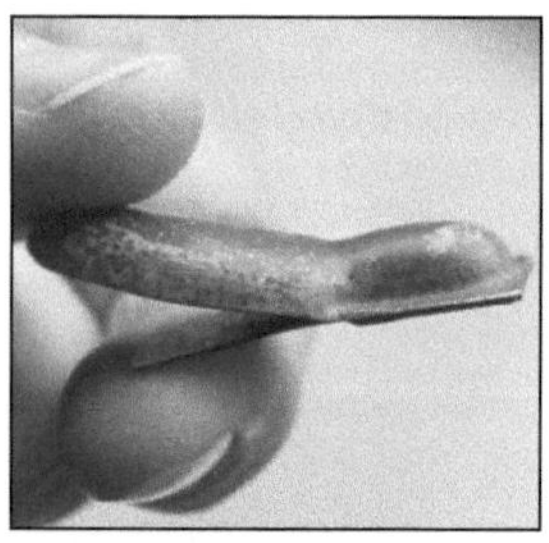

Ein als „Frosch" bekanntes, kleines Blechspielzeug, mit dem man laute, metallisch klingende Klick-klack-Geräusche erzeugen konnte, wurde für die Fallschirmjäger der 101. Airborne Division zu einem recht effektiven „Signalgerät" – allerdings als solches auch rasch von den Soldaten der Wehrmacht erkannt...

Foto: von Keusgen

Um sich wieder zusammenzufinden, waren den US-Fallschirmjägern kleine Metallklappern mitgegeben worden, sogenannte „Frösche", eigentlich ein Kinderspielzeug – aber nur den Männern der 101. Airborne Division; jene der 82. Division hatten ein derartiges „Signalgerät" nicht erhalten, was zu fatalen Situationen der Soldaten der beiden Divisionen führte...

Die in dem Überschwemmungsgebiet und dem unregelmäßigen, schwachen Licht des Mondscheins unorientiert umherwatenden Soldaten der 101. Airborne Division begannen nun, mittels ihrer „Blechfrösche" Signale zu geben. Einmaliges Klicken signalisierte einen Ruf, der von den Kameraden mit zweimaligem Klicken beantwortet werden sollte. Da der maschinell gestanzte und geprägte Hohlkörper dieses Spielzeugs das Klickgeräusch etwas dumpfer klingen ließ, waren diese Signale tatsächlich dem Quaken von Fröschen ähnlich, allerdings einem sehr metallen klingenden Quaken, und Frösche gab es in diesem Gebiet und gerade zu dieser Jahreszeit viele – in dieser Nacht noch mehr...

Aber nicht nur die Kameraden der Amerikaner vernahmen diese Ruf- und Antwortzeichen – auch deutsche Soldaten. Einer von ihnen war der Gefreite Josef Horn, der noch immer in dem engen Sandloch hockte: „Sie kamen vom Himmel 'runter und machten mit so kleinen Blechdingern klack-klack. Mir war rasch klar, daß es Signale sein mußten. Aber dort im Sumpf hielt sich kein Deutscher auf. Dann zog ich meine beiden Handgranaten ab und warf sie irgendwo hin. Ich dachte, *da is' vielleicht was, schmeiß mal hinter die Hecke.* Ob da tatsächlich was war, weiß ich nicht. Dann bin ich aus dem Loch 'raus und rasch zur Batterie gegangen. *Da bin ich wenigstens nicht allein,* hab' ich gedacht.

Doch da traf ich meinen cholerischen Freund, den Unteroffizier, wieder. Der hat sogleich losgebrüllt: *Was machst Du denn hier? Warum bist'e nich' in dem Loch da hinten? Wegen Feigheit vor'm Feind komm'ste vor's Kriegsgericht, und was dann passiert...!*

Ich hatte meine beiden Handgranaten weggeworfen und nur noch den Karabiner. Ich fragte ihn: *Aber was soll ich denn da hinten mit meinem kaputten Karabiner noch ausrichten?*

Er sagte: *Wenn's wieder ruhig is', bist'e dran!*

Daraufhin habe ich mich wieder in dieses blöde, sandige Loch zurückgezogen."

Nahe der kleinen Ortschaft Écoquenéauville, zwei Kilometer südöstlich Ste.-Mère-Église, „kam ich um exakt 1:30 Uhr viel zu schnell vom Himmel", erzählte der 1944 19-jährige US-Fallschirmjäger und Sanitäter Robert E. Wright, „es war eher ein herunterfallen, als ein herabschweben. Überhaupt ging alles viel zu schnell. Von meinem Absprung bis zum Erdboden vergingen nur etwa zwanzig Sekunden, da war ich schon unten – und in unmittelbarer Nähe von einigen deutschen Soldaten. Beim Herabsinken konnte ich erkennen, daß sie zu unseren Flugzeugen hinaufsahen. Ich hatte einen furchtbaren Schreck bekommen. Aber es war wohl meinem Tarnfleckfallschirm zu verdanken, daß sie mich in der Dunkelheit nicht sahen. Als ich unten war, löste ich mich vorsichtig von meinem Geschirr, und als ich mich umblickte, waren die Deutschen fort.

Mit mir waren noch zehn oder zwölf weitere Soldaten abgesprungen und hier in diesem unheimlichen Dschungel aus großen Bäumen, Hecken und hohen Steinmauern gelandet, irgendwo... Dabei waren noch ein paar Sanitäter. Wir sollten eine Sanitätsstation einrichten, auch irgendwo... Es dauerte einige Zeit, bis wir uns in der Dunkelheit zusammengefunden hatten, aber wir waren alle okay. Nachdem wir festgestellt hatten, daß wir viel zu früh und zu weit nördlich unserer geplanten Landezone heruntergekommen waren, gingen wir los, in südliche Richtung – nach irgendwo..."

Fallschirmjäger-Sanitäter Robert E. Wright
Foto: Kollektion R. E. Wright

In dem kleinen Zeltlager der 13. Kompanie des III./FJR 6 bei St.-Georges-de-Bohon ging vom nicht weit entfernten 2. Granatwerferzug per Feldtelefon die Meldung von Gefechten mit amerikanischen Fallschirmjägern ein. Günter Prignitz bekam den Auftrag, mit diesem Zug direkte Verbindung aufzunehmen: „Auf dem Weg dorthin überraschte ich im Dunkeln einen amerikanischen Soldaten, der ganz offensichtlich unsere Telefonleitung zerstören wollte. Er mußte es gewesen sein, dessen Fallschirm zuvor auf dem Zelt gelegen hatte. Ich rief ihn an – und er verschwand im Dunkeln..."

Der Kommandeur des am Grandcamp stehenden Flak-Sturm-Regiments 1, Oberst Werner von Kistowski, beschrieb die Situation nach Anbruch des 6. Juni: „Kurz nach Mitternacht trafen die ersten Meldungen über Fallschirmabsprünge im Raum Carentan ein, kurz danach auch nördlich und ostwärts des Einsatzraumes meines Regiments. Außerdem war Infanteriefeuer in der Nähe des Gefechtsstandes zu hören; es kam von einigen Fallschirmspringern, die später gefangengenommen wurden. Um 1:43 Uhr wurde die Luftlandemeldung vom Regiment zum Flakkorps abgesetzt."

Um 1:45 Uhr ging bei der 352. Infanterie-Division eine Meldung seines Grenadier-Regiments 914 ein: *50 bis 60 feindliche Fallschirmjäger am Carentan-Kanal südlich Brévands abgesprungen.*

Am Stadtrand von St.-Mère-Église begannen in diesem Augenblick die Absprünge jener Fallschirmjäger der 82. Airborne Division, die mit der Einnahme der strategisch wichtig gelegenen Kleinstadt beauftragt waren. Auch am Grandcamp waren inzwischen im Raum der Batterie Maisy und jenem des Flak-Sturm-Regiments 1 immer heftigere Gefechtstätigkeiten mit gelandeten amerikanischen Fallschirmjägern und mittels Lastenseglern abgesetzter Infanteristen entbrannt. Oberst von Kistowski berichtete weiter: „Um 1:48 Uhr traf von meiner leichten Flak-Abteilung 90 die Meldung über Gefangennahme von vier Amerikanern und kurz hinterher von weiteren sieben ein."

Mehr als eine Stunde nach Beginn der Offensive meldete um 1:50 Uhr das LXXXIV. Armee-Korps an Admiral Kanalküste: *Lastensegler und Fallschirmspringer am linken Flügel. Erste Gefangene eingebracht.*

Um 1:55 Uhr orientierte Seekommandant Normandie: *Gemeldete Fallschirmspringer teils Strohpuppen.*

Heinz Lunkenheimer: Mit Rot-Kreuz-Armbinde und Karabiner in den Krieg zu ziehen, konnte für ihn noch sehr gefährlich werden...
Foto: Kollektion H. Lunkenheimer

Der kleine Spähtrupp, dem auch der Sanitätshelfer Heinz Lunkenheimer angehörte, war mittlerweile zu seinem Standort zurückgekehrt. Als die Soldaten wieder die Straße erreicht hatten, die durch den kleinen Laubwald führte, „blieben wir plötzlich wie angewurzelt stehen", erzählte Lunkenheimer. „Fassungslos mußten wir erkennen, daß unsere Kompanie in der Dunkelheit zum Abmarsch bereitstand, vielleicht sogar das gesamte Bataillon. Unsere Berichterstattung war dann nur noch eine Bestätigung dessen, was inzwischen auch von anderen gemeldet worden war."

Es herrschte höchste Alarmstufe. Alle Soldaten hielten sich bei ihren Fahrzeugen auf, die Pferde standen unruhig in ihren Geschirren. Die Tiere waren nervös. Es lag etwas in der Luft...

„Und wir standen da in unseren grünen Drillichanzügen und konnten nicht mehr zu unseren Sachen kommen. Ich fragte mich, was ich nur ohne meine Knobelbecher *(Stiefel)* machen sollte. Wie sollten wir während dieses hektischen Aufbruchs an gute Uniformen kommen, die auch noch ordentlich paßten? Gewundert hatte ich mich auch, daß ich als Sanitätshelfer mit einem Gewehr losziehen mußte. Das lag sicher daran, daß ich noch kein voll ausgebildeter Sanitäter war. Meinen neuen Fotoapparat, so einen mit Faltenbalg zum ausziehen, den ich mir erst vor ein paar Wochen in Le Mans gekauft hatte, werde ich in den Mond schreiben müssen. Den hatte ich in einem Baum versteckt, damit er mir im Zelt nicht geklaut werden konnte. Unsere Sachen, die sich in den Zelten befunden hatten, habe man in Decken zusammengerafft und irgendwo aufgeladen, hieß es. Ich befürchtete, daß ich davon wohl nichts mehr wiedersehen würde. Wie es schien, mußte ich nun wohl in diesen verwaschenen Baumwollklamotten in den Krieg ziehen. Absolut vergleichbar mit heiraten in Turnhosen."

Um kurz vor 2:00 Uhr ging bei Leutnant Arthur Jahnke im W 5 die Alarmmeldung von seinem Bataillon ein. Sofort schickte er einen Spähtrupp in das Gelände hinter seinem Widerstandsnest hinaus. Auch hier glaubte man zuerst an eine Aktion zur Unterstützung der französischen Widerstandsbewegung, denn gemäß Rommel's Hypothese, eine Invasion käme nur bei Flut, könnte sie – bei gegenwärtig abnehmender Tide – am nächsten Vormittag mit einer Strandbreite von annähernd siebenhundert Metern ja gar nicht erfolgen. 700 Meter flachen Strand überlaufen, 700 Meter ohne jede Deckung gegen Kanonen, Granatwerfer und Maschinengewehrfeuer? Völlig ausgeschlossen! Man war auch im W 5 der Ansicht, daß die gemeldeten Fallschirmjäger zu dieser Zeit und unter diesen Umständen niemals eine Invasion einleiten würden – oder...?

Ebenfalls um 2:00 Uhr meldete Batteriechef Walter Ohmsen an Seekommandant Normandie: *Batterie Marcouf mit drei Geschützen schießklar. Alarmstufe II durchgeführt. Voraussichtlich vier Tote und zirka acht Schwerverletzte, mehrere Leichtverletzte. Noch keine ärztliche Hilfe.*

Ohmsen erhielt unmittelbar darauf Antwort: *Besondere Vorsicht vor Berührung der Strohpuppen; könnten Sprengkörper sein (was aber nicht der Fall war).*

Zeitgleich meldete der Chef des LXXXIV. Korps an A.O.K. 7: Im Abschnitt 716. Infanterie-Division weitere Luftlandungen. Raum an der Ostküste Cotentin scheint sich auszudehnen,

von Ste.-Marie-du-Mont bis Montebourg. Bei Le Ham wird gekämpft. Sehr starke Verbände ostwärts Cherbourg und weiter westlich im Seegebiet Jersy im Anmarsch. An Nord- und Westküste Cotentin noch nichts von Luftlandungen bekannt. Zwei Schwerpunkte erkennbar: 716. I.D. und Ostküste Cotentin, quer durch 91. Luftlandedivision.

Nur fünf Minuten später orientierte der Chef der Heeresgruppe B den Ia des A.O.K. 7: *Größere Landungen zunächst aus der Luft hauptsächlich bei 716. I.D., Südteil Ostküste Cotentin und quer durch Cotentin bei der Carentan-Enge. Kleine Teile bereits vernichtet. Von See her an Ostküste Cotentin Motorengeräusche hörbar. Beiderseits Cherbourg bisher noch nichts bekannt. Admiral Kanalküste meldet Schiffsortungen im Seegebiet Cherbourg. Näheres nicht bekannt. Chef des Generalstabs beantragt Unterstellung 91. Luftlandedivision. Chef Heeresgruppe B beurteilt Angelegenheit zur Zeit noch als lokal begrenzt. Chef des Generalstabs vertritt Meinung, daß es sich um eine größere Aktion handelt.*

Nur zwei Minuten später ließ Feldmarschall von Rundstedt durch seinen Ia verlauten: *Meldungen wurden für übertrieben gehalten.*

Zur selben Zeit wurde für den Bereich des LXXXIV. Armee-Korps Alarmstufe II ausgerufen. Dennoch betrachtete der Ia des Oberbefehlshabers West *(Zitat)* „die Lage vorläufig als ruhig".

Es war einige Minuten nach 2:00 Uhr, als die große Kriegsschifflotte der Alliierten damit begann, ihre Positionen vor der Küste zu beziehen und vor Anker zu gehen. Der 33-jährige Korvettenkapitän und Kommandant des Zerstörers *USS Corry*, George D. Hoffmann, hatte mit diesem Schiff den enorm

Die Spitze der gesamten, aus 59 Geleitzügen bestehenden Armada war am Abend zuvor nicht zum ersten Mal von Plymouth aus gestartet. Bereits 24 Stunden vorher hatte man auf dem Ärmelkanal schon mehr als achtzig Meilen durch die aufgewühlte See zurückgelegt, war bis auf nur noch 38 Meilen gefährlich nahe an die normannische Küste herangekommen. Doch dann hatte Eisenhower den gesamten Geleitzug wegen der schlechten Wetterbedingungen (auf der britischen Seite des Kanals) wieder nach England zurückbeordern lassen.
Foto: US National Archives

langen Konvoi der *Einsatztruppe U (Utah)* angeführt. Lediglich sechs kleine Minenräumboote waren vorausgefahren. Zu ihrem Schutz wurde die Armada von etlichen Jagdbomber-Staffeln begleitet. *(Von den 59 Geleitzügen waren 21 für die amerikanischen Strandabschnitte „Utah" und „Omaha" bestimmt, die weiteren 38 für die britisch-kanadischen Abschnitte „Gold", „Juno" und „Sword".)*

Zweimal hatte der riesige Konvoi des amerikanischen Kampfverbandes der 4. Division nun den Kanal überquert, und zweimal war man seitens der Deutschen in keiner Weise angegriffen worden, weder von U-Booten, noch von Flugzeugen. So konnten sich das V. und

VII. US-Korps unbehelligt auf ihre Angriffe in den Abschnitten *Omaha* und *Utah* vorbereiten. Der Marine-Oberbefehlshaber der Alliierten, Admiral Sir Bertram Ramsay, war darüber erstaunt: „Es geschah etwas Unglaubliches – jede feindliche Reaktion blieb aus…"

Die drei Transportschiffe der *Task Force U*, zusammen mit den LSI(L) *(Landing Ship, Infantry, Large = Landungsschiff für Infantrie, groß)* mit den Truppen für den ersten, den Hauptangriff, gingen 17,5 Kilometer vor der Küste vor Anker. So blieben sie außerhalb der Reichweite der deutschen Küstenartillerie – außer jener drei 21-cm-Kanonen der Batterie Marcouf. Die größeren Kriegsschiffe, inklusive der Schlachtschiffe, näherten sich der Küste bis auf elf Kilometer, die Zerstörer bis auf fünf.

Jedes dieser großen Schiffe transportierte 1.400 Soldaten. An Kränen hängend wurden 26 LCVPs (Landing Craft Vehicle and Personnel = Landungsboot für Fahrzeuge und Personen) mitgeführt. Bei den Transportschiffen blieben auch die großen LST (Landing Ship, Tanks = Landungsschiffe für Panzer), die Panzer und andere schwere Fahrzeuge transportierten, sowie sechs kleine Landungsboote wie LCAs (Landing Craft, Assault = Landungsboote für den Angriff) und LCPs (Landing Craft, Personnel = Landungsboote für Infanteristen).
Fotos: US National Archives

Letzte Vorbereitungen für den großen Angriff

Während die deutschen Kommandostellen noch immer darüber nachsannen, ob es sich angesichts der vielen Meldungen um einen Schein- und Ablenkungsangriff oder vielleicht um den Beginn der Invasion handeln könnte, ging die *USS Ancon*, das Flaggschiff des Admirals Hall mit dem Hauptquartier der Landstreitkräfte vor jenem Landeabschnitt vor Anker, den die Planer der Invasion mit dem Decknamen *Omaha* bezeichnet hatten. Doch von den 6.479 Schiffen und Booten, die rund dreißig Kilometer vor der normannischen Küste einen fast neunzig Kilometer langen Saum bildeten und zwischen denen die *Ancon* lag, war von deutscher Seite aus im Dunkeln noch nichts zu erkennen...

Die Armada der Alliierten bestand aus 6 Schlachtschiffen – auch der am 7.12.1941 bei Pearl Harbor von den Japanern versenkten, wieder gehobenen und seetauglich gemachten „USS Nevada" – 23 Kreuzern, 122 Zerstörern, 360 Torpedo-Booten, 200 Minensuchern, Transportschiffen, Fregatten, Patrouillenbooten, Schaluppen, großen Schiffen mit schwerer Artillerie, Flak-Booten und Raketenprähmen, außerdem für die Invasionstruppen 4.222 Truppentransport-Spezial-, Sturm- und Landungsbooten. (Die deutsche Kriegsmarine verfügte am 6. Juni 1944 im Invasionsraum lediglich über 40 motorbetriebene Torpedo- und Kanonenboote.)

Um 2:30 Uhr ging die *USS Bayfield* mit dem Hauptquartier der *Force U (unter Konteradmiral Don P. Moom)* mit dem VII. US-Korps *(unter Generalmajor J. Lawton Collins)* in der sogenannten Transportzone vor *„Utah"* vor Anker. Nun hatte die Armada der Alliierten endlich ihre Ausgangsposition für den Hauptangriff auf die „Festung Europa" bezogen. Auf den mit jeweils Hunderten Soldaten auf engstem Raum und bis zum letzten Platz belegten Truppentransportern hielten Feldgeistliche ihre letzten Predigten, die Offiziere und Unteroffiziere ordneten ihre Mannschaften und erteilten letzte Befehle. Sowohl die Flotte wie auch die *Force U* wurde von vier Staffeln der US Air Force bewacht. Um Verwechslungen mit deutschen Flugzeugen zu vermeiden, waren Lightnings des Typs P-38 mit ihrem charakteristischen, vom Leitwerk fast quadratisch geschlossenen Doppelrumpf zum Einsatz gekommen.

Unmittelbar darauf wurde damit begonnen, die vielen Landungsboote von den großen Truppentransportern zu Wasser zu lassen. Allein vor dem rechten Landeabschnitt der Amerikaner, vor *Utah*, bereiteten sich 23.250 Soldaten darauf vor, in mehreren Angriffs- und späteren Verstärkungstruppen an Land gefahren zu werden. An langen Kletternetzen stiegen die GIs vorsichtig an den hohen Bordwänden der LSIs *(Landing Ship, Infantry = Truppentransportschiffe)* zu den Landungsbooten hinab. Die relativ kleinen, hölzernen Boote

Für die ohnehin schon übermüdeten Männer bestand während dieses Umsteigevorganges äußerste Lebensgefahr. Wer abrutschte und zwischen die eiserne Bordwand und das Landungsboot geriet, war verloren, was einigen der schwer bepackten Männern geschah. Jeder GI trug eine Last von 23 bis 37 Kilo: Seine Waffe (Gewehr, Maschinenpistole oder Bazooka) samt Munition, sein Sturmgepäck, Proviant für drei Tage, eine Gasmaske, einen Regenmantel, eine Rettungsweste, Kochgeschirr samt einem kleinen Esbit-Kocher, eine Feldflasche und Erste-Hilfe-Päckchen. Manche Soldaten waren zusätzlich mit Seilen behängt oder trugen spezielle Werkzeuge und große Drahtscheren mit sich.
Foto: US National Archives

wurden unter ihnen von den mächtigen Wellen in gefährlich rascher Folge mehrere Meter angehoben und wieder hinabgesenkt, schlingerten hin und her und schlugen wieder und wieder dumpf dröhnend gegen die hohen, eisernen Bordwände. Für jene Männer, die beim Einsteigen daneben traten oder abrutschten und ins Wasser fielen, bestand augenblicklich akute Lebensgefahr.

Der 24-jährige Leutnant Dan Campell war Chef der D-Kompanie des 8. Regimental Combat Team *(RCT = Regiments-Kampftrupp)*. Er sollte zusammen mit 34 Männern in seinem Boot sowie mit weiteren 138 in anderen Booten in der dritten Angriffswelle an Land gehen. Campell erklärte: „Es war wirklich nicht einfach, da hinunter zu klettern. Das Wasser ging ständig hoch und runter, und unser Landungsboot auch. Es kostete verdammt viel Mut, in dieses kleine Ding da unten zu steigen. Wir waren schon Helden, als wir in dem wie verrückt schaukelnden Boot ankamen."

Als Campell's Männer alle in dem kleinen Landungsboot waren, legte es von dem Transporter ab und reihte sich in den ständig zunehmenden Pulk langsam im Kreis fahrender Landungsboote ein – auf den Start zur Anfahrt auf das Zielgebiet wartend. Mehr und mehr Boote reihten sich ein, vollbesetzt mit gut ausgerüsteten und bewaffneten, jedoch nicht wenigen seekranken Soldaten.

Seit zwei Stunden war der *D-Day* angebrochen, die große Invasion der Alliierten angelaufen, und unablässiges dumpfes Dröhnen der Flugzeuge erfüllt die Nacht über der Normandie. Inzwischen befanden sich bereits Tausende Soldaten der Alliierten auf französischem Boden, selbst Jeeps und panzerbrechende Waffen standen den gelandeten Truppen rasch zur Verfügung – und die Luftlandungen gingen unentwegt weiter. Den Fallschirmjägern war befohlen worden, sämtliche Kabel und Telefonleitungen, die sie fänden, zu zerschneiden. Auf diese Weise wurden immer mehr Kommunikationsverbindungen unterbrochen. Generalmajor Max-Josef Pemsel ahnte bereits, was sich in dieser Nacht anbahnte. Er schimpfte: „Ich muß Krieg führen wie Wilhelm der Eroberer – nur mit den Augen und Ohren!"

Ab 2:10 Uhr waren in rascher Folge plötzlich sämtliche Telefonverbindungen mit Cherbourg und den Kanalinseln gestört. Zur selben Zeit ging beim Ia des Oberbefehlshaber West eine Meldung von Major Kleinmayer ein: *Es sollen Fallschirmspringer bei Bayeux, Evreux und Cherbourg heruntergekommen sein. Außerdem je ein Lastensegler an Orne-Mündung und südöstlich Cherbourg. Neue Einflüge von zweimal 80 Flugzeugen über Halbinsel Cotentin. Luftflotte hat Alarmstufe II für Flugplätze Orly (Paris), Laval und Chartres befohlen.*

Tatsache war, daß längst massenhaft Lastensegler-Landungen stattfanden, inzwischen auch an der westlichen Flanke des Invasionsraumes, hinter jenem 16,8 Kilometer langen, östlichen Cotentin-Küstenabschnitt zwischen Quinéville und der Vire-Bucht, den die Alliierten mit dem Decknamen *Utah* bezeichnet hatten.

Um 2:14 Uhr meldete Seekommandant Normandie an die 352. Infanterie-Division: *Feindliche Seeziele 11 Kilometer nördlich Grandcamp geortet.*

Beim Seekommandant Normandie ging um 2:15 Uhr eine Meldung vom Ia der 709. Infanterie-Division ein: *Fallschirmspringer bei Quinéville, Morsalines, Lestre; einzelne gefangengenommen. Einflüge größerer Verbände westlich und ostwärts Cherbourg; gleiche Erscheinungen im Raume Dieppe.* (Dabei handelte es sich in Wahrheit um einen Scheinangriff, zirka 180 Kilometer Luftlinie vom Landeabschnitt „Utah" entfernt. Die am Ärmelkanal gelegene nordfranzösische Hafenstadt war bereits am 19. August 1942 Ziel eines britisch-kanadischen Landeunternehmens mit dem Decknamen „Jubilee" als Testaktion zur geplanten Invasion des europäischen Festlandes gewesen – mit großen Verlusten.)

Max-Josef Pemsel, am 1. September 1942 zum Generalmajor befördert, war am 20. Mai 1943 zum Chef des Generalstabes der 7. Armee ernannt und trat diesen Dienst im Juni desselben Jahres an. Ab dem Beginn der Invasion leitete er für einige Zeit die Gegenmaßnahmen der 7. Armee.

Foto: Bundesarchiv, Bild

Die Heeresgruppe B empfing indessen vom Chef des Generalstabs des A.O.K. 7 eine weitere Meldung: Feindliche Luftlandungen an beiden Engen der Halbinsel Cotentin sowie an der Ostküste. 91. Luftlandedivision mit Teilen bereits im Kampf. An einer Brücke 50 amerikanische Gefangene eingebracht. Beurteilung der Lage: Es scheint sich um Großlandung zu handeln, nach Meldung der Truppe und der Luftwaffe. Motorengeräusche von See her wahrnehmbar. Da feindliche Absprünge bereits sehr tief, erste Absicht Abschneiden Halbinsel Cotentin wahrscheinlich. Unterstellung 91. Luftlandedivision beantragt.

Chef des Generalstabs der Heeresgruppe B (Generalleutnant Hans Speidel als Rommel's Stellvertreter) ist der Ansicht, daß es sich zunächst nicht um eine größere Aktion handelt und daß bei rechtem Nachbarn Luftlandungen bisher nur im Bereich 711. I.D. südlich der Seine erfolgt sind. 91. Luftlandedivision wird der Armee unterstellt. Anschließend wird Ob. West über obiges Ferngespräch durch stellvertretenden Ia der Heeresgruppe unterrichtet.

Um den Fallschirmjägern und Lastenseglern im Dunkeln freie Felder für ihre Landung zu markieren, hatten Mitglieder der Résistance in langen Bahnen, dicht an dicht, Zeitungsseiten ausgelegt, deren helles Papier im schwachen Mondlicht weithin zu erkennen war. Dazu sagte Karl Bader vom Fallschirmjäger-Regiment 6: „Wenn wir die Brüder gesehen haben, die nachts Zeitungen ausgelegt haben, dann wurden sie auf der Stelle erschossen. Fünfzig Meter lange Bahnen – das mußte doch einen Sinn haben..."

Schon um kurz vor 2:00 Uhr war Leutnant Jahnke betreffs der Fallschirmjägerlandungen vom Bataillon alarmiert worden. Doch auch im W 5 war man noch immer der Ansicht, daß es sich dabei um eine Aktion zur Unterstützung der hiesigen Widerstandsbewegung handeln würde. Dennoch hatte der fronterfahrene Offizier einen kleinen Spähtrupp zusammengestellt

Oberfeldwebel Manfred Mundt vom W 5: „Man hatte immer an eine Invasion der Tommie's geglaubt, der Engländer. Wer hätte denn an Amerikaner gedacht? Aber nun wimmelten hinter unserem Widerstandsnest offenbar massenhaft davon herum..."

Foto: Kollektion M. Mundt

und ihn in das rückwärtige Gebiet geschickt. Angeführt wurde der Trupp von dem 45-jährigen Oberfeldwebel Manfred Mundt, der, genau wie Jahnke, erst vor kurzem zum W 5 versetzt worden war *(von der Marine-Artillerie)*: „Natürlich war uns etwas unheimlich zumute, denn wir hatten ja längst mitgekriegt, daß da was im Gange war. Die vielen Flugzeuge, die seit Mitternacht einflogen...

Etwa zwanzig Minuten später entdeckten wir im Überschwemmungsgebiet so etwa fünfundzwanzig amerikanische Fallschirmjäger. Da hatten sich die Wolken gerade etwas verzogen, und das Mondlicht spiegelte sich auf dem Wasser. Die Amis wateten im weiteren Abstand zueinander im hüfthohen, kalten Wasser offenbar völlig orientierungslos umher. Wir konnten ihre dunklen Silhouetten deutlich erkennen. Ihre Maschinenpistolen trugen sie an der Hüfte.

Da knallte es auf einmal. Einer meiner Männer hatte geschossen, und einer der Fallschirmjäger versank in dem dunklen Wasser. Zwei der Amis schossen sofort zurück, und die anderen versuchten abzuhauen, beeilten sich, davonzukommen. Aber das gelang nur denen, die schon nahe am gegenüberliegenden Rand des Überschwemmungsgebiets waren. Die verschwanden schnell in der Dunkelheit. Wir gaben noch ein paar Schüsse ab, und da wurden auch noch welche getroffen. Da rissen die Anderen die Arme hoch und ließen ihre Waffen fallen."

Nun kehrte der Spähtrupp zum W 5 zurück – mit 17 gefangengenommen Fallschirmjägern der 101. Airborne Division. Zwei von ihnen waren Offiziere, zwei andere waren bei der Schießerei verwundet worden, einer von ihnen schwer – ein Farbiger, der einen Schuß durch den Unterkiefer bekommen hatte. Jahnke ließ die Amerikaner in einem der Räume jenes Gruppenunterstandes einsperren, der an das im Zentrum des W 5 stehende Steinhaus angebaut worden war. Die Verwundeten ließ er vom Sanitätsunteroffizier Hoffmann behandeln. Und während Jahnke die Meldung betreffs der Gefangennahme der Fallschirmjäger telefonisch an den Bataillonsgefechtsstand durchgab, wurde die Leitung durchtrennt...

Um 2:26 Uhr ging beim Generalkommando des LXXXI. Armee-Korps eine weitere Meldung des LXXXIV. Korps ein: Küstennahe Luftlandung bei Marcouf. Eigene Truppen im Gefecht. Gefangene eingebracht. Starke Bombardements im Raum westlich der Dives-Mündung; Motorengeräusch von See her. Anlandungen noch nicht festgestellt. Eindruck Gen. Kdo. LXXXIV. A.K.: Beginn der Invasion.

In diesem Moment verstummten die georteten Motorengeräusche auf See. Das letzte Schiff der größten Armada der Weltgeschichte hatte seine Position dort draußen vor der Küste erreicht, seinen vorläufigen Liegeplatz mitten im Ärmelkanal, und warf Anker. Im Moment war es finstere Nacht; nur am östlichen Horizont glänzte weit entfernt ein dünner, heller Streifen direkt auf dem schwarzen Wasser. Rundherum zeichneten sich vor der Nacht nur gerade eben so die noch dunkleren Silhouetten massenhaft unbeleuchteter, in völliger Ruhe daliegender Kriegsschiffe ab. In den Takelagen pfiff der Wind sein unheimliches

Lied. Anspannung herrschte auf den Kommandobrücken und in den Schiffen, eine bedrückende Anspannung. Ob die Deutschen wohl wußten, was auf sie zukam, ob sie diesem Angriff vielleicht zuvorkommen, oder wie sie ihm begegnen werden. Konnte es tatsächlich sein, daß sie nicht die allergeringste Ahnung von der Feuerwalze hatten, die sich ihnen näherte? Und irgendwo zwischen den Kriegsschiffen und der Küste waren die kleinen Landungsboote unterwegs zum Strand... In südwestlicher Richtung, sehr weit entfernt, flackerten in unregelmäßigen Abständen kleine Blitze auf; dort hinten waren über der Cotentin-Halbinsel die Luftlandeoperationen längst im vollen Gange.

Auf deutscher Seite wurden inzwischen die immer häufiger eingehenden Meldungen immer besorgniserregender...

Um 2:30 Uhr erfuhr das A.O.K. 7, daß sich der Schwerpunkt des Angriffs offenbar beiderseits der Orne-Mündung *(an der östlichen Flanke)* abzuzeichnen schien.

Leutnant Jahnke's eine halbe Stunde zuvor ausgesandter Spähtrupp sah das anders... ,

Um 2:35 Uhr wurde dem A.O.K. 15 gemeldet: Starke Luftlandungen von Caen bis Marcouf und bei Barfleur. Küstennahe Luftlandungen; einige Gefangene. Motorengeräusche auf See. Kriegsmarine Le Havre kann wegen zu starken Seegangs nicht auslaufen.

(Die Alliierten hatten unter noch ungünstigeren Bedingungen von Großbritannien aus viele Stunden lang den Ärmelkanal überquert und standen zur selben Zeit und unter denselben widrigen Witterungsbedingungen mit ihrer großen Armada in der Seine-Bucht...)

Nur fünf Minuten später orientierte der Chef der Heeresgruppe B *(Speidel)* das A.O.K. 7: *Nach Ansicht Ob. West handelt es sich nicht um Großaktion.*

Der Chef des Generalstabs erwiderte, daß *im Bereich LXXXIV. A. K. an Engen (Engstellen) bereits eine Anzahl amerikanischer und englischer Gefangener gemacht wurden. Außerdem lassen Landungen in Tiefe des Korpsbereichs auf große Aktionen schließen.*

Weitere fünf Minuten später meldete Flak-Abteilung 152 an Seekommandant Normandie: *Sehr viele Maschinen zirka 50 Kilometer nordwestlich Cherbourg; etwa 300 Maschinen.*

Um 2:48 Uhr erhielt die 2. Sicherungs-Division vom A.O.K.15 einen telefonischen Anruf, in dem ihr gemeldet wurde: *Fallschirmspringer bei der 711. I. D. Divisionsgefechtsstand; ferner bei Mont Canisy, ferner bei Marcouf, Ostküste Cotentin und bei Montebourg. Nach Rücksprache mit den in*

Le Havre liegenden Flottillenchefs, der 38. M.S.Fl., Korvettenkapitän Palmgren, und 15. V.Fl., Korvettenkapitän Rall, ist Einsatz der Boote bei dieser Wetterlage nicht möglich. Wind(stärke) 7-8 aus westlicher Richtung.

(Im offiziellen Bericht des Admiral Kanalküste wurde jedoch betreffs der Wetterlage angegeben: „Vollmond, stärkerer Westwind 4-5, 2 Stunden nach Niedrigwasser ‚Ebbe‘."

Die offizielle Wetterlage gemäß Kriegstagebuch von 6.6.1944 besagt für 5:00 Uhr: „Wind Westsüdwest 6, Seegang 4, Sicht 3 Seemeilen, Himmel voll bedeckt, Temperatur +12°.")

Zur selben Zeit, da diese Meldung erfolgte, kletterten seit 18 Minuten *(und noch die nächsten 12 Stunden)* Tausende schwerbewaffnete Soldaten der Alliierten an den breiten Netzen von den vielen, vor der Küste der Normandie liegenden Truppentransportern in die kleinen Landungsboote – trotz des schweren Seegangs...

Major Hugo Messerschmidt (links), Kommandeur des nach ihm benannten Sturm-Bataillons des A.O.K. 7
Foto: Archiv von Keusgen

Äußerst vorsichtig war der kleine, zum *Sturmbataillon Messerschmidt* gehörende Trupp in südliche Richtung auf Ozeville, drei Kilometer vom Meer gelegen, marschiert. Auch Heinz Lunkenheimer sicherte, mit seinem Karabiner in der Hand, nach allen Seiten: „Unser erster Streifzug führte uns über einen unbefestigten, breiten Weg; links einige Häuser, rechts etwas Wald. Vor den Häusern wucherte dichtes Buschwerk. Die ganze Gegend schien menschenleer. Der MG-Schütze unseres Trupps trug sein Maschinengewehr mit dem Trageriemen über der Schulter und hatte es ständig im Anschlag und den Finger am Abzug. Als wir uns etwa zehn Meter vor der Einfahrt eines großen, bäuerlichen Anwesens befanden, wurden wir plötzlich von einem Schuß aufgeschreckt. Karl, der MG-Schütze, zuckte zusammen und riß dabei reflexartig den Abzug durch. Die hierdurch ungewollt ausgelöste MG-Salve erschreckte uns genauso, wie der vorausgegangene, rätselhafte Einzelschuß aus scheinbar allernächster Nähe. Wir warfen uns sofort auf den Boden und verharrten ein Weile. Dann entdeckten wir im Gebüsch, in einer geringen Vertiefung, einen auf dem Rücken liegenden amerikanischen Soldaten. In seiner rechten Hand hielt er eine scharfgemachte Eihandgranate. Der junge Fallschirmjäger war sicher erst vor kurzem vom Himmel geschwebt. Nun sah er uns mit starrem Blick und wie vorwurfsvoll an. Mitten in die Stirn hatte ihn der Schuß getroffen. Sein Stahlhelm hatte nicht tief genug gesessen. Es war naiv von ihm gewesen, von einem solchen Platz aus derart zu handeln. Seine Rechnung war nicht aufgegangen, dabei hatte er es im wahrsten Sinne des Wortes in der Hand, für eine Tapferkeitsmedaille gut zu sein. Ein ganzes Arsenal an Munition lag neben ihm, ein MG war aufgebaut, auch ein kleiner Granatwerfer.

Ich half, die Finger des Toten mit aller Vorsicht auseinander zu bewegen, um ihm die Granate aus der Hand zu nehmen – natürlich immer auf der Hut, daß sich der Auslösebügel nicht abspreizte.

Was wir mit dem Ami jetzt anstellten, war eigentlich Leichenfledderei – und das bei meinem ersten Feindkontakt. Ich war entsetzt, mußte aber lernen, daß im Krieg andere Gesetze herrschen. Neben allerhand Brauchbarem wie Messer, Nähzeug, Strümpfe und

Das Gesicht des Krieges… Die amerikanischen Fallschirmjäger waren die erste Truppe, die am Tag der Invasion große Verluste zu verzeichnen hatte.   **Foto: US National Archives**

Unterwäsche, fanden wir eine ganze Stange Lucky-Strike-Zigaretten bei ihm. Er trug sie, genau wie seine Unterwäsche, auf der Brust, unter seinem Hemd. In einer Seitentasche am Hosenbein entdeckte ich ein willkommenes Erste-Hilfe-Päckchen. Wir nahmen so ziemlich alles mit, was wir leicht verstauen konnten, besonders Eßbares, wie haltbar verpackte Tagesrationen, Schokolade und Hartgebackenes. Auch Zigaretten in Zweierpackungen mit Zündhölzern und Reibefläche. Einer entdeckte bei den Granaten Dosen mit der Aufschrift Coffee. Dann machten wir die Waffen des Amerikaners unbrauchbar. Dann wurde der tote Soldat aus seinem grünen Unterstand gezogen, in der Hoffnung, daß ihn die Richtigen finden würden."

Der Tod des Amerikaners hatte die jungen deutschen Soldaten nachdenklich werden lassen. Der MG-Schütze warnte Lunkenheimer eindringlich: „Paß' auf, Heinz, daß Du nicht der Nächste bist, mit Deiner auffälligen Rot-Kreuz-Armbinde. Wenn Dich die Amis damit sehen und den Karabiner bei Dir entdecken, legen sie Dich sofort um."

Lunkenheimer sah seine anderen Kameraden an: „Nachdem die auch dieser einleuchtenden Meinung waren, wollte ich das Ding so schnell wie möglich loswerden. Schon als ich die Knarre in Empfang nehmen mußte, war mir dabei mulmig zumute gewesen. Aber die Armbinde einfach wegschmeißen, davon hatten mir die Kameraden allerdings ebenfalls sehr ernsthaft abgeraten…"

Währenddessen landeten im südlichsten Absprung- und Sammelgebiet, der *Landezone D*, nahe südöstlich des Weilers Angoville-au-Plain, 5,2 Kilometer nördlich von Carentan und 8,7 Kilometer hinter *Utah Beach* immer mehr Fallschirmjäger des 1. und 2. Bataillons des 501. PIR der 101. Airborne Division – die große Masse aller Fallschirmjäger dieser Division. Unter ihnen befand sich auch der 19-jährige Sanitäter Kenneth J. Moore: „Wir saßen im dunklen Laderaum der C-47. Die kleinen, runden Fenster der Transportmaschine waren mit schwarzer Farbe zugestrichen. Es war wohl, um eine Panik zu vermeiden, wenn wir sehen könnten, was draußen geschah. Aber wir konnten die Granaten der Fliegerabwehrgeschütze draußen explodieren hören. Unser Pilot vollführte einen wahren Schlingerkurs, wohl um den Granaten auszuweichen. Wir waren so etwa zwanzig Fallschirmjäger in diesem Flugzeug. Wir hatten alle Angst, und ich war nicht der Einzige, der betete. Ich habe Gott laut um Hilfe gebeten. Dann ging die kleine rote Lampe an, die uns signalisierte, daß wir uns zum Aussteigen fertigmachen und den Öffnungsmechanismus für unseren

Kenneth J. Moore, 19-jähriger Sanitäter vom 501. PIR der 101. Airborne Division.
Foto: Kollektion K. J. Moore

Fallschirm an einem langen Kabel über uns einklinken mußten. Das war sehr schwierig, denn das Flugzeug schaukelte stark hin und her; man konnte kaum stehen. Dann kam das grüne Licht, und wir mußten hinaus in die dunkle Nacht springen, irgendwohin, zu einem Ort dort hinab, den niemand von uns kannte...“

Kenneth Moore landete im sumpfigen Gelände in unmittelbarer Nähe des Weilers Angoville-au-Plain. Um die alte Kirche waren heftige Gefechte mit den dort stehenden Soldaten des Fallschirmjäger-Regiments 6 mit den Fallschirmjägern der 101. Airborne Division entbrannt. Es hatte bereits etliche Tote und Verwundete gegeben.

Gerade zu dieser Zeit hatte auch Leutnant Jack Dixon mit seinen fünf indianischen Kameraden den Weiler erreicht: „Unterwegs hatten wir keinen einzigen Deutschen gesehen, aber auch keinen einzigen anderen Amerikaner. Doch hier wurde um die Kirche herum heftig gekämpft, im Nahkampf. Von allen Seiten wurde im Dunkeln geschossen. Ich suchte auf dem Friedhof, direkt neben der Kirche, hinter einem Grabstein Deckung. Da bemerkte ich, daß er über und über voller Blut war. Überall wurde geschossen. Wir wußten nicht, wie viele deutsche Soldaten dort waren, aber es waren nicht wenige. Dann näherte ich mich der Kirche. Einige Deutsche hatten sich dort hinein zurückgezogen. Ich stieß die Tür auf und schoß sofort auf zwei nahe beieinander stehende Soldaten. Sie fielen zu Boden. Dann konnte ich gerade noch sehen, wie sich ein dritter mit seiner Maschinenpistole im Beichtstuhl verstecken wollte. Er zog rasch die Tür hinter sich zu – da habe ich geschossen...“

Inzwischen entwickelte sich das Gefecht in Angoville zu einem Häuserkampf mit wechselnden Erfolgen. Zeitweise zogen sich die deutschen Fallschirmjäger etwas zurück, dann stießen sie wieder zu einem neuen Angriff vor. Im Dunkeln lagen Tote und Schwerverwundete auf dem Vorplatz der Kirche, auf dem kleinen Friedhof und auf den schmalen Wegen zwischen den Häusern. Stöhnende Verwundete versuchten, sich in Deckung zu schleppen.

Als die Schießerei um die Kirche herum für kurze Zeit etwas nachgelassen hatte, entdeckte der amerikanische Leutnant Eward Allworth den jungen Sanitäter Kenneth Moore mit seiner auffälligen Armbinde. Er befahl ihm, so rasch wie möglich in der Kirche eine Sanitätsstelle einzurichten. Da der Leutnant selbst kein Sanitäter war, wollte er die Kirche nicht betreten, um eine weitere Schießerei darin zu vermeiden.

Auf See hatte sich zur selben Zeit die große Flotte der Bombardierungsschiffe mit ihren Tausenden Geschützen und Raketenwerfern formiert. Gleichzeitig flogen auf der gesamten Breite des Invasionsraums Bomber, Transportflugzeuge und Lastensegler in die Normandie ein.

Die drei geplanten Absprungzonen der 82. Airborne Division des Brigadegenerals James Gavin befanden sich westlich der durch Ste.-Mère-Église verlaufenden Bahnlinie; für die 101. Airborne Division waren drei Absprungzonen auf der östlichen Seite und näher an der Küste bestimmt – in jenem, nur knapp fünf Kilometer breiten Raum hinter dem Sektor *Utah Beach*. Die Aufgabe dieser von Generalmajor Maxwell Taylor geführten Luftlandedivision bestand im

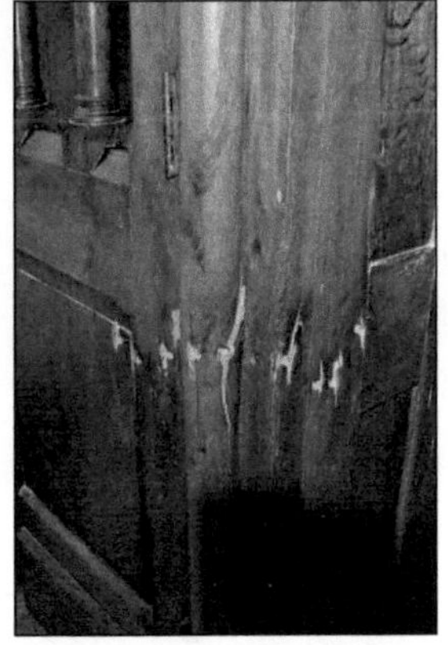

Die Kirche im kleinen Angoville-au-Plain, um dieherum sich in der Nacht zum 6. Juni 1944 heftige Gefechte deutscher Soldaten mit amerikanischenFallschirmjägern zutrugen. Sogar in der Kirche wurdegeschossen. (Links neben der Kirche befindet sich der Friedhof der Ortschaft.) Unten: Jack Dixon's noch heutzutage sichtbare Einschußlöcher im Beichtstuhl. **Fotos: von Keusgen**

Wesentlichen in der Einnahme der vier nicht überfluteten, südlich gelegenen Dammwege, die durch das küstennahe Überschwemmungsgebiet führten. Diese mußten unbedingt für die im Laufe des Tages von der Küste ins Hinterland ziehenden Truppen eingenommen und freigehalten werden.

Zu den ersten Fallschirmjägern, die über der Cotentin-Halbinsel abgesetzt wurden, gehörten etliche Artillerie-Beobachter. Sie waren mit speziellem Klettergerät ausgerüstet, um in hohe Bäume steigen zu können. Von dort oben konnten sie mittels Kompaß, Fernglas sowie eines Diagrammsystems und eines Tornisterfunkgerätes die Schußrichtung der Schiffsgeschütze mit mathematischer Präzision auf wichtige Ziele lenken.

Gegen 2:00 Uhr war General Taylor mit seinem Fallschirm aus dem nächtlichen Himmel in die mit dichten, hohen Hecken bewachsene Normandie heruntergekommen, unweit westlich Ste.-Marie-du-Mont. Der General befand sich am Erdboden in völliger Einsamkeit. Niemand war zu sehen, kein Amerikaner – und zu seinem Glück auch kein Deutscher. Taylor mußte erkennen, daß es sehr schwierig war, sich in dieser urwüchsigen, nur hin und wieder mondbeschienenen Landschaft zu orientieren. Der General ging nun vorsichtig in östliche Richtung, und es dauerte fast eine halbe Stunde, bis er den ersten Mann seiner Division traf. Beide waren über ihre Begegnung derart erfreut – noch dazu in der großen Anspannung, in der sie sich befanden – daß sie sich spontan und herzlich umarmten.

Auf ihrem weiteren Weg in Richtung Ste.-Marie-du-Mont nahm die Anzahl der unterwegs angetroffenen Männer langsam zu, doch gehörten sie verschiedenen Einheiten an, auch der 82. Airborne Division, denn viele Soldaten der 82. waren erheblich zu weit östlich abgesprungen.

Ein anderer Teil der in diesem Raum gelandeten Fallschirmjäger der 101. Division hatte den Auftrag, noch vor der *Stunde Null (6:30 Uhr)* die in Küstennähe stehende 1. Batterie

US-Fallschirmjäger unmittelbar vor dem Absprung...

Generalmajor Maxwell Taylor, Kommandeur der 101. Airborne Division – ein Offizier, der bei seinen Männern ob seiner humanen Gesinnung sehr beliebt war.

Fotos: US National Archives

La Madeleine zu eliminieren. Die Aufklärung hatte bereits vor einigen Monaten bestätigt, daß gerade diese Batterie der Anlandung der Amerikaner am *Utah Beach* sehr gefährlich werden könnte.

Der größte Teil des Bataillons war trotz des nahen Überschwemmungsgebietes auch planmäßig und in nicht allzu großen Abständen zueinander gut am Boden angekommen – nur nicht in der Nähe von La Madeleine. Der Flugzeugführer der vordersten Transportmaschine des Pulks hatte eine andere, fast fünf Kilometer weiter abgesetzte, leuchtende Zielmarkierung für jene seines Pulks gehalten. So hatte nicht nur er seine Fallschirmjäger an der falschen Stelle abspringen lassen, sondern sämtliche nachfolgenden 27 zu diesem Pulk gehörenden Flugzeugführer ebenfalls. Der Kommandeur dieses Bataillons, Oberstleutnant Chappuis, war mit nur wenigen Männern an der richtigen Stelle heruntergekommen. So war das Gros des Bataillons nicht nur irgendwohin versprengt, sondern auch führerlos.

Chappuis hatte seinen Einsatzbefehl, sammelte seine paar Männer und machte sich auf den Weg zur La-Madeleine-Batterie – die es dort gar nicht mehr gab... *(siehe Seite 49)*

Ein anderer Trupp Fallschirmjäger des 502. PIR kam nahe nord-östlich der Batterie Holdy herunter. Die meisten der Männer landeten auf einer nahegelegenen, großen Wiese, einige verfingen sich jedoch mit ihren Fallschirmen in den Bäumen in direkter Nähe der vier 10,5-cm-Geschütze.

Während sich die anderen Männer sammelten, erkannten sie im schwachen Mondschein die Haubitzen-Batterie und bereiteten sich auf einen Angriff auf diese offene Feldstellung vor. Um jedoch mehr erkennen zu können, mußte erst das Tageslicht anbrechen...

Einige Minuten nach 3:00 Uhr erreichte ein kleiner Trupp amerikanischer Fallschirmjäger das scheinbar menschenleere Écoque-néauville *(für die französische Bevölkerung war während der deutschen Besatzung ein nächtliches Ausgehverbot ab 22:00 Uhr verhängt worden)*. Bei ihnen war der Sanitäter Robert E. Wright: „Es gab da eine kleine Kirche mit sehr schönen Fenstern. In ihrer Umgebung sahen wir plötzlich ein paar Deutsche. Wir sind dann vorsichtig mit unseren Gewehren im Anschlag hineingegangen. Zu unserer Überraschung waren ein paar Deutsche darinnen, und die schossen auf uns. Wir zogen uns rasch zurück, aber die Deutschen wollten uns folgen. Da eröffneten auch wir das Feuer. Sie liefen davon. Nun gingen wir wieder zur Kirche zurück. Kaum waren wir wieder drinnen, begannen die Deutschen von draußen auf die Eingangstür zu schießen. Als sie sich näherten, schossen wir weiter. Wieder rannten sie fort, kamen aber schon bald zurück. Als wir dann einige von ihnen auf dem kleinen Platz vor der Kirche erschossen, hoben die anderen die Arme, signalisierten, daß sie sich ergeben. Doch genau in diesem Augenblick traf mich von irgendwo her eine Kugel. Ich verlor das Bewußtsein. Als ich irgendwann wieder zu mir kam, wunderte ich mich, daß ich noch am Leben war."

Der noch nicht einmal 18-jährige Obergefreite Karl-Heinz Mayer war Angehöriger des I. Bataillons des Fallschirmjäger-Regiments 6. Mayers 3. Kompanie stand in der Mitte der Riegelstellung, beim Weiler Les Milleries, nordwestlich Périers. Mayer war Scharf- und MG-Schütze, aber *(wie viele andere Soldaten)* auch als Hilfssanitäter ausgebildet worden: „Die Verpflegung war zu dieser Zeit für uns da draußen in der Botanik saumäßig. Da kam nichts an. Wir mußten uns selbst verpflegen, mußten Pilze, Schnecken, sogar Würmer und sonstwas sammeln. Ich hatte mir in dieser Nacht einen Igel gebacken. Mein Lagerfeuer brannte noch. Bis zu diesem Augenblick wußten wir nichts von einer Invasion."

Der 17-jährige Obergefreite Karl-Heinz Mayer, MG- und Scharfschütze des I. Bataillons des Fallschirmjäger-Regiments 6, war auch als Hilfssanitäter ausgebildet.
Foto: Kollektion K.-H. Mayer

Doch da kamen plötzlich im Dunkeln die ersten amerikanischen Fallschirmjäger vom Himmel herabgeschwebt. Die ersten Schüsse knallten. Mayer und seine Kameraden verließen ihre kleinen Zelte: „Jemand rief *Alarm, Alarm!* Plötzlich hörten wir Schüsse. Da kam ein Ami-Fallschirmjäger-Offizier 'runter, keine fünf Meter von mir entfernt. Er schoß auf unseren Wachtposten, hat aber nur dessen Hosentasche gestreift. Der Posten schoß aus der Hüfte zurück und traf den Amerikaner in den Hals, direkt in die Schlagader. Das Blut spritzte nur so heraus."

Nun war auch den Männern des I. Bataillons klar, daß die Invasion begonnen hatte. Das Bataillon rückte in nördliche Richtung ab, in Richtung Küste. Nur Mayer mußte mit einigem Abstand als Nachhut allein hinterhergehen…

Die 13. Kompanie des Fallschirmjäger-Regiments 6 stand noch immer bei St.-Georges-de-Bohon. Günter Prignitz berichtete: „Seit 1:40 Uhr waren wir in Kampfhandlungen verwikkelt, und die Kirche füllte sich mit gefangengenommenen Amerikanern. Sie trugen die Symbole Airborne und den Sea-Eagle am linken Oberarm ihrer Uniform. Mit den ersten Gefangenen kam auch ein Sanitäter. Er sprach gut Deutsch und ich etwas Englisch. Mit ihm bin ich zwischen die Kampflinie gegangen, mit einem weißen Tuch, ohne Waffen. Wir haben dann amerikanische Verwundete zur Kirche auf dem Friedhof gebracht. In ihr waren inzwischen etwa dreißig bis vierzig Amerikaner. Sie hatten ihre Helme nicht abgenommen. Ich fragte, warum sie das nicht taten. Ihre Antwort war, *Crawling insects! (krabbelnde Insekten!)* Sie nahmen ihre Helme ab und zeigten ihre kahlgeschorenen Köpfe. Auch ein amerikanischer Offizier lag in der Kirche, mit schweren Schußwunden im Oberkörper und einer zerschmetterten rechten Hand. Er hatte sich ein Duell geliefert – Revolver gegen Pistole P 38. Ein deutscher Fallschirmjäger war Sieger."

Auch am Grandcamp nahmen die Kampfhandlungen zu. Oberst von Kistowski berichtete: „Um 3:00 Uhr traf die Meldung über weitere Absprünge und Landungen von Lastenseglern im Raume westlich des Regiments ein. Eine sofortige Orientierung beim LXXXIV. Korps ergab als Schwerpunkt den Absprung im Raume Cotentin und Caen *(im äußersten östlichen Invasionsraum und zur Abgrenzung zur dort benachbarten 711. Infanterie-Division).* Bisher waren

Während die Landungsboote für die ersten Angriffswellen bereits seit einiger Zeit in Richtung Küste fuhren, bereiteten sich an Bord der großen Truppentransportschiffe die Verstärkungstruppen auf's Ausbooten und auf ihre Anfahrt zur Küste vor. Ihre Gewehre hatten die GI's zum Schutz vor dem Seewasser mit stabilen Plastikhüllen überzogen.

Foto: US National Archives

„Wir haben sie schon lange erwartet, die Jungs mit der anderen Feldpostnummer", sagte Oberfeldwebel Mundt, „aber der Gedanke, daß sie irgendwann kommen werden, war doch unheimlich".

Foto: Archiv von Keusgen

noch keine Anlandungen gemeldet worden, aber an der Küste *(zu dieser Zeit noch weit davor)* starke Schiffsansammlungen. Laufend trafen Meldungen über erneute Absprünge im Raume Caen, Vire-Mündung und Cotentin ein. Seitens des Regiments war befohlen worden, die Abgabe von sechs Dora-Geräten *(tragbare Funkgeräte)* an die gemischte Flak-Abteilung 497, damit der Kommandeur durch eine Art Sprechfunk Einfluß auf seine Batterie nehmen beziehungsweise durch einen Feuerleitfunk seine Batterie leiten konnte. Im Laufe der Nacht wurde befohlen, mit diesen Geräten an der Küste B-Stellen zu errichten. Das bisher gebaute Drahtnachrichtennetz war durch die laufenden Bombenangriffe restlos zerstört.

Die Nacht vom 5. zum 6. Juni war eine enorme körperliche und seelische Belastung. Während der ganzen Nacht waren die Stäbe und Batterien Bombenangriffen ausgesetzt, die unaufhörlich gerade in diesem Raume als Abdeckung für die im Raume Carentan abgesprungenen Luftlandetruppen zu gelten haben."

Um 3:10 Uhr erschien im W 5 Oberfeldwebel Mundt bei Leutnant Jahnke. Mundt erzählte: „Ich sagte dem Leutnant, daß mir unser Sanitätsunteroffizier Hoffmann gesagt hatte, daß die beiden gefangengenommenen amerikanischen Offiziere ihn nun schon zum dritten Mal gefragt haben, wie spät es ist. Einer von ihnen sollte ganz gut deutsch sprechen. Überhaupt sollten die Gefangenen wohl irgendwie unruhig gewesen sein. Das hatte doch wohl einen Grund…"

Das hatte der Sanitäter Arthur Jahnke bereits gesagt, der ebenfalls Mundt's Meinung war. Oberfeldwebel Mundt erzählte weiter: „Hoffmann wurde von den Gefangenen auch gefragt, ob sie nicht bald woanders hingebracht würden. Ich hatte den Verdacht, daß sie etwas wußten, das ihnen große Sorge bereitete…"

Aber nicht nur Jahnke und Mundt machten sich ernste Gedanken zur Situation. Noch ehe das erste Morgenlicht des 6. Juni die ereignisreiche Nacht beendete, war dem Stab des im normannischen Inland liegenden 84. Korps klargeworden, daß es sich bei den Luftlandeunternehmungen weder um Aktionen zur Unterstützung der Résistance handelte, noch Täuschungsmanöver waren. Die gemeldeten Absprungziele und die erkannten taktischen Maßnahmen der gelandeten Truppen sowie die Tatsache, daß im östlichen Raum des 84. Korps britische und im westlichen Raum amerikanische Einheiten heruntergekommen waren, ließ die logische Schlußfolgerung zu, daß es sich hier um eine großangelegte Operation zur Flankensicherung einer zwischen der Orne- und der Vire-Mündung bald folgenden Landung von See her handeln müßte. Dieses war der gefürchtete *Tag X* – dieses *mußte* die Invasion sein!

Da sind sie!

Um 3:25 Uhr meldete Admiral Kanalküste eine feindliche Kriegsflotte gigantischen Ausmaßes vor der Normandie. Um 3:30 Uhr gab der Führer der Schnellboote, Kapitän zur See und Kommodore Rudolf Petersen, *(in Scheveningen/Holland)* bekannt: *Aus weiterem anfallenden Funkmaterial zeichnet sich eine Feindlandung in der Seine-Bucht zwischen Cabourg (britischer Abschnitt) und Marcouf ab. Bei Grandcamp und Port-en-Bessin werden feindliche Landungsboote gemeldet. In der Seine-Bucht und nördlich Cap de la Hague werden feindliche Ziele gemessen und gepeilt.*

Um 3:30 Uhr notierte die Seekriegsleitung: *Landungsfahrzeuge in Seine-Bucht, im Raum Grandcamp, Port-en-Bessin, Ouistréham, Cabourg gemeldet. Auf Cherbourg und Marcouf sind schwere Luftangriffe durchgeführt. Quartier des Seekommandanten ist getroffen. Kanalinseln sind durch großen Luftverband mit langsamer Geschwindigkeit südwärts überflogen worden; offenbar Lastensegler. Über England ist Ansammlung größerer Luftverbände gemeldet. Gruppe West hat Sofortbereitschaft für BSW (Befehlshaber der Sicherung West) und Führer der Schnellboote aus Cherbourg und Le Havre angeordnet.*

Zeitgleich notierte Generalkommando LXXXI. Armee-Korps ins Kriegstagebuch: *Nach den bisherigen Meldungen scheint sich der Schwerpunkt der Landungen bei 716. I.D. im Raum Caen abzuzeichnen.*

Vor der Seine-Bucht werden größere feindliche Schiffsverbände geortet, dabei auch zahlreiche Landungsboote. Neue Anlandungen erfolgen im Orne-Gebiet. Armee teilt mit, daß 12. SS-Panzer-Division vorgeführt wird. 116. Panzer-Division bleibt noch zur Verfügung der Heeresgruppe gesperrt.

Trotz der ständigen Luftlandungen auf der Cotentin-Halbinsel erfolgten inzwischen seit mehr als einer halben Stunde keinerlei diesbezügliche Meldungen. Erst zu dieser Zeit meldete LXXXIV. Armee-Kommando an A.O.K. 7:

1. Laufend starke (Luft-)Nachlandungen seit 3:25 Uhr Raum Gréville, ostwärts Orne und Granville.

2. An der Orne-Mündung Landungsboote. Starke Feuertätigkeit von Land auf See. (Hierbei handelte es sich nach Aussagen des Chefs der unweit östlich der Orne gelegenen Batterie Merville, Leutnant Raimund Steiner, um eine Vielzahl von Landungsbooten mit zirka 38.000 britischen Soldaten. Ihre von Montgomery geplante Fahrt zum zehn Kilometer im Binnenland gelegenen, großen Hafen in Caen war dadurch blockiert, weil Steiner seiner Batterie um 2:55 Uhr den

Das Umsteigen von den hohen Truppentransportern in die unentwegt neben oder unterhalb der Schiffe schaukelnden Landungsboote war eine nicht ungefährliche Angelegenheit, noch dazu bei großer Dunkelheit...

Foto: US National Archives

Info-Blatt einer mit TOP SECRET deklarierten „Assault Beach Defence Map" – nur für Bootsführer und Offiziere.

Abbildung: Archiv von Keusgen

Der 23-jährige österreichische Leutnant und Chef der 1. Batterie des Artillerie-Regiments 1716, Raimund Steiner, hatte mit dem Beschuß und der somit erfolgten Zerstörung der Orne-Kanal-Schleuse am östlichen Flügel des Invasionsraumes ganz erheblich dazu beigetragen, daß Montgomery's Plan einer Einnahme Caen's bis zumAbend des 6. Juni 1944 vereitelt werden konnte. Auch war es seine Batteriemannschaft, die ihre Stellung als einzige bis zum 16. August halten konnte (siehe den Buchtitel „Pegasus-Brücke und Batterie Merville").

Foto: Kollektion R. Steiner

Feuerbefehl erteilte, das Maschinenhaus der Schleuse zum Orne-Caen-Kanal mittels Granatbeschuß zu zerstören.)

3. Lage bei Grandcamp, an der Vire-Mündung, noch unklar. Landungsboote werden angenommen.

4. Gefechtsstand 91. Luftlandedivision von Feind in Stärke von 1 Bataillon angegriffen. Gegenmaßnahmen angesetzt.

5. Verbindung mit Ste.-Mère-Église abgebrochen.

6. Batterie Riva Bella durch Luftangriff teilweise beschädigt.

Um 3:35 Uhr meldete der Ic des A.O.K. 7 der Heeresgruppe B *(auszugsweise): Fallschirmjäger-Absprünge westlich und südlich Carentan Lastensegler-Landungen. 3:15 Uhr weitere Fallschirmjäger-Absprünge Sainte-Mère-Église, Montebourg; Absprung einer verstärkten Kompanie in Lessay. Schiffsortung 2:15 Uhr nördlich Cherbourg, weitere Schiffsortungen am Cap de la Hague.*

Inzwischen flogen 1.327 Bomber der Royal Air Force in die Basse *(Untere)* Normandie ein und intensivierten die Bombardierungen. Die schwere Marine-Küsten-Batterie Marcouf wurde mit 600 Tonnen Bomben beworfen. Nur wenig später wurde die Batterie von Fallschirmjägern der 502. PIR *(Parachute Infantry Regiment)* angegriffen, die an der falschen Stelle abgesprungen waren. Zwanzig von ihnen wurden gefangengenommen.

Um 3:42 Uhr meldete A.O.K. 7 an Heeresgruppe B: *Größere Landungen zu erwarten; 1 Bataillon im Angriff; 1 Kompanie in Lessay gelandet; auch Luftlandungen beiderseits Carentan.*

Um 3:54 Uhr: Die Wolken über der Cotentin-Halbinsel waren nun vollständig aufgerissen, und der Mond erhellte mit seinem bläulich-fahlen Licht die unübersichtliche Bocage. Da näherten sich die ersten 52 WACO-Lastensegler der 82. Airborne Division der *Landezone O,* nahe westlich Ste.-Mère-Église. Jeder Gleiter wurde von einer Douglas C-47. gezogen. Sie waren beladen mit Jeeps, Panzerabwehrgeschützen, medizinischer und technischer Ausrüstung, einer sogar mit einem Bulldozer. Ihre Landungen in dieser noch urwüchsigen Landschaft mit ihren hohen Hecken, den sogenannten Knicks und massiven Natursteinmauern stellte jedes Mal ein extrem gefährliches Risiko dar, und es gab dabei viele Tote und Verletzte unter den Amerikanern.

Bis um 4:00 Uhr spitzte sich die Lage weiterhin zu. Zu dieser Zeit fand eine Lageorientierung seitens des Kommandierenden Generals des LXXXIV. Armee-Korps ans A.O.K. 7 statt:

1. Im Ganzen vorbereitender Kampf.

2. Zwei Schwerpunkte: Orne-Mündung (Caen) und Ste.-Mère-Église durch Fallschirmspringer und Lastensegler.

3. Neue Luftlandungen auf La Pernelle und bei Barfleur. Truppe im Gefecht. Landungsboote in schneller Fahrt auf Orne-Mündung. Sehr rege Fliegertätigkeit.

4. Generalkommando hat Korps-Reserve-Regiment 915 auf linken Flügel 352. I.D. gezogen mit Auftrag, Verbindung über Carentan herzustellen und zu halten. 21. Panzer-Division durch Heeresgruppe B alarmiert und mit Teilen auf Luftlanderaum Orne-Mündung angetreten. Im Großen zeichnet sich Abschnürung der Halbinsel Cotentin an der engsten Stelle ab.

Aber noch etwas anderes geschah in diesen Minuten in der ereignisreichen Nacht: Generalleutnant Wilhelm Falley hatte bereits gegen 1:00 Uhr seine Fahrt nach Rennes abgebrochen und seinem Fahrer die Weisung erteilt, ihn nach Bernaville zurückzufahren. Dem erfahrenen Divisionskommandeur war der unentwegte Einflug feindlicher Flugzeuge unheimlich geworden. Nur noch etwa dreihundert Meter von seinem Gefechtsstand entfernt, wurden er und sein Ordonnanzoffizier, Joachim Bartuzat von amerikanischen Fallschirmjägern erschossen. Dem Fahrer des Wagens gelang es, unverwundet zu entkommen. Mit dem Tod dieses ersten am *D-Day* gefallenen deutschen Generals hatte die 91. Luftlandedivision ihren allseits beliebten Kommandeur verloren *(siehe das Buch „Sainte-Mère-Église und Merderet")*. Der Bodenkrieg hatte begonnen.

Auf See gingen indessen die Vorbereitungen zum großen Angriff unentwegt weiter…
Fotos: US National Archives

Dr. med. Walter Schad war Arzt im III. Bataillon des FJR 6. Seine „Krankenstube" hatte er im Gehöft *St. Quentin* eingerichtet, nahe dem Weiler Rougeville, 5,8 Kilometer südlich Carentan: „Dort hörte ich in den ersten Morgenstunden des 6. Juni den Ruf der Posten: *Feindliche Luftlandung!* Von nun an wurde meine Krankenstube als Truppenverbandplatz bezeichnet. Die ersten Verwundeten waren einige Kühe der Familie Fossey. Aber dann kamen sprungverletzte amerikanische Fallschirmjäger, dann die Verwundeten beider Seiten."

Noch ehe das erste Morgenlicht des 6. Juni die ereignisreiche Nacht beendete, war man sich im Stabsquartier des LXXXIV. Armee-Korps endgültig der Tatsache bewußt, daß es sich bei den Luftlandungen weder um Aktionen zur Unterstützung der Résistance handelte, noch um Täuschungsmanöver – dieses *mußte* der Beginn der Invasion sein. Die gemeldeten Absprungziele und die erkannten taktischen Maßnahmen der gelandeten Truppen – im östlichen Raum des Korpsbereichs britische, im westlichen amerikanische – ergaben als logische Schlußfolgerung, daß es sich hier um eine großangelegte Operation zur Flankensicherung einer zwischen der Orne und der Vire-Mündung bald folgenden Landung von See her handeln mußte. Dieses war der gefürchtete *Tag X*.

Um 4:19 Uhr erfolgte eine erste Lageorientierung seitens des in St. Lô *(30 Kilometer südlich der Vire-Bucht)* etablierten Generalkommandos des LXXXIV. Armee-Korps an alle ihr unterstellten Divisionen: *Lage an der Seine-Mündung ist wahrscheinlich schlimmer als bei uns, dort starke feindliche Fallschirm- und Luftlandetruppen. Nähere Einzelheiten sind*

Zwischen den Trümmern ihres Lastenseglers lagen die toten Piloten. Lastenseglerabstürze waren in dieser Nacht in der Normandie keine Seltenheit.
Foto: US National Archives

jedoch nicht bekannt. Zur Zeit beim Feind noch absolute Funkstille.

Betreffs der Auswirkungen der Bombardierungen auf seine Batterien am Grandcamp schrieb Oberst von Kistowski: *Infolge Brennstoffmangels waren die Protzenstellungen in der Nähe der Feuerstellung ausgewählt worden. Ich entschloß mich jedoch, trotz des Mangels an Brennstoff für die Protzenstellungen den Raum südlich der Straße Isigny-Bayeux zu befehlen, eine Maßnahme, die sich sehr bewährt hat, da sonst im Laufe der Nacht durch die Bombenabwürfe bestimmt eine Reihe von Kraftfahrzeugen ausgefallen wäre. Eine Feuerstellung der Gem. 497 war durch Bombenabwürfe dermaßen zerwühlt, daß beim nächsten Stellungswechsel die Kraftfahrzeuge nicht in die Feuerstellung einfahren konnten, sondern die Geschütze teils zerlegt, teils im Mannschaftszuge herausgezogen werden mußten.*

Um 4:30 Uhr holte in Ste.-Mère-Église der US-Fallschirmjäger-Major Edward Krause vor dem Rathaus die Hakenkreuz-Flagge ein und hißte statt dessen die amerikanische Flagge. Fast kampflos hatten die Amerikaner die Kleinstadt besetzen können *(wenngleich es noch zu mehreren heftigen und noch lange anhaltenden Gefechten in der näheren und weiteren Umgebung kommen sollte).*

Zu diesem Zeitpunkt, da in der Normandie die erste US-Flagge gehißt wurde, schlief der Oberbefehlshaber über den *Atlantikwall* fast genau eintausend Kilometer entfernt, in seinem Haus in Herrlingen – und sein Stabschef hielt es noch immer nicht für notwendig, ihn betreffs der aktuellen Lage zu informieren...

Um 4:50 Uhr orientierte Admiral Kanalküste Seekommandant Normandie: *Bei St. Vaast dunkle Punkte auf See. Vermutlich Feindfahrzeuge.*

Um 4:55 Uhr meldete Flugmeldezentrale Theville an Seekommandant Normandie: *Ostwärts Batterie Marcouf Landung.*

Nur drei Minuten später meldete Artillerie-Regiment 1261: *In Richtung Vire-Mündung 2 bis 3 Schiffseinheiten.*

Inzwischen waren die Fallschirmjäger der 82. Airborne Division in ihren *Absprungzonen N, O* und *T* westlich von Ste.-Mère-Église durch weitere Absprünge unentwegt verstärkt worden, aber auch von Lastenseglern abgesetzten Infanteristen. Ebenso verhielt es sich mit den Fallschirmjägern der 101. Airborne Division im östlich von Ste.-Mère-Église gelegenen Raum. Ein sehr großer Teil der 82. sprang jedoch in das sich über sehr weite Flächen erstreckende Überschwemmungsgebiet des Merderet-Baches. Es befand sich genau zwischen den *Absprungzonen T* und *O*. In ihm spielten sich massenhaft Tragödien ab. Fallschirmjäger ertranken, noch an ihrem Fallschirm hängend, und Lastensegler, vollbesetzt mit Infanteristen, überschlugen sich beim Aufsetzen auf die Wasseroberfläche oder krachten in die dichten Hecken der Bocage. Viele der Fallschirm-jäger kamen viel zu weit von ihren vorgesehenen Absprungzonen herunter, bis in den Ein-satzbereich der 101. Airborne Division. Doch derartige Zielverfehlungen ereigneten sich auch bei jenen der 101. Die *Absprungzone A*, zwischen Ste.-Mère-Église und St.-Martin-de-Varreville wurde von den Fallschirmjägern fast ausnahmslos verfehlt. Die Masse derer kam bei St.-Germain-de-Varreville herunter, und viele im küstennahen Überschwemmungs-gebiet.

Um 4:55 Uhr begannen sich die Landungsboote der einzelnen Angriffswellen fünf Kilo-meter vor der Küste zu formieren. Fünf Minuten später starteten sie ihre Anfahrt auf selbi-ge. Die kleinen, meistens mit 32 bis 36 Männern besetzten und nur schwer manövrierba-ren Prähme hüpften auf den Wellenbergen in Richtung Küste. Die Führung hätten ein Ra-dar- und zwei Patrouillen-Schiffe übernehmen sollen, doch bei einem der Patrouillen-Schiffe hatte sich ein Tau um die Antriebsschraube gewickelt und es somit antriebslos werden las-sen, und das andere Schiff war von vielen der Führer der Landungsboote nicht zu sehen.

Die Masse der Soldaten in den kleinen, hölzernen Prähmen mit ihren dumpf röhrenden 250-PS-Dieselmotoren war kriegsunerfahren und fürchtete sich vor den Dingen, mit denen sie nun konfrontiert werden sollten. Der GI William Hollis sagte: „Natürlich hatte ich große Angst. Ich bebte am ganzen Körper und konnte nicht aufhören, zu zittern. Jetzt wurde mir erst richtig klar, daß die Invasion begonnen hatte und ich dabei war. Ich hatte Sorge, daß ich verwundet oder getötet werden könnte. Auch war mir unheimlich bei dem Gedanken, viel-leicht einen oder mehrere Menschen töten zu müssen..."

Aus der kürzesten Distanz von der Küste aus betrachtet (vom Weiler Les Cruttes), scheinen die beiden in einem Abstand von 750 Metern zueinander liegenden St.-Marcouf-Inseln sich hintereinander zu befinden. Die vordere, kleinere Insel liegt 6,37 Kilometer vor der Küste, die hintere, größere Insel 7,12 Kilometer. Die größere Insel, auf der sich eine alte Festungsanlage befindet, hat einen Maximal-Durchmesser von 289 Meter. **Foto: von Keusgen**

Mit Unterstützung der 9. US-Luftwaffe nahmen die dicht besetzten Landungsboote ihre Fahrt in Richtung der Küste auf, auf denen sich auch der erste Teil der insgesamt 32 Schwimmpanzer befanden. Sie sollten ebenfalls mit der ersten Angriffswelle landen, damit die deutsche Küstenverteidigung schnell zerschlagen werden und die 4. US-Division rasch einen Brückenkopf bilden konnte.

Die Unterstützung seitens der Marine zum Gelingen des Landeunternehmens im Abschnitt *Utah* war umfassend. Der gesamte Angriffskomplex war in sechs Gruppen eingeteilt: Flaggschiff-Gruppe, Minensuchboot-Gruppe, Sturmangriff-Gruppe, Begleit-Gruppe, Bombardierungs-Gruppe sowie die Fern-Ufer-Dienst-Gruppe. Vom Schlachtschiff bis zum Landungsboot wurden für den Angriff auf *Utah* insgesamt 865 Wasserfahrzeuge eingesetzt. Auf ihnen befanden sich rund 30.000 Soldaten und 3.500 Landfahrzeuge. Die meisten von ihnen standen in Bereitschaft, um am 6. Juni vor *Utah Beach* an Land gebracht zu werden.

6,5 bis 7,2 Kilometer Ravenoville Plage(=Strand) vorgelagert, befanden sich die beiden nur kleinen St.-Marcouf-Inseln. Nahe östlich der Inseln sollten sich die Landungsboote ansammeln, bevor sie mit ihrer Anfahrt auf Utah Beach beginnen würden. Da man sich auf Seiten der Alliierten trotz diesbezüglich negativer Aufklärungsergebnisse nicht sicher war, ob auf den Inseln (zu denen auch noch eine sehr große, 190 Meter in südwestlicher Richtung vorgelagerte Klippe gehörte) vielleicht doch heimlich eine deutsche Garnison aufgestellt, zumindest irgendwelche Abschußvorrichtungen installiert waren, die der Landungsflotte gefährlich werden konnten, mußte man sich unbedingt absolute Sicherheit verschaffen.

Freiwillig zu einem sogenannten „Himmelfahrtskommando" auf den St.-Marouf-Inseln gemeldet: Der 24-jährige Harvey Sigurd Olson.
Foto: Kollektion H. S. Olson

Während im nahen Hinterland der Cotentin-Halbinsel unentwegt amerikanische Fallschirmjäger und Lastensegler voller Infanteristen landeten, näherten sich vier US-Kampfschwimmer den beiden St.-Marcouf-Inseln. Sie waren Angehörige der amerikanischen 4. Cavalry Reconnaissance Squadron, Troop A *(4. Kavallerie-Aufklärungs-Schwadron, Zug A)*. Einer dieser Männer war der 24-jährige amerikanische Soldat Harvey Sigurd Olson.

Olson hatte seinen Militärdienst im März 1941 begonnen, in Fort Meade, in South Dakota. Zu dieser Zeit war die Einheit noch beritten, doch nach dem Kriegseintritt der USA war sie motorisiert worden. Zuerst wurde die Einheit in den Vereinigten Staaten für den Wüstenkampf gegen Rommel's Streitkräfte in Afrika ausgebildet, später nach Großbritannien überführt und im Sherwood Forest, in Chichester, stationiert. In England war zu dieser Zeit gerade mit den umfangreichen Vorbereitungen der Invasion auf das europäische Festland begonnen worden. Harvey Olson und sein langjähriger Freund Thomas C. Killoran sowie zwei weitere Soldaten der 24. Schwadron – Melvin Kinzie und John Onken – hatten von der gefährlichen Aufgabe einer „einsamen" Landung auf den beiden St.-Marcouf-Inseln gehört und sich freiwillig gemeldet. So mußten die jungen Männer ein völlig neues Training beginnen – eines mit viel Schwimmen und Simultan-Landungen an „feindlichen" Stränden.

Bereits um 4:00 Uhr dieses 6. Juni 1944 waren die vier couragierten Männer von Bord eines Aufklärungsbootes mit zwei nur kleinen Zwei-Mann-Schlauchbooten ins dunkle, unruhig auf und ab wogende Meer ausgesetzt worden – mehr als drei Kilometer nördlich der Inseln. Sie waren sich durchaus darüber im Klaren, daß etliche am Meeresgrund verankerte deutsche Seeminen eine äußerst ge-fährliche Sperre vor dem Festland bildeten...

Beherzt waren sie losgepaddelt, jeder lediglich mit einem kurzen Kampfmesser und einer wasserdichten Taschenlampe ausgerüstet und mit einem schwarzen Tauchanzug bekleidet.

*(Anmerkung des Autors: Die Tauchanzüge, die diese Männer trugen, waren einigerma-
ßen enganliegende, sogenannte Naß-Tauchanzüge, was bedeutet, daß sie beim Eintritt ins
Wasser langsam volliefen. Der dünne Wasserfilm, der sich unter der nur wenige Millimeter
dicken, aus leicht geschäumtem Gummi bestehenden „Haut" des Tauchanzugs bildet, ist
zwar im Moment des Vollaufens wegen der niedrigen Wassertemperatur einigermaßen unangenehm, wärmt sich aber durch die Körpertemperatur des Tauchers oder Schwimmers
rasch auf und macht selbst einen längeren Aufenthalt in kaltem Wasser erträglich. Dazu
wird eine nur wenig hinderliche, kaum die Sicht einschränkende Tauchermaske getragen.)*

Die Aufgabe der vier Männer bestand nun darin, sich davon zu vergewissern, ob auf den
beiden Inseln deutsche Truppen standen oder Abwehranlagen installiert waren – oder bei-
des. Außerdem mußten die Männer in Strandnähe zur Seeseite hin *(nach Norden)* gerichte-
te Lampen aufstellen, die den in weniger als zwei Stunden nachfolgenden Streitkräften der
Alliierten den Weg weisen sollten.

Angestrengt paddelnd, näherten sich die beiden Schlauch-
boote langsam den Inseln. Die vier Männer waren bei dem
unruhigen Auf und Ab kaum in der Lage, die Strände der Inseln erkennen zu können. Lediglich die dunkle und bedrohlich wirkende, alte Vauban-Festung hob sich schwach und
mystisch vor dem dunkelgrauen Himmel der abflauenden
Nacht ab. Die Männer hatten jedoch das Glück, daß die Wolkenbänke immer wieder aufrissen und die Lichtreflektion des
tiefstehenden Mondes die Szenerie um sie herum bisweilen
geradezu grell beleuchtete.

In nur noch etwas mehr als vierhundert Metern Entfernung
zu den beiden kahlen Felseninseln verließen die vier Muti-
gen ihre Boote – und schlitzten sie mit ihren Messern auf.
Sie mußten rasch und spurlos verschwinden, damit sie nicht
von den vermeintlichen deutschen Soldaten entdeckt werden konnten. Ein Zurückkommen ohne fremde Hilfe war ihnen jetzt nicht mehr möglich. Außerdem mußten sie nun die
restliche Strecke bis zu den Inseln schwimmen.

Planmäßig, um 4:30 Uhr, krochen die nur mit ihren Kampf-
messern bewaffneten Amerikaner in ihren schwarzen Tauch-
anzügen aus dem Wasser und über den Strand. Vorsichtig
schlichen sie an Land und bewegten sich nur sehr langsam
und umsichtig. Sie waren die ersten Soldaten der Alliierten,
die französischen Boden von See her betraten.

*Schützenabwehrminen gehören
zu den gefährlichsten Landminen, die jemals entwickelt
wurden. Es gibt Ausführungen
mit drei und mit zwei Zünder-
stiften, die bereits auf leichten
Druck oder Zug reagieren. Im
Inneren dieser Minen befinden
sich etliche kleine Stahlkugeln,
die infolge der Explosion als
Geschosse in alle Richtungen
schnellen.*

Foto: von Keusgen

Rasch stellten die vier Kampfschwimmer fest, daß die Inseln mit Panzerabwehr- und den
extrem gefährlichen, miteinander verbundenen Schützenabwehrminen bestückt war, aber
ansonsten personell völlig unbesetzt. Harvey Olson und John Onken gingen in der Finsternis vor den anderen beiden Männern. Da krachte es plötzlich. Harvey Olson berichtete:
„Onken war direkt auf eine Mine getreten. Ich konnte ihn im Schein des grellen Explosions-
blitzes seitwärts wegfliegen sehen."

Umsichtig erledigten die anderen Männer ihren Auftrag, auf den beiden Inseln zwei Landezonen für Boote zu kennzeichnen, denn schon bald sollten hier weitere Soldaten anlanden – was dann auch planmäßig geschah. Mehrere kleine Boote erreichten die beiden

Harvey S. Olson anläßlich der Ehrung seines tapferen Einsatzes und der Verleihung der höchsten Tapferkeitsauszeichnung, dem Silver Star.
Foto: Kollektion H. S. Olson

Inseln, ein speziell für diesen Einsatz ausgebildeter Trupp von 132 Soldaten der 4. und 24. Cavalry Reconnaissance Squadron betraten den Strand. Doch schon im ersten Moment, in dem Leutnant Edward C. Dunns Leute zum Zentrum der Inseln vorstoßen wollten, gerieten sie in dichte Minenfelder – Schützenminen, die bei nur geringster Berührung vom Boden hochschnellen, in Hüfthöhe zerplatzen und massenhaft etwa einen Zentimeter große Stahlkugeln verschießen. Es krachte mehrmals, und innerhalb weniger Augenblicke wurden vier Leutnante schwer verwundet und zwei Soldaten regelrecht zerrissen.

(Bis zum Ende ihres Einsatzes betrugen die Verluste dieses Sonderkommandos 19 Gefallene und 5 Verwundete. Alle waren sie ausschließlich Opfer der Minen. Dennoch war der Einsatz dieses Kommandos nicht völlig vergeblich gewesen, immerhin hatte man sich Gewißheit darüber verschaffen können, daß von den Inseln keinerlei Gefahr für die Landeflotte ausging – wenngleich der „Preis" dafür sehr grausam war. Erst im Laufe des 7. Juni wurden die Männer der 4. und 24. Cavalry Reconnaissance Squadron von den St.-Marcouf-Inseln befreit.

(Eine der beiden Inseln als erster Invasions-Soldat betreten zu haben und somit die Normandie, wird offiziell Harvey Olson zugesprochen. Später war seine Einheit die erste, die in Deutschland einmarschierte. Olson nahm an den gesamten Kampfhandlungen im und um den Hürtgenwald teil, später noch einige Zeit in den Ardennen. Als der Krieg zu Ende ging, befand sich Olson mit seiner Einheit im Harz. Für die Kämpfe um Bogheim wurde die 4. Cavalry Reconnaissance Squadron lobend vom damaligen US-Präsidenten erwähnt. Harvey Olson wurde zum Unteroffizier befördert und mit den Orden Silver Star und Bronze Arrowhead [Pfeilspitze in Bronze] ausgezeichnet. Nach dem Weltkrieg trainierte er Soldaten amerikanischer Spezialtruppen und kämpfte noch in Korea. Nach 22 Jahren Militärdienst ging Olson 1963 43-jährig in den Ruhestand.)

„Ich sehe Schiffe, vieleSchiffe, große und kleine!"
Foto: Archiv von Keusgen

Von seinem Beobachtungsstand in den Bäumen, nahe der Bucht von St. Vaast, blickte der müde Hans Günther Schönberner durch sein Scherenfernrohr – und wurde schlagartig munter. Eilig drehte er an der kleinen Kurbel seines Feldtelefons und rief den Feuerleitoffizier in seinem Gefechtsstand an: „Ich sehe Schiffe, viele Schiffe, große und kleine!"

Und während Schönberner auf den Batteriechef wartete, rief er den Telefonisten in der Feuerstellung an, doch der glaubte Schönberner's Worten nicht: „Ihr spinnt doch, da oben auf Eurem komischen Turm. Ihr habt wohl gesoffen..."

„Es hatte nur ein paar Minuten gedauert, da war der Leutnant bereits auf der Leiter", erzählte Schönberner weiter, "der hatte ja keinen weiten Weg vom Bauernhof zu unserm Turm, höchstens fünfzig Meter. Dann sah auch er die Schiffe in der grauen Suppe da draußen. Er hat dann mit dem Feuerleitoffizier telefoniert. Der Leutnant war so aufgeregt, daß er sich dabei fast die eigene Zunge abgebissen hätte. Dann stutzte er und sah entgeistert den Telefonhörer an, dann mich. Er sagte, daß man in der Batterie der Meinung sei, daß wir uns einen blöden Scherz erlauben würden. Ich entgegnete dem Chef: Ja, sowas ähnliches haben die mir auch schon gesagt...

Nun mußte der Telefonist wohl erst zum Burschen des Chefs laufen, und der dann los und den Oberleutnant wekken. Ich habe nur gedacht, mein Gott, geht das alles langsam, und da draußen kommen sie immer näher. Los, schnell die übergeordnete Dienststelle anrufen! Es war so etwa 4:50 Uhr. Es wurde langsam hell..."

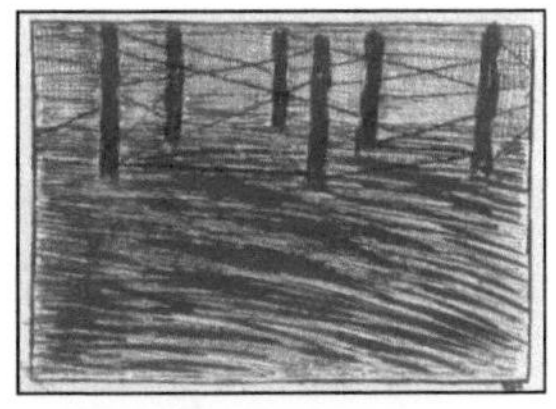

Eine von Rommel's vielen eigenhändigen Skizzen diverser Verteidigungsanlagen: In den Erdboden gerammte Holzpfähle, die von den deutschen Soldaten scherzhaft als „Rommel-Spargel" bezeichnet und zu gefährlichen Fallen für sehr viele Lastensegler und Fallschirmjäger wurden (siehe Foto unten).

**Abbildung oben:
Kollektion von Keusgen
Foto unten: US National Archives**

Gegen 5:00 Uhr dämmerte am östlichen Horizont der Morgen als zarter Silberstreifen herauf. Die Nacht begann, sich in westliche Richtung zurückzuziehen. Langsam wurde die bizarre, mittelalterlich anmutende, normannische Landschaft sichtbar. Von dichtem Efeu umrankte Bäume tauchten wie in Zeitlupe aus dem sich auflösenden, nächtlichen Schleier auf. Von vielen von ihnen hingen noch die schlaffen, weißen Fallschirme der erst wenige Stunden zuvor gelandeten Fallschirmjäger herab, und nicht selten hing noch ein Soldat daran – zu weit vom Boden entfernt, um in der Kürze der Zeit von anderen heruntergeholt worden zu sein. Die Meisten waren tot, gestorben infolge zu großer Verletzungen beim Landen inmitten knorriger Äste und Zweige oder vom Gegner erschossen.

Dicke, moosbewachsene Natursteinmauern erhoben sich aus dem diffusen Grau, in die vielerorts die fragilen Lastensegler breite Lücken geschlagen hatten und deren zersplitterte Wracks noch immer wie gefangen darin feststeckten. Nicht weit von den Wracks entfernt lagen die von amerikanischen Fallschirmjägern nebeneinander gelegten toten Insassen. Sie waren meistens nur mit Fallschirmen provisorisch zugedeckt worden, um jedem Vorbeikommenden die blassen, ausdruckslosen Gesichter zu verbergen.

Kirchtürme und kleine Häuser nahmen im ersten, im Morgendunst noch weichen Licht des Tages immer schärfere Konturen an, Häuser, in denen verängstigte Franzosen sorgenvoll dem neuen Tag entgegensahen, einem Tag, der als *D-Day* und ihr Befreiungstag in die Weltgeschichte eingehen sollte, doch dazu mußte erst noch vieles geschehen – besonders vieles Zerstörerische und Schmerzliche.

Zu dieser Zeit hätte sich der Kommandeur des Fallschirmjäger-Regiments 6, Major Dr. Freiherr von der Heydte, auf die Fahrt nach St. Lô, zum General der Artillerie Erich Marcks, begeben müssen, um dann mit ihm nach Rennes weiterzufahren. Aber angesichts der ihnen gemeldeten, unentwegten Einflüge feindlicher Flugzeuge war ihre Unruhe noch größer geworden, und beide entschieden nun, von einer Beteiligung am sogenannten „Kriegsspiel" abzusehen, wie das auch Generalleutnant Wilhelm Falley schon um 1:00 Uhr getan hatte – was ihm allerdings dennoch zum Verhängnis geworden war.

Wie an jedem Tag, wenn das erste Morgengrauen anbrach, blickten an der Küste Tausende deutsche Augenpaare zuerst sorgenvoll auf das Meer hinaus... Diese erste Juni-Woche war betreffs des Gezeitenstandes, der Vollmondphase und der Großwetterlage *(auf der kontinentalen Seite des Ärmelkanals)* eigentlich für ein Landeunternehmen sehr günstig. Aber hatte Rommel nicht gesagt, daß, „wenn sie angreifen, werden sie bei Flut kommen"...?

An diesem Morgen herrschte Ebbe.

Die offizielle Wettermeldung des Admiral Kanalküste in Le Havre lautete um 5:00 Uhr: *Wind Westsüdwest 6, Seegang 4, Sicht 3 Seemeilen, (Himmel) voll bedeckt, Temperatur +12°.*

Der 18-jährige Seemann Alan Reid, der die ganze Nacht auf einem der Sicherungsboote verbracht hatte, berichtete weiter: „Wir haben mit unseren Kriegsschiffen den Kanal überquert. Es waren Tausende Schiffe unterwegs. Die ganze Nacht lang waren wir zick-zack gefahren, weil wir auf deutsche U-Boote aufpassen und horchen sollten. Wir sahen die vielen Schiffe um uns herum und wunderten uns, daß wir selbst dazwischen waren. Man hatte an uns Aufputschtabletten verteilt, damit wir nicht müde wurden. Wir mußten unentwegt zwischen den Landesektoren Omaha Beach und Utah Beach hin und her patrouillierten. Als dann die Morgendämmerung anbrach, schien es, als ob mit einem Mal die Hölle sämtliche Tore öffnet..."

Genau um 5:00 Uhr brausten plötzlich aus dem dunklen Grau über dem Meer mehrere 35,6-cm-Granaten vom amerikanischen Schlachtschiff *USS Nevada* auf die MKB Marcouf

Aus zwanzig Kilometern Entfernung vor der Küste und hinter einer dichten Wand aus künstlichem Nebel liegend, beschoß das US-Schlachtschiff „Nevada" aus zehn 35,6-cm-Kanonen die beiden Küstenbatterien Marcouf und Azeville – und eröffnete damit als erstes Kriegsschiff der Alliierten das 55 Minuten später einsetzende größte Trommelfeuer der Weltgeschichte.
Foto: US National Archives

und die HKB Azeville zu. Geleitet wurde die Schiffsartillerie von Aufklärungsflugzeugen der Alliierten. Dann erfolgten die schweren Einschläge und erschütterten die beiden Batterien. Unmittelbar darauf wurden Blendgranaten geschossen, die einen dichten, schwarzen Rauch vor die Batterien legten, um somit den Blick auf's Meer zu verhindern – und auf die Flugzeuge, die gerade noch vor dem Anbruch des hellen Tageslichts im Tiefflug den künstlichen Nebel vor der Armada der Alliierten neu verdichteten.

Zu dieser Zeit betrat Oberleutnant zur See Ohmsen mit seinem Feuerleitoffizier den großen Beobachtungsbunker der MKB Marcouf. Der Batteriechef begab sich in die Panzerkuppel und blickte durch das Periskop zum Meer hinunter. Der schwarze Rauch hatte sich verzogen, aber über der See lag noch Dunst – dichter, grauer, undurchsichtiger Dunst...

Zur selben Zeit notierte man beim Flak-Regiment 155: *Meldungen über Absprung von Fallschirmtruppen und Landung von Lastenseglern im Raum Cherbourg. Die ersten Gefangenen sind eingebracht.*

Um 5:10 Uhr meldete das Grenadier-Regiment 914 der 352. Infanterie-Division: *Gefangene mit Luftbildern und Kartenmaterial von der Halbinsel Cotentin, insbesondere vom Raum Vire-Mündung, eingebracht. Die Gefangenen können noch nicht weitertransportiert werden, da zur Zeit noch feindliche Fallschirmkräfte die Verbindung unterbrochen haben.*

Gleichzeitig ging beim A.O.K. 15 von der Heeresgruppe D eine Anfrage betreffs des Einsatzes der 12. SS-Panzerdivision ein: *Ob. West hat vor 20 Minuten an Heeresgruppe B Befehl gegeben, 12. SS-Pz.Div. durch Panzergruppe heranzuführen, hinter 711. Division (am äußersten rechten Flügel des Verteidigungsraums), so, daß sie sofort eingreifen kann.*

Um 5:13 Uhr meldete die Flugmeldezentrale an Seekommandanten Normandie: *16 kleine und 4 große Einheiten vor Marcouf-Inseln und Festland gestoppt. Vermutung: Ausladung.*

Um 5:15 Uhr erfolgte eine gegenseitige Orientierung der 352. mit der 709. Infanterie-Division: *In Carentan selbst kein Feind, aber nördlich Carentan stärkere Fallschirmkräfte abgesprungen. Ste.-Mère-Église von Fallschirmtruppen besetzt.*

Zur selben Zeit erteilte A.O.K. 7 eine Lageorientierung an Heeresgruppe B: *Tiefe der feindlichen Lastenseglerlandungen an der Orne bis 20 Kilometer, im Südteil der Halbinsel Cotentin und Inbesitznahme der Übergänge über die Engen von Carentan/Pont-l'Abbé lassen in Verbindung mit georteten Seezielen zwischen Port-en-Bessin und Vire-mündung sowie nördlich Cherbourg und nördlich Halbinsel Jobourg auf f e i n d l i c h e n G r o ß a n g r i f f schließen.*

Der 19-jährige Bruno Hinz aus Hannover war Angehöriger der 6. / III. des FJR 6.
Foto: Kollektion B. Hinz

...Fünf Stunden nach dem Beginn der Luftlandungen...

Der kleine Trupp mit den zwölf deutschen Fallschirmjägern, dem auch der Gefreite Bruno Hinz angehörte, befand sich inzwischen nahe südlich Turqueville.

„Auf einmal waren sie da – amerikanische Fallschirmjäger. Uns war sofort klar, daß das kein Scheinangriff sondern die Invasion war. Wir haben uns gleich eingeigelt, mußten nach allen Seiten wachsam sein. Da kamen ja viele 'runter, und die haben sofort auf uns geschossen. Wir haben dann schnell herausgefunden, daß die Ami-Fallschirmjäger so kleine Klick-Klack-Signalgeräte besaßen, mit denen sie sich gegenseitig zu erkennen geben konnten; so wußten wir, wo sie sich gerade befanden. Bis es hell geworden war, hatten wir 17 gefangene Amis."

Um 5:40 Uhr meldete die Batterie Marcouf an Seekommandant Normandie: *Beschuß durch feindliche Artillerie.*

(Anmerkung: Gemeint war der Beschuß durch die „USS Nevada" bereits um 5:00 Uhr.)

Um 5:45 Uhr meldete das LXXXIV. Armee-Korps an den Oberbefehlshaber West: *Im Nordteil Halbinsel Cotentin Amerikaner abgesprungen, ins Sumpfgebiet abgedrängt. (Sie geben) Blinkzeichen nach oben.*

Bis zu diesem Zeitpunkt hatte sich die erste Angriffswelle der Landungsboote ihrem Zielgebiet *Utah* bis auf nur noch fünf Kilometer genähert – den beiden Sektoren *Roger* und *Sugar*. In einer Entfernung von weniger als fünf Kilometer vor der Küste änderte die kleine Flottille ihre Fahrtrichtung nach Südosten und hielt jetzt auf die Sektoren *Tare* und *Uncle* zu...

Um 5:50 Uhr blickte Batteriechef Walter Ohmsen ein weiteres Mal durch sein Fernrohr. In diesem Augenblick löste sich über dem Meer der nur noch dünne Rest des künstlichen Nebels auf – und gab den Blick auf die gewaltigste Ansammlung von Kriegsschiffen aller Zeiten frei, *(„dennoch", so vermerkte Dr. Treiber in seinem Tagebuch, „waren die Sichtverhältnisse zu dieser Zeit noch nicht als gut zu bezeichnen").*

Da sind sie, die Schiffe der größten Armada der Weltgeschichte (dieser Teil hier vor dem Landeabschnitt „Utah", im westlichsten Bereich – im Hintergrund links die Landzunge des Kap de la Hougue mit St. Vaast).
Foto: Bundesarchiv

„Da sind sie...", sagte Ohmsen halblaut.

Auch Oberst Werner von Kistowski blickte zu dieser Zeit auf's Meer hinaus: „Es war ein beeindruckendes Bild, am Morgen des 6. Juni von der Küste aus die aufmarschierte Flotte zu sehen. Zwar lag über See ein starker Nebel, aber trotzdem ließ sich noch genügend erkennen."

Am Horizont erstreckte sich über eine Länge von mehr als achtzig Kilometer ein dunkles Band von Schiffen. *(Die deutsche Kriegsmarine verfügte am 6. Juni 1944 im gesamten Invasionsraum lediglich über 40 Torpedo- und Kanonenboote – und die lagen in weit vom US-Angriffsraum „Utah" entfernten Häfen.)*

Oberleutnant Ohmsen rief den Seekommandanten im von ihm 29 Kilometer entfernten Cherbourg an: „Vor uns liegen mehrere hundert Schiffseinheiten. Haben wir eigene Schiffe auf See?"

Nach einem kurzen Augenblick erhielt er die Antwort: „Keine eigenen Schiffe auf See."

Sachlich sagte Ohmsen: „Erbitte Feuererlaubnis."

„Feuererlaubnis erteilt – aber seien Sie sparsam mit der Munition."

Sofort ließ der Batteriechef den Feuerbefehl an die Geschützführer der 21-cm-Kanonen weitergeben: „An alle Geschütze! Feuer frei!"

Um 5:52 Uhr brüllte die erste Salve der drei Langrohrkanonen in den bedeckten, grauen Morgen. Fast 20 Sekunden dauerte es, bis die großkalibrigen Granaten die vordersten, 17 Kilometer entfernt liegenden, großen Schlachtschiffe erreicht hatten. Deren Kanonen schwiegen – noch. Doch die Marineartilleristen richteten bereits ihre großen, weitreichenden Geschütze ein. Von den Beobachtungsflugzeugen aus und von den Beobachtern der Fallschirmjäger wurden die ersten Ziel-Koordinaten zu den Kriegsschiffen übermittelt.

Um 5:55 Uhr eröffneten diese Kriegsschiffe der *Task Force 125* ihr Feuer auf die deutschen Batterien. Als erstes dieser Schiffe begann der schwere Kreuzer *USS Quincy* zu schießen und belegte die Batterien Mont Coquerel und Marcouf mit schwerem Beschuß. 13 Minuten später unterstützte der Kreuzer *USS Tuscaloosa* die Kanonade auf diese beiden Batterien. Das Schlachtschiff *USS Nevada* lenkte sein Feuer auf die Batterie Azeville, der schwere Kreuzer *HMS Hawkins* beschoß die ohnehin schon von den Bombern zerstörte Batterie Varreville, der leichte Kreuzer *HMS Black Prince* feuerte auf die Batterie Morsalines, die *HMS Erebus* schoß auf die beiden La-Pernelle-Batterien, und der leichte Kreuzer

HMS Enterprise nahm die vorgesehene Landezone *Utah Beach* unter Feuer. Das Kanonenboot *HNLMS Soemba* belegte die deutschen Verteidigungsanlagen im Bereich der Vire-Bucht mit heftigem Beschuß.

Vor der gigantischen Armada kreuzten acht Zerstörer vor der Ostküste des Cotentin, und mit Raketenwerfern bestückte Spezialprähme *(LCRs = Landing Craft, Rockets)* belegten den Strand der geplanten Landezone mit ihrem Trommelfeuer. Brüllender Donner aus insgesamt sechshundert Schiffsgeschützen der Kaliber 10 bis 40,6 Zentimeter dröhnte von See herüber und war noch bis zu siebzig Kilometer weit im Inland zu hören. Der Qualm, den die Abschüsse verursachten, war derart stark und dicht, daß es den Führern der Landungsboote schwerfiel, die Richtung zur Küste zu finden. Der 17-jährige John Canhan sagte: „Ich konnte mich nur am Aufblitzen der Schiffsgeschütze orientieren, wohin ich steuern sollte. Ihr grelles Mündungsfeuer wies mir die Richtung. Es war auch schrecklich laut, da draußen auf See."

Unter den nahe der Küste kreuzenden Schiffe befanden sich auch sogenannte LCGs (Landing Craft, Guns / Landungsboote mit Kanonen), die ihr Feuer ebenfalls auf den Strand richteten.

Fotos: US National Archives

Während dieses starken Beschusses flogen 276 Mittelstreckenbomber des Typs *Marauder* der US Air Force über den Ärmelkanal heran und bewarfen in mehreren Angriffswellen die Verteidigungsanlagen am *Omaha* und am *Utah Beach* mit insgesamt 4.404 Tonnen Bomben – am *Utah Beach* vom W 3 bis W 10 *(dem geplanten, sechs Kilometer langen Angriffsraum)* sowie auf die WN 83 und 84 am Grandcamp mit dem dort stehenden Flak-Sturm-Regiment 1.

Oberst von Kistowski beschrieb die Situation des Flak-Sturm-Regiments 1: „Ab Morgengrauen lag der gesamte Einsatzraum des Regiments noch zusätzlich unter schwerstem Schiffsartilleriefeuer. Dieses war entschieden unangenehmer als die laufenden Bombenangriffe in der Nacht. Wenn keine größeren Verluste, sowohl durch die Schiffsartillerie wie durch Bombenteppiche erfolgt sind, so war dies auf das gute Eingraben der Geschütze zurückzuführen."

In den frühen Morgenstunden verlegte der Regimentsstab nach Littry, zur 352. Infanterie-Division *(die im Großraum hinter dem US-Landeabschnitt „Omaha" stationiert war)*, um von dort aus in Anlehnung an deren Nachrichtennetz besser orientiert zu sein, besonders, um die unbedingt notwendige Kooperation sicherzustellen. Die drei Abteilungen verblieben in ihren bisherigen Einsatzräumen.

Ein „Schauspiel" der besonderen Art: Deutsche Flakstellungen beschossen die einfliegenden Bomberverbände am Grandcamp. Die deutsche Küstenartillerie hatte inzwischen erste Treffer unter den Kriegsschiffen zu verzeichnen.
Foto links: Kollektion von Kistowski
Foto rechts: US National Archives

Überall entlang des gesamten US-Angriffsraums bebte der Erdboden vom schweren Beschuß der Schiffsartillerie. Das spürten auch General Taylor und seine inzwischen etwa achtzig „aufgesammelten" Fallschirmjäger, unter denen sich auch einige der 82. Airborne Division befanden. Überhaupt war Tayslor's Truppe „ein sehr

gemischter Verein" *(wie einer der US-Fallschirmjäger-Veteranen aussagte)*, dem sich nun auch ein General namens Mc Auliffe und vier Oberste sowie etliche rangniedrigere Offiziere angeschlossen hatten. Kein einziger sämtlicher Offiziere war ein Angehöriger jener zwei Bataillone, die nahe Ste.-Marie-du-Mont, in der *Absprungzone C* der 101. Airborne Division, hätten herunterkommen sollen.

Im ersten Morgendunst konnten die Fallschirmjäger nun den markanten, orientalisch anmutenden Kirchturm der Kleinstadt erkennen. Man befand sich folglich etwa drei Kilometer von der südlichsten Dammstraße entfernt, die von der Vire-Bucht bei Pouppeville durch das Überschwemmungsgebiet bis zur Küste bei La Madeleine führt. Inzwischen waren mehr als die Hälfte von Taylor's „bunter" Truppe Angehörige eines Reserve-Bataillons. Das Kommando über diesen ungewöhnlichen „Sturmtrupp", dessen einzelne Gruppen Taylor von Majoren und Hauptmännern anführen ließ, übertrug der General dem ebenfalls mit „aufgesammelten", erst 28-jährigen Oberstleutnant Julian Ewell. Alle anderen Männer, die sich untereinander noch nicht einmal kannten, gehörten der Militärpolizei an, waren Artilleristen ohne Kanonen, Schreibstuben-Soldaten ohne Schreibmaschinen, einige Stabsoffiziere und Kriegsberichterstatter. Da es so viele höhere Offiziere gab, hatten Leutnante niemanden zu befehligen; General Mc Auliffe und die anderen drei Oberste waren lediglich „Beobachter". So setzte sich der Trupp zur Einnahme der Dammstraße in Marsch. An Oberstleutnant Ewell gewandt, machte General Taylor betreffs des bevorstehenden Vorstoßes eine historische Aussage: „Niemals zuvor wurden so Wenige von so Vielen geführt."

Von den inzwischen deutlich nähergekommenen Landungsbooten aus konnten die GI's nun die nicht mehr weit entfernte Küste im Morgendunst erkennen, auch William Hollis: „Unentwegt grollte der Donner über dem Meer. Wir konnten die ganze Küste entlang die grellen Blitze der Granateinschläge und die Abschüsse der feindlichen Kanonen sehen; ein unheimlicher Anblick – und da sollten wir hinein…"

134

Die GI's jenes 1. Bataillons, das die Batterie La Madeleine von Land her einnehmen sollte, hatten sich den im ersten Tageslicht nur schemenhaft erkennbaren Bunkern immer mehr angenähert. Doch nun stellten sie verwundert fest,
daß die gesamte Anlage weitestgehend zerstört und von ihren Artilleristen verlassen war *(bereits acht Tage zuvor)*. Die
Fallschirmjäger nahmen diese Tatsache zur Kenntnis – und
unterließen es, weiter nach dem Verbleib der vier Geschütze
und ihrer Bedienungsmannschaft zu suchen, sie waren eben
fort...

*(Infolge ihrer – den Amerikanern unbekannt gebliebenen –
Verlegung von La Madeleine in die Nähe von St.-Martin-de-
Varreville sowie ihrer stark dezimierten und demoralisierten
Besatzung nahm die 1. Batterie tatsächlich nicht am Beschuß
auf die Kriegsschiffe teil, was dazu führte, daß sie am „D-Day"
gar nicht erkannt und somit selbst von jeglichem Beschuß
verschont blieb.)*

Zeitgleich zum Beschuß des Landeabschnitts *Utah* lagen
auch die anderen vier Landeabschnitte an der mehr als achtzig Kilometer

*Erst die schweren Bombar-
dierungen, dann der starke
Artilleriebeschuß von den
Kriegsschiffen forderten etliche
Verluste unter den amerikanischen Fallschirmjägern sowie
der französischen Bevölkerung
(wie hier, in St. Marcouf).*
Foto: US National Archives

langen Invasionsküste unter schwerstem Beschuß vom
Meer aus. Diesbezüglich sagte Oberst von Kistowski: „...Hinzu kam ab Beginn der Hellig-
keit bis gegen Mittag schwerstes Schiffsartilleriefeuer. Die Treffgenauigkeit war gut."

Unter dem Feuerschirm der Schiffsgeschütze näherten sich nun die ersten Angriffswellen der Landungsboote, die den Kordon der Kriegsschiffe durchfahren hatten. Der Soldat
James Francis Corne war Infanterist im 8. Regiment der 4. Infanterie-Division und hockte
mit weiteren 33 dicht zusammengedrängten GIs in einem der vielen LCVPs. Er beschrieb
die Situation:

„Mehr als zwei Stunden lang waren wir schon in dieser verdammten Holzschachtel auf
den Wellenbergen herumgehüpft, und nun durchfuhren wir gerade den Vorhof der Hölle. Über uns ein heulendes Inferno von Schiffsgranaten schwerster Kaliber. Sie brachten
die Luft derart stark zum Vibrieren, daß uns die Ohren dröhnten und schmerzten. Es war,
als würde einem andauernd mit zwei Fäusten d'raufgeschlagen. Dazwischen die grausam
schrill kreischenden Abschüsse von den Raketenwerferprähmen. Ringsherum flammte,
donnerte, kreischte und krachte es. Die Schiffsartillerie feuerte irgendwo weit dort vor uns
hin, auf ein Ziel, das man von uns aus gar nicht sehen konnte. Unvorstellbar, daß sie auf die
große Entfernung überhaupt etwas zielgenau treffen konnte.

Man hatte uns etwas von Seeminen erzählt, und daß die Deutschen massenhaft davon
vor der Küste dicht unter der Wasseroberfläche verankert hätten, so große, runde Dinger.
Ich glaube, daß ich nicht der Einzige war, der davor Angst hatte. Dem Kameraden neben
mir zitterten so stark die Hände, daß er nicht imstande war, das Magazin, das ihm aus dem
Gewehr gefallen war, wieder hineinzuschieben. Er versuchte es mehrmals, aber es gelang
ihm nicht. Vielleicht war es auch die verdammte Kälte, die ihn so zittern ließ...

Ein unangenehm kalter Sprühregenschauer war schon während der Anfahrt dort draußen auf uns niedergegangen. Aber viel schlimmer noch waren die hohen Wellen, die, wenn

Exakt um 05:55 Uhr begann das Trommelfeuer auf die deutschen Küstenverteidigungsanlagen von See her.
Foto: US National Archives

unser Boot in eines ihrer Täler hinabstieß, senkrecht an der platten Frontklappe aufstiegen und dann schwer auf uns hernieder schwappten. Wir wurden jedes Mal wild durcheinandergeworfen, denn irgendwelche Sitzgelegenheiten gab es in diesen völlig offenen Holzschachteln nicht.

Vorn im Boot lag einer bewußtlos in dem schmutzigen, vollgekotzten Wasser, das darin hin und her schwappte. Wahrscheinlich hatte ihn die Seekrankheit umgehauen. Der hinter ihm kniende Kamerad hielt den Kopf des Bewußtlosen mit beiden Armen auf seinen Oberschenkeln fest, damit er in der widerlichen Brühe nicht auch noch ertrinkt. Ich glaube, daß alle, die in diesem Kübel hockten, seekrank waren, einschließlich meiner Person. Und als wäre alles nicht schon schlimm genug, begannen unsere gegen Kampfgas imprägnierten, naß gewordenen Uniformen immer schlimmer zu stinken und regten zusätzlich die Übelkeit an. Der Gestank war bestialisch.

Obwohl da im Boot unentwegt irgendwelche Pumpen röhrten, schöpften ein paar GIs mit ihren Helmen immer wieder wie panisch hereingeschwapptes Seewasser über die hohen Bordwände. Richtig stehen konnte man bei dem schrecklichen Geschaukel in dieser Schachtel nicht. So konnten wir auch kaum erkennen, was draußen geschah. Ein paarmal hörten wir laute Hilferufe, wahrscheinlich von Männern, deren Kahn abgesoffen war und die nun im kalten Wasser umhertrieben. Es hatte sich längst zu uns herumgesprochen, daß die Landungsboote niemanden auffischen durften, weil dann die ganze Formation durcheinandergeraten würde. Aber das war sowieso schon ein paar Minuten nach unserem Start geschehen.

Wie spät es war, als wir losgefahren waren, weiß ich nicht. Ich hatte meine Armbanduhr in einem Präservativ wassergeschützt aufbewahrt und in meiner Uniformjacke bei mir getragen. Das war so ein guter Tip, den man uns zum Schutz unserer Uhren gegeben hatte, denn wir würden wohl noch sehr naß werden... Aber welche Uhrzeit wir irgendwann hatten, war für uns ohnehin völlig unwichtig. Wir lebten nicht nach der Uhrzeit, wir wollten nur überleben.

Schulter an Schulter und Brust an Rücken zusammengepfercht, dazwischen unsere sperrige Ausrüstung und die nassen Waffen, knieten wir in dem eiskalten Wasser, auf dessen gesamter Oberfläche Erbrochenes umhertrieb. Immer wieder hörte man mal den Einen, mal den Anderen würgen und kotzen. Die Papiertüten waren schon aufgeweicht, bevor wir sie überhaupt benutzen konnten. Wir beteten, kotzten und weinten. Uns war alles scheißegal, Hauptsache, daß wir diesen Kahn bald wieder verlassen könnten, sofern wir dann überhaupt noch am Leben wären, denn die Küste war noch meilenweit entfernt – und wenn wir sie erreichten, was dann...?"

Hans Günther Schönberner hockte noch immer auf dem improvisierten Beobachtungsstand nahe der Baumwipfel: „Da hinten hat's unentwegt ganz furchtbar gewummert. Wie ich

136

telefonisch erfuhr, hat unser Batteriechef inzwischen eigenmächtig feuern lassen. Mit den Dingern konnten die ja fast achtzehn Kilometer weit schießen. Die Landungsboote fuhren ja nicht zu uns hin, sondern ganz dahinten an uns vorbei, unter dem Feuer der Schiffsartillerie, die über sie hinwegschoß. Ich konnte das alles durch das Scherenfernrohr beobachten. Bei der Masse von Kriegsschiffen war mir klar, daß das die Invasion sein mußte, von der man schon so viel geredet hatte. Das war kein gutes Gefühl, das alles mit anzusehen. Man wußte ja nicht, ob's einen noch selbst erwischen würde...

Dann bin ich von unserem Hochsitz runter und auf den Hof gegangen. In diesem Moment schlug eine Granate in den Bäumen, die in der Nähe standen, ein. Ein etwa zwanzig Zentimeter langer Stahlsplitter, ging direkt vor mir zu Boden. Ich bückte mich, um ihn aufzuheben, aber der war glühendheiß. Ich hab' mir daran sehr schmerzlich die Finger verbrannt."

Hilfssanitäter Heinz Lunkenheimer war mit seinen drei Kameraden näher an's kleine Ozeville herangezogen: „Je weiter wir gingen, desto deutlicher vernahm ich das behäbig hallende Getacker amerikanischer Maschinengewehre. Ich stellte fest, daß sie zwar langsamer als die deutschen MGs schossen, flößten mir aber, wenn sie zu feuern anfingen, gewaltigen Respekt ein. Von verschiedenen Seiten her konnten wir in weiterer Umgebung den Lärm starker Kampfhandlungen hören, plötzlich das unheimliche, dunkle Grollen vieler Kanonen von See her..."

Nach drei Stunden Fahrt in den kleinen, schaukelnden Landungsprähmen waren die meisten der GIs längst von der Seekrankheit befallen. Einige der Soldaten sagten aus, daß sie lieber sterben würden, als noch einmal seekrank zu sein.
Foto: US National Archives

Karl-Heinrich Büchner, der sich inzwischen in der B-Stelle der HKB Azeville, auf der leichten Anhöhe nahe Crisbecq, etwas mehr als zwei Kilometer hinter der Küste befand, berichtete: „Hauptmann Treiber hatte mich hergerufen. Ich habe durch das Periskop sehen dürfen. Da habe ich die vielen Schiffe da draußen liegen sehen. Die hatten soeben mit dem Beschuß der Küste begonnen, schossen mit 36-cm-Koffern auf die Bunker. Es war gerade kurz vor sechs Uhr. Ich kann heute nicht mehr sagen, was das für ein Gefühl war. Ich war erst einundzwanzig, zu jung, um darüber nachzudenken, was alles geschehen könnte. Aber es war beängstigend.

Und dann waren da die enorm vielen Flugzeuge; von den unseren war aber kein einziges zu sehen..."

Der kleine Trupp, dem auch Heinz Lunkenheimer angehörte, geriet in diesem Moment nahe Ozeville in Bedrängnis: „Gleich zu Anfang hatten wir erhebliche Ausfälle zu beklagen. Das war nicht verwunderlich, denn die amerikanischen Soldaten waren wesentlich besser ausgerüstet, als wir. Auch besaßen sie diese verflixten Schnellfeuergewehre, und sie verfügten wohl auch über eine Menge von Funkgeräten. Ich konnte sie mit diesen Wunderdingern beobachten und machte mir infolge der offensichtlich ungleichgewichtigen Konfrontation so meine Gedanken über unsere Siegchancen... Mit Genehmigung meines Vorgesetzten durfte ich dann meinen Karabiner an einem Baum deponieren. Ich hatte ihn ohnehin nur ein einziges Mal abgedrückt und damit versehentlich ins Dach eines Hühnerstalls geschossen..."

Auch von den sich immer mehr der Küste nähernden LCGs wurde andauerndes Geschütz-feuer auf den Landesektor „Utah Beach" gerichtet.
Foto: US National Archives

Während der von General Taylor zusammengestellte Fall-schirmjäger-Trupp unter Oberstleutnant Ewell's Führung im ersten Morgengrauen in Richtung des Weilers Pouppeville vorgegangen war, hatten immer neue Begegnungen mit ein-sam oder in Zweier- oder Dreiergruppen umherirrenden US-Fallschirmjägern stattgefunden.

Plötzlich schlugen Ewell's Trupp von Pouppeville her Schüsse entgegen. Ein kurzes Feuergefecht entbrannte in den schmalen Straßen. Es gab erste Tote und Verwundete, dann zog sich ein Teil der deutschen Soldaten aus Pouppe-ville zurück, etwa dreißig andere ergaben sich. Nach diesem Gefecht gingen die Fallschirmjäger auf der Dammstraße in Richtung auf La Madeleine weiter.

...und dann kamen die Jabos

Nur wenige Minuten vor einem Angriff mit 276 Mittelstreckenbombern war vom Luft-schutzgefechtsstand des Seekommandanten Normandie gemeldet worden: *In Richtung 1, 20-30 Kilometer, sind mehrere 100 Maschinen im Anflug.*

Ein Teil der Bomberpulks war auf den US-Landeabschnitt *Omaha* zugeflogen, der ande-re auf *Utah.* Dann hatten drei der Verbände vom großen Pulk abgedreht und, hintereinan-der die Küste entlangfliegend, auch Kurs auf das W 5 genommen. Oberfeldwebel Manfred Mundt sah die Bomber kommen: „Sofort war mir klar, was nun passieren würde. Dann fielen die Bomben. Ohrenbetäubende Explosionen. Man konnte die Druckwellen auf den Trom-melfellen schmerzlich spüren. Ich hielt mir die Ohren zu und öffnete den Mund. Es regnete Sand und hagelte Bombensplitter. Einer riß mir eine Schulterklappe von meiner Uniform."

Von den insgesamt 4.404 abgeworfenen 2,5-Zentner-Bomben fielen viele auch auf das W 5. Leutnant Jahnke's Unterstand versank zwischen den Dünen jeden Augenblick tiefer im Sand. Im letzten Moment gelang es ihm, sich noch daraus zu befreien und zu dem gro-ßen Gruppenunterstand im Zentrum des W 5 zu rennen. In diesem Moment wurden auch zwei der Munitionsbunker getroffen. Wie ein Trommelfeuer explodierte ein erheblicher Teil der Munition und hüllte die gesamte Verteidigungsanlage in dichten, dunkelgrauen Qualm. Oberfeldwebel Mundt hatte in einem der kleinen Tobruk-Stände Deckung gefunden:

„Qualm, Qualm, Qualm und Sand über Sand. Man konnte fast nichts mehr sehen. Dieser Bombenangriff war ein Orkan, der reine Wahnsinn. Schulter an Schulter hockte ich da mit dem 22-jährigen MG-Schützen Hatesur, der gerade erst zwei Tage zuvor von der Ostfront zu uns gekommen war. Wir hockten in seinem MG-Stand, der eigentlich schon gar keiner mehr war. Um uns zu schützen, hielten wir beide Arme über den Kopf.

Hatesur rief in dem Lärm ironisch: *Und ich hatte geglaubt, daß man sich hier, in der Nor-mandie, endlich mal vom Krieg erholen könnte!"*

Nachdem sich der Staub gelegt und der Qualm nach einiger Zeit verzogen hatte, ging Leutnant Jahnke herum und überzeugte sich von dem Schaden, der durch das Bombarde-ment entstanden war. Personalverluste gab es keine, da sich die Männer noch alle rechtzei-tig in die sicheren Unterstände hatten begeben können. Aber den Schrecken und ihre Ver-störtheit konnte der Leutnant seinen Soldaten ansehen. Das gesamte Areal war nur noch eine einzige Kraterlandschaft und einige Waffen waren stark in Mitleidenschaft gezogen worden. Die 4,7-cm-Pak war vollkommen zerstört und die 8,8-cm-Flak stark angeschlagen. Fast sämtliche Verteidigungsstellungen waren vom Sand begraben, die Umzäunung zerrissen.

Der Leutnant befahl den Männern die sofortige Wiederinstandsetzung des W 5. Doch kaum hatten sich die Soldaten die entsprechenden Werkzeuge geholt, da kamen im Tiefflug fünf einmotorige Jagdbomber über's Meer herangerast. Ihr Angriff galt gezielt den beiden offenen Ringstellungen mit den 5-cm-Kwk und der Kasematte mit der 5-cm-Pak. Kurz vor dem Widerstandsnest feuerten sie ihre jeweils vier Raketen ab. Der Angriff war nur kurz, aber wirksam. Alle drei Kanonen wurden zerstört und weitere Munitionsvorräte explodierten. Da sich Jahnke's Männer in diesem Moment fast alle außerhalb jeder Deckung befunden hatten, gab es dieses Mal fünf Tote und sieben Verwundete, davon drei Schwerverwundete.

Foto: Archiv von Keusgen

Oberfeldwebel Manfred Mundt sagte betreffs dieses Angriffs: „Diese kleinen, einmotorigen Flieger schienen von der Hölle geschickt zu sein. Sie waren verdammt schnell, und es hatte überhaupt keinen Sinn, zu versuchen, mit der Flak auf sie zu schießen. Plötzlich waren sie da und gleich wieder weg. Aber sie hinterließen nach jeder Attacke deutliche Spuren..."

(Die verschiedenen, einsitzigen Jagdbomber-Typen waren alle waffenstrotzende, höchst gefährliche Maschinen, deren Vorteil mit ihren starken, teilweise Turbolader-Motoren aus ihrer Schnelligkeit und Wendigkeit bestand. Eine amerikanische „Thunderbolt" war mit acht 12,7-mm-Maschinengewehren und zehn 12,7-cm-Raketen oder mit zwei 45-Kilo-Bomben ausgestattet, eine britische „Hawker Hurricane" mit zwölf 7,7-mm- oder vier 20-mm-Browning-MGs oder [zur Panzerbekämpfung] mit zwei 4-cm-Kanonen oder Raketen.)

Wenn auch das schwere Bombardement keine Verluste unter den Soldaten des W 5 gefordert hatte, so war die Attacke der fünf Jagdbomber um so folgenschwerer. Foto: ecpa.d

Auch Oberst von Kistowski's drei Flak-Abteilungen wurden von den kleinen Jagdflugzeugen angegriffen: „Jetzt begann die Jabo-Tätigkeit, die jeglichen Straßenverkehr fast völlig unmöglich machte, und zu Beginn auch noch die Feuerstellungen der Batterien angriffen. Dadurch entstanden einige Ausfälle. Die Angriffe auf die Batterien ließen aber bald nach, nachdem durch das Sperrfeuer der 8,8-cm-Batterien einige Erfolge erzielt worden waren, auch durch die 2-cm- und 3,7-cm-Geschütze der Gegner in größere Höhe gezwungen worden war."

St.-Georges-de-Bohon liegt nur knapp fünf Kilometer hinter der Küste, und dort stand noch immer die 13. Kompanie des Fallschirmjäger-Regiments 6 mit dem Gefreiten Günter Prignitz: „Inzwischen waren die Kämpfe mit den in unserer unmittelbaren Nähe abgesprungenen und mit Lastenseglern gelandeten Amerikanern beendet, und wir konnten uns wieder frei bewegen. Aus Richtung Küste kam schweres Artilleriefeuer über uns hinweg

Der Einsatz der kleinen und schnellen Jagdbomber zwang die deutschen Soldaten im wahrsten Sinne des Wortes zu Boden.
Foto oben: Archiv von Keusgen
Foto unten: US National Archives

Günter Prignitz, 19-jähriger Fallschirmjäger der 13. Kompanie des FJG 6.
Foto: Kollektion G. Prignitz

in unser Hinterland, und pausenlos überflogen uns Bombenflugzeuge. Am Himmel waren ständig Bomberpulks zu sehen, mit 35 Flugzeugen. Als die Pulks in gleicher Formation wieder zurückkamen, konnten wir an den Lücken deren Verluste erkennen. Nun wurde mir der Auftrag erteilt, die Lage in Richtung Küste zu erkunden."

In Carentan, im Gefechtsstand des III./FJR 6, war indessen ein erster gefangener US-Fallschirmjäger eingetroffen, einer von 8.451 Männern der 101. Airborne Division, die während ihrer Absprünge über ein viel zu weites Gebiet verstreut heruntergekommen waren. Er gehörte zum 501. PIR.

Regimentskommandeur Major Dr. von der Heydte war extra von seinem Gefechtsstand in La Hotellerie zu jenem des Bataillonskommandeurs Horst Trebes gefahren, um den Amerikaner persönlich auszufragen. Doch der gut geschulte Soldat beschränkte sich bei seinem Verhör lediglich auf die notwendigen Aussagen – gemäß des international gültigen Kriegsrechts: Name, Alter, Dienstgrad, Einheit. Informationen betreffs des Zwecks seines Einsatzes erhielt von der Heydte nicht.

Schon bald darauf wurden dem Regimentskommandeur noch andere Gefangene vorgeführt. Auch sie machten keine weiteren Aussagen. Einige von ihnen hatten ihre Uniformen mit bunten Parolen bemalt: *Here comes Uncle Sam* oder *See you in Paris* und andere. Manche Rückenpartien ihrer Overalls wurden mit recht naturalistischen Malereien halbnackter Pin-up-girls „verziert", und viele der Soldaten trugen einen sogenannten Irokesen-Haarschnitt und hatten eine den Indianern ähnliche Kriegsbemalung angelegt, was ihnen einen wilden, gefährlichen Ausdruck verlieh. *(Ein Teil der US-Fallschirmjäger war aus amerikanischen Zuchthäusern angeworben worden.)* In den Taschen ihrer Uniformen fand man Tabletten zur Wasserentkeimung, Stärkungsmittel, Proviantrationen, Süßigkeiten und gut duftende Zigaretten.

Nach Beendigung der Befragung der Amerikaner war Major von der Heydte überzeugt, daß in der gerade vergangenen Nacht die Invasion begonnen hatte.

Von der Küste war indessen anhaltend starkes Artilleriefeuer zu hören. Von der Heydte beschloß daher, sich im Beiwagen eines Motorrades nach Ste.-Marie-du-Mont und zur dortigen Kirche fahren zu lassen. Der Major trug als Folge eines vor einigen Monaten nur knapp überlebten Absturzes mit einem Flugzeug noch immer einen Arm in der Schlinge.

Der Gefreite Christian Fett von der 4./FJR 6 berichtete: „Zu dieser Zeit kam ein Melder zu uns und sagte: *Letzte Nacht sind amerikanische Störtrupps gelandet.*

Na ja, da sollte ein Stoßtrupp fertiggemacht werden... Aber dann haben die da oben erfaßt, daß das die Invasion war. Dann sind wir zum Gegenangriff in Richtung Sainte-Marie-du-Mont vorgestoßen."

Der kleine Trupp der viel zu früh abgesetzten US-Fallschirmjäger, dem auch der 19-jährige Sanitäter Robert Wright angehörte, hatte sich vorsichtig bis in den geplanten Absprungraum bei Angoville-au-Plain bewegt. Auch sie hatten auf ihrem Weg keinen einzigen deutschen Soldaten gesehen, aber nun gerieten sie in die noch immer anhalten Kampfhandlungen um und in dem kleinen Dorf. Im ersten Tageslicht sahen sie etliche tote deutsche und amerikanische Fallschirmjäger liegen, und von allen Seiten hallten Schreie Verwundeter. Inzwischen hing an der Eingangstür der Kirche eine kleine weiße Fahne mit einem roten Kreuz darauf. Robert Wright lief trotz der Schießerei dorthin.

Nicht nur die Rückenpartien vieler Fallschirmjägerjacken waren mit erotischen Girls bemalt, sondern auch die Außenwände vieler Pilotenkanzeln von Bombern und Transportflugzeugen.
Foto: US National Archives

In der Kirche traf er den gleichaltrigen Sanitäter Kenneth Moore: „Angesichts der schrecklichen Situation folgten wir dem Gebot der Stunde. Da waren bereits etliche Verwundete, die in der Kirche Schutz gesucht hatten. Aber es kamen immer mehr. Manchen gelang es, sich aus eigener Kraft dorthin zu schleppen, andere wurden trotz der weiterhin anhaltenden Schießerei von ihren Kameraden auf Schubkarren gelegt und ungeachtet des Risikos herangefahren. Es war grausam, was sich dort ereignete.

Da es in der kleinen Kirche keine andere Möglichkeit gab, legten wir die Verwundeten zuerst auf die hölzernen Sitzbänke. Das war nicht einfach, denn die Männer waren breiter als die Bänke. Wenn sie sich wegen ihrer Schmerzen zu sehr wanden, fielen sie herunter. Als immer mehr Verwundete hereingebracht wurden, mußten sie auf den Boden gelegt werden und Kenneth und ich sie dort unten behandeln. Deshalb legten wir nur die Schwerverwundeten, die sich kaum bewegten, auf die Kirchenbänke. Es gab nichts anderes, worauf wir sie hätten legen können. Außer dem Erste-Hilfe-Inhalt in unseren Sanitätstaschen besaßen wir keine medizinischen Instrumente. Aber wir verfügten über Morphium, mit dem wir die Leiden der Verwundeten und zweier Sterbender lindern konnten. Sie hatten beide Bauchschüsse erhalten. Es war sehr schlimm. Auch hatten wir weder Kissen noch Decken. Um aber zumindest die Köpfe der Schwerverwundeten etwas bequemer zu lagern, schoben wir ihnen Uniformjacken darunter. Einem schwerverwundeten deutschen Offizier wollte ich etwas Morphium geben, aber er verweigerte das. Vielleicht dachte er, daß er unter seinem Einfluß Geheimnisse verraten würde. So mußte er seine Schmerzen ertragen.

Die Situation in der Kirche war schrecklich, überall war Blut. Da war auch ein verwundeter französischer Zivilist, den wir verbinden mußten. Alle hatten Angst, und aus Angst schossen sie aufeinander. Es war ein Wahnsinn; und in Wahrheit waren wir selbst doch alle noch halbe Kinder."

Mit Ärzten ihrer Einheit Verbindung zu bekommen, war den beiden amerikanischen Sanitätern nicht möglich, und während Wright und Moore Verbände anlegten, um im Rahmen

Das Blut der 1944 auf mehreren schmalen Kirchenbänken behandel-
ten Verwundeten hat seine Spuren bis in die heutige Zeit hinterlassen.
Auf den Bänken verstarben drei amerikanische Fallschirmjäger.

Fotos: von Keusgen

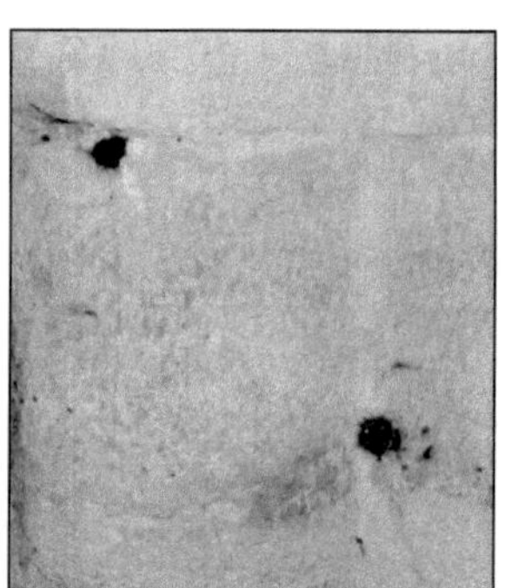
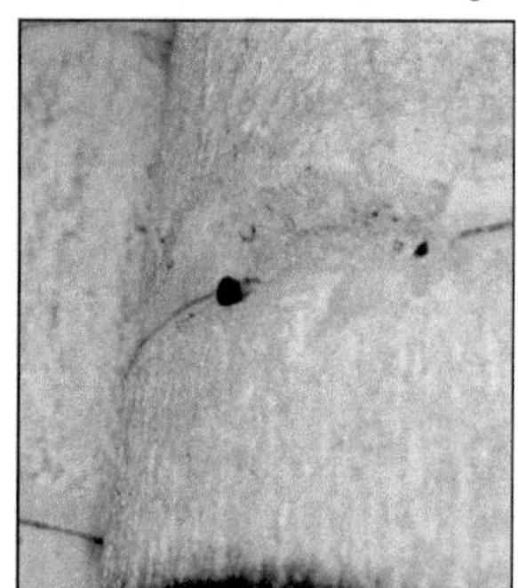

Der westliche, hintere Teil des
schmalen Kirchenschiffs, in
dem sich am ersten Invasionstag so viel Leid und Schmerz
zugetragen hat.

Einschußlöcher in Wänden der Kirche zeugen noch heute von der
Schießerei am 6. Juni 1944.

Foto: A. Hagl

ihrer beschränkten Möglichkeiten Blutungen zu stillen und Wundversorgungen durchzuführen, hielten draußen die Kampfhandlungen mit unverminderter Heftigkeit an. Längst wurde von beiden Seiten auch mit Granatwerfern geschossen. Angoville war ein blutiger Weiler geworden, an dem es den deutschen Fallschirmjägern dann am frühen Morgen gelang, die amerikanischen Fallschirmjäger und hinzugekommene Infanteristen zurückzudrängen. Robert Wright berichtete weiter:

„Da betraten plötzlich zwei schwerbewaffnete deutsche Fallschirmjäger und einer ihrer Kommandanten die Kirche. Sie sahen, daß hier eine Sanitätsstelle eingerichtet worden war, in der wir nicht nur amerikanische Verwundete, sonder auch deutsche versorgten. Sofort verließen sie die Kirche wieder. Der Kommandant ließ dann um die Kirche herum Wachtposten aufstellen."

(Am ersten Tag der Invasion leisteten die beiden Sanitäter Robert Wright und Kenneth Moore 75 Personen eine Erstversorgung.)

Parallel zu diesen Ereignissen meldete Seekommandant Normandie an Admiral Kanalküste: Batterien Ostküste Cotentin feuern auf Landungsboote. Batterie Marcouf erhält Geschützfeuer von See.

142

Um 6:02 Uhr ging bei der 352. Infanterie-Division eine Meldung des Artillerie-Regiments 352 ein: *Etwa 60-80 schnelle Landungsboote nähern sich der Küste bei Colleville („Omaha Beach"). Von der eigenen Artillerie sind diese Boote nicht zu erfassen. Raum Maisy („Omaha") liegt unter Feuer der schweren Schiffsartillerie, ebenfalls Marcouf. Die Kriegsschiffe auf hoher See stehen für eigene Artillerie zu weit entfernt.*

Im W 14a erschien in diesem Augenblick einer der beiden Wachtposten aufgeregt in dem alten Natursteinhaus im Weiler Hameau du Sud, in dem seine Kameraden auf ihren Betten lagen: „Steht schnell auf, Leute, schnell! Da draußen auf See, da ist alles schwarz, schwarz von Schiffen!"

Auch Heinrich Leichter lief aus dem Haus und blickte zum Meer: „Wir paar Leute hier hatten überhaupt keinen Alarm bekommen, doch da waren unendlich viele Kriegsschiffe. Die kleineren Schiffe, Zerstörer und Kanonenboote, die waren so nahe, daß man die Männer darauf herumlaufen sehen konnte. Natürlich war das eine Überraschung. Uns fröstelte. Einerseits weil wir nicht geschlafen hatten, andererseits wegen des kalten Windes vom Meer her – und nun auch noch die vielen Kriegsschiffe. Man kriegte das Zittern. Wir haben dann keinen einzigen Schuß abgegeben, weil sie uns sonst wohl total zusammengeschossen hätten. Da habe ich gesehen, wie eines der Boote plötzlich vorn steil aus dem Wasser aufstieg und sich dann wie in Zeitlupe rückwärts überschlug. Es ging mit dem Heck zuerst unter. Es war wohl auf eine dieser im Meer versenkten Kugelminen gefahren."

Heinrich Leichter sagte in Anbetracht der Situation: „Man kriegte das Zittern..."
Foto: Kollektion H. Leichter

Das gekenterte Boot war tatsächlich auf eine Seemine aufgelaufen – und sein Untergang hatte ernste Konsequenzen: Bei diesem PC 1261 hatte es sich um eines von nur zwei *(vor „Utah" befindlichen)* Kontrollbeziehungsweise Lotsenbooten gehandelt. Es war zuständig für die Koordination der Landungsboote im Sektor *Uncle Red*, folglich führte sein Verschwinden rasch zu einer nicht unerheblichen Verwirrung unter den noch jungen Bootsführern. Ein weiterer Negativ-Aspekt bestand darin, daß nun etliche Besatzungsmitglieder des PC 1261 im Wasser umherschwammen und um Hilfe riefen, Hilfe, die man ihnen nicht gewähren durfte. Das wiederum führte dazu, daß die Bootsführer der vier großen LCTs den Hilflosen auszuweichen versuchten, um sie nicht zu überfahren. So fuhren sie in verschiedene Richtungen auseinander. Infolgedessen geriet das LCT 597 nun selbst auf eine Seemine. Die starke Explosion riß das gesamte Vorschiff auseinander, und mitsamt der vier Duplex-Drive-Panzer und ihren Besatzungen, die es in wenigen Minuten hätte ins Wasser absetzen müssen, sank es augenblicklich.

Während der Anfahrt der Landungsboote wurde das Bombardement aus der Luft und der Artilleriebeschuß vom Meer her auf die Küstenverteidigungsanlagen fortgesetzt. Der Beschuß wurde noch von 32 Panzern verstärkt, die auf weiter hinten heranfahrenden LCTs standen. Anhaltendes Dröhnen erfüllte die Luft.

Ein paar Minuten nach 6:00 Uhr erschienen auf dem Jaunet-Anwesen in St. Floxel zwei Fallschirmjäger der 101. Airborne Division, die sich der 16-jährige Bernard Jaunet genau betrachtete: „Die Amerikaner waren etwa zwanzig Jahre alt und hatten ihre Gesichter wild

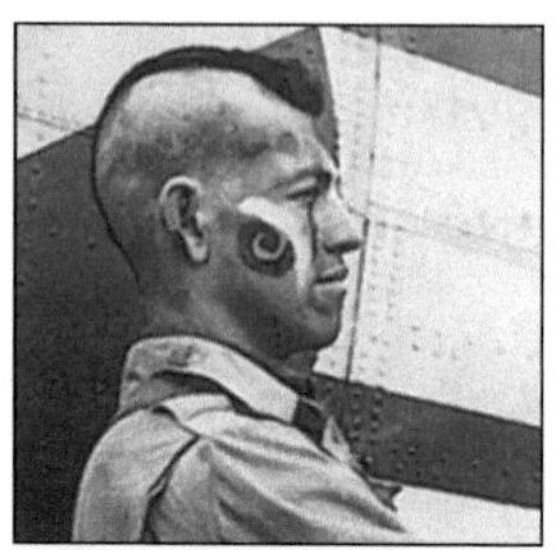

bemalt, auch ihre Uniformen. Am linken Ärmel trugen sie ein schwarzes Emblem mit dem weißen Kopf eines Adlers. Sie waren aber sehr freundlich und boten mir Zigaretten an, doch ich lehnte dankend ab. Die Kinder, die bald kamen, fanden es lustig, wie die beiden aussahen. Dann gingen die Amerikaner wieder fort. Sie waren wohl auf der Suche nach ihrer Einheit."

Gleichermaßen zur Tarnung wie zur psychologischen Kriegsführung hatten viele der amerikanischen Fallschirmjäger zu ihrem Irokesen-Haarschnitt auch eine „Kriegsbemalung" aufgetragen – aber nicht selten handelte es sich bei ihnen tatsächlich um Indianer.

Fotos: US National Archives

Um 6:05 Uhr erging von Cherbourg eine Meldung an Seekommandant Normandie: In Richtung 3 unzählbare Maschinen und Lastensegler mit Kurs nach Süd. Entfernung 20-30 Kilometer.

Aus einer Entfernung von vierundzwanzig Kilometern nahm der britische schwere Kreuzer *Hawkins* die Batterie Maisy am Grandcamp unter Feuer. Immer wieder belegte er mit seinen sieben 19-cm-Geschützen WN 83 und WN 84 mit Salvenfeuer. Dumpf fauchend kamen die Granaten über das Meer geflogen, und es dauerte mehr als dreißig Sekunden, bis sie auf dem Terrain der Heeres-Küsten-Batterie einschlugen. Nun wurden einige ihrer Geschütze derart schwer getroffen, teilweise sogar verschüttet, daß sie nicht mehr einsatzfähig waren. Mehrere Artilleristen wurden getötet, viele verwundet. Dennoch war die Batterie Maisy nicht gänzlich eliminiert – sie wehrte sich noch sehr heftig.

Der Funker-Unteroffizier Benno Müller berichtete: „Ich konnte das Röhren der Geschütze am Grandcamp noch im Observationsbunker unseres fünf Kilometer entfernten Stützpunkts Pointe du Hoc hören. Ich war im Frühjahr mit einigen Kameraden dort drüben bei Maisy gewesen, und wir haben uns die große Batterie angesehen. Dagegen war unser Stützpunkt ein Lacher. Am 6. Juni haben die Jungs da hinten den Amis ganz schön eingeheizt."

Auch die MKB Marcouf nahm immer wieder Seeziele unter Beschuß. Der Zerstörer *USS Corry* hatte seinerseits die Batterie aus einer Entfernung von mehr als acht Kilometern mit einer Breitseite beschossen. Die Geschütze der *Corry* belegten die Batterie Marcouf mit derartig starkem 12,5-cm-Feuer, daß die Kanonenrohre von einigen Matrosen mittels ständigen Bespritzens aus mehreren Wasserschläuchen gekühlt werden mußten.

Um 6:05 Uhr ließ Oberleutnant Walter Ohmsen das Feuer seiner Batterie mit ihren drei 21-cm-Kanonen nun auch auf die beiden küstennah manövrierenden Zerstörer *USS Pitch* und *USS Corry* richten. Nur kurze Zeit nach den ersten Schüssen rasten mehrere Jagdbomber im Tiefflug heran und legten zur Verhüllung wieder eine Wand aus künstlichem Nebel zwischen die Schiffe und die *Utah*-Küste. Das Flugzeug, das die *Corry* einnebeln sollte, wurde jedoch abgeschossen. Es schlug in flachem Winkel auf das Wasser auf und wurde völlig zerrissen. So blieb die *Corry* weiterhin sichtbar und wurde nun zum Ziel konzentrierten Feuers mehrerer Batterien.

Auf der *Corry* waren die Abschüsse der 21-cm-Kanonen beobachtet worden. Da die großkalibrigen Geschosse für diese Entfernung mehr als vierzehn Sekunden brauchten, ließ Kapitän George Hoffmann den Zerstörer zuerst etwas drehen, um ihnen kein so großes Ziel mehr zu bieten. Während die *Corry* dann den Beschuß der MKB Marcouf ständig erwiderte, wollte der Kapitän den Zerstörer zick-zack- und rückwärtsfahrend aus der Gefahrenzone manövrieren. Dabei stieß er mit seinem Heck gegen eine Seemine. Es kam zu einer gewaltigen Explosion, die das gesamte Schiff erbeben ließ und sein Ruder vollständig zerriß. Eine weitere Kurskorrektur war somit unmöglich. Unmittelbar darauf wurde der Zerstörer von einer der mächtigen 21-cm-Granaten der Batterie Marcouf mittschiffs getroffen. Die Munition, die im Frachtraum der *Corry* gelagert war, detonierte augenblicklich und riß ein riesiges Loch in die Backbordseite und das Zwischendeck des Zerstörers. Ein mehr als dreißig Zentimeter breiter Spalt klaffte quer über das infolge dessen durchhängende Hauptdeck. Bug und Heck ragten wie hochgebogen aus dem Meer. Das Schiff wurde nur noch von den Deckaufbauten zusammengehalten. Beide Kesselräume standen unter Wasser. Im Kesselraum Nr.2 war der große Kessel mit dem kochenden Wasser zerrissen worden und fast alle Heizer wurden zu Tode verbrüht. Die gewaltige Explosion – auch eines im Heck befindlichen Rauchgenerators – hatte eine so enorme, hoch aufsteigende Rauch- und Qualmentwicklung erzeugt, daß sie meilenweit zu sehen war. Trotz ihrer schweren Zerstörung und mit völligem Stromausfall setzte die *Corry* nicht nur ihre Fahrt mit halber Kraft fort, sondern auch ihre Kanonen feuerten weiterhin, denn die Kanoniere bedienten ihre Geschütze manuell. Noch schwamm das Schiff...

Vor dem W 5 näherte sich indessen ein einzelner Zerstörer der Küste. Sofort wurde er von der am Saum des Strandes stehenden 4,7-cm-Pak beschossen. Der Zerstörer drehte bei und feuerte eine Breitseite auf die ohnehin schon stark verwüstete Verteidigungsanlage.

Blick vom WN 62 am „Omaha Beach": Am Horizont erstreckte sich das dunkle Band der riesigen Kriegsflotte der Alliierten (links im Bild versinkt vor „Utah Beach" brennend und qualmend der mittschiffs in zwei Teile geschossene Zerstörer „USS Corry" im Meer). **Foto: Archiv von Keusgen**

Nach weniger als einer halben Stunde nach dem Beginn der Bombardierung und dem Artilleriebeschuß von See her und als noch kein einziger GI das Festland betreten hatte, waren die Verluste unter den Soldaten der Küstenverteidigungsanlagen bereits ganz erheblich...
Foto: Bundesarchiv Koblenz (Freytag) Bild 1011-347-1080-18

Das Geschütz erhielt einen Volltreffer, und die fünfköpfige Bedienungsmannschaft wurde augenblicklich getötet. Unmittelbar darauf zog sich das Schiff wieder zurück.

Als sich Oberfeldwebel Mundt von dem angerichteten Schaden überzeugen wollte, war er tief erschüttert: „Da lagen Arme und Beine und die blutigen Fetzen unserer fünf Kameraden herum..."

Der Dunst, der stellenweise noch immer über dem Meer gehangen hatte, verflog, und die riesige Armada wurde nun auch vom W 5 aus am Horizont sichtbar. Nun näherte sich ein amerikanisches Artillerie-Beobachtungsflugzeug, überflog kurz die Verteidigungsanlage – und verschwand wieder am grauen Horizont. Nur wenige Augenblicke später setzte ein massives und gut gezieltes Trommelfeuer seitens der entfernten Schiffsartillerie auf das Widerstandsnest ein. Die letzten Drahtverhaue wurden zerfetzt, die Masse der hölzernen Strandhindernisse zusammengeschossen, die eisernen Tschechenigel umhergeschleudert und der Minengürtel vor dem W 5 weitestgehend zur Explosion gebracht. Die Anlage wurde von der anhaltenden Feuerwalze nun fast endgültig zerstört – fast...

Im südöstlich benachbarten W 3 war die Situation dieselbe. Das schwere Feuer der Schiffsartillerie hatte die kleine Verteidigungsanlage regelrecht umgegraben. Schützen- und Laufgräben waren völlig umsonst ausgehoben worden. Nun landeten nahe hinter dem Strand, trotz des höllischen Beschusses, zwischen dem W 3 und dem W 2a etliche Lastensegler mit Infanteristen. Gleichzeitig mußte man in den Gefechtsständen der Widerstandsnester *(hauptsächlich im östlichen Küstenbereich)* feststellen, daß infolge des Trommelfeuers sämtliche Telefonverbindungen zueinander, sogar zum Bataillonsgefechtsstand, unterbrochen waren. Durch den hochaufspritzenden, weißen Sand der Dünen konnten die noch lebenden Männer erkennen, daß sich nun unzählige Landungsboote der Küste näherten, voll von Soldaten – und es herrschte Ebbe. Die letzten mit Minen bestückten Hindernisse standen weithin sichtbar auf dem trockenen Strand, aber der war in diesem Moment, in dem die Flut wieder langsam aufzulaufen begann, nahezu siebenhundert Meter breit...

Als sich die erste, zweite und dritte Angriffswelle der Landungsboote der Küste auf Sichtweite näherten, nahmen die Sorge und Unruhe der darin dicht an dicht zusammengedrängten, als GIs bezeichneten Soldaten *(Government Issue = staatliche Ausgabe bzw. sinngemäß staatliches Eigentum)* noch deutlich zu.

Auch Hauptmann Daniel Campell war davon nicht ausgenommen: „Wir alle empfanden große Furcht. Wir waren in unserem Boot trotz des heftigen Schaukelns aufgestanden und sahen vorsichtig über die Bordwände, warteten, was wohl im nächsten Augenblick geschehen würde..."

Heinrich Leichter stellte indessen im 9,3 Kilometer nordwestlich vom W 5 entfernten W 14a fest: „Wir konnten keine Landungsboote sehen. Wir haben alle Arten Schiffe gesehen, die da draußen vor uns lagen, Hunderte – aber kein einziges Landungsboot. Bis dahin,

146

wo die an Land gingen, war es für uns zu weit, dorthin sehen zu können. Wir wußten am ersten Invasionstag überhaupt nicht, daß da irgendwo Boote mit Soldaten an Land gingen. Niemand hat uns darüber informiert; die Telefonleitung war unterbrochen."

Ab 6:20 Uhr begannen amerikanische Jagdbomber des Typs *Thunderbolt* viele der südöstlich gelegenen Verteidigungsanlagen im Landeabschnitt *Utah* mit ihren Bordraketen zu attackieren *(bis 6:40 Uhr)*. Als Oberfeldwebel Mundt wieder einmal aufs Meer hinaussah, konnte er die erste Angriffswelle der Landungsboote kommen sehen: „Die mußten verrückt sein. Der Strand war zu dieser Zeit fast siebenhundert Meter breit... Aber nun verstand ich: Bei Ebbe waren alle unsere vielen Hindernisse da draußen völlig wirkungslos..."

Über die Boote hinweg wurde der Dauerbeschuß der Schiffsartillerie auf die Verteidigungsanlagen verstärkt. Auch Leutnant Jahnke sah, was da auf sie zukam. Da es noch keine direkte Telefonverbindung zur gerade erst nach St.-Martin-de-Varreville verlegten 1. Batterie gab, befahl er einem seiner Soldaten, so schnell wie möglich die viereinhalb Kilometer mit dem Fahrrad zu fahren. Er sollte Leutnant Erben sagen, daß er von seinen Artilleristen mit ihren 10,5- und 12,2-cm-Geschützen sofort starkes Sperrfeuer auf den Strand vor dem W 5 legen lassen sollte, sowie vom W 5 zwei grüne Leuchtkugeln aufsteigen und das Signal zur Eröffnung des Beschusses signalisieren. Rasch, rasch, man durfte keine Zeit mehr verlieren!

(Leutnant Jahnke's Melder kam niemals bei der 1. Batterie an; vermutlich wurde er von einem US-Fallschirmjäger oder von einem Jagdbomber aus erschossen – und die 1. Batterie legte vor dem W 5 kein Sperrfeuer auf den Strand.)

Die „Stunde Null"

6:30 Uhr: Die *Stunde Null* für Utah Beach und Omaha Beach.
Die erste Phase der Anlandungen sollte aus vier starken Angriffswellen bestehen:
Die erste Welle am „Utah Beach" mußte 20 Landungsboote mit jeweils 30 bis 36 Soldaten des 8. Infanterie-Regiments der 4. Division umfassen. Mit dieser Angriffswelle sollten auch die ersten 8 LCTs (Landing Craft, Tanks = Landungsboote für Panzer) mit jeweils vier Schwimmpanzern in Richtung „Utah Beach" fahren und sie etwa zwei Kilometer vor der Küste zu Wasser lassen. Wenn sich diese erste Angriffswelle nur noch etwa 600 Meter vor dem Strand befand, hatten ihr 33 LCRs (Landing Craft, Rockets = Landungsboote mit Raketenwerfern) und LCGs (Landing Craft, Guns = Landungsboote mit Kanonen) zusätzlichen Feuerschutz zu bieten.

Die zweite Angriffswelle sollte 10 Minuten später heranfahren und aus weiteren 32 Landungsbooten bestehen, besetzt mit Kampfteams, Pionieren und Sprengtrupps.

Die dritte Welle sollte 15 Minuten später mit Panzern den Strand erreichen.

Die vierte Angriffswelle mußte unmittelbar darauf mit zwei kompletten Pionier-Bataillonen den gesamten Strand von sämtlichen Hindernissen säubern.

Von einem Panzerlandungsboot wird ein Duplex-Drive-Sherman-Panzer mit heraufgezogenem Schwimmsack zu Wasser gelassen. Zwei Bootspropeller an seinem Heck sorgten für seinen Antrieb während der Schwimmphase bis zum Strand.
Foto: US National Archives

Brigadegeneral Theodor Roosevelt jr., Sohn des Expräsidenten der Vereinigten Staaten, leitete trotz erheblicher gesundheitlicher Beeinträchtigungen, das Landeunternehmen am „Utah Beach".

Die 1. US-Armee, deren Befehlshaber Generalleutnant Omar Nelson Bradley war, bestand am *D-Day* aus dem V. Korps für den Angriff auf *Omaha Beach (mit der 1. und 29. Infanterie-Division)* und dem VII. Korps für den Angriff auf *Utah Beach (mit der 4. Infanterie-Division)*. Der kommandierende General des VII. US-Korps war Joseph Lawton Collins.

Die erste „Welle" der bei *Utah* angreifenden 4. Division erreichte *(gemäß bisheriger Darstellungen)* anstatt der geplanten Sektoren *Roger* und *Sugar (mit einer Gesamtbreite von 4,5 Kilometern)* die 8 bis 3,5 Kilometer weiter in südliche Richtung entfernten Sektoren *Tare* und *Uncle*, in deren Zonen *Tare Green* und *Uncle Red* dann der infanteristische Angriff begann – insgesamt auf einer Breite von nur knapp 2,4 Kilometern.

(Anmerkung des Autors: Einerseits wird es in vielen Publikationen so dargestellt, daß die Planer für die Landung von See her im Angriffsraum „Utah" einen 4,4 Kilometer breiten Strandbereich vorgesehen hätten, der von Ravenoville Plage bis zu den Dünen von Varreville reichte und der in die beiden Angriffssektoren „Roger" und „Sugar" unterteilt war [der US-Angriffsbereich „Omaha Beach" war sechs Kilometer breit], andererseits wird es in manchen Publikationen so dargestellt, daß die in südöstlicher Richtung unmittelbar angrenzenden Sektoren „Tare" und „Uncle" die ursprünglich geplanten Bereiche für den Angriff von See her gewesen sein sollten.

Betreffs der bis zu 7,8 Kilometer versetzten Anlandung am „Utah Beach" gibt es ebenfalls widersprüchliche Darstellungen: Einerseits heißt es, die ersten drei Angriffswellen der in etwa 10-minütigem Abstand zueinander heranfahrenden Landungsboote seien infolge widriger Strömungsverhältnisse abgetrieben worden – obwohl die unweit nordwestlich gelegene, 16 Kilometer weit in's Meer ragende Landzunge, an deren Ende sich Cherbourg befindet, betreffs der von Westen her stattfindenden Wasserbewegung im Ärmelkanal einen ganz erheblichen, sogenannten Strömungsschatten bietet. Daß die darauffolgenden Angriffswellen nicht ins geplante Landegebiet gefahren waren, soll Brigadegeneral Theodore Roosevelt jr. veranlaßt haben, der das Landeunternehmen persönlich leitete. Andererseits sollte eine falsche Kennzeichnung des Angriffsraums die Ursache gewesen sein. Es ist aber fraglich, ob es sich tatsächlich um ein Versehen oder um ein strömungsbedingtes Abdriften gehandelt hat, denn dem angeblich geplanten Sektor „Roger" vorgelagert befanden sich die beiden weithin sichtbaren Marcouf-Inseln, die im wahrsten Sinne des Wortes „hervorragend" als Orientierungspunkte hätten dienen müssen. Des Weiteren stellt sich die Frage, warum sich sowohl der schwere Beschuß der Kriegsschiffe sowie die massierten Bombardements aus der Luft im Wesentlichen auf genau die Verteidigungsanlagen zwischen Ste.-Marie-du-Mont und St.-Martin-de-Varreville konzentrierten; und warum wurde nur ein paar Tage vor der Invasion die Batterie La Madeleine fast gänzlich zerstört? Zufall? Auch die Absprungzonen der Fallschirmjäger der 101. Airborne

Division befanden sich nahe St.-Martin-de-Varreville [Absprungzone A], Ste.-Marie-du-Mont [Zone C] und nahe der Vire-Bucht [Zone D] und nicht hinter dem angeblich ursprünglich geplanten Landeabschnitt zwischen St.-Germain-de-Varreville und Ravenoville. Weiterhin ist bekannt, daß die Amerikaner die Cotentin-Halbinsel an ihrer engsten Stelle vom östlich angrenzenden Hinterland abzuschneiden planten – folglich von Carentan, am südlichen Ende der Vire-Bucht, hinüber zum nur 26 Kilometer entfernten, an der Westküste gelegenen Lessay, also exakt entlang des Einsatzraums beziehungsweise der sich quer durch den Cotentin ziehenden „Riegelstellung" des Fallschirmjäger-Regiments 6.

Und noch etwas Wichtiges: Nur vier Strandausgänge waren bereits bei der Invasionsplanung als [von Südost nach Nordwest] „Exit 1" bis „Exit 4" bestimmt, denn noch weiter nordwestlich gab es keinen weiteren Dammweg, der durch das Überschwemmungsgebiet führte. Alle anderen acht Wege, die vor der Überflutung vom Strand ins Hinterland führten, befanden sich teilweise bis zu mehr als einem Meter unter Wasser. Doch die nicht überfluteten Straßen waren für ein rasches Vordringen dorthin von allergrößter Bedeutung. Vor zweien dieser Wege befanden sich die Sektoren „Roger" und „Sugar" – im deutlich stärkeren Feuerbereich der Widerstandsnester 9, 10 und 11 als jener der schwächeren Widerstandsnester 5 bis 8. Es war offensichtlich, daß der Angriff auf W 5 ganz gezielt diesem Widerstandsnest gegolten hatte, denn die benachbarten Verteidigungsanlagen waren nicht mit derartiger Vehemenz getroffen worden, folglich ein Indiz dafür, daß dieser Angriff – trotz widersprüchlicher Darstellungen – tatsächlich für den Bereich des W 5 geplant sein mußte. Darüber hinaus wurde aber auch noch bis weit in die Vire-Bucht hinein und im Bereich des W 3, sogar des W 2 angelandet – in der Landezone „Uncle Green" und dem Sektor „Victor". Im Laufe des 6. Juni wurde der Angriff auch in nördliche Richtung, inklusive „Tare Red" ausgedehnt – insgesamt auf eine Breite von 12,7 Kilometern.)

Landungsboote des kleinen Typs LCA (Landing Craft, Assault= Angriffs-Landungsboote) noch in Massen-Formation bei der Anfahrt auf „Utah Beach".   **Foto: US National Archives**

Um 6:27 Uhr hatten sich die Boote bis auf etwa 350 Meter dem bis zu siebenhundert Meter breiten Strand genähert. Von den Bootsführern wurden gelbe Rauchsignale abgefeuert, um somit zu signalisieren, daß der Artilleriebeschuß durch die Kriegsschiffe auf die Küste zu beenden sei. Augenblicklich wurde der Beschuß eingestellt.

Das Zentrum des Angriffs bildete der Strand vor dem Weiler La Madeleine, an dem sich das Widerstandsnest 5 befand *(Uncle Red)*. Benachbart waren *(nach Norden Tare Green)*

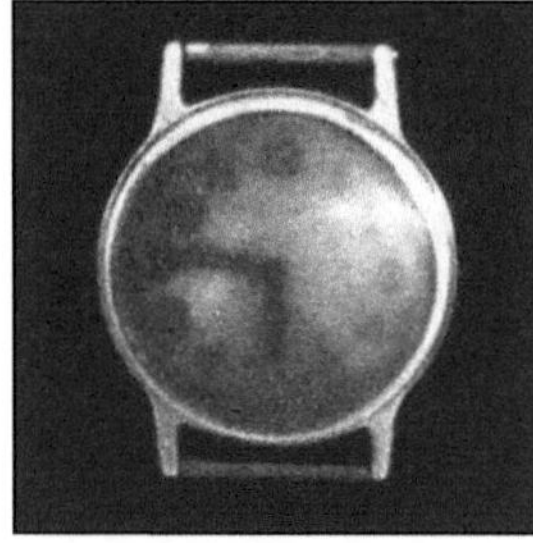

Feldwebel Glen E. Gibson, Truppführer der 70. Panzerdivision war der einzige Überlebende von 20 Soldaten, die mit vier Schwimmpanzern im Meer versanken, nachdem ihr LCT beim Anlanden durch eine deutsche Mine zerstört worden war. Seine Armbanduhr war im Moment der Explosion und als er im Wasser versunken war, stehengeblieben – exakt um 5:46 Uhr.
Foto: Kollektion Utah-Beach-Museum

In jenem Moment, da die GI's nach der langen, schaukelnden Anfahrt mit „weichen Knien" über die Rampen taumelten und ins kalte Wasser sprangen, schlug ihnen heftiges MG-und Werferfeuer entgegen.
Foto: US National Archives

das W 7, W 8 und W 9 sowie *(nach Süden Uncle Green)* das W 4 und W 3; die Widerstandsnester 2, 2a und 6 lagen im westlichen Eingangsbereich der Vire-Bucht, beim Weiler Pouppeville, im Landesektor *Victor.* Auch sie alle wurden ebenfalls von Landungsbooten angesteuert.

Die Angriffstruppe für *Utah Beach* hatte die längste Anfahrt von sämtlichen Sturmtruppen an der gesamten Invasionsküste. In Anbetracht der Tatsache, daß der *D-Day* auch noch um 24 Stunden verschoben worden war, hatten sich einige dieser Truppenkontingente drei Nächte und zwei Tage lang auf dem Meer befunden.

Um 6:31 Uhr fielen die stählernen Rampen der Landungsboote der ersten Angriffswelle auf den Strand vor den Widerstandnestern 3 *(Uncle Green)* und 5 *(Uncle Red)* – mit insgesamt dreihundert GIs. Aber wo waren die Panzer? Die speziell für eine amphibische Landung zusätzlich mit Schiffspropellern und Schwimmsäcken ausgestatteten Stuart- und Sherman-Panzer, sogenannte DD-Tanks, hätten unmittelbar vor den Infanteristen den Strand erreichen und den GIs den Weg freischießen sollen – aber sie waren noch nicht angekommen. Sie hatten da draußen ihre eigenen Schwierigkeiten...

Das Marinegruppenkommando West notierte in diesem Augenblick ins Kriegstagebuch der Marine *(auszugsweise)*:

Während der Anlandungsoperation nebeln gegnerische Flugzeuge Verband und einzelne Küstenstriche ein. Laut Meldung Admiral Kanalküste befinden sich vor St. Vaast 5 schwere Einheiten und 7 Zerstörer. Vor Cap de la Heve sind 30 Fahrzeuge, darunter Schlachtschiffe, Kreuzer, Zerstörer und wahrscheinlich auch Handelsschiffe in 270 Grad, 12 Seemeilen, gemeldet. Starke gegnerische Bombardierungen durch Luftwaffe stehen in engem Zusammenhang mit Küstenbeschuß. Zirka 500 amerikanische Jäger übernehmen Jagdschutz über Seine-Mündung.

Weite siebenhundert Meter vor dem Küstenstreifen und den darauf befindlichen Widerstandsnestern fielen die eisernen Rampen auf den flachen Strand. Im W 5 waren von den ursprünglich sechs Maschinengewehren noch drei intakt, auch der 5-cm-Granatwerfer.

Aus der Renault-Panzerkuppel nahm der Obergefreite Friedrich mit dem MG den Strand unter Feuer.

Der GI James Francis Corne gehörte zur ersten Angriffswelle: „Endlich, endlich war es soweit. Es gab einen heftigen Ruck. Das Boot war auf eine Sandbank aufgelaufen, aber noch sehr weit vom Strand entfernt. Alle fielen vornüber und in die widerliche Brühe, die mehr als knöcheltief in unserer Holzschachtel stand. Aber keiner von uns hatte ohnehin noch einen trockenen Fetzen Stoff am Körper. Der Bootsführer ließ die Rampe herabfallen. Unser Platoon-Leader, der bis eben ganz vorn rechts im Boot gehockt hatte und dessen Rücken total vollgekotzt war, erhob sich genauso mühsam wie wir, blies in seine Trillerpfeife und rief, *los raus, raus, raus!* Aber kaum einer von uns konnte nach den mehr als zwei Stunden der irren Schaukelei noch richtig stehen, laufen erst recht nicht.

Der Moment des Hinausmüssens. Die meisten GI's waren seekrank und von starker Übelkeit befallen – und dort draußen im kalten Wasser gab es keinerlei Deckung vor dem heftigen feindlichen Beschuß. Viele der (ehemaligen) GI's sagten übereinstimmend aus, daß ihnen „in diesem Moment alles völlig gleichgültig war, nur endlich raus aus den schaukelnden, mit Soldaten vollgestopften, engen Booten".
Fotos: US National Archives

Völlig durchnäßt, ausgekühlt und mit schmerzenden Knochen taumelten wir über die Rampe und mußten hinter der Sandbank ins tiefere, kalte Wasser. Es stand uns bis zu Hüfte. Als ich zum Nebenboot hinübersah, tröstete mich der Anblick etwas; die standen da bis zur Schulter im Wasser, manche sogar bis zum Hals. Ringsum krachte und knallte es, und irgendwo, nicht weit entfernt, krepierten Granaten. Ich sah da hinten vor uns nur Sanddünen, aber keinen einzigen Bunker, keine einzige Kanone, von denen man uns so viel erzählt hatte. Ich sah überhaupt keinen einzigen Deutschen. Ich hörte sie nur schießen. Einige GI's knickten ein und fielen hin, mußten mitgeschleppt werden. Wir mußten uns erst wieder an festen Untergrund gewöhnen. Ich wollte schießen, wußte aber nicht wohin und auf wen; und in der ganzen Hektik rutsche mir mein Gewehr aus den kalten Händen und versank im Wasser. In diesem Moment gab es einen stechenden Schmerz in meiner rechten Brustseite. Mein letzter Gedanke war, *das ist also schon mein Tod. Scheiße.*"

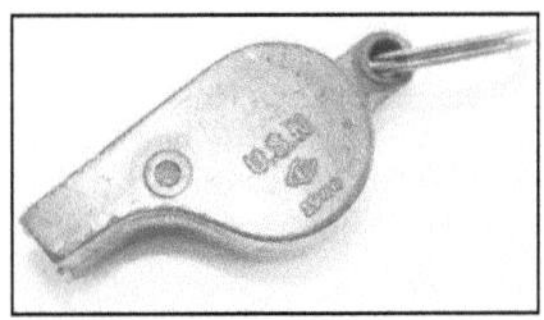

Jeder Bootsführer der US-Navy trug eine solche Aluminium-Trillerpfeife an einem dünnen Lederriemen um den Hals. Wenn die Landungsboote auf den Strand oder ihm vorgelagerte Sandbänke aufliefen, bliesen sie hinein – das Signal zum Fallenlassen der Rampe und daß die Soldaten sofort das Boot verlassen mußten...
Foto und Kollektion Dr. A. Konschak

(James Corne wurde noch am Nachmittag des „D-Day" nach Großbritannien und in ein Lazarett überführt. Erst im Dezember war es ihm gesundheitlich wieder möglich, an Kampfhandlungen teilzunehmen – am harten Winterfeldzug in den Ardennen.)

Als die Landung von See her begann, hatte auch die Batterie Holdy ihr Sperrfeuer auf den Strand vor Pouppeville eröffnet. Doch schon beim dritten Abschuß kam es zu einem Rohrkrepierer und zu drei toten und vier verwundeten Artilleristen. Josef Horn sagte dazu: „Es hieß dann, daß Fremdarbeiter in der deutschen Rüstungsindustrie bereits diese Granaten entsprechend präpariert haben sollten. Jedenfalls waren wir der Meinung, daß hier irgendwie Sabotage betrieben worden war. Die Frage war nur, *wann vorbereitet* und *von wem ausgeführt*?"

„Von unserem W 5 aus wurde mit allem geschossen und geworfen, das noch intakt war", erzählte Oberfeldwebel Mundt. „Unsere beiden kleinen Flammenwerfer konnten allerdings nur einmal kurz fauchen und hatten offenbar überhaupt keine Wirkung. Aber der 5-cm-Grantwerfer funktionierte noch, und ich konnte sehen, wie die Granaten zwischen den Amerikanern einschlugen. Allerdings hatten wir immer geglaubt, daß da Tommis kommen, weil

Der Strand zwischen dem W 9 und dem W 10 wurde während der Landung der GI's mit Sprengraketen einer nahe der Dünen von Varreville aufgestellten Werferbatterie beschossen.
Fotos: US National Archives

bisher immer nur von den Engländern geredet worden war. Aber nun flogen da Amis am Strand herum. Ich glaube, daß von unseren sieben MG's immer noch fünf funktionsfähig waren, ebenso die vier 5-cm-Kanonen und die 3,7 in der Panzerkuppel."

Die zweite Angriffswelle landete um 6:40 Uhr im Sektor *Tare Green*, an der linken Flanke des W 5, beim W 8 und W 9. Sie bestand aus der B- und der C-Kompanie des 2. Bataillons.

Von seiner B-Stelle bei Crisbecq aus konnte Hauptmann Dr. Treiber weit über das Meer blicken:

„Die Schlachtschiffe lagen in Deckung hinter den Marcouf-Inseln und feuerten ununterbrochen Breitseiten auf uns. Hunderte von Fliegern waren in der Luft. Ich ließ schießen, was die Rohre hielten."

Eines der Leitboote wurde bei diesem Beschuß an seiner Frontrampe getroffen. Durch die ungeheure Kraft der Explosion stieg das Boot senkrecht auf, und die gesamte Munition, die darauf von den Soldaten mitgeführt wurde, barst in etlichen kleinen und großen weiteren Explosionen. Dann verschwand das Boot von der Wasseroberfläche. Kurz darauf sah man die Köpfe einiger Überlebender, Männer, die im kalten, hochwogenden Wasser schwammen, jedoch von den anderen heranfahrenden Landungsbooten nicht aufgenommen werden durften, denn der Befehl lautete: „Ihr seid Angriffsboote, keine Rettungsboote!"

Auch viele andere Landungsboote wurden unter schweren Beschuß genommen. Aber es waren nicht nur die Granaten der deutschen Artillerie, die den vielen Booten die Anfahrt schwer werden ließen. Ein LCT wollte seine Schwimmpanzer zweitausend Meter vor der Küste zu Wasser lassen, ebenso wie die anderen sieben dieser Transportprähme. Seine stählerne Rampe fiel herunter und traf genau auf eine der großen, runden Seeminen. Der in vorderster Position stehende Panzer wurde infolge der enormen Explosion etliche Meter hoch in die Luft geschleudert, überschlug sich dabei, fiel dann ins Wasser nieder und versank mit seinen fünf Insassen.

Jene Boote, die im Flachwasserbereich ankamen, waren mit zunehmend auflaufender Flut der Gefahr ausgesetzt, mit den vordersten Strandhindernissen zu kollidieren – hohe, wie große Tore anmutende Stahlgestelle, die als *Element C (sogenannte Belgische Tore)* bezeichnet wurden. An vielen Stellen kenterten etliche der kleinen Landungsboote, und Tote, Verwundete, Ertrunkene und Ertrinkende trieben hernach mit ihren Schwimmschläuchen im Wasser. *(Zu ihrer Rettung folgten den einzelnen Angriffswellen etwas später spezielle Barkassen nach.)*

Dazu erzählte der damals 18-jährige britische Seemann Alan Reid, der als MG-Schütze auf einem der zwischen *Omaha* und *Utah* hin und her pendelnden Sicherungsboote mitfuhr: „Wir konnten vom Boot aus beobachten, daß die GI's in den kleinen Landungsbooten alle seekrank waren, auch viel zu schwer bepackt. Wenn die Boote untergingen, ertranken sie. Es trieben viele Tote im Meer. Aber wir hatten den ausdrücklichen Befehl, niemandem aus dem Wasser zu retten. Manchmal war es unausweichlich und wir mußten über die im Wasser Treibenden direkt hinwegfahren. Von unserem Bootspropeller war wohl der schützende Metallkorb abgerissen, denn immer wenn wir wieder über einen Helm hinwegfuhren, machte es einen Moment später hinten hörbar *täck, täck, täck.* Dann kam der Nächste, und wieder machte es *täck, täck, täck.* Es war grauenhaft."

Amerikanischen Verwundeten mußte in der Anfangsphase der Anlandungen völlig ungeschützt auf dem offenen Strand Erste Hilfe geleistet werden. Aber schutzlos waren auch die Helfer, die nicht selten selbst verwundet wurden, wie dieser Sanitäter.   **Foto: US National Archives**

26 Minuten waren seit dem Volltreffer auf die *USS Corry* vergangen, und ebenso lange hatten ihre letzten, noch intakten Kanonen gefeuert. Erst um 6:41 Uhr und nach weiteren neun Granateinschlägen mußte der Zerstörer endgültig aufgegeben werden. Noch einen Kilometer weit hatte er sich schleppen können. 24 Matrosen kamen bei diesem Desaster ums Leben, 60 waren verletzt beziehungsweise verwundet. Der Rest der 284-köpfigen Besatzung mußte nun eilig das auseinander zu brechen beginnende Schiff verlassen und ins Wasser springen, dessen Temperatur nur 12° betrug. Acht Minuten später brach der Zerstörer in der Mitte auseinander. *(Noch zwei Stunden lang mußten die Matrosen bis zu ihrer Bergung im Wasser treiben.)* Heinrich Leichter war einer der Zeugen dieses Ereignisses: „Das war gar nicht so weit von uns weg, wo das passiert war. Wir konnten sehen, daß der Zerstörer in der Mitte getroffen und stark beschädigt wurde und wie er dann langsam auseinanderbrach. Die kürzere Hälfte des Schiffes ging bald unter, aber die andere stellte sich langsam senkrecht und ragte dann noch ungefähr drei bis vier Meter aus dem Wasser. Wahrscheinlich stand dieser Teil auf dem Grund, denn er blieb noch tagelang so stehen."

Zu dieser Zeit erreichten seltsame Ungeheuer den breiten Strand – Schwimmpanzer. Als sie an Land gekommen waren, klappten ihre Schwimmsäcke herab, und sie begannen, die deutschen Stellungen aus kurzer Entfernung zu beschießen... **Foto: US National Archives**

Die *USS Corry* stellte am *D-Day* den einzigen größeren Verlust der amerikanischen Kriegsmarine dar. *(Zu weiteren Schiffsverlusten kam es innerhalb der nächsten Tage. Insgesamt sanken vor der Invasionsküste mehr als zweihundert Schiffe und Landungsboote.)*

Um 6:45 Uhr notierte das Marinegruppenkommando West *(auszugsweise): Batterie Marcouf meldet als ersten greifbaren Erfolg Treffer auf Feindkreuzer und Detonationen (tatsächlich handelte es sich um den Zerstörer „Corry"). Ein Geschütz durch Volltreffer ausgefallen.*

Während bei der Gruppe (Marinegruppenkommando West) – wenn auch nach anfänglichem Zögern bis Auftreten klarer Funkortungsergebnisse – der Eindruck einer Großlandung in der Seine-Bucht besteht, zögert Ob. West (Generalfeldmarschall von Rundstedt) und anscheinend auch Heeresgruppe B (am 5. und 6. Juni Rommel's Stellvertreter, Generalstabschef Generalleutnant Dr. Hans Speidel) im Ansatz von Gegenmaßnahmen in Ungewißheit darüber, inwieweit es sich bei bisheriger Feindlandung um eine Scheinlandung, Divisionsbewegung (Ablenkungsbewegung) oder Hauptlandung handelt.

Um 6:50 Uhr erreichte die dritte Angriffswelle *Utah Beach.* Im W 5 wehrte man sich noch immer verbissen gegen die Angreifer. Oberfeldwebel Mundt berichtete: „Zweien unserer Kanoniere war es gelungen, die lädierte 8,8-cm-Kanone auf den Strand auszurichten. In diesem Moment kam ein Panzer auf das W 5 zugerollt. Dann der Abschuß, und die Granate traf den Panzer direkt unter seinem Turm. Der Panzer hatte schlimm einen abgekriegt. Aber auch unsere Acht-Acht war jetzt endgültig dahin. Diesen Abschuß hatte das Rohr nicht mehr verkraftet."

Der MG-Schütze im Tobruk-Stand mit dem Renault-Panzerturm und jener in seinem offenen Stand schossen immer wieder länger anhaltende Feuerstöße zwischen die angreifenden Amerikaner. Auch vom Granatwerfer-Tobruk flogen gelegentlich 5-cm-Granaten bis auf den Strand, auf dem sich nun auch Panzer mit einer Sonderkonstruktion dem W 5 näherten. An den Frontpartien dieser Sherman-Panzer war über die gesamte Breite eine dicke, schnell rotierende Achse montiert, an der grobgliedrige, stabile Ketten angebracht waren, an deren Enden eiserne Kugeln hingen *(sogenannte Dreschflegel-Panzer)*. Die in rascher Folge auf den Sand des Strandes hämmernden Kugeln brachten die entlang der Panzerabwehrmauer verlegten Minen zur Explosion.

Auf einen anderen Panzer war eine überdimensionale Teppichrolle montiert, die während der Fahrt langsam abgewickelt wurde und somit einen einigermaßen festen Weg auf dem sandigen Strand bildete. Tank- und Bulldozer waren derweil dabei, die eisernen Tschechenigel beiseite zu schieben. Vor dem W 5, dem W 8 und W 9 verschafften sich die Amerikaner im wahrsten Sinne des Wortes eine freie Bahn. Das seit dem Beginn des Angriffs von den Besatzungen dieser Widerstandsnester so dringend erwartete, schwere Artillerie-Sperrfeu-

Mehrere Panzer-Spezialkonstruktionen ermöglichten den GI's ein unproblematischeres Vorgehen auf dem Strand (wie dieser als „Dreschflegel" bezeichnete Sherman-Panzer).

Auf See wurde indessen unentwegt weiteres Kriegsmaterial und Fahrzeuge von den großen Transportschiffen auf Landungsboote umgeladen.
Fotos: US National Archives

er der von La Madeleine nach St.-Martin-de-Varreville verlegten 1. Batterie auf den Strand blieb indessen aus.

(Die sich völlig passiv verhaltende 1. Batterie blieb am „D-Day" von den Amerikanern unerkannt und von jeglichem Beschuß sowie von Kampfhandlungen verschont. Am 7. Juni wurde sie von US-Fallschirmjägern entdeckt und ohne jeden Widerstand eingenommen.)

Um 6:50 Uhr ging bei Admiral Kanalküste die nächste Meldung von Seekommandant Normandie ein:
1. *Soeben Landungen vieler kleiner Boote bei St. Vaast. Weitere Landungen im Bereich der Vire- und Orne-Mündung. Schwerpunkt Grandcamp / Orne-Mündung.*
2. *Erfolge haben HKBs nicht zu melden.*

3. (Batterie) Marcouf meldet 1 Schiff in die Luft geflogen und Treffer auf Kreuzer.

4. Von Batterien (im) Bereich Vire-Mündung keine Meldungen. Soeben Meldung, daß sich dort Landungsboote (bis) auf 9,5 Kilometer (der) Küste genähert haben. Größere Einheiten in weiterer Entfernung nebelten sich ein.

An der östlichen Flanke des Invasionsraums wurde indessen die 21. Panzer-Division dem LXXXIV. Korps unterstellt – mit dem Auftrag der Beseitigung des aus der Luft gelandeten Gegners östlich der Orne. Die 12. SS-Panzer-Division wurde in den Raum Lisieux herangezogen, befand sich dennoch mehr als fünfzig Kilometer von der östlichen Flanke des Invasionsraums entfernt. Gleichzeitig teilte General Erich Marcks mit, daß feindliche Luftlandungen von Carentan bis nördlich Valognes erfolgt sind und zur Bereinigung die 91. Luftlandedivision beauftragt werden sollte. Der an der Westseite der Cotentin-Halbinsel stehenden 243. Infanterie-Division wurde befohlen, sich derart zu gliedern, daß sie ihren eigenen Rücken zu schützen in der Lage war.

Der höchste Aussichtspunkt über den „Utah Beach" und die gesamte Vire-Bucht befindet sich auf dem charakteristischen, orientalisch anmutenden Kirchturm von Ste.-Marie-du-Mont.

Fotos: von Keusgen

Indessen war Major Dr. von der Heydte mit dem Motorrad in Ste.-Marie-du-Mont eingetroffen – trotz des starken Beschusses durch die Schiffsartillerie, deren Granaten nun deutlich hinter der Küste einschlugen, um die Anfahrt deutscher Verstärkungstruppen zu verhindern. Die Anlandungen vor dem W 5 fanden bereits seit zwanzig Minuten statt. Der Major mußte nun zu seiner größten Überraschung feststellen, daß in der kleinen Ortschaft überhaupt keine einzige deutsche Truppe mehr stationiert war. Sogar der Ortskommandant hatte sein Büro gegenüber der Kirche verlassen.

Der Regimentskommandeur bestieg den Kirchturm. Dort oben traf er den Beobachter Otto Dreher. Der machte dem Major Meldung:

„Da ist was in vollem Gang, Herr Major. Das sieht aus, wie die schon so lange erwartete Invasion."

Durch sein Fernglas erblickte von der Heydte von dort oben die dunkle Linie der Kriegsschiffe, die sich über den gesamten Horizont erstreckte, auch das ständig flackernde Aufblitzen der Mündungsfeuer ihrer Kanonen, deren Beschuß auf die deutschen Stellungen von Beobachtungsflugzeugen geleitet wurde. Ein unendliches Donnern und Grollen erfüllte die Luft. Als kleine, dunkle Punkte erkennbar, bewegten sich massenhaft Landungsboote auf die Küste zu.

Nur wenige Minuten lang beobachtete der Major das gleichermaßen faszinierende wie beängstigende Schauspiel, dann ließ er sich wieder zu seinem Gefechtsstand zurückfahren.

Um 6:50 Uhr brachten mit der dritten Angriffswelle zehn LCVPs die Kompanien E und F an den Strand vor La Madeleine und dem W 5. Der Chef der unmittelbar nachfolgenden D-Kompanie, Hauptmann Dan Campell, beschrieb die dortige

Situation: „Keiner von uns wußte, wo wir gelandet waren. Da herrschte ein völliges Durcheinander. Auch lagen dort viele Tote und Verwundete."

In diesem Durcheinander schritt auf dem Strand vor dem W 5 langsam und mit einem Gehstock, in der anderen Hand eine Landkarte, ein 57-jähriger Amerikaner. Er hatte als einziger General mit der ersten Angriffswelle Frankreich betreten, direkt vor dem Chalet Rouge *(an der äußersten nordwestlichen Flanke des W 5)* – Brigadegeneral Theodore Roosevelt jr.

(General Roosevelt sollte schnell erkannt haben, daß man in der [vermeintlich] falschen Landezone angekommen war. Nach einer Beratung mit den Kommandeuren des 1. und 2. Bataillons des 8. RCT [die Oberstleutnante Simmons und MacNeely] sollte beschlossen worden sein, die Anlandungen an dieser Stelle auch weiterhin fortzusetzen. Theodor Roosevelt jr.'s Sohn, Hauptmann Quentin Roosevelt, ging am „D-Day" im Abschnitt „Omaha Beach" an Land.)

Die Masse der anlandenden Panzer erschreckte die deutschen Infanteristen in ihren Verteidigungsstellungen. Dazu sagte Oberfeldwebel Mundt: „Es war unglaublich, was da alles aus dem Meer kam..." ...Und da kamen auch Amphibien-Panzer... (Foto unten)

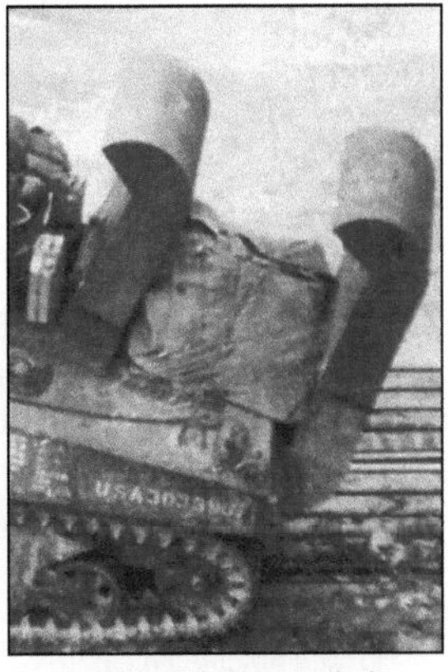

Zwar schlugen immer wieder vereinzelte Granaten der deutschen Artillerie auf dem breiten Strand und zwischen den angelandeten GI's ein, doch im Gegensatz zu den am „Omaha Beach" „festgenagelten" Truppen, waren jene am „Utah Beach" in stetiger Bewegung.
Fotos: US National Archives

Für die deutschen Soldaten völlig überraschend, tauchten immer mehr Panzer aus dem Meer auf, nun auch solche, die mit hohen, breiten Schnorcheln ausgestattet waren: Amphibien-Panzer, die nur unweit des Strandes von den Landungsbooten ins Wasser abgesetzt wurden – und ihnen folgte Panzer auf Panzer. Sie leisteten den Infanteristen einen äußerst wirkungsvollen Feuerschutz. Das konnte jedoch nicht verhindern, daß der Strand immer

Immer wieder wurden im nahen und weiteren Hinterland auch amerikanische Fallschirmjäger Opfer der schweren Schiffsartillerie.

wieder von deutschen Batterien aus südöstlicher sowie aus nordwestlicher Richtung beschossen wurde, allerdings nur sporadisch, denn man hatte in den einzelnen Batterien eigene Probleme, hauptsächlich durch den Beschuß seitens der Schiffsartillerie.

Ab 6:55 Uhr nahm der Zerstörer *USS Herndon* die Batterien am Grandcamp heftig und gezielt unter Beschuß *(bis 8:15 Uhr)*, was dort zur zeitweisen Feuereinstellung führte. *(Betreffs der Trefferwirkung gibt es voneinander abweichende Berichte.)*

Nahe Crisbecq konnte Karl-Heinrich Büchner mit dem Fernglas vom Observationsbunker aus die vorgelagerten, kleinen Küstenverteidigungsanlagen W 14, W 14a und W 16 auf eine Entfernung von zwei bis drei Kilometer gut erkennen. Er war über das, was er dort unten beobachtete, sehr befremdet: „Die da unten am Strand, wo überhaupt nichts los war, die haben zuerst kapituliert. Man konnte ihre weißen Fahnen sehen."

Und es kamen immer mehr...

Gegen 7:00 Uhr schlug der Batteriebeobachter Otto Dreher auf dem Kirchturm in Ste.-Marie-du-Mont Alarm. Er hatte soeben einen aus dem Morgendunst herankommenden Flugzeugpulk gesichtet. Dreher meldete das sofort telefonisch zur Batterie hinunter. Josef Horn sah sie ebenfalls:

„Da kamen Lastensegler. Es war ganz unterschiedlich, wie die ankamen. Die wurden direkt vor uns ausgeklinkt, offenbar viel zu früh, denn hier, in dieser Gegend, gab es keine ausreichend große Fläche, auf der sie sicher hätten landen können. Manche sind weitergeflogen, manche kamen 'runter. Wir haben nur ein Rauschen gehört, dann waren sie unten."

Über einen der am Strand provisorisch errichteten Gefechtsstände der Amerikaner wurde ein weiterer großer Pulk Lastensegler zum küstennahen Inland geschleppt – und direkt vor dem Überschwemmungsgebiet ausgeklinkt...
Fotos: US National Archives

Weit auseinandergezogen kamen sie herunter. Die meisten von ihnen landeten im Wasser des küstennahen Überschwemmungsgebietes. Die Piloten versuchten, eine Kurve zu fliegen und möglichst gegen den *(ihre Lastensegler abbremsenden)* Wind zu landen. Im Moment des Aufsetzens waren sie zwischen 85 und 110 km/h schnell. Einige versanken teilweise; mehrere überschlugen sich beim Aufsetzen, von denen die meisten total zerrissen wurden. Aus manchen kletterten benommene Infanteristen, aus anderen wurden eilig kleine Geschütze gerollt, und aus jenen, die sich überschlagen hatten, stieg überhaupt niemand mehr aus… In dem nur relativ flachen Überschwemmungsgebiet trieben immer mehr Leichen – Fallschirmjäger, Lastensegler-Piloten und Infanteristen.

Mit Sorge beobachteten die Artilleristen der Batterien Holdy und St.-Martin-de-Varreville die rasch zunehmende Masse schwerbewaffneter Invasoren. Einer der Gleiter war unweit der Batterie Holdy zu Boden gegangen. Josef Horn hatte es beobachtet: „Der war in unserem Rücken gelandet. Nun wurde schnell das vierte Geschütz nach hinten geschwenkt und die Mündung seines Rohres deutlich nach unten gerichtet, um mit Doppelzünder schießen zu können. Bei diesem Verfahren schlug die Granate nach dem Abschuß in einiger Entfernung auf den Boden auf, um von ihm wie ein Querschläger abzuprallen und dann in mehreren Metern Höhe mit Schrapnellwirkung zu explodieren. Aber niemand hatte bemerkt, daß nun ganz nah vor der Mündung des Rohres das Loch mit einem unserer beiden MG-Schützen war, dem im Rücken unserer Feuerstellung. Das war der Adolf Jakobs, ein Sachse. Dann krachte der Abschuß, und Jakobs ist durch den Luftdruck seitlich aus dem Loch raus und weit durch die Luft geflogen, hat sich sämtliche Knochen gebrochen, und die Stichflamme der Mündung hat ihn entsetzlich verbrannt. Seine Haut war pechschwarz, hing von den Händen und vom Gesicht in Fetzen. Er war bei vollem Bewußtsein. Ich hab' dann nach dem Sanitäter geschrien, ein paarmal, aber vergebens. Weil ich auch als Hilfssanitäter ausgebildet worden war, habe ich mich nun verpflichtet gefühlt, ihm zu helfen. Bin zu ihm hingelaufen und hab' ihn erstmal weggezogen, um ihn in Sicherheit zu bringen, so über hundert Meter weit, in das etwas tiefere Loch, in dem das andere MG stand, das von Hans Kramer. Dann hab' ich mich zu den beiden dazu gehockt…"

Josef Horn: „Ich hab' viel erlebt, an diesem ersten Tag der Invasion; mir hatt's gereicht…"
Foto: Kollektion J. Horn

18 Kilometer nordwestlich ließ sich soeben der Sanitätshelfer Heinz Lunkenheimer mit seinen Kameraden zum Frühstück nieder: „Nun gab es endlich was zu essen – Brot und Hartwurst. Auch meine Feldflasche konnte ich auffüllen. Ich war gespannt auf den Kaffee aus der Dose, aus dem Bestand des toten amerikanischen Soldaten. Ich staunte nicht schlecht, was die sich da alles haben einfallen lassen. Der obere, der größere Teil der Dose war mit Wasser gefüllt. Im unteren Teil war eine Art Ofen integriert, um an Ort und Stelle den Kaffee aufbrühen zu können. In dem Ofenfach befanden sich Hartspiritus, ein Zündholz-Set und Tütchen mit Kaffeepulver, Milchpulver und Zucker. Und für danach hatte man auch noch eine Zweierpackung Zigaretten und etwas Süßes darin verstaut."

Um 7:10 Uhr wurden der Seekriegsleitung neue Fallschirmabsprünge an der Vire-Mündung gemeldet.

Eine Minute später landeten neun von ursprünglich zehn Booten des 2. Ranger-Bataillons im sechs Kilometer östlich der Vire-Bucht gelegenen Teil des Abschnitts *Omaha* unter dem mehr als dreißig Meter über dem Meeresspiegel befindlichen Plateau der Pointe du Hoc. Die Einnahme dieses Frontabschnitts sollte für die Amerikaner ein wichtiges Bindeglied zwischen *Omaha* und *Utah* werden. Aber die Dinge sollten sich für die Angreifer so gänzlich anders entwickeln, als es geplant war: Erst 41 Minuten nach der *Stunde X* erreichten die nur noch neun Landungsboote des 2. Ranger-Bataillons *(Oberstleutnant James E. Rudder)* mit 225 speziell für diesen Einsatz trainierten Männern die strategisch wichtige Landzunge. Man war während der Anfahrt deutlich vom vorgegebenen Kurs abgekommen und hatte sich um mehrere Kilometer verfahren – und nun bahnte sich hier ein großes Debakel an *(siehe den Titel zu dieser Buchserie „Pointe du Hoc")*. Aber dieses sollte für die Amerikaner nicht das einzige Problem werden, denn am sieben Kilometer weiter östlich gelegenen *Omaha Beach* hatte sich der Strand längst in ein blutiges Schlachtfeld verwandelt, auf dem die US-Infanteristen der 1. und der 29. Division von den wenigen deutschen Verteidigern geradezu „festgenagelt" waren *(siehe auch den diesbezüglichen Titel „Bloody Omaha")*.

Einige der schweren Schiffsgeschütze schossen sich auf die Batterie Marcouf ein – mit nicht unerheblichem Erfolg, denn durch die weithin sichtbaren Farbmarkierungen waren die Stellungen der großen 21-cm-Kanonen weithin gut zu erkennen.

Die Wucht der Schiffsartillerie forderte auch in den anderen Verteidigungsanlagen nicht unerheblich viele Opfer unter den deutschen Soldaten (wie hier im W10).
Fotos: US National Archives

Um 7:15 Uhr notierte der Seekommandant Normandie: *5. und 6. (Batterie) feuern nicht, da Schußentfernung nicht ausreicht. Keine Verbindung zur I. Abteilung. Vor Grandcamp Schiffsansammlung und Anlandungen.*

Um 7:20 Uhr meldete die Batterie Marcouf an Seekommandant Normandie: *Feindlicher Kreuzer gesunken. (gemeint war „nur" der Zerstörer „Corry"). Batterie unklar, da 1. Geschütz Volltreffer (erhalten hat), mehrere Verwundete. Ärztliche Hilfe dringend benötigt.*

Wenngleich nun eine nicht unerhebliche Verwirrung in der Batterie herrschte, so gelang es Ohmsen's Kanonieren dennoch, das Geschütz schon nach kurzer Zeit wieder einsatzbereit zu machen. Doch nur wenige Minuten später schlugen drei Markierungsgranaten auf dem Stützpunkt ein. Mit rotem und gelbem Farbstaub wurden die Geschützstände für die Schiffsartillerie weithin sichtbar markiert. Das war eine völlig unerwartete Aktion, die infolge der riesigen, bunten

Staubwolke zu noch größerer Konfusion unter den Artilleristen führte. Dann schoß sich die Schiffsartillerie auf ihre Ziele ein. Die großkalibrigen Granaten, die ihre Ziele verfehlten, richteten durch ihre gewaltigen Druckluft- und der schrecklichen Splitterwirkung dennoch erhebliche Schäden auf dem Batteriegelände an.

Zur gleichen Zeit gingen am *Utah Beach*, im Sektor *Uncle Red*, die ersten Soldaten des 87. Chemiewaffen-Bataillons mit 6-cm-Granatwerfern an Land (*„Chemie", weil ihr ursprünglicher Einsatz zur tarnenden Rauchentwicklung vorgesehen war*).

Zwischen W 8 bis W 10 waren bereits die ersten 27 amerikanischen Panzer des 70. Panzer-Bataillons auf den Strand gerollt. Vor dem W 5 waren indessen die GI's und Panzer, sogar Tank- und Bulldozer bis unmittelbar an die Panzerabwehrmauer herangekommen, doch noch weiter vorzustoßen war ihnen nicht möglich – noch nicht...

In dem total zerschossenen Areal lagen die letzten überlebenden deutschen Soldaten und verharrten in ihrer hoffnungslosen Situation. Die Gräben und Schützenlöcher waren völlig verschüttet, und aus den nur noch flachen Mulden im Dünensand fielen auch nur noch vereinzelte Schüsse, die keine ernsthafte Abwehr mehr darstellten. Von den rückwärtigen Batterien war keine Hilfe mehr zu erwarten, da sie während der nächtlichen Bombardements weitgehend zerstört worden waren.

Als letzten Akt des Widerstands wollte Leutnant Jahnke nun die fünf *Goliaths* den Invasoren entgegenfahren lassen. Mit ihren charakteristischen, wackligen Fahrbewegungen zockelten sie los, ihre dünnen Kabel für die Fernsteuerung und die Sprengstoffzündung hinter sich herziehend. Doch weit kamen sie auf dem zerschossenen, aufgerissenen Strand mit den vielen Granattrichtern und Bombenkratern nicht. Außerdem war ihre sensible Technik bereits durch die vielen schweren Explosionen während des Trommelfeuers gestört worden. Bei einigen der Kleinpanzer versagte schon

In ihren Unterständen am strandseitigen Fuß der Dünen hatten einige der kleinen Sprengladungsträger namens „Goliath" das Feuer der Schiffsartillerie unbeschadet überstanden. Nun sollten sie als letzte Waffe gegen die Invasoren am Strand eingesetzt werden...
Foto: US National Archives

nach nur kurzer Wegstrecke die Fernsteuerung, andere rutschen seitlich in die Trichter und kippten um. Aber dieses Problem hatte man nicht nur mit den *Goliaths* des W 5, sondern auch mit jenen in den benachbarten Widerstandsnestern. Die kleinen Sprengladungsträger blieben fast alle wirkungslos liegen – dennoch waren sie deshalb durchaus nicht ungefährlich...

Es dauerte nicht lange, da beobachtete ein amerikanischer Panzerkommandant von seinem Fahrzeug aus zufällig eine, wie er es nannte, tragikomische Situation: „Eine Gruppe von sechs GI's suchte offenbar in einem der großen Bombenkrater am Strand Deckung vor deutschen Geschossen und Granatsplittern, und genau in diesem Krater stand ein kleiner Panzer. Er hatte kein Rohr, und die Jungs fanden das nice toy *(nette Spielzeug)* belustigend, denn sie lachten darüber und machten Witze. Dann fiel wohl einem der GI's auf, daß das Spielzeug auf dem Rücken mit einer Klappe versehen war. Er nahm eine Handgranate und robbte mit nur wenigen Bewegungen zu ihm hinüber. Lachend rief er seinen Kameraden noch etwas Scherzhaftes zu, klappte den Metalldeckel auf, zog die Handgranate ab und ließ sie hineinfallen. Rasch kroch er zu den Anderen zurück. Eine Sekunde später gab es eine ungeheure Explosion. Als der aufgewirbelte Sand wieder herabgerieselt war, der

Staub sich gelegt hatte und der schwarze Qualm verflogen war, war von den sechs Jungs nichts mehr zu sehen, nur das Loch war jetzt viel tiefer und breiter..."

7:25 Uhr: Die *Stunde Null* für die britischen Landeabschnitte *Gold* und *Sword*. Nur zehn Minuten später, um 7:35 Uhr war auch für den britisch-kanadischen Landeabschnitt *Juno* die *Stunde Null* gekommen. Von nun an landeten an der gesamten, fast neunzig Kilometer langen, normannischen Invasionsküste *(inklusive der flankierenden Luftlanderäume)* massenhaft Truppen der Alliierten. Für diesen Tag, den ersten der Invasion, der als *D-Day* bezeichnet wurde, sollten insgesamt 154.000 amerikanische, britische und kanadische Soldaten französischen Boden betreten...

Um 7:40 Uhr hatte die bei Mont Coquerel stehende 4. Batterie 1261 einen weiteren Zerstörer vernichtend getroffen. Während das Schiff nahe der Marcouf-Inseln zu sinken begann, rettete sich der überlebende Teil seiner Mannschaft dorthin – in die Minenfelder...

Um 7:43 Uhr funkte Seekommandant Normandie an Admiral Kanalküste: *Artillerie-Duell Küste mit Schiffen hält an. Schiffe nebeln sich ein.*

Dieses „Duell" hielt noch einige Zeit an und beschränkte sich nach wie vor auf den gegenseitigen Beschuß von Kriegsschiffen und Küstenbatterien; Küstenbefestigungsanlagen waren davon nicht betroffen *(wie das am „Omaha Beach" der Fall war)*. Unter dieser Feuerglocke näherten sich ständig weitere Landungsboote dem Strand. *(Am Omaha Beach erreichten erst zu dieser Zeit die ersten amerikanischen Panzer von See her das Land.)*

In dem, was im W 5 von Leutnant Jahnkes einst so sorgfältig mit dicken Bohlen verstärkten Unterstandes noch übriggeblieben war, lag schon seit einiger Zeit der Stützpunktführer mit seinem neuen Ritterkreuz am Kragen. Er hatte mit ansehen müssen, wie von der materiellen und personellen Überlegenheit der Amerikaner alles das, was er mit seinen Leuten in wochenlanger, mühsamer Arbeit errichtet hatte, einfach überrollt worden war. Plötzlich krepierte auf dem Rand seines Sandlochs eine Granate. Ein greller Blitz – dann wurde es dunkel um den Leutnant...

Der Schwerpunkt des amerikanischen Landeunternehmens befand sich im Bereich des W 5 (hier vor seiner westlichsten Flanke, dem von einer Mauer umschlossenen Chalet Rouge – dem Roten Landhaus), einem Areal, das im Angriffsplan als Sektor „Tare Green" und „Uncle Red" bezeichnet war und von der deutschen Artillerie am wenigsten beschossen werden konnte – besonders deshalb, weil die 1. Batterie vom nahen La Madeleine nach St.-Martin-de-Varreville verlegt worden war und am D-Day nicht gefeuert hat.   **Foto: US National Archives**

Die Anlandung der amerikanischen Truppen und Fahrzeuge am *Utah Beach* wurde, wenn auch sporadisch, doch immer wieder vom Beschuß deutscher Batterien ganz erheblich gestört. Eine dieser Batterien gehörte der gemischten Flak-Abteilung 497 des Flak-Sturm-Regiments 1 an. Infolge der *(angeblich)* zu weit südlich erfolgten Anlandung der US-Streitkräfte am *Utah Beach* waren sie somit in den näheren Feuerbereich dieser im westlichen Küstenbereich des Grandcamp aufgestellten Batterien geraten.

(Anmerkung des Autors: Der US-Anlandungsbereich der beiden aneinandergrenzenden „Utah-Beach"-Sektoren „Tare Green" und „Uncle Red" war – insgesamt betrachtet – das am wenigsten von den schweren deutschen Batterien [besonders jenen im westlichen Gebiet des US-Angriffsraums] bedrohte Areal. Somit erscheint eine dortige, „versehentliche" Anlandung sehr zweifelhaft, zumal das aus einem weit entfernten Raum kommende Flak-Sturm-Regiment 1 die vier Batterien seiner gemischten Flak-Abteilung 497 erst am Nachmittag des 4. Juni entlang des westlichen Küstenbereichs des Grandcamp aufgestellt hatte. Infolgedessen ist auszuschließen, daß die Invasionsplaner noch von deren höchst bedrohlicher Existenz erfahren hatten.)

Einige der GI's sagten aus, daß ihnen ihr Angriff auf „Utah Beach" lediglich wie eines der in Großbritannien so oft geprobten Invasionsmanöver vorgekommen wäre – allerdings waren diese GI's nicht mit einer der ersten vier [Haupt-]Angriffswellen gelandet. Viel schlimmer sei die Seekrankheit gewesen. Auch gab es am „Utah Beach" bei weitem nicht derart viele Strandhindernisse wie am „Omaha Beach", und die Masse von ihnen war nicht mit Minen bestückt und stand infolge des enorm breiten Strandes noch auf trockenem Sand, als die ersten Pioniere kamen, um sie zu zerstören. **Foto: US National Archives**

Bis um 7:45 Uhr hatte sich der Zerstörer *USS Shubrick* der Vire-Bucht genähert und nahm nun die 2. Batterie der Flak-Abteilung 497 unter derart heftigen Beschuß, daß sie ihr Feuer einstellen mußte – vorläufig…

Der Obergefreite Walter Steimler erlebte den Einschlag einer Granate in seiner Nähe: „Da gab es ein kurzes Heulen, dann ein fürchterliches Krachen, dann hat's mich von den Füßen gehauen. Da flogen überall Granatsplitter 'rum, und ein paar Tote und Verwundete gab es auch. Es war ein Wunder, daß ich nichts abgekriegt habe, ein echtes Wunder. Nur in meinen Ohren hat's noch stundenlang geklingelt."

Am D-Day wurden – sofern transportfähig – sämtliche verwundeten G'Is nach Großbritannien gebracht, um dort in Lazaretten medizinisch versorgt zu werden.
Fotos: US National Archives

Entlang der Panzerabwehrmauer vor dem W 5 hatten Soldaten des 82. Infanterie-Regiments der 4. Division abgewartet, bis die Pioniere sämtliche Minen geräumt und den Weg dort hinein bereinigt hatten.
Fotos: US National Archives

Im völlig zerbombten W 5 lagen die letzten Überlebenden der deutschen Soldaten und verharrten in ihrer hoffnungslosen Situation. Die Gräben und Schützenlöcher waren verschüttet, und aus nur noch flachen Mulden im Dünensand fielen vereinzelte Schüsse, die keine ernsthafte Abwehr mehr darstellten. Mehr und immer mehr Landungsboote brachten indessen Massen von Infanteristen und weitere Panzer, Lastwagen und Jeeps an Land, unentwegt und unaufhaltsam *(siehe die Luftaufnahme vom W 5 im Nachsatz).*

Die deutsche Gegenwehr mit infanteristischen Mitteln, noch dazu derart beschränkten, war nicht imstande, die ungeheure Angriffswalze der Amerikaner aufzuhalten.

Um 7:45 Uhr landeten im Sektor *Tare Green* Angehörige des 237. sowie Teile des 299. Engineer Combat Battailon *(Pionier-Kampf-Bataillon)* und der zweite, restliche Teil des Chemiewaffen-Bataillons.

Gemeinsam mit Marine-Pionieren begannen sie, die Bereiche vor den Strandausgängen frei zu räumen. Diese insgesamt 400 Männer vermochten es, innerhalb einer Stunde den Strand in dieser Landezone zu säubern. Außerdem gelang es der A-Kompanie des 237. Pionier-Regiments, in derselben Zeit zwei Durchbrüche in die Panzerabwehrmauer für einen als *Exit 2* bezeichneten Durchgang vom Strand ins Hinterland zu sprengen. Dazu mußten zuerst die infolge des Trommelfeuers und der Bombardements ohnehin schon weitgehend zerstörten Strandhindernisse beseitigt und die Panzerabwehrmauer stellenweise gesprengt oder umgeworfen werden.

Am *Utah Beach* fanden nun äußerst umfangreiche Aktivitäten statt, wurden jedoch immer wieder von vereinzelten Granateinschlägen gestört. *(Infolge der verschiedenen, nun auf den US-Landeabschnitt – vereinzelt – feuernden deutschen Batterien war schon am „D-Day" nur sehr schwer festzustellen, von welcher die jeweiligen Granaten abgeschossen wurden.)* Bis kurz nach 8:00 Uhr war der Strand auf eine Länge von etwa siebenhundert Metern von Hindernissen jeder Art gesäubert. Dabei verloren die Pioniere drei Tank-Dozer, die während dieser Arbeit auf Minen gefahren waren.

Um 8:00 Uhr landete am *Utah Beach* das gesamte, von Oberst Van Fleet geführte 8. Infanterie-Regiment sowie das 3. Bataillon des 22. Infanterie-Regiments. Auch fanden sich nun erste kleine Trupps von GIs hinter den Dünen vor La Madeleine zusammen. Noch während die Pioniere mit ihren Aufräum- und Durchbrucharbeiten beschäftigt waren, erteilte ihnen Van Fleet den Befehl, seine Infanteristen sofort weiter ins Landesinnere vorstoßen zu lassen.

Auf der schmalen Dammstraße, die von Pouppeville durch das Überschwemmungsgebiet in Richtung La Madeleine führte, näherte sich seit den frühen Morgenstunden der Fallschirmjäger-Trupp des Oberst Julian Ewell dem Weiler. Bei ihm war auch Generalmajor Maxwell Taylor. Da kam ihnen Hauptmann George Mabry, entgegen. Man begrüßte sich herzlich. Mabry war der erste von See her am *Utah Beach* gelandete Infanterieoffizier. Dieses war am *D-Day* das erste Zusammentreffen einer amerikanischen Luftlandetruppe mit einer amerikanischen Infanterie-Einheit.

Auf seiner Rückfahrt von Ste.-Marie-du-Mont hatte der Kommandeur des Fallschirmjäger-Regiments 6 bei St.-Côme-du-Mont viele seiner gefallenen Soldaten auf nur kleinem Raum vorgefunden, die Opfer der teilweise erbitterten Kämpfe mit den amerikanischen Fallschirmjägern geworden waren.
Fotos: US National Archives

Die Soldaten des 1. Bataillons gingen jetzt planmäßig gegen den Weiler La Madeleine und das W 7 vor, um auch diese ohnehin schwache Anlage zu neutralisieren. Alle anderen Kompanien stießen in jeweils verschiedene Richtungen vor – jene des 3. Bataillons über den Weiler La Vienville nach Ste.-Marie-du-Mont und die des 2. Bataillons zum W 2a und nach Pouppeville.

Bei einem dieser ersten Trupps befand sich auch Dan Campell: „Da hieß es, *let's go!* und wir sind losgezogen, in Richtung auf Ste.-Marie-du-Mont. Erst kam hinter den Dünen Wasser *(des Überschwemmungsgebietes)*, dahinter wieder Land. Wir mußten über eine Dammstraße, dann war es die erste Ortschaft *(Pouppeville)*. Plötzlich standen wir Deutschen gegenüber *(beim W 6)* und mußten gegen sie kämpfen. Das war zwischen der ersten und der zweiten Ortschaft *(La Madeleine und Ste.-Marie-du-Mont)*. Es kam zu wilden Schießereien mit einigen Toten und vielen Verwundeten."

Zwischen Montebourg und Carentan, waren amerikanische Fallschirmjäger bereits in Divisionsstärke gelandet, mit Schwerpunkt im Bereich Ste.-Mère-Église. Während man in den obersten Stäben in Paris noch immer nicht an eine Invasion in der Normandie glauben wollte, hatte Major Dr. von der Heydte den drei Bataillonen seines Fallschirmjäger-Regiments 6 den Befehl erteilt, sich in Richtung der Cotentin-Ostküste in Bewegung zu setzen.

Indessen hockte Batteriechef Walter Ohmsen in seiner B-Stelle und konnte durch sein Fernrohr massenhaft Landungsboote in der Anfahrt und unter dem Schutz von Schlachtschiffen

Das Fallschirmspringerabzeichen wurde am 1. September 1937 gestiftet und an alle Angehörigen der Fallschirmspringertruppen, die den Fallschirmspringerschein erworben hatten, verliehen – solange die Truppe dem Heer unterstellt war. Nach der Eingliederung in die Luftwaffe, am 1.1.1939, wurde das Abzeichen nicht mehr ausgegeben.
Foto: Archiv von Keusgen

Christian Fett, 17-jähriger Angehöriger des FJR 6.
Foto: Kollektion Ch. Fett

und Kreuzern erkennen. Da krachte ein 35,6-cm-Volltreffer des Schlachtschiffs *USS Nevada* in die Kasematte Nr. 1 und setzte das Geschütz endgültig außer Kraft. Fünf Artilleristen kamen bei der höllischen Explosion ums Leben, zwölf wurden schwer verwundet. Ohmsen ließ mit den beiden anderen 21-cm-Kanonen weiterfeuern.

Um 8:10 Uhr traf Major Dr. von der Heydte auf seinem Rückweg von Ste.-Marie-du-Mont nach Carentan am Ortsrand von St.-Côme-du-Mont auf die Spitze seines stark angeschlagenen Regiments.

Unablässig dröhnte der Donner der schweren Schiffsartillerie von See herüber, und nicht selten flogen Großkalibergranaten auch über das kleine St.-Côme-du-Mont hinweg und weiter ins Hinterland. Teilweise wurden strategische Ziele beschossen, die dreißig und mehr Kilometer im Inland lagen. Dr. von der Heydte befahl, im Parterre eines leerstehenden Hauses an jener Straßengabelung, an der er sich gerade befand, sofort eine Verwundetensammelstelle einzurichten und in der ersten Etage einen neuen Gefechtsstand. Dann erteilte er erste Kampfbefehle: Teile des I. Bataillons sollten in Richtung Ste.-Marie-du-Mont vorgehen und die kleine Ortschaft einnehmen und halten – sofern das überhaupt noch möglich wäre. Sollte man auf zu starke feindliche Kräfte stoßen, hatte sich das Bataillon möglichst in hinhaltendem Kampf langsam auf St.-Côme-du-Mont zurückzuziehen.

Das II. Bataillon sollte mit dem rechten Flügel seiner von Norden nach Süden verlaufenden Aufstellung nach Möglichkeit mit Teilen des I. Bataillons auf beiden Seiten der in Richtung Cherbourg verlaufenden, großen Nationalstraße 13 aufklärend vorgehen und feststellen, ob Ste.-Mère-Église noch feindfrei sei. Davon, daß die Amerikaner schon um 4:30 Uhr ihre Flagge vor dem Rathaus der Stadt aufgezogen hatten – vier Stunden zuvor – wußte Dr. von der Heydte noch nichts.

Das III. Bataillon hielt der Regimentskommandeur im Raum nahe südlich Carentan zu seiner Verfügung zurück.

Kurze Zeit nachdem er diese Befehle erteilt hatte, trafen bei St.-Côme-du-Mont auch das III. Bataillon des Grenadier-Regiments 1058, die 3. Batterie des Flak-Regiments 234 und die 4. und 8. mobile Batterie des Artillerie-Regiments 191 ein. Sie waren von gegnerischen Kräften bereits stark angeschlagen und verfügten kaum noch über Munition, so daß sie ihre Stellungen hatten aufgeben müssen. Sofort unterstellte Dr. von der Heydte diese Einheiten seinem Kommando.

Am „Utah Beach" gingen in den Sektoren „Tare", „Uncle" und inzwischen auch einem weiten Teil von „Sugar" sowie „Victor" (an der westlichen Seite der Vire-Bucht) die Anlandungen von Soldaten, Panzern und Dozern unablässig weiter. Zur weithin sichtbaren Erkennung des Zielortes waren großformatige Spannbänder in der Farbe der jeweiligen Zone am Strand errichtet worden (auf dem Foto unten ein rotes Spannband mit dem Hinweis auf „Tare Red" und dem Hauptquartier des 82. Infanterie-Regiments).

Fotos: US National Archives

Die 7. Kompanie lag indessen noch immer bei Turqueville im schweren Artilleriefeuer der Schiffsartillerie. Manfred Häberle sah die Flugzeuge, von denen aus der Beschuß geleitet wurde: „Die waren ja überall. Da wurde mit großen Kalibern ziemlich gut gezielt auf uns geschossen. Aber vieles ging auch über uns hinweg, weiter ins Hinterland, sicher auf andere deutsche Stellungen. Trotz des starken Beschusses mußten wir nun nach Ste.-Mère-Église abrücken..."

Der 17-jährige Christian Fett gehörte zur 4. Kompanie des FJR 6 und lag ebenfalls bei Turqueville: „Eigentlich hatte ich mich freiwillig zum Militär gemeldet, zum fliegenden Personal. Da war ich auch angenommen, und dann suchten sie Freiwillige zur Fallschirmjägertruppe. Jung und unerfahren, wie man in diesem Alter ist, haben wir uns überreden lassen. Da hatte ich noch Kameraden kennengelernt, die waren auch erst dagegen, und dann, *ach, wir melden uns*, wie das so mit jugendlichem Leichtsinn geht.

Nun war ich in der Normandie und beim MG-Zug, als MG-Schütze eins. Erst einige Tage zuvor hatte man uns Maschinengewehre ausgehändigt. Ich war der Jüngste in unserer Kompanie und hatte ein MG'42 bekommen, mit Lafette. Da, wo wir bei Turqueville lagen, war eine große, freie Fläche, und wahrscheinlich hatte man damit gerechnet, daß da Landungen stattfinden würden. Da hätten wir mit den MGs alles gut abstreichen können.

In der Nacht vom 5. auf den 6. Juni hatte ich Wache, Doppelposten. Da war immer Lufttätigkeit, doch es dröhnte ab Mitternacht viel lauter als sonst. Aufklärung war sowieso jeden Tag. Da mußten wir an den hohen Hecken 'langschleichen. Aber die wußten ja trotzdem, daß wir dort waren. Die waren gut informiert, die Amerikaner.

Da kam ein Melder, der sagte, heute Nacht wären amerikanische Störtrupps gelandet. Na ja, da sollte nun so ein Störtrupp fertiggemacht werden. Aber dann haben die da oben erfaßt, daß das die Invasion war. Dann sind wir zum Gegenangriff los; und nun lagen wir hier im Feuer der schweren Schiffsartillerie."

Der zerbrochene Wall

Leutnant Arthur Jahnke war sich nicht darüber bewußt, wieviel Zeit inzwischen in der Dunkelheit seines zusammengebrochenen Unterstandes zwischen den Dünen vergangen war, er spürte plötzlich lediglich, daß ihn irgend jemand sehr fest an den Beinen aus dem Durcheinander von Brettern und Balken ans Tageslicht zurückzog. Als sich Jahnke einen Moment später aufrichtete, stand sein Retter vor ihm – ein stämmiger, ihn freundlich anlächelnder, farbiger Amerikaner.

Zusammen mit den Männern, die das W-5-Inferno überlebt hatten, und mit den Händen auf dem Kopf, wurde Jahnke einige Minuten darauf geradewegs von seiner völlig zerstörten Anlage auf den Strand geführt. Hinter einem Panzer fragte ihn ein US-Offizier nach seinem Namen, seinem Geburtsjahr, seinem Dienstgrad und seiner Einheit. Der 23-jährige Leutnant beantwortete diese Fragen, aber als er nach Details seines W 5 und weiterer Verteidigungsanlagen gefragt wurde, verweigerte er die Aussagen.

Der Amerikaner zog sein seidenes Halstuch unter dem Kragen seiner Uniform hervor, faßte es an den beiden oberen Ecken und ließ es auseinanderfallen. Was Jahnke da zu sehen bekam, war ein detailgetreuer Lageplan sämtlicher Verteidigungsanlagen an der Cotentin-Ostküste. Jeder Bunker, fast jeder Graben und jedes Geschütz waren eingezeichnet. *Utah* stand darüber. Produziert waren diese Pläne für jeden in diesem Abschnitt landenden US-Offizier, und hergestellt in Serigraphie *(im Siebdruckverfahren)*.

Die personellen Verluste der Amerikaner am „Utah Beach" waren deutlich geringer als (wie amerikanische Veteranen sagten) in der „Hölle am Omaha Beach". Dazu erklärte Oberfeldwebel Manfred Mundt: „Wenn ich mir die kleinen Verteidigungsanlagen an unserem Küstenstreifen so angesehen habe, dann war da ja nicht viel, nur ein paar Infanteristen und einige kleine Geschütze; und von unserer Artillerie haben wir auch nicht viel Feuerunterstützung gekriegt, erst als wir uns als Gefangene selbst auf dem Strand befunden hatten ..."
Foto: US National Archives

Gleichzeitig zu den Ereignissen vor dem W 5 hatte Oberst Gerhard Triepel, der Kommandeur des Artillerie-Regiments 1261, von seinem Gefechtsstand auf der mehr als 16 Kilometer nordwestlich entfernten Ginsterhöhe aus durch sein Fernglas die Ereignisse am *Utah Beach* beobachtet. Trotz der weiten Entfernung war der inzwischen weit ausgedehnte Landekopf deutlich erkennbar.

Das Gespräch des US-Offiziers und Jahnke war indessen beendet. Der Leutnant hatte sich gerade an die Panzermauer gehockt, da erteilte Triepel im selben Moment der südlich La Pernelle stehenden 10. Batterie mit ihren vier 17-cm-Kanonen den Feuerbefehl auf den Strand im Bereich des W 5 – über eine Entfernung von 21 Kilometer. Fast 20 Sekunden dauerte es, bis die großen Granaten herangefaucht waren.

Oberfeldwebel Mundt beschrieb die Folgen: „Da schlugen plötzlich Granaten mit ungeheurem Krachen ein. Fahrzeuge, die auf dem Strand standen, wurden getroffen, zerfetzt, umhergeschleudert, explodierten oder standen sofort in Flammen. Nicht wenige Soldaten wurden von Granatsplittern verwundet, mehrere getötet. Da fing ein großes Stöhnen an. Darunter waren auch einige Männer von unserem W 5."

Leutnant Jahnke war von einem der heißen Stahlfetzen gestreift worden, der ihm eine Fleischwunde seitlich am Unterleib aufgerissen hatte. Mit dem Inhalt seines Verbandpäck-

Pioniere der US-Navy entschärften vor dem W 5 die infolge ihrer empfindlichen Fernsteuerung auf dem unebenen Strand liegengebliebenen „Goliaths".
Fotos: US National Archives

chens bedeckte er vorsichtig die stark blutende Wunde. Als er gerade damit fertig war, sah er einen US-General am Strand herankommen. Trotz seiner Schmerzen erhob sich Jahnke, nahm eine einigermaßen stramme Haltung an und salutierte dem General – Brigadegeneral Theodor Roosevelt jr. Wenngleich Roosevelt auch spontan den rechten Arm erhob, so blieb der militärische Gruß des deutschen Offiziers mit Ritterkreuz dennoch im letzten Moment unerwidert.

Ein paar Minuten später wurde Jahnke durch das flache Wasser auf eines der vielen Landungsboote geführt, strikt getrennt von seinen Mannschaften, die auf einem anderen Boot mit noch einigen Verwundeten ebenfalls zu einem der etlichen großen Truppentransportschiffe gefahren wurden.

(Arthur Jahnke wurde im Juni 1946 aus der Kriegsgefangenschaft entlassen und lebte dann nur noch einige Jahre in seiner Heimatstadt Flensburg. Er verstarb am 28. August 1960 in Sonderburg in Dänemark – im Alter von erst 39 Jahren.)

Um 8:20 Uhr begann die erst 35 Minuten zuvor vom Zerstörer USS Shubrick zum Schweigen gebrachte Batterie der Flak-Abteilung 497 plötzlich wieder zu feuern – dieses Mal auf den Zerstörer. Der nahm die Batterie sofort noch einmal unter Beschuß. Wilhelm Steimler erinnerte sich mit Schaudern: „Fast eine halbe Stunde lang trommelten die Granaten eines Kriegsschiffs auf unsere Batterie ein. Wir hatten dort überhaupt keine festen Schutzräume. So verloren mehrere meiner Kameraden ihr Leben. Da flogen halbe Menschen durch die Luft. Es war entsetzlich. Da haben wir das Schießen wieder eingestellt."

Otto Dreher war 19 Jahre alt, als er als Beobachter in Ste.-Marie-du-Mont auf dem Kirchturm stand. Noch am 6. Juni unverwundet gefangengenommen, kam er nach Florida, wo er zwei Jahre lang Orangen und Baumwolle pflücken mußte. Dann, an die Franzosen übergeben, schrieb ihm seine Mutter, daß er dort noch für längere Zeit verbleiben sollte, da es in seinem Heimatort Fischbach (Raum Frankfurt) keinerlei Lebensmittel gäbe, außerdem die dort stehenden amerikanischen Soldaten äußerst brutal gegen die Bevölkerung vorgehen würden. So blieb Otto Dreher freiwillig noch ein Jahr länger in der französischen Gefangenschaft, „obwohl es dort brutal zuging", wie er aussagte. Erst Ende 1948 kehrte Dreher in seine Heimat zurück. Sein ganzes weiteres Leben lang hat er niemals mehr an einem 6. Juni gearbeitet…
Foto: Otto Dreher nach der Kriegsgefangenschaft Kollektion O. Dreher

Der Artilleriebeobachter Otto Dreher stand noch immer auf dem Kirchturm in Ste.-Marie-du-Mont und blickte durch sein Scherenfernrohr zur Küste hinüber. Um 8:45 Uhr gab er wieder einmal Koordinaten an den Feuerleitoffizier der Batterie Holdy durch, der wiederum einen weiteren Feuerbefehl auf den Strand vor dem W 5 erteilen ließ. Da raste plötzlich aus nordöstlicher Richtung, vom Meer her, ein amerikanischer Jagdbomber direkt auf den Kirchturm zu und begann mit seinen Bordmaschinengewehren auf den Deutschen zu feuern. Sofort schlugen in dessen Nähe die Geschosse gegen die Wand des Turmes. Dreher reagierte geistesgegenwärtig, sprang durch die offene Tür in den hohen Turm, bekam eines der dicken, fast zwanzig Meter langen Glockenseile zu fassen und rutschte an ihm in das Kirchenschiff hinunter – viel zu schnell. Als er unten ankam, fühlten sich seine Handinnenflächen und die Finger glühendheiß an und die Haut war vollständig abgescheuert – auch hatte sich in diesem lebensgefährlichen Moment und auf dem Weg nach unten sein Darm entleert...

Otto Dreher gestand: „Zum Saubermachen habe ich in dieser blöden Situation dann einfach schnell ein paar Seiten aus dem großen Altarbuch gerissen und mehrmals zusammengeknüllt, damit sie weicher wurden...“

Um 9:00 Uhr gelang es den Artilleristen der USS Nevada in Ohmsens Batterie einen weiteren 35,6-cm-Volltreffer anzubringen, direkt bis in den hinteren Teil des Geschützraums der Kasematte Nr. 2. Die enorme Druckwelle tötete augenblicklich das gesamte 15-köpfige Bedienungspersonal. Einige Säcke mit Diglycol, das man als Treibladung für die großen Geschosse verwendete, wurden dabei entzündet. Sogleich schlugen grelle, weithin sichtbare Flammen aus der breiten Scharte der großen Kasematte.

Die Granateinschläge der *Nevada* hatten aber auch sämtliche Feldbahngleise auf dem Terrain der Batterie zerstört. So mußten die Artilleristen von nun an unter größten körperlichen Anstrengungen die 135 Kilo schweren 21-cm-Geschosse vom unterirdischen Munitionsbunker über das von Bomben und Granaten total zerklüftete Gelände zu dem letzten noch intakten Geschütz Nr.3 schleppen. Diese Kanone ließ der Batteriechef nun mehrmals auf den 7 bis 12,5 Kilometer entfernten US-Landeabschnitt *Utah* feuern, in dem unentwegt angelandet wurde. Ein dort nahe vor der Küste kreuzender Zerstörer wurde somit gezwungen, sofort sein Feuer einzustellen und abzudrehen. Trotz des Verlustes zweier seiner

Die Generäle Roosevelt jr. (oben und auf dem großen Foto links) und Barton bei einer Lagebesprechung in einem Schützenloch auf dem Terrain des W 5 bei La Madeleine.
Foto: US National Archives

drei starken 21-cm-Kanonen bereitete Ohmsen's Batterie der vor der Küste liegenden US-Kriegsflotte auch weiterhin ernste Probleme. Von nun an bewegten sich die Infanterie und die Panzer vom Strand durch *Exit 2* ins Hinterland – wenngleich der Strand vor dem W 5 auch weiterhin unter sporadischem Artilleriebeschuß lag. In einem Sandloch hinter den Dünen hockten die Generäle Roosevelt und Barton bei einer kurzen Lagebesprechung. Über Roosevelt sagte der Obergefreite William Hollis: „Vor ihm hatten wir mehr Respekt als vor dem Feind."

Seit einigen Stunden war die Marine-Operation der Alliierten *(Deckname „Neptune")* in vollem Gang. Es war eine amerikanische und eine britische Armeegruppe gebildet worden.

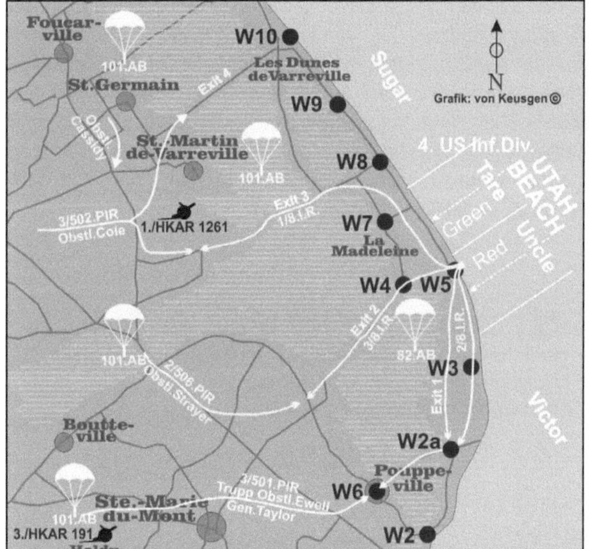

Anspannung auf der Komman-dobrücke der „USS Augusta":
Generalleutnant Omar N. Brad-ley (2. von links) und Konterad-miral Alan G. Kirk (ganz links).
Foto: US National Archives

Vorstoß und Ausbreitung der amerikanischen Truppen am 6. Juni 1944im Raum „Utah Beach". **Grafik: von Keusgen**

Die Amerikanische stand unter dem Kommando des Generalleutnants Omar N. Bradley. Sein Hauptquartier befand sich auf der *USS Augusta*, dem Flaggschiff des Konteradmirals Alan G. Kirk, dem Befehlshaber der westlichen Marinestreitkräfte.

Voller Sorge beobachtete man von der *USS Augusta* aus die desaströsen Vorgänge am *Omaha Beach*, von denen die GI's bereits als einer Katastrophe sprachen. Der deutsche MG-Schütze Hein Severloh konnte von seiner 25 Meter über dem Strand befindlichen Stellung im WN 62 den gesamten *Omaha Beach* überblicken: „Was da unten los war, ist nicht zu beschreiben. Der ganze Strand war von Tausenden Verwundeten und Toten übersät. Das Wasser der steigenden Flut war rot gefärbt und spülte massenhaft Leichen und Leichenteile vor sich her..." *(siehe Hein Severloh's erschienene Autobiographie „WN 62 – Erinnerungen an Omaha Beach" sowie den zu dieser Buchserie gehörenden Titel „Stützpunkt WN 62".)*

Um 9:13 Uhr erwog General Bradley, den Angriff auf *Omaha Beach* abzubrechen, weil die Meldungen der Bootsführer auf den zurückkehrenden Landungsbooten äußerst erschreckend waren. Sie sprachen von einem „bloody Omaha" und weigerten sich, nochmals in diese Hölle zurückzufahren *(siehe den Buchtitel zur Serie „Omaha Beach – Die Tragödie des 6. Juni 1944"*). Für einige Zeit wurden etliche der für *Omaha* bestimmten Boote zum *Utah Beach* umgeleitet, an dem bereits hinter La Madeleine, auf der D 913, amerikanische Infanteristen, Lastwagen und erste einzelne Panzer ins küstennahe Hinterland vordrangen. Ihre Hauptstoßrichtungen waren Ste.-Marie-du-Mont und Ste.-Mère-Église.

Kurze Zeit später erhielten die inzwischen bei Ste.-Mère-Église stehenden, ersten Amerikaner per Funk die Nachricht, daß sich ein stärkeres Truppenkontingent der 4. US-Infanterie-Division der Stadt vom Landesektor *Utah* bis auf nur noch wenige Kilometer genähert hatte. Allerdings war ein großer Teil der in dieser Richtung vorstoßenden Truppen währenddessen zwischen Fauville und Tourqueville ins Stocken geraten, denn sie waren plötzlich in einen erbitterten Kampf mit den georgischen Soldaten des Ost-Bataillons 795 verwickelt. *(Die Kampfhandlungen sollten noch zweieinhalb Stunden andauern.)* Gleichzeitig drangen weitere kleine amerikanische Truppenverbände über die Dammchaussee, der D 67, hinter dem W 8, durch das Überschwemmungsgebiet in westliche Richtung vor. Im Hinterland wurden indessen vielerorts heftige Kämpfe zwischen den deutschen Verteidigern und den immer stärker werdenden amerikanischen Soldaten ausgetragen – *noch* hauptsächlich von Fallschirmjägern und mittels Lastensegler abgesetzter Infanteristen. Noch immer fanden Lastensegler-Landungen statt, auch wurden immer wieder Versorgungsmaterial und Waffen mit Fallschirmen aus der Luft abgeworfen.

Auf ihrem Vorstoß ins Hinterland kamen den US-Truppen bereits viele gefangengenommene Wehrmachtangehörige entgegen.   **Fotos: US National Archives**

9:30 Uhr: Auf der gesamten Invasionsfront spitzte sich die Lage für die deutschen Verteidiger inzwischen dramatisch zu. An den Flanken des Angriffsraums waren mittlerweile mehr als 30.000 amerikanische und britische Fallschirmjäger und von Lastenseglern abgesetzte Infanteristen auf französischem Boden gelandet. Am *Omaha Beach* erklommen erste Gruppen von GI's die Hänge an der Westseite, und am britischen *Sword Beach* war die kleine Küstenortschaft Hermanville von den Briten eingenommen worden, dennoch ließ der Oberbefehlshaber West zeitgleich die Zuweisung der 12. SS-Panzer-Division an die Heeresgruppe B wieder aufheben: *Division bleibt O.K.W.-Reserve.*

Nur zehn Minuten später wurde dieser Befehl wiederholt, mit dem Zusatz, daß *dafür Sorge zu tragen ist, daß sie (die Panzer-Division) auch nicht unfreiwillig zum Einsatz kommt.*

Um 9:30 Uhr unternahm ein Trupp deutscher Infanteristen der von Audouville-la-Hubert vorstoßenden 13./919 einen Angriff auf einen Teil der US-Fallschirmjäger des 3./502. PIR, die bereits seit 7:30 Uhr jenen Strandausgang der Amerikaner von der Landseite her bewachten, der von ihnen als *Exit 3* benannt war. Es kam zu einer längeren, sehr schweren Schießerei, bei der 75 deutsche Soldaten starben *(die Verluste der Amerikaner sind nicht bekannt)*.

Um 9:45 Uhr meldete das Grenadier-Regiment 914 an die im Raum *Omaha Beach* stehende 352. Infanterie-Division: *Beim linken Nachbarn, 709. I. D., werden Panzer zwischen W 3 und W 5 angelandet; linker Nachbar bittet um Unterstützung durch panzerbrechende Waffen, da er selbst zur vorgesetzten Dienststelle keine Verbindung mehr hat.*

Um 9:55 Uhr erhielt Oberleutnant Walter Ohmsen einen Befehl von Seekommandant Normandie: *30 Mann abstellen Richtung Ravenoville; mitgeben tüchtigen Feldwebel; stark bewaffnen.*

In und direkt um Ravenoville hatte die Konzentration von US-Fallschirmjägern immer mehr zugenommen, und die dort stehenden deutschen Soldaten, auch der 6./919, waren inzwischen enorm unter Druck geraten.

In diesem Moment ging beim Oberbefehlshaber West eine wichtige Mitteilung der deutschen Rundfunküberwachung ein: *Aufruf Eisenhower's im Rundfunk: Invasion hat begonnen. Die Widerstandsbewegungen sollen das tun, was befohlen ist; die französischen Patrioten dagegen sollen zwar passiven Widerstand leisten, jedoch warten, bis sie zu gegebener Zeit aufgerufen werden.*

Gegen 10:00 Uhr wurde Major Dr. von der Heydte von seinem II. Bataillon gemeldet, daß es an einer Straßenkreuzung durch starkes gegnerisches Feuer zum Stehen gebracht worden war, etwa 2,5 Kilometer südlich Ste.-Mère-Église. Eine Verbindung zum I. Bataillon, das noch im 6,5 Kilometer entfernten Raum um Ste.-Marie-du-Mont in heftigen Gefechten gebunden war, bestand nicht mehr. Das II. Bataillon schwenkte nun in südöstliche Richtung, auf die nahe Nationalstraße 13, zum dort stehenden III. Bataillon, um sich dann, gemeinsam zurückziehend, in Richtung Carentan zu bewegen.

Der 20-jährige Fallschirmjäger Karl Bader gehörte zum III. Bataillon. Seine 12. Kompanie stand bei Santeny, im Raum zwischen Périers und Carentan. Er hatte schon im ersten Licht des Tages gesehen, daß US-Fallschirmjäger abgesprungen waren: „Wir haben auf einer Wiese biwakiert, da waren die Amerikaner plötzlich da. Es war so um kurz nach vier Uhr gewesen. Einer von ihnen ist direkt bei mir ins Zelt gesprungen. Wir haben den Kerl dann verhauen. Das war der erste Gefangene, den wir gemacht haben. Bei denen, die da 'runterkamen, waren auch Indianer dabei, das war zu erkennen. Wir hatten mächtig Respekt vor denen. Die Amerikaner haben mit Explosivmunition geschossen. Das war eine verdammte Sauerei. Die Folgen eines solchen Treffers waren

Karl Bader, Jahrgang 1924, von der Ostfront gezeichnet- und ausgezeichnet: Silberne Nahkampfspange (für mind. 30 Nahkampftage), silberes Infanterie-Sturmabzeichen (für mind. drei Sturmangriffe in vorderster Linie an drei verschiedenen Kampftagen, Eisernes Kreuz I. Klasse (für besondere Tapferkeit und/oder hervorragende Truppenführung), goldenes Verwundetenabzeichen (für mehr als viermalige Verwundung). Karl Bader hatte sich 1941 freiwillig zum Militärdienst gemeldet und war im April 1942 eingezogen worden. Nach seiner Springerausbildung zur Stationierung in Baniol/Frankreich, beim 1. Regiment, mit dem er im Oktober nach Russland gehen mußte. Im März 1943 hatte Bader einen Lungensteckschuß erhalten. Nach seiner Genesung war er zur Neuaufstellung des Fallschirmjäger-Regiments 6 gekommen. Am 8. Mai 1943 war sein III. Bataillon in der Normandie, unweit südlich Carentan, stationiert worden.
Foto: Kollektion K. Bader

Die Nahkampfspange des Heeres wurde am 25. November 1942 gestiftet. Verliehen wurde sie für vielfache Bewährung im Nahkampf mit der Waffe in der Hand. Die bronzene Ausführung wurde für mindestens 15 Nahkämpfe verliehen, die silberne für mindestens 30 und die goldene für 50 und mehr Nahkampfeinsätze.

Johann Ennenga, Fernmelder der 7. Batterie / Flak-Abteilung 152: „Woher alle diese Befehle kamen, weiß ich nicht. Von irgendwo. Wir wurden das alles ja nicht richtig gewahr."
Foto: Kollektion J. Ennenga

sehr schlimm, oft grauenhaft. Das hatten wir an der Ostfront seitens der Russen auch schon erlebt, war aber nach dem Kriegsrecht nicht erlaubt. Wenn wir weitere Gefangene gemacht haben, konnten wir nicht erkennen, wer von ihnen mit dieser Munition geschossen hatte. Wir haben sowas ja gar nicht gekannt, haben nur bemerkt, daß in manchen Gewehren farbige Munition d'rin war. Daß darin Explosivgeschosse waren, konnten wir nicht wissen.

Dann hatten wir Alarm. Ich bin auf einen Schützenpanzer aufgesprungen. Wir sind dann nach Norden, über Carentan und weiter auf der großen Nationalstraße 13, große Richtung Ste.-Mère-Église.

Etwa vier Kilometer hinter Carentan kamen wir durch eine große Bodensenke, in der einige Lastensegler im Rommelspargel beim Landen zerrissen wurden. Da lagen etliche Tote herum. Kurz darauf kamen wir nach St.-Côme-du-Mont. Dort, wo sich die Straße gabelt *(von den GIs „Dead Mans Corner" genannt)*, stand ein einsames Haus, zu dessen Hochparterre eine Außentreppe führte. Wie man an einer Rot-Kreuz-Fahne erkennen konnte, war darin eine Verwundetensammelstelle und ein Verbandplatz eingerichtet worden. Da lagen auch viele Tote davor. Dann ging's weiter in Richtung Küste."

Um 10:00 Uhr gab das Marinegruppenkommando West bekannt: *Der englische Rundfunk hat gegen 10:00 Uhr den Beginn der Invasion in großer Aufmachung bekanntgegeben. Dabei wird diese Meldung als erster Bericht des Hauptquartiers Eisenhower's bezeichnet. […]*

Dem Gegner ist zweifellos eine gewisse Überraschung des gesamten deutschen Verteidigungsapparates gelungen, nicht zuletzt auf Grund der geschickten Auswahl des Landungstermins bezüglich der ungünstig erscheinenden, sich aber ständig bessernden Wetterlage. Auch in der Wahl des Landungsraumes ist der Gegner glücklich gewesen, denn die Besetzung mit Küstenbatterien in diesem Abschnitt ist schwach – entgegen der seit jeher von Gruppe vertretenen Auffassung; weiterhin konnten Vorstrandhindernisse nur in geringem Umfang zur Auslegung kommen, wegen des flachen, felsigen Vorgeländes. (Anmerkung des Autors: Die letzte Aussage betrifft lediglich den fast siebeneinhalb Kilometer langen Vorstrandbereich am Grandcamp.)

Mit einer Meldung über Absprung von 600 Fallschirmjägern bei Tourqueville (2,4 Kilometer östlich von Ste.-Mère-Église) trifft Nachricht ein über Einlaufen feindlicher Landungsfahrzeuge in die Vire-Mündung und Bekämpfung eines äußerst lebhaften Landungsbetriebes von ca. 300 kleinen Einheiten bei Ravenoville durch HKB 6./1261.

Weitere Anlandungen bis 10 Kilometer ostwärts Asnelles (im britischen, an „Omaha" angrenzenden Abschnitt „Gold") und Panzer- und Infanterieangriffe gegen diesen Ort.

Im Laufe des Vormittags wird die Insel Marcouf vom Feind besetzt. Vor der Insel starke Truppenansammlung.

Es ist bedauerlich, daß die Batterie Marcouf in diesem Augenblick vorübergehend nicht feuerbereit ist.

Gleichzeitig fand eine Lageorientierung seitens der 352. Division an Artillerie-Regiment 352 statt: *Orientierung über gelandeten Feind bei W 3 und W 5 des linken Nachbarn. Auftrag: Mit allen verfügbaren Geschützen der II. Abteilung Feind zwischen W 3 und W 5 bekämpfen und seinen Nachschub verhindern.*

Daraufhin erfolgte eine Meldung des Artillerie-Regiments 352:
Munitionslage bei der schweren IV. Abteilung kritisch.

Den18-jährigen RAD-Mann Johann Ennenga erreichte ein neuer telefonischer Befehl für die 7. Batterie: „Dann kriegten wir Feuerbefehl für den Erdeinsatz. Wir konnten ja achtzehn Kilometer weit schießen mit unseren Langrohrgeschützen. Haben wir dann auch im Erdeinsatz mit geschossen. Jedenfalls hieß es, *die Batterie auf die und die Fläche da und da Weitschießen.*"

Um 10:20 Uhr meldete das Grenadier-Regiment 914 an die 352. Division: *Beim linken Nachbarn wird Lage zwischen W 3 und W 5 kritisch; größere Landungsboote stehen vor der Küste, dabei ein Fesselballon.* (Anmerkung: Fesselballone waren über [jedem] größeren Schiff der Alliierten angebracht, um Tieffliegerangriffe zu vereiteln.)

Zeitgleich meldete A.O.K. 7 an Heeresgruppe B: *Lage hat sich verschärft. Nach Meldung LXXXIV. A. K. feindliche Landung in Asnelles, Port-en-Bessin und (nicht korrekt) Grandcamp. Feindliche Panzerspitzen haben (im britischen Abschnitt „Gold") Meuvaines und Ste.-Croix-sur-Mer erreicht. Bei Asnelles 35 Feindpanzer, davon 7 abgeschossen.*

Lage bei Riva-Bella (im britischen Abschnitt „Sword") ungeklärt. Die dortige (schwere) Heeres-Küsten-Batterie schweigt. Gegner im Vorgehen auf Landekopf Port-en-Bessin (und) in Richtung Colleville (Abschnitt „Omaha") gemeldet. Lage bei La Madeleine ungeklärt. Nach Meldung Seekommandant feindliche Landung in St. Vaast. [...] Gesamtbeurteilung Oberbefehlshaber A.O.K. 7 dahingehend, daß es sich um Großangriff gegen Normandie handelt und (irrtümlich) erste Anzeichen für Angriff gegen Bretagne festzustellen sind. Oberbefehlshaber A.O.K. 7 hält es für notwendig, daß sofort 12. SS-Panzer-Division und außerdem Panzer-Lehr-Division küstennah verschoben wird.

Am „Utah Beach" hatte sich die Situation für die angelandeten und noch immer anlandenden Truppen zunehmend entspannt. Mit der mittlerweile deutlich aufgelaufenen Flut und dem immer schwächer werdenden Artilleriebeschuß waren die Anlandungen sowie der Aufenthalt der Soldaten auf dem Strand unproblematischer geworden.
Fotos: US National Archives

Um 10:25 Uhr ging bei der Heeresgruppe B die Meldung ein, daß an der Nordküste der Cotentin-Halbinsel *(Großraum Cherbourg)* bis zu dieser Zeit noch keine Landung stattgefunden hat, dennoch hatte man dort ab 8:00 Uhr größere Schiffsverbände gesichtet.

Zeitgleich erhielt Generalmajor Barton, der Kommandeur der 4. US-Infanterie-Division, von Oberst Van Fleet per Funk eine wichtige Meldung: „Alles okay."

Fortschritt und Niedergang

Heinrich Spieles, Fernmelder im Gefechtsstab des Grenadier-Regiments 1058: „Es hatte eigentlich keinen Sinn mehr, noch Fernmeldekabel zu verlegen..."
Foto: Kollektion H. Spieles

Bei Foucarville, 2,8 Kilometer hinter der Küste, hatten der Fernmelder Heinrich Spieles und seine beiden Kameraden eine Telefonverbindung vom provisorischen Gefechtsstand ihres Bataillonskommandeurs *(Major Mogg, Grenadier-Regiment 1058)* zu einem einige hundert Meter entfernten Anwesen hergestellt. Spieles berichtete: „Es war etwa halb elf *(Uhr)*, als wir wieder nach Foucarville zurückkehrten. Da konnten wir plötzlich einige Lastensegler sehen, die an Schlepptauen hinter den Flugzeugen hergezogen und nahe über uns ausgeklinkt wurden. Und als wir noch gar nicht ganz beim Bauernhof angekommen waren, gab es eine große Aufregung. Man rief uns entgegen: *Haut ab; geht zurück!*

Da waren gerade die ersten Segler gelandet. Dann hieß es: *Feuer frei und d'rauf!*

Kurz darauf landete der zweite Schub Lastensegler, nun hinter dem Regimentsgefechtsstand. Unsere gerade erst gelegte Telefonverbindung zu Major Mogg war jetzt abgerissen. Es hieß nur noch: *Kämpfen!* "

Der Vorstoß der Amerikaner auf Ste.-Mère-Église von der Küste her wurde intensiver, ebenso die Kämpfe mit den in den Randgebieten der Stadt stehenden deutschen Truppen. Durch Ste.-Mère-Église streiften längst amerikanische Fallschirmjäger-Patrouillen, und am Stadtrand wurden zunehmend heftige Kämpfe ausgetragen.

Gegen 10:30 Uhr hatten sich US-Fallschirmjäger des 502. PIR der Batterie Holdy genähert. Josef Horn, der noch immer in jenem Schützenloch hockte, das sich auf dem nur zweihundert Meter von der Batterie entfernten Anwesen der Familie Layt befand, konnte sie gelegentlich zwischen den Hecken sehen: „Die hatten ihre Gesichter wild mit blauer, roter, schwarzer und grüner Farbe bemalt, sogar die Hände."

Es kam zu heftigen Schießereien mit den deutschen Soldaten, in deren Verlauf noch eine Gruppe vom 506. PIR dazustieß.

„Die hatten alles Mögliche dabei", berichtete Josef Horn, „und vereinzelt wurde von ihnen mit schweren Granatwerfern in unsere Richtung geschossen. Außerdem schlugen immer wieder Granaten der Schiffsartillerie rings um uns ein. Deren Feuer wurde wohl von den überall herumkreisenden Jabos geleitet.

In dem Loch, in das ich auch unseren verbrannten Kameraden gelegt hatte, kauerte auch Hans Kramer hinter seinem MG. Plötzlich kriegte er einen Treffer von einem Gewehr direkt in die Brust. Er verlor sofort das Bewußtsein und fiel auf die Seite, aber er lebte noch. Nur wenige Minuten später war eine Granate in einer Hecke in unserer Nähe explodiert. Das war schlimm. Dabei wurde Hans von den Stahlsplittern noch zusätzlich und noch schwerer verwundet. Ein langer, daumendicker Splitter hatte oben seinen Stahlhelm durchschlagen. Schnell nahm ich ihm den Helm ab und mußte erkennen, daß der Splitter auch durch seine Schädeldecke gedrungen war. Mit Daumen und Zeigefinger hab' ich sofort das heiße, scharfkantige Stück Stahl aus seinem Kopf gezogen. Das war so heiß, daß ich mir die Finger daran verbrannt habe. Dann konnte ich sein Gehirn in dem großen Loch in seinem Kopf unter der hellen Hirnrinde pulsieren sehen. Es war offenbar unversehrt geblieben. In diesem Augenblick traf auch mich ein Gewehrgeschoß. Es schlug über dem linken Ellenbogen ein, durchdrang meinen gesamten Unterarm und ging bis durchs Handgelenk. Saumäßige Schmerzen! Was sollte ich tun, wir lagen offensichtlich unter gezieltem Beschuß. Da fiel mir eine Anekdote meines Vater vom Ersten Weltkrieg ein: Ein verwundeter Engländer hatte in einem Granattrichter gelegen. Wegen der deutschen Scharfschützen konnte ihm keiner helfen. Da hat er die ganz Nacht lang geschrieen, help me, help me! Gegen Morgen hatte die Schießerei aufgehört.

Da bin ich aufgestanden und habe mich auf den Erdaushub von Kramer's Schützenloch gestellt und gerufen: Help me! Help me! Plötzlich war alles Schießen aus. Dann kamen fünf Amerikaner auf mich zu. Sie richteten ihre Gewehre auf uns und gaben mir durch Zeichen zu verstehen, daß ich Hans Kramer mitnehmen sollte. Trotz meiner Armverwundung hab' ich den Hans dann unter allergrößten Schmerzen auf meiner rechten Schulter mitgeschleppt, sechshundert Meter weit, bis zu dem Haus, in dem unsere Telefonvermittlung war. Neben mir immer die Amerikaner, die mit ihren Spatzenflinten herumfuchtelten. Es sah hier überall furchtbar aus. In den hohen Hecken hingen etwa zehn zerrissene Amerikaner an ihren Fallschirmen. Ihre zuvor an den Brusttaschen ihrer Uniformen befestigten Handgranaten waren wohl durch die Landung in den Hecken losgegangen. Teilweise hingen nur noch die zerfetzten Reste ihrer Oberkörper an den Fallschirmgurten, die Unterkörper waren weg.

An dem Haus der Layt's angekommen *(siehe Seite 62)*, legte ich Hans zu den schon dort liegenden anderen Verwundeten unserer Batterie. Da lagen schon Kurt Kreuzer und Helmut Maurer, und nun auch Hans Kramer.

Ihre Gefangennahme wurde angesichts der gegnerischen Überlegenheit durchaus nicht von allen deutschen Soldaten bedauert, denn für sie war der Krieg somit vorbei – und sie lebten noch.

Foto: US National Archives

(Aussage Josef Horn im Jahr 2003: „Das Geschoß steckt noch heute in Hans Kramer's Herzwand. Wäre das eine deutsche Kugel gewesen, von der er getroffen wurde, hätte sie ihn getötet; aber die Amerikaner hatten ein kleineres Kaliber als wir."

Explosivgeschosse wurden von den Amerikanern nicht grundsätzlich eingesetzt.)

Dann mußte ich auch noch unseren verbrannten Kameraden, den Adolf Jakobs, heranschleppen, aber der war längst tot.

Es dauerte nicht lange, da kamen weitere amerikanische Fallschirmjäger. Wer von uns noch stehen konnte, mußte aufstehen und die Hände auf den Kopf legen. Das tat mir mit meinem verwundeten Arm und Handgelenk verdammt weh. Dann wurde jedem Verwundeten ein großer Zettel umgehängt, und man hat uns etwas weiter weg geführt. Da wurden dann noch Fotos von uns gemacht – von den besiegten Deutschen."

Hauptmann Dr. George L. Lage war Chirurg im 2. Bataillon des 502. PIR und in der Nacht ebenfalls nahe Holdy vom Himmel gekommen. Nach den Kampfhandlungen richtete er mit einem Sanitäter in einigen der wenigen Häuser des Weilers eine Verwundetensammelstelle mit einem Verbandplatz ein. Einige der Fallschirmjäger konnte er als Hilfssanitäter anwerben. Sofort begann Dr. Lage mit der Versorgung der dort vorgefundenen, verwundeten Fallschirmjäger und der deutschen Artilleristen. *(Im Laufe des Tages stieß noch ein weiterer Arzt dazu. Dr. Ernest Shacklett war in der Nacht südlich St.-Martin-de-Varreville abgesprungen.)* Schon bald trafen immer mehr Verwundete in der kleinen Sanitätsstation ein.

Dr. Lage fotografierte gern. Außer speziellen Kriegsberichterstattern war das Fotografieren während des „D-Day" anderen Kriegsteilnehmern nicht gestattet. Dennoch waren es gerade Ärzte, die sich derartigen Auflagen widersetzten – so auch Dr. Lage, der hier, auf dem kleinen Anwesen in Holdy, seinen Fallschirmjägerkameraden und Berufskollegen, Dr. Shacklett, zusammen mit deutschen und amerikanischen Soldaten fotografiert hat. Die beiden durch weiße Karten gekennzeichneten deutschen Verwundeten waren Josef Horn (rechts) und Helmut Maurer.
Foto: Kollektion Dr. G. L. Lage

Fallschirmjäger-MG-Schütze Christian Fett: „Nach Sainte-Marie-du-Mont sind wir gar nicht mehr 'reingekommen, jedenfalls keiner von unserer vierten Kompanie."
Foto: Kollektion Ch. Fett

Der Zug mit dem 17-jährigen Fallschirmjäger Christian Fett hatte inzwischen Ste.-Marie-du-Mont auf Sichtweite erreicht. Er erzählte: „Da kamen unsere ersten Probleme mit den amerikanischen Fallschirmjägern, denn da war schon mächtig was los. Die Kämpfe um Sainte-Marie-du-Mont waren grausam. Wir steckten da fest. Da war ein Gehöft, da hatten die Amerikaner eine B-Stelle und Granatwerfer. Von da haben sie uns feste bearbeitet. Fallschirmjäger waren das, genau wie wir. Da haben sie uns schon die ersten größeren Verluste zugefügt. Die Amerikaner lagen uns schon anfangs mit schweren Maschinengewehren gegenüber, hinter den hohen Hecken, schwer zu erkennen. Ich hab' da mit meinem MG 'reingehalten."

Um 10:30 Uhr begannen aus nördlicher Richtung, von Montebourg her, erste deutsche Gegenangriffe des Grenadier-Regiments 1058 in Richtung Ste.-Mère-Église. Die einzige Truppe der Wehrmacht, die sich außerdem noch in diesem Raum befand, war das 795. Georgische Bataillon.

An der Küste hingegen, setzten die Amerikaner ihre Anlandungen unentwegt fort – trotz noch fortgesetzten deutschen Granatbeschusses – und erweiterten dabei ihren Angriffsraum. Der Seekommandant Normandie notierte diesbezüglich: *Schiffsfeuer auf 6./1261 (Batterie Morsalines). Bei W 12 und W 13 Landebetrieb von etwa 30 kleineren Einheiten.*

*2./1261 (Batterie Azeville) hat Landeboote unter Feuer ge-
nommen. Mit allen Rohren feuerbereit. [...]*

Um 10:40 Uhr meldete Festungskommandant Le Havre an
Generalkommando LXXXI.: *Marcouf unter schwerem Artilleriefeuer. Steilküste bei St. Vaast vom Feind mit Leitern erstie-
gen. Kämpfe im Gange.*

Um 10:45 Uhr erfolgte eine Lageorientierung seitens
A.O.K. 15: *[...] Gegenmaßnahmen gegen Großluftlanderaum
Carentan-Valognes (dort 82. sowie 101. Airborne Division)
eingeleitet. Weitere Luftlandungen ostwärts Caen. Feindan-
landungen im ganzen Abschnitt Orne-Vire, mit 35 Panzern
nordwärts Bayeux.*

Um 10:47 Uhr funkte Seekommandant Normandie an Admiral Kanalküste: *Feindliche Landungsfahrzeuge fahren in
Vire-Mündung ein.*

Die starken Bombardements
der Alliierten und der Fern-
beschuß ihrer Schiffsartillerie
mit größten Kalibern hat auch
in mehreren normannischen
Ortschaften zu schweren Schäden und bei der einheimischen
Bevölkerung zu vielen Tragödi-
en geführt.
Fotos: Archiv von Keusgen

Während um 11:00 Uhr noch immer ein Strom von Landungsbooten in die Vire-Mündung einfuhr, konnten die in St.
Vaast eingedrungenen, gegnerischen Soldaten weitgehend
aufgerieben werden – doch waren bereits neue beim Anlanden...

In der Batterie La Pernelle waren zu dieser Zeit bei einem
Großkaliber-Granateinschlag von einem Schiffsgeschütz 25
Artilleristen verschüttet worden.

Um 11:42 Uhr meldete das Grenadier-Regiment 914 an
die 352. Division: *Landestelle beim linken Nachbarn, 709.
I.D., vergrößert der Feind zusehends; zur Zeit 22 Schiffe mit
Sperrballonen.*

Um 11:45 Uhr ging beim A.O.K. 7 eine weitere Meldung
vom LXXXIV. Armee-Korps ein *(auszugsweise): Im Abschnitt
(La) Madeleine Teile (des) I./Grenadier-Regiments 919 von
(gegnerischen) Luftlandetruppen eingeschlossen. Auf Ste.-
Mère-Église laufen Gegenangriffe von Norden und Südwe-
sten zur Vernichtung der dort stehenden (gegnerischen) Luftlandetruppen. Beobachtungen von Ostküste Cotentin ergaben vor Abschnitt Calvados (der Küstenlandstrich zwischen
dem Cotentin und der Seine-Mündung) starke Schiffsverbände mit Transportern, die laufend unter starkem Jagdschutz
(Jagdflugzeuge) ausladen.*

Das Armee-Korps meldete weiterhin: *Sturmbataillon A.O.K. 7 ist gegen luftgelandeten
Feind bei Azeville eingesetzt worden.*

Das war das *Sturmbataillon Messerschmidt*, von dem man bereits jene Gruppe nach
Ozeville abkommandiert hatte, der auch der Sanitätshelfer Heinz Lunkenheimer angehörte.

Während es gegen Mittag kaum noch intakte Telefonverbindungen mit den deutschen
Küstenverteidigungsanlagen gab, landeten am *Utah Beach* die Amerikaner inzwischen
kompanieweise.

Um 12:05 Uhr befahl deshalb die 352. Division ihrer II. Artillerie-Abteilung einen zusammengefaßten und konzentrierten Beschuß sämtlicher ihrer Batterien auf den Gegner bei und in den Verteidigungsanlagen W 3 und W 5 sowie dem in der Vire-Bucht befindlichen W 1, wo auch etliche Landungsboote an den Strand gefahren waren. Inzwischen waren nun alle amerikanischen Bataillone der 8. und 22. Infanterie-Division am Strand angekommen. Bei St. Vaast, auf der nordöstlichen Landzunge des Cotentin, fanden nun ebenfalls laufend Anlandungen von See her statt *(in einem niemals im offiziellen Angriffsplan ausgewiesenen Landeabschnitt)*.

Erst um 12:15 Uhr erreichte den Ic des Ob. West die erste *(telefonische)* Meldung *(vom A.O.K. 7)* betreffs der Truppenanlandungen im Raum St.-Martin-de-Varreville und Ste.-Marie-du-Mont, die sofort an von Rundstedt weitergeleitet wurde. Doch nach inzwischen fast sechseinhalb Stunden seit Angriffsbeginn hatten sich die US-Truppen in diesem Bereich längst weiträumig ausgedehnt, und auf einer mehr als drei Kilometer breiten Front fanden am Strand äußerst rege Bewegungen statt. Die Flut war inzwischen voll aufgelaufen, und außer Hunderter hinund her pendelnder Landungsboote hatten auch die großen Transportschiffe und sogenannten Rhino-Fähren den Strand erreicht. Immer mehr Soldaten, Pan-

Mit den nach dem Rhinozeros als „Rhino" benannten Schwerlast-Fähren konnte mit jedem Einsatz Fracht mit enormem Gewicht von den großen Transportschiffen an Land gebracht werden. Mittels einer speziellen Vorrichtung am Heck waren sie imstande, sich aus eigenem Antrieb fortzubewegen. Die Rhino-Fähren trugen erheblich dazu bei, relativ sicher und schnell größere Mengen von Fahrzeugen, sogar Panzern, anzulanden.
Foto: US National Archives

Karl Bader, 20-jähriger Sanitäter im Fallschirmjäger-Regiment 6.
Foto im Soldbuch / Kollektion K. Bader

zer, Geschütze, Lastwagen und Versorgungsgüter wurden an Land gebracht. Nun schlugen nur noch sporadisch Granaten der deutschen Artillerie in diesem Landeraum ein. Wenn sie heranheulten, nahmen die Soldaten kurz Deckung, und nach den Einschlägen nahm alles wieder seinen weiteren Verlauf. Dennoch, an verschiedenen Stellen richteten die gefährlichen Geschosse nicht unerhebliche Schäden an und forderten weitere Opfer.

Nur ein einziger ihrer vorgesehenen Strandausgänge war zu dieser Zeit für die Amerikaner passierbar – *Exit No.2*, unmittelbar hinter dem Widerstandsnest 5. Die daran anschließende Dammstraße führte in südwestliche Richtung, direkt zum 5,6 Kilometer entfernten Ste.-Marie-du-Mont.

Um 12:20 Uhr orientierte die 709. Division auf Anfrage die 352.: *Panzereinbruch bereits vier Kilometer tief. Vor W 3 und W 5 22 Landungsboote mit Sperrballonen. Gegenmaßnahmen mit panzerbrechenden Waffen sind von Norden nach Südosten eingeleitet.*

Auch im Hinterland erhielten die gelandeten US-Truppen unablässig weitere Verstärkung – noch immer aus der Luft. Ständig fanden sich mehr und mehr Fallschirmjäger und von Lastenseglern abgesetzte Infanteristen zusammen, besonders im Raum Ste.-Mère-Église und auf der westlichen Seite der Vire-Mündung, wo sich ein immer stärkerer Landekopf bildete. Ein großer Teil der im Hinterland gelandeten US-Truppen marschierte bereits in Richtung der Küste, um die dortigen deutschen Verteidigungsanlagen von hinten anzugreifen und sich mit den dort gelandeten Truppen zu vereinen.

Karl Baders 12. Kompanie des III./FJR 6 befand sich inzwischen nahe Vierville, 2,5 Kilometer südlich Ste.-Marie-du-Mont: „Ich war Sanitäter. Nach meiner Verwundung in Russland habe ich eine Sanitätsausbildung gemacht. Die ersten Toten und Verwundeten hatten wir hinter uns gelassen, weil wir ja auf dem Vormarsch waren. Nun kamen uns von der Küste her andauernd Amerikaner entgegen, aber das waren immer nur Fallschirmjäger. Die hatten genau solche Angst wie wir. Sie waren in eine Gegend 'reingesprungen, die sie überhaupt nicht kannten, mitten zwischen Deutsche, und sie hatten ja Null Kriegserfahrung. Natürlich kam es zu Schießereien. Als die Ersten kamen, war es noch gar nicht so schlimm mit unseren Verlusten, bis dann die Panzer kamen. Aber es sollte für uns kein Zurück geben, nur ein Halten. Mit Vorwärts war ja auch Schluß – mit Halten bald auch..."

Als der Kommandeur der 709. Infanterie-Division, Generalleutnant von Schlieben, vom „Kriegsspiel" aus Rennes zurückkehrte, ließ er sich zuerst über die Lage orientieren. In seinem schriftlichen Rapport *(verfaßt während seiner Gefangenschaft / „Studies of US-Army")* erklärte von Schlieben: *[...] Nachdem ich mich über die Lage hatte orientieren lassen, meldete ich fernmündlich dem Kommandierenden General des LXXXIV. A.K., General der Artillerie Marcks, meine Rückkehr aus Rennes und daß ich den Befehl über die 709. I.D. wieder übernommen hätte. Gleichzeitig erbat ich die Freigabe der beiden schweren Artillerie-Abteilungen [mot.] 456 und 457 unter dem Regimentsstab Oberstleutnant (Hermann) Seidel zur Unterstützung des Gren.-Rgt. 1058. Meiner Bitte wurde entsprochen. Der Befehl zur Heranziehung der Abteilungen wurde sofort gegeben, Oberstleutnant Seidel zum Kommandeur Gren.Rg. 1058 vorausbestellt.*

[...] Dem Gren.Rgt. 1057 gelang es nicht, den Merderet-Fluß [2,4 Kilometer westlich Ste.-Mére-Église] zu überschreiten. [...]

Nach Boondigung des Telefongesprächs mit General der Artillerie Marcks fuhr ich sofort im Pkw über Valognes, Montebourg in Richtung auf Ste.-Mère-Église, um den mir unbekannten Kommandeur des Gren.Rgt. 1058, Oberst Beigang, aufzusuchen. Ich traf nach längerem Suchen zuerst den Oberstleutnant Seidel, dem die Artillerie-Abteilungen 456 und 457 unterstellt waren, dann Oberst Beigang. [...] Wenn auch zu diesem Zeitpunkt die beiden Artillerie-Abteilungen noch nicht da waren.

(Weitere Auszüge aus von Schlieben's Rapport erfolgen zu der von ihm benannten Uhrzeit im chronologischen Ablauf dieser Publikation.)

Generalleutnant August Karl-Wilhelm von Schlieben (1894-1964) war vom 12.12.1943 bis 26.06.1944 Kommandeur der 709. Infanterie-Division (linke Nachbar-Division der 91. Luftlandedivision). Die 709. war im nördlichen sowie nordöstlichen Raum des Cotentin, weit oberhalb Valognes, aufgestellt.
Foto: Bundesarchiv

Immer wieder fanden vorstoßende Trupps Tote und schwerverwundete Franzosen, die
vor der heftigen Beschießung
seitens der schweren Schiffartil-
lerie geflohen und dabei Opfer
von Jagdbombern geworden
waren, die, wie Franzosen und
deutsche Soldaten aussagten,
„auf alles geschossen haben,
das sich am Boden bewegte".
Foto: Archiv von Keusgen

Um 12:35 Uhr traf beim Oberbefehlshaber West eine weitere Meldung des A.O.K. 7 ein (auszugsweise): [...] auch auf
der Cotentin-Halbinsel laufend weitere Verstärkung, hier aus
der Luft, verbunden mit dem Gewinn eines kleinen Landekopfes nördlich der Vire-Mündung. Diese Fallschirmtruppen
beginnen bereits, ostwärts, Richtung unserer Küstenverteidigung, vom Rücken her, anzugreifen und suchen Verbindung
mit dem Landekopf (Utah Beach).

Um 12:55 Uhr meldete Heeresgruppe B an Ob. West: *Carentan in eigener Hand. Bei Ste.-Marie-du-Mont noch Feind-
kräfte. Bei La Madeleine hat Gegner Fuß gefaßt. Von dort an
der Küste nach Norden hält eigene Truppe. Die Meldung, daß
St. Vaast in Feindeshand, hat sich bisher nicht bestätigt. Die
in der Gegend Montebourg abgesprungenen Fallschirmkräfte befinden sich im Angriff in Richtung Osten. 91. Luftlandedivision dort im Kampf. Nähere Einzelheiten nicht bekannt.*

Um 13:00 Uhr gingen bei General Marcks, im Korpsge-
fechtsstand in St. Lô, die ersten Lageberichte von drei Invasionsräumen ein. Im amerikanischen Landeabschnitt auf
der Cotentin-Halbinsel stellte sich die gegenwärtige Situation
am bedrohlichsten dar. Aber auch die Landung der britischen
Truppen an der östlichen Flanke des Invasionsraums entwik-
kelte sich für die deutschen Verteidiger äußerst besorgnis-
erregend. Im Abschnitt *Omaha Beach* kämpfte man eben-
falls gegen die materielle und personelle Überlegenheit der Amerikaner an. Zwar gelang es
den deutschen Grenadieren in sämtlichen Bereichen immer wieder, gegnerische Geschütze und Panzer außer Gefecht zu setzen, dennoch nahm ihre Anzahl am Strand ständig zu,
und erste amerikanische Trupps rückten nun ins küstennahe Hinterland vor, gleichzeitig
wurden die Lastenseglerlandungen im Raum Ste.-Mère-Église verstärkt.

Ab 13:00 Uhr wurde Ste.-Mère-Église von deutscher Artillerie unter Feuer genommen.
Der 7. Kompanie des FJR 6 war es indessen nicht gelungen, bis nach Ste.-Mère-Église ein-
zudringen. Manfred Häberle erklärte: „Dann kam der Befehl zum Rückzug in östliche Richtung, auf der Nationalstraße. Die Amerikaner hatten wir nun hinter uns und vor uns..."

Derweil bat Oberleutnant Ohmsen beim Seekommandant Normandie um „dringendste
Zuteilung von 40 Gewehren samt Munition, da, wie er mitteilte, „eigene Handfeuerwaffen
ausgefallen sind". Der Seekommandant erteilte dem Arsenal den Befehl zur sofortigen Er-
ledigung.

Inzwischen hatten sich die großen LSIs *(Landing Ship Infantry = Infanterie-Landungs-
schiffe für den Truppentransport)* der Küste vor *Utah* weiterhin genähert und wurden nun infolge der nur noch relativ kurzen Distanz zu den deutschen Batterien sporadisch beschossen. Noch immer wurden Massen von Soldaten an Land transportiert. Der 18-jährige GI
Harry Kalkowicz, dessen Mutter Russin und dessen Vater Pole war, war einer von ihnen:
„Ich bin Jude, und ich bin in den Krieg gegen Hitler gezogen. Das tun zu müssen, war meine Überzeugung. Jedoch wußte man nicht, wer von den Deutschen wirklich ein Nazi war,
und wer nicht. Aber man sprach nicht von *den Deutschen*, es hieß immer nur *der Feind*."

Harry Kalkowicz war Funker und gehörte einer ganz besonderen Einheit an: „Wir waren in England speziell geschult und trainiert worden. Wir sollten die Deutschen abhören. Jeder Funker hatte einen eigenen Code. Wir sollten feststellen, wie die Deutschen gefunkt haben, sollten herausfinden, wie ihre jeweiligen Einheiten hießen, wo sie sich befanden und kämpften."

Auch Kalkowicz hatte die große Gefahr erkannt, die den GI's während ihres Abstiegs in die Landungsboote drohte: „Wir mußten an dem großen Netz hinunter in ein Landungsboot. Man mußte genau im richtigen Moment loslassen und ins Boot springen. Wenn man diesen Zeitpunkt nicht fand, wurde es sehr gefährlich, denn die Boote schlugen andauernd gegen die Bordwände. Nicht die Schießerei war das Gefährlichste unseres Unternehmens, sondern dieses Herunterspringen in die Boote. Oh ja, ich hatte Angst, denn wenn das Boot an der Bordwand nach oben aufstieg, dann mußte man schnell hinein; entfernte es sich aber von der Bordwand, durfte man auf gar keinen Fall daneben springen, denn wenn es wieder dagegen schlug, wurde man unweigerlich zerquetscht. Ja, ja, und dann wurde auch noch auf uns geschossen, und wir mußten sehen, daß wir hinunterkamen. Fünfundneunzig Prozent von uns waren noch nie zuvor im Krieg gewesen. Sie standen an den Bordwänden, mit ihren Waffen vollbepackt, und konnten das alles überhaupt nicht einordnen; es war für sie alles völlig neu."

Als sich Harry Kalkowicz mit weiteren 32 Kameraden in einem LCVP dem Strand näherte, stellte er fest, daß ihnen überhaupt kein Infanteriefeuer entgegenschlug: „Wir wurden nur ein paarmal von der Artillerie beschossen. Von weitem konnten wir am Strand Tote und Verwundete liegen sehen, auch schon viele gefangengenommene Deutsche. Deshalb hatten wir keine große Angst, an den Strand zu gehen. Wir mußten uns nur beeilen, dorthin und aus der Szene wieder 'rauszukommen.

Als wir den Strand erreicht hatten, mußten wir dort allerdings erst einmal bleiben und auf unsere Lastwagen warten, die wir von einem LCT abladen sollten. Wir lagen dort unter Kanonenfeuer; da hält man seinen Kopf tief, und man schaut sich nicht um. Wir kamen immerhin hierher, weil das ein Strand war, an dem man mit Lastwagen landen konnte. Nachdem wir dann die Lastwagen abgeladen hatten, mußten wir über die Dünen und dahinter auf ein Feld. Da hat dann unsere gesamte Kompanie erstmal gelegen."

Am Strand und hinter den Dünen wurden am „Utah Beach" die einzelnen Truppenteile samt der ihnen zugewiesenen Fahrzeuge versammelt, bevor der eigentliche Vorstoß gegen die deutschen Truppen im Hinterland begann. **Foto: US National Archives**

Zwischen den von den Invasionsplanern als *Exit 2* und *Exit 3* bezeichneten Strandausgängen verhinderte nicht nur das nahe Überschwemmungsgebiet das Vordringen der vor diesem Areal angelandeten Amerikaner, sondern auch die Soldaten des 795. Georgier-Bataillons und der sporadische Artilleriebeschuß der HKB Azeville. Doch gegen 13:30 Uhr gelang es einem größeren Trupp US-Fallschirmjägern des 506. PIR von der Landseite her, die Dammstraße zum *Exit 2* freizukämpfen. Auch durch den *Exit 1* drangen mehr und mehr Amerikaner vor – zunehmend mit Panzern und schweren Fahrzeugen. Der Vormarsch der amerikanischen Truppen vom *Utah Beach* war nicht mehr aufzuhalten, zu viele Soldaten und Fahrzeuge waren inzwischen aus der Luft und von See her auf der Cotentin-Halbinsel abgesetzt worden.

Ein erfolgreicher D-Day

Bis gegen 14:00 Uhr hatte sich die Lage im Invasionsraum für die deutschen Verteidiger dramatisch verschlechtert. Der *D-Day* verlief für die Truppen der Alliierten erfolgreich. In ihren östlichen Landezonen *Sword*, *Juno* und *Gold* hatten die britischen und kanadischen Truppen auf breitem Terrain Fuß gefaßt. Am *Omaha Beach* hatte sich die Landung der Amerikaner zwar von Beginn an desaströs und mit größten Verlusten entwickelt, aber ab 13:00 Uhr hatte sich auch dort die Lage zugunsten der Angreifer entspannt. An der gesamten Invasionsfront wurden zunehmend mehr Panzer, Lastwagen und Kriegsmaterialien sowie massenhaft Soldaten an Land gebracht. Insgesamt war bereits zu diesem Zeitpunkt festzustellen, daß die Landung der Alliierten auf der völligen Breite ihres Angriffsraums gelungen war – bis auf eine kleine, als Pointe du Hoc bezeichnete Landzunge, die das Bindeglied zwischen den US-Landeabschnitten *Utah Beach* und *Omaha Beach* bilden sollte. Dort war der Angriff für die Ranger zu einem tragischen Debakel geworden *(siehe den Buchtitel „Pointe du Hoc – Rätsel um einen deutschen Stützpunkt")*.

Nachdem die Flut gegen Mittag vollständig aufgelaufen war, wurden außer weiterer Soldaten an dem nur noch schmalen Strand unentwegt Fahrzeuge angelandet. Da es aber noch immer zu vereinzelten Granateinschlägen auf den Strand und auf See seitens deutscher Batterien kam (wie hier im Bildhintergrund), kamen nicht alle Fahrzeuge unbeschädigt an Land (wie diese Sanitätsfahrzeuge).
Foto: US National Archives

Um 14:00 Uhr erfolgte ein massierter Bombenangriff auf die 7. Batterie 1261 bei Gatteville-le-Phare, an der nordöstlichen Spitze der Cotentin-Halbinsel. Vor dem W 5 waren die Anlandungen der Amerikaner indessen weiterhin in vollem Gang. Auch der stellvertretende Kommandeur der 1. Pioneer Special Brigade war mit seinem gesamten Stab an die Küste gekommen und richtete nun hinter dem W 5 sein Hauptquartier ein. Doch noch immer schlugen am Strand vereinzelt Granaten von rückwärtig gelegenen Batterien ein.

In einem solchen Moment hatte gerade GI Warren R. Lloyd jr. von der 90. US-Infanterie-Division das LCI verlassen, das ihn und weitere 31 Männer an den inzwischen durch die ab 12:00 Uhr vollständig aufgelaufene Flut nur noch sehr schmalen Strand gefahren hatte. Er berichtete:

„Der Strand war längst von unseren Truppen eingenommen, aber es wurde noch immer geschossen. Viele unserer Leute hatten sich deshalb direkt vor einer langen Mauer im Sand ein Schützenloch gegraben. Diese Mauer zog sich den ganzen langen Strand dahin. Sie ragte etwa einen Meter aus dem Sand und war wohl zwanzig Zentimeter dick. Ich glaube, daß sie dazu da war, unsere Panzer aufzuhalten. Als auch ich mich gerade hinter diese Mauer kauern wollte, schlugen hinter mir zwei Granaten ein, und einer dieser heißen Stahlsplitter riß mir eine tiefe Wunde in mein linkes Bein. Das war mein Einsatz am Invasionstag."

Um 14:30 Uhr erhielt Oberleutnant Ohmsen's 3. Batterie von Seekommandant Normandie den Befehl, fünf Schüsse auf die größere der beiden Marcouf-Inseln zu feuern, da sich in ihrer Deckung eine Menge Transportschiffe versammelt und sich außerdem offenbar auf ihr amerikanische Soldaten festgesetzt hatten. Doch war Ohmsen's Batterie infolge ihrer enormen Verwüstung noch nicht wieder feuerbereit.

Zu dieser Zeit machte Heinrich Leichter im W 14a mehrere für ihn seltsame Beobachtungen: „Von der ganzen Schießerei tagsüber haben wir nicht viel mitbekommen – fast nichts. Wir haben uns gewundert; das Meer war voller Schiffe, man hörte wohl Geballer, aber das war weit weg. Wir konnten auch nicht weiter hören, daß die Batterie Marcouf geschossen hat. Wir konnten das wirklich nicht verstehen; die mußten doch auf die Schiffe feuern... Auch die Schiffe auf dem Meer haben gar nicht mehr so sehr viel geschossen, nur manchmal auf die beiden Batterien in unserem Rücken *(Azeville und Marcouf)*. Bisweilen war's für längere Zeit sogar ganz still. Bei uns ging inzwischen das Gerücht um, wir hätten Schießverbot... Das war zeitweise wirklich derart still, daß wir dachten, die hätten im Hinterland schon kapituliert."

Zwar hatte man auf deutscher Seite noch nicht kapituliert, doch ließen die Kampfhandlungen im direkten Küstenbereich ab Mittag tatsächlich immer mehr nach.

Während des starken Dauerfeuers der Schiffsartillerie auf die deutschen Küstenverteidigungsanlagen hatten die Großkalibergranaten auch mehrmals die Kasematten der Batterie Azeville getroffen und nicht unerhebliche Schäden verursacht.
Foto: US National Archives

Die 243. Infanterie-Division war an der Westküste der Cotentin-Halbinsel stationiert. Am frühen Nachmittag erhielt ihre III. Abteilung des Artillerie-Regiments 243 ihren Einsatzbefehl. Sie war inzwischen dem Grenadier-Regiment 1058 unterstellt worden *(ihre 10. Batterie verblieb im Küsteneinsatz)*. Nach einem anstrengenden Tagesmarsch hatte die Truppe über Bricquebec und Valognes bis zu diesem Abend ihren Einsatzraum bei Écausseville, acht Kilometer nördlich Ste.-Mère-Église erreicht.

Bei St.-Georges-de-Bohon, südlich Carentan, stand indessen noch immer der 1. Granatwerferzug mit Günter Prignitz: „Am Nachmittag dieses ersten Tages der Invasion sprach ich neben der Kirche mit meinem Fallschirmjäger-Kameraden Helmut Mudraschk. Er gehörte zur 2. Kompanie unseres Regiments und war gerade vom neunzehn Kilometer entfernten *(fast an der Westküste gelegenen)* La-Haye-du-Puits gekommen, wo seine Einheit völlig aufgerieben worden war. Dann begann für uns der Marsch in nördliche Richtung, in Richtung Carentan...“

Um 14:40 Uhr erfolgte vom Oberkommando der Wehrmacht *(Hitler)* die fernmündliche Freigabe der 12. SS-Panzer-Division und der Panzer-Lehr-Division. Kurz darauf erbat Oberkommando West auch die Freigabe des Generalkommandos I. SS-Panzer-Korps mit den von ihm so dringend benötigten Korpstruppen und teilte mit: *Seit dem ersten Antrag des Oberbefehlshabers West auf Freigabe dieser Division sind 10 Stunden vergangen. Wenn das Heranziehen dieser Verbände überhaupt noch den erwarteten Erfolg haben kann, kommt es auf größte Beschleunigung an.*

Angesichts der Überlegenheit der gegnerischen Truppen ergaben sich auch im Hinterland zunehmend Soldaten der Wehrmacht. Die Artilleristen, die ihre 1. Batterie nach der schweren Bombardierung und den großen Mannschaftsverlusten von La Madeleine nach St.-Martin-de-Varreville zurückverlegt hatten, ließen sich – wie zuvor untereinander abgesprochen – ohne den geringsten Widerstand zu leisten, von Fallschirmjägern des 502. PIR gefangennehmen (Foto). **Foto: US National Archives**

Der Oberbefehlshaber West unterstellte deshalb dem Generalkommando das I. SS-Panzer-Korps sowie die 12. SS-Panzer-Division und die Panzer-Lehr-Division der Heeresgruppe B und befahl: „Bei dem bekannt schnellen Festbeißen des Feindes kommt es darauf an, den Feind möglichst schnell zu vernichten.“

(Doch noch bevor es dazu kommen sollte, hatten die Alliierten, auch mit stärkstem Dauereinsatz ihrer Luftwaffe und Schiffsartillerie, weitere deutliche Fortschritte erzielen können.)

Ab 15:00 Uhr setzte sich die 12. SS-Pz.-Div. in Richtung Caen in Bewegung – mehr als 140 Kilometer vom *Utah Beach* entfernt.

Um 15:16 Uhr meldete Seekommmandant Normandie an die 2. Sicherungs-Division: *Dauerndes Ein- und Auslaufen (von Landungsbooten in der) Vire-Mündung; geringe (eigene) Artillerietätigkeit.*

Aber auch der Einflug von Jagdbombern nahm zu dieser Zeit erheblich zu. Immer mehr der schnellen, einmotorigen Typen *Thunderboldt* und *Mustang* kamen über den Ärmelkanal gerast, heulten über den Strand und das überflutete Terrain hinweg, überflogen die Küstenbatterien und weiter ins Hinterland. Sie feuerten im Tiefflug mit ihren Bord-MGs auf alles, was sich am Boden bewegte sogar auf die auf den Weiden stehenden Rinder. Trotz der zehn Flak-Stände der Batterie Marcouf gelang es Oberleutnant Ohmsen's Männern lediglich, einen einzigen der schnellen „Jabos“ abzuschießen.

Im Verlauf des Tages waren immer mehr Kämpfe mit Truppen der Wehrmacht entbrannt. Auch bei Holdy versuchten deutsche Soldaten mehrere starke Gegenangriffe, um die

Batterie wieder zurückzuerobern. Jedoch endeten sie mit erheblichen Verlusten – eigenen und amerikanischen. Die Verwundetensammelstelle in Holdy war aber schon seit dem späten Vormittag vollbelegt. Deshalb drängte Dr. Lage darauf, daß etliche Verwundete mit einem Lastwagen zum nur knapp fünfhundert Meter nördlich Hiesville gelegenen Schloss Colombière transportiert werden, in dem inzwischen von der 101. Airborne ein provisorisches Divisions-Hospital eingerichtet worden war *(das erste am „D-Day" in der Normandie)*. Auch der Fernmelder Josef Horn sollte bald bei diesem ersten Transport mit dabei sein...

Seit einiger Zeit drangen immer mehr US-Soldaten über die schmalen Dammwege hinter den *Exits 1, 2, 3* und *4* durch das Überschwemmungsgebiet ins küstennahe Hinterland vor. Als Harry Kalkowicz mit seiner Einheit ebenfalls bis dorthin vorgestoßen war, beeindruckte ihn, was er sah: „Am Rand der Wege lagen viele tote deutsche und amerikanische Soldaten. Fast alle unserer Leute waren Fallschirmjäger. Manche hingen noch immer in ihrem

Die 101. Airborne Division hatte im Château de la Colombière, unweit Hiesville, 7,2 Kilometer hinter „Utah Beach", ein Hospital eingerichtet. Das Personal gehörte zur 326. Airborne Medical Company (Fallschirmjäger-Sanitäts-Kompanie). Die Angehörigen dieser Kompanie waren in Großbritannien ursprünglich in drei Gruppen aufgeteilt, um in der Normandie sicherheitshalber sowohl per Schiff, mit Fallschirmen und mittels Lastenseglern zu landen.
Foto: US National Archives

Geschirr an hohen Bäumen. Einen sah ich, dessen Fallschirm hatte sich offenbar gar nicht ganz geöffnet. Er sah schrecklich aus. Auch stießen wir auf einige Wracks dieser leichten Lastensegler. Die sahen auch schrecklich aus. In manchen lagen noch Tote. In dem Wasser auf den überfluteten Feldern trieben ertrunkene Fallschirmjäger, meistens noch mit ihrem Geschirr behangen. Insgesamt sah ich an diesem Tag sehr viel mehr Tote als Verwundete. Irgendwann trafen wir eine Gruppe unserer Fallschirmjäger, die Gefangene vor sich hergehen ließen. Die sahen mit ihren geschlitzten Augen aus wie Russen oder Chinesen, aber sie trugen deutsche Uniformen. Das fand ich seltsam..."

Mehrere Bataillone der amerikanischen Infanterie-Regimenter drangen derweil zur von Caen nach Cherbourg führenden Nationalstraße 13 vor, um sich dann über Ste.-Mére-Église in Richtung auf Montebourg zu bewegen und die Vereinigung mit den Fallschirmjägern der 82. Airborne Division herzustellen. Auch in südliche Richtung bewegten sich US-Truppen, um über St.-Côme-du-Mont nach Carentan vorzustoßen. Ein anderer Teil vereinte sich indessen mit den Fallschirmjägern der 101. Airborne Division. Ste.-Marie-du-Mont war bereits von den Amerikanern eingenommen worden, wo es zu einem kurzen Straßengefecht gekommen war. Einige der deutschen Soldaten hatten sich in der Kirche verschanzt, als sie jedoch der gegnerischen Überlegenheit gewahr wurden, kamen sie nach kurzer Zeit mit einer hocherhobenen, improvisierten weißen Fahne heraus.

Der größte Teil der 82. Airborne Division verblieb derweil jedoch noch weit entfernt von den Ereignissen am *Utah Beach*, konnte bisher auch noch keine Funkverbindung zu

Drei von amerikanischen Fall-schirmjägern getötete Soldaten des Grenadier-Regiments 1057, die sich auf dem Weg mit etwas Essen für ihre Kameradenbe-funden hatten.

Schwerbewaffnet und mit Mu-nition gut versorgt, stießen die Amerikaner auf der Cotentin-Halbinsel sowie inzwischen auch hinter dem „Omaha Beach" (dort noch langsam) ins Hinterland vor.
Fotos: US National Archives

irgendeiner anderen dort befindlichen Einheit herstellen. *(Viele Fallschirmjäger der 82. waren viel zu weit über dem westlich von Ste.-Mère-Église verlaufenden Merderet-Bach heruntergekommen, blieben somit noch für mehrere Tage von den Hauptkampftruppen isoliert und mußten gegen Soldaten des Regiments 1057 der 91. Luftlandedivision kämpfen.)*

Der 22-jährige Emerson H. Johnston war Soldat des 4. Cavalry Regiment *(Kavallerie-Regiment, jedoch ohne Pferde)*, einer Aufklärer-Einheit, deren ganz spezielle Aufgabe darin bestand, vor den landenden Hauptstreitkräften Feindbewegungen, feindliche Stellungen sowie Positionen zu erkunden und darüber detaillierte Meldung zu erstatten. Johnston erklärte: „Meine Einheit führte diese Aufgabe den gesamten Krieg hindurch aus. Unser Kommandeur war Oberst Tully, und wir gehörten dem VII. Korps unter General Collins an. Wir hatten kein Problem damit, aus unseren Streitkräften auszuscheren und herauszufinden, was genau da draußen vor sich ging. Obligatorisch war, zu erkunden, wie viele es waren, wo sie standen, wohin sie gingen und so weiter... Schwierig war, das Herausgefundene in entsprechend präziser Form zu berichten.

Am D-Day hatten wir die Aufgabe, Aufklärung auf den St.-Marcouf-Inseln durchzuführen. Aber mein Verein landete erst am Nachmittag, da hatten unsere Streitkräfte den Strand bereits gut geräumt und abgesichert."

Während dessen fanden weitere Anlandungen der Amerikaner zwischen den Widerstandsnestern 5 und 9 statt, auf deren Strand vom letzten noch intakten 21-cm-Geschütz der 3. Batterie auch weiterhin Sperrfeuer geschossen wurde. Auch die Batterien der Flak-Abteilung 497 schossen auf einige Schiffe, insbesondere auf die näher vor der Küste kreuzenden Zerstörer – allerdings erfolglos. Stattdessen belegten sie und die Batterie Maisy seit einiger Zeit *Utah Beach* mit ihrem Granatfeuer. Die Zerstörer *USS Hawkins*, *HMS Herndon* und der niederländische *Soemba* wandten sich diesen Batterien zu und konnten mehrere Treffer erzielen.

Um 16:07 Uhr orientierte das LXXXIV. Armee-Korps die 352. Division: *Linker Nachbar, 709. I.D., hat große Sorgen wegen der zunehmenden Anlandungen am rechten Flügel.*

Um 16:40 Uhr meldete das LXXXIV. Armee-Korps an A.O.K. 7: *Starke Nachlandungen zur See im Abschnitt Madeleine und Vire-Mündung; neue Luftlandungen nördlich Valognes* und bei St. Mesnil (Saussemesnil, 6 Kilometer nördlich von Valognes). Eigene Artillerie wirkt von Grandcamp auf Landungen bei Madeleine (vor dem W5), ist jedoch nicht ausreichend.

Um kurz vor 17:30 Uhr traf bei der Batterie Marcouf eine 7-cm-Pak ein, die Walter Ohmsen vom Schloß Fontenay hatte holen lassen, in dem er ab dem 1. Februar 1944 Quartier bezogen hatte, seit er der Chef der 3. Batterie war. Er ließ das Geschütz in der Deckung hinter der Kasematte Nr.1 aufstellen und auf einen bei der Marcouf-Insel fahrenden Zerstörer feuern. Aber um 18:00 Uhr erging bei ihm

seitens des Seekommandanten Normandie der Befehl, nicht mehr auf den Zerstörer zu feuern, da seine Batterie unter zu schwerem Beschuß zu leiden hatte. Das Batteriegelände war von See her gut erkennbar, weil das große Feuer in der Kasematte Nr.2 noch immer nicht gelöscht war und die Flammen und der Qualm ein deutlich erkennbares Fanal bildeten. So hieß es: „Alle Leute in die Bunker!"

An vielen Stellen kämpften vereinzelte Gruppen deutscher Infanteristen zusammen mit Fallschirmjägern.
Foto: Archiv von Keusgen

Im Landeabschnitt bei La Madeleine war indessen von der Seeseite aus die Verbindung mit einem ersten Teil der Luftlandetruppen hergestellt worden. So konnte nun auch vom Meer aus deren Versorgung stattfinden. Von Norden her unternahm derzeit das *Sturmbataillon Messerschmidt* einen Gegenangriff, von Westen her das Grenadier-Regiment 1057, von Süden das Fallschirmjäger-Regiment 6, zusammen mit dem II. Bataillon des Grenadier-Regiments 1058.

Dazu sagte Dr. med. Schad, Arzt des III. Bataillons: „Das I. Bataillon unseres Regiments war gegen den Landekopf *(Utah Beach)* eingesetzt und im Raum westlich Ste.-Marie-du-Mont fast völlig aufgerieben worden. Das II. Bataillon hatte den Befehl erhalten, in Richtung Ste.-Mère-Église vorzugehen. Unser III. Bataillon blieb vorerst in Reserve. Mit unterstellten kleineren Einheiten hieß unser Regiment jetzt *Kampfgruppe von der Heydte*. Unser Truppenverbandplatz verlegte noch am 6. Juni näher an Carentan, in die Ferme *(Gehöft)* Le Bras Pendu."

Getarnt im Bodenkampf – ein Soldat des Fallschirmjäger-Regiments 6 mit einem Schnellfeuergewehr.
Foto: Bundesarchiv

Christian Fett's Fallschirmjäger-Kompanie kämpfte längst zusammen mit Teilen des I. Bataillons des Grenadier-Regiments: „Da saßen wir in der Klemme. Wir haben uns verteidigt, solange es ging. Aber wir hatten nicht ausreichend Munition; wir kriegten ja keinen Nachschub. Aber es ist uns dann doch gelungen, uns da aus dem Kessel 'rauszuarbeiten. Es war uns nicht möglich, die Stärke der Amerikaner festzustellen, weil da überall die hohen Hecken sind und die hohen Bäume voller Efeu. Aus diesen Bäumen schossen die Amerikaner immer wieder auf uns herab. Die konnten uns von da oben gut sehen. Der erste Mann, der bei uns gefallen war, war ja der Feldwebel Stecke, durch einen Kopfschuß, von oben. Dann dasselbe mit einem guten Kameraden von mir, das war der MG-Schütze drei.

Gefallene Soldaten des Fallschirmjäger-Regiments 6. Viele wurden durch Kopfschüsse getötet, nicht selten direkt von oben, aus den Bäumen. Die Leuchtspurgeschosse verursachten infolge des darin enthaltenen, verbrennenden Phosphors bei den Getroffenen grauenhafte Wunden.

Auch die Geschosse der Granatwerfer sowie der schweren Schiffsartillerie verursachten schlimmste Verwundungen und konnten durch den hohen Explosionsdruck und mit ihren umherfetzenden, scharfkantigen Granatsplittern den Getroffenen Beine und Arme abreißen (Foto). **Fotos: US National Archives**

Wir lagen direkt nebeneinander. Ein Schuß, wieder direkt von oben, direkt durch den Helm. Das war ein Leuchtspurgeschoß. Ich konnte gerade noch den hellen Streifen 'runterkommen sehen. Ich hab' ihm den Helm noch abgesetzt, aber das Geschoß war ja durch, durch..., schrecklich...

Da sind auf beiden Seiten viele getötet worden, und es gab viele Verwundete und Schwerverwundete. Zurückführen konnten wir sie nicht, weil wir eingeschlossen waren. Auch die Amerikaner haben keinen von uns geborgen, die hatten ja selbst keine Verbindung irgendwohin. Da habe ich gesehen, daß sie einige Schwerverwundete einfach erschossen haben. Man könnte auch sagen, erlöst.

Von den fünf Männern unseres SMG-Trupps sind drei gefallen. Wo wir da 'reingeraten sind, das wäre meiner Meinung nach vermeidbar gewesen. Es war völlig unsinnig, daß wir da 'reingestoßen sind. Von See her rückten schon die Panzer an, sind ja auch ein paar abgeschossen worden, mit Panzerfäusten. Und da waren überall die amerikanischen Fallschirmjäger. Wir kriegten überhaupt keinen Kontakt zu unseren anderen Einheiten. Da saßen wir fest. Ich werde den Gedanken nicht los, daß unser Bataillonskommandeur, der Hauptmann Preikschat, kein so guter Truppenführer war, denn unser Bataillon war überhaupt nicht richtig kampffähig. Er wurde ja dann auch später abgelöst."

Während bei Ste.-Marie-du-Mont etliche deutsche Soldaten von den Amerikanern gefangengenommen wurden, flog 13 Kilometer weiter nördlich, beim W 14a, ein Flugzeugpulk vom Meer her auf die Küste zu. Heinrich Leichter sah ihn schon von weitem kommen:

„Die Maschinen flogen sehr niedrig und schleppten Lastensegler hinter sich her. Aber die kamen erst auf der anderen Seite des Überschwemmungsgebiets runter, bei St. Marcouf da oben, wo unsere Kompanie lag. Unsere Leute haben dann mit Maschinengewehren auf die Amerikaner geschossen."

Gegen 18:00 Uhr stellte sich für das Marine-Gruppen-Kommando West die Feindlage folgendermaßen dar: *[...] Größere Luftlandungen und Anlandungen sind im Raum zwischen*

St. Vaast und Vire mit Schwerpunkt südlich Marcouf erfolgt. Landungen dehnen sich aus zwischen Vire und Ravenoville. Dieses Gebiet steht aber an der Küste angeblich unter eigener Kontrolle. Feind setzt starke Luft- und Seestreitkräfte an. Beschuß von St. Vaast und Barfleur. [...]

Für die kommende Nacht werden Landungen auf der Westseite des Cotentin erwartet, in Annahme, daß Feind die Halbinsel und damit Cherbourg abschneiden will.

Die eigenen Absichten für die kommende Nacht erstrecken sich auf Vorfeldüberwachung durch 5. und 9. Schnellbootflotte im Gebiet Barfleur (an der nordöstlichen Spitze des Cotentin) bis Marcouf sowie auf Besetzen des Vorpostenstreifens IV durch 4. Schnellboot-Flotte von Boulogne aus. 4. und 8. S.-Flotte sollen von Ostende (an der belgischen Küste, 335 Kilometer vom Zentrum des Invasionsraums entfernt) bzw. IJmuiden (nordholländische Hafenstadt bei Amsterdam, 495 Kilometer vom Invasionszentrum entfernt) aus ebenfalls zur Vorfeldüberwachung auslaufen.

Von den in Le Havre liegenden Torpedobooten hat T 28 bedauerlicherweise Tampen in der Schraube. In Anbetracht der vollen Einsatz verlangenden Lage werden „Möwe" und „Jaguar" zum rücksichtslosen Einsatz auslaufen.

BSW-Streitkräfte werden verschärfte Vorfeldüberwachung im gesamten Westraum durchführen. Alle Verbände haben dabei Anweisung, befohlene Positionen erst mit Hellwerden zu verlassen.

Die 6. A-Flotte soll zum Angriff auf Landungsverband in westlicher Seine-Bucht angesetzt werden. Von dieser liegen 4 Boote in St. Vaast. Mit ihnen besteht Verbindung. Sie sollen nach Durchführung ihrer Aufgabe nach Cherbourg verlegen. Eine weitere Gruppe von 3 AF-Booten liegt in Port-en-Bessin, ein viertes Boot in Isigny. Von diesen Booten ist seit Beginn der Operation keinerlei Nachricht eingegangen. Mit Verlust der Boote muß gerechnet werden. In Ouistréham haben zur Zeit der Operation außer R 112 und HS-Booten keine Streitkräfte gelegen.

10., 14. R-Flotte und 2. A-Flotte sind für das Blitzminenwerfen bei Le Havre, beiderseits Dieppe und südlich Boulogne vorgesehen. Außerdem ist beabsichtigt, 2. und 24. Minensuch-Flotte nach St. Malo und 26. Minensuch-Flotte nach Brest zu verlegen.

Die großen Mengen mittels Fallschirmen abgeworfener Waffen wurden von den amerikanischen Fallschirmjägern schnell in Einsatz gebracht.

Foto: Archiv von Keusgen

Der Kommandeur der 709. Infanterie-Division war betreffs der militärischen Lage in großer Sorge. (Zweiter Teil des Auszugs aus von Schlieben's Rapport:) *[...] Im Übrigen war am 6.6. gegen 18 Uhr klar, daß das Gren.-Rgt. 1058 nicht im Entferntesten sein Angriffsziel erreicht hatte. Das Regiment war bis zu diesem Zeitpunkt stark durcheinander und noch nicht bis Neuville-au-Plain (2,2 Kilometer nordwestlich Ste.-Mère-Église) gekommen. Der Feind schoß mit Infanterie-Maschinenwaffen und Granatwerfern aus dem dichten Heckengelände. Der Vorstoß des Gren.Rgt. 1058 war liegengeblieben.*

Treu bis in den Tod... Besonders hart, weil völlig überraschend, haben der heftige Angriffsschlag der Amerikaner und später die vielen Schießereien der Soldaten die französische Landbevölkerung getroffen.

Foto: US National Archives

Heinz Hellmich (*1890), Generalleutnant und Kommandeur der 243. Infanterie-Division (fiel am 17.06.1944 auf der Cotentin-Halbinsel).
Foto: Bundesarchiv

Das Sturmbataillon A.O.K. 7 war planmäßig vorwärtsgekommen; es wurde am späten Nachmittag des 6.6. von seinem Kommandeur, Major Messerschmidt, der mit mir von Rennes zurückgekehrt war, wieder übernommen.

[...] Nach den vor der Invasion gegebenen Befehlen unterstand ich mit der 709. Inf. Div. dem Generalkommando LXXXIV. A.K. in St. Lô. Sollte aber durch Kampfhandlungen die Halbinsel Cotentin isoliert sein, so sollte der dienstälteste Divisions-Kommandeur, nämlich der Kommandeur der an der Westküste eingesetzten 243. Inf. Div., Generalleutnant Hellmich, den Befehl über alle auf der Halbinsel eingesetzten Teile übernehmen. Er wäre – so hieß es wörtlich – dann Standortältester der Halbinsel Cotentin. Eine recht unglückliche Maßnahme, da ihm das für eine solche Aufgabe Wesentliche, nämlich die entsprechenden Nachrichtenmittel, nicht zur Verfügung standen. Nach meiner Meinung gehörte über die auf der Halbinsel eingesetzten drei Divisionen [zwei im Küstenschutz, eine als Reserve] ein besonderes Generalkommando mit Gefechtsstand auf der Halbinsel selbst. Der Kommandeur der 243. Inf. Div., dem nun diese schwere Aufgabe sehr bald übertragen wurde, war – was menschlich verständlich ist – auf seinen nicht angegriffenen Verteidigungsabschnitt an der Westküste bedacht, um so mehr als er noch dort mit späteren Feindlandungen rechnete. Die Sorge um seinen ureigensten Divisionsabschnitt ließ ihn daher nicht zu dem Entschluß kommen, die gesamte Westküste rücksichtslos aufzugeben und alle Teile seiner Division gegen den an der Ostküste an- und luftgelandeten Feind einzusetzen.

Ich komme auf das Gren.Rgt.1058 zurück: Es war mir an Ort und Stelle klar, daß das Rgt. in dem bis dahin angewendeten Verfahren seinen Auftrag nicht erfüllen würde. Ich befahl daher dem Oberst Beigang, seine Verbände zu ordnen und am 7.6. frühzeitig erneut, und zwar nunmehr mit Unterstützung der beiden schweren Artillerie-Abteilungen [mot] 456 und 457 und mit Unterstützung der Selbstfahrlafetten-Kompanie der Panzerjäger-Abteilung 709, die ich dem Oberst Beigang unterstellte, auf Ste.-Mère-Église vorzustoßen. Die feindliche Lufttätigkeit hielt sich am 6.6. nachmittags in tragbaren Grenzen. Sie war auf jeden Fall ganz gering im Vergleich zu dem, was die nächsten Tage in dieser Hinsicht brachten. [...]

Inzwischen hatte Oberleutnant zur See Ohmsen mit seiner dritten und letzten 21-cm-Langrohrkanone jenen Bereich des Strandes beschießen lassen, an dem die Amerikaner das Widerstandsnest 5 neutralisiert hatten und nun massenweise Soldaten und Material an Land brachten. Doch wegen der mühsamen Munitionsbeschaffung auf dem zerklüfteten Terrain erfolgte der Beschuß nur in zeitlich sehr großen Abständen. Die schweren Granaten der MKB schlugen zwischen Panzern, Lastwagen und immer neuer heranfahrender Landungsboote ein. Auch die HKB Azeville, deren maximale Schußreichweite hier allerdings auch endete, hatte sich auf diesen Bereich eingeschossen. So waren die Anlandungen der Amerikaner in diesem Abschnitt zu höchst brisanten Unternehmen geworden. Seit einiger Zeit lag deshalb die gefährlichste dieser drei Batterien, die MKB Marcouf, unter Beschuß eines wieder nahe der Küste operierenden Zerstörers, denn sie mußte nun unbedingt eliminiert werden.

Gegen 18:30 Uhr erhielt das Geschütz Nr.3 einen Granat-streifschuß, der es zwar nicht zerstörte, jedoch sein langes Rohr gewaltsam um 180° herumriß. Das Rohr wies nun zum Hinterland, anstatt zum Meer, und ließ sich nicht mehr zu-rückdrehen.

Zu dieser Zeit wurden Josef Horn und seine verwundeten Kameraden mit noch einigen anderen Soldaten von Holdy abtransportiert: „Da waren noch ein paar deutsche Gegenan-griffe unternommen worden, um unsere Batterie zurückzuer-obern. Aber das hat nur noch mehr Verluste auf beiden Sei-ten gekostet. Die Verluste unserer Batterie betrugen insge-samt etwa achtzig Prozent, vielleicht noch mehr. Wir Restli-chen wurden nun mit einem großen Dodge-Transporter zu ei-ner Sammelstelle auf dem herrschaftlichen Anwesen Le Co-lombière gefahren. Dabei kamen wir am W 2 vorbei. Da wur-den noch ein paar Verwundete aufgesammelt. Überall lagen tote Deutsche und Amerikaner herum. Das W 2 war völlig zu-sammengeschossen; da war nichts mehr übriggeblieben. Mir wurde klar, daß ich unheimliches Glück gehabt hatte, daß ich am Vortage mittags von dort zurückgerufen worden war.

Im Le Colombière wurden wir dann in einer Scheune zum ersten Mal etwas versorgt und unsere Wunden behandelt. Mir wurde ein Gipsverband gemacht, obwohl das Geschoß noch immer drinnen steckte und der Arm sehr geschwollen war. Das war furchtbar. Weiter sind wir an diesem Tag nicht mehr gekommen. Für uns war der Krieg aus.“

Im Hospital im Château de la Colombière wurden die Vorbe-reitungen für die zu erwartende Flut von Verwundeten getroffen. Das Sanitätspersonal war dem Kommando des US-Majors A. J. Grandall unterstellt.

Die Anlandungen schwerer Fahrzeuge auf die auf dem Meer ständig schaukelnden Rhino-Fähren oder direkt ins Wasser waren weder unproble-matisch noch ungefährlich…
Fotos: US National Archives

Für den amerikanischen Fernmelder William Hollies hin-gegen, hatte der Krieg noch gar nicht richtig begonnen: „Wir hatten den ganzen Tag lang fast zwei Kilometer vor der Küste gelegen und zugesehen, was da um uns herum geschah. Da schlugen auch Granaten im Wasser ein, aber unser Schiff wurde nicht getroffen. Hinter uns lag, in einem Kilometer Abstand, das Schlachtschiff Texas. Von ihm aus wurde direkt über uns hinweggeschossen. Das war verdammt laut, wenn die dicken Dinger über uns flogen.

Um kurz vor 19:00 Uhr wurden wir dann mit unseren Fahrzeugen zum Land gefahren. Am Strand lagen viele Tote herum; einige trieben im Wasser. Da standen auch brennende Fahrzeuge am Strand und im Wasser. Es gab eine Menge Schwierigkeiten mit den Fahr-zeugen. Auch ich hatte Probleme mit meinem Lastwagen beim Verlassen des LCT. Aber dann waren wir an Land.“

Um 19:20 Uhr kehrte Walter Ohmsens Stoßtrupp endlich zur Batterie zurück – allerdings nicht mehr alle dreißig um 10:00 Uhr abkommandierten Soldaten. Ihr Zugführer meldete, daß sich etliche Amerikaner zwischen Ravenoville und Saint Marcouf festgesetzt haben. Es war zu Schießereien gekommen, in deren Folge drei eigene Leute gefallen waren. Außerdem hatte man sich verlaufen und war darum so lange unterwegs gewesen.

Um 20:00 Uhr meldete Admiral Kanalküste an Marine-Gruppen-Kommando West *(auszugsweise): [...] besteht Eindruck, daß Feind im Raum Ravenoville-Marcouf 3 bis 5 Kilometer tief eingedrungen ist, anscheinend unter erheblicher Beteiligung stärkster oben erwähnter Seestreitkräfte. [...]*

Während früher Abendstunden erhebliche Luftlandebewegungen im gesamten Raum mit Lastenseglern. 2 mal 100 bei St. Vaast. Gleichzeitig Jabo-Angriffe auf in St. Vaast liegende Artillerieträger.

Bis zum späten Nachmittag, als die Flut wieder abgelaufen war, hatten die Amerikaner am „Utah Beach" insgesamt 23.250 Soldaten und 1.700 Fahrzeuge und Panzer sowie 1.800 Tonnen Versorgungsgüter angelandet. Der größte Teil der GI's bewegte sich bereits ins Landesinnere, ein anderer Teil dehnte sich weiter an der Küste in westliche und östliche Richtung aus...
Foto: US National Archives

Nach Meldung Admiral Kanalküste von 19:00 Uhr werden in westlicher Seine-Bucht (vor Utah) 240 Schiffe aller Art gezählt. Dahinter weitere Einheiten, anscheinend auch Flugzeugträger. [...]

Für Cherbourg und Le Havre befehle ich vorsorglich Vorbereiten sämtlicher Zerstörungsmaßnahmen. [...]

Kombinierter Feindangriff gegen Normandie hat bisher Frontbreite von 140-150 Kilometer erreicht (real 86 Kilometer zuzüglich des nur schmalen Raums bei St. Vaast). Schwere Panzer konnten an Land gebracht werden. Die hinter der angegriffenen Front vorgenommenen Luftlandungen konnten zum Teil bereinigt werden. Als Schwerpunkt der Luftlandungen bildet sich der Raum Carentan aus, gegen den von drei Seiten her der Gegenangriff angesetzt ist. Mit erneuten Luftlandeversuchen in der Nacht zum 7. mit Schwerpunkt zwischen Vire und St. Vaast und bei Caen ist zu rechnen. Nach Mitteilung Ob. West steht Fortsetzung der Kämpfe, Verstärkung des Feindes, aber auch Heranführung eigener Kräfte zu erwarten.

Eigene Luftlage:

Mit Beginn der Invasion werden Zerstörergeschwader 1 und Nahaufklärungsgruppe 13 dem II. Flieger-Korps unterstellt. II. Flieger-Korps und II. Jagd-Korps bekämpfen im Laufe des Tages Schiffsansammlungen und gelandeten Feind mit Bordwaffen und Jabos. Von Luftflottenkommando Reich sollen 7 Jagdgruppen und Jabogruppen zugeführt werden. Luftflotte 3 beabsichtigt für Nacht 6./7. mit IX. Flieger-Korps und X. Flieger-Korps in zweimaligem Einsatz aller verfügbaren Kräfte Angriffe mit Bomben, Splitterbomben,

194

*BM 1000 (Bombenminen), LT (Lufttorpedos) und FK (Fliegerkanonen) auf Schiffsan-
sammlungen und Strandlinie im Raum Bayeux, vor der Orne-Mündung, im Seegebiet ostwärts Barfleur und vor der Vire-Mündung. [...] Einsatz wird planmäßig durchgeführt. Endgültige Erfolgsmeldung steht noch aus.*

Es wurde aber auch noch vermerkt, daß zwar stärkere Gegenmaßnahmen erforderlich
waren, aber ein Einsatz von Reserven dem Heer vorläufig noch nicht angebracht schien...

Trotz der fortgeschrittenen Tageszeit landeten noch immer in weiten Teilen der Cotentin-
Halbinsel weitere Lastensegler. Wenige Minuten nach 20:00 Uhr kamen westlich des Ca-
rentan-Kanals 50 von ihnen mit Fahrzeugen, Kriegsmaterial und Versorgungsgütern herunter.

Um 21:00 Uhr landeten mehr als einhundert Lastensegler bei St. Vaast und am ganz östlich der Invasionsfront gelegenen Orne-Brückenkopf zur Verstärkung der britischen 6. Airborne Division. Am so blutig umkämpften *Omaha Beach* war erst seit 19:00 Uhr bei Vierville der Strandausgang endlich offen. Zu dieser Zeit hatte das II. Bataillon des Fallschirmjäger-Regiments 6 den Raum nahe östlich Ste.-Mère-Église erreicht.

*Bis zum Einsetzen der Dunkelheit waren die US-Infanteristen vom „Utah Beach" abgerückt und ins Hinter-
land vorgestoßen, und bis zum Auflaufen der nächsten Flut standen die Landungsboote und die großen
Transportschiffe auf dem Sand des flachen Strandes.* **Foto: US National Archives**

Um 21:30 Uhr war Feldmarschall Rommel wieder aus Deutschland in sein Hauptquartier im Château La Roche-Guyon zurückgekehrt und ließ sich sofort über die aktuelle Lage
informieren. Inzwischen war seit über einer Stunde ein Regiment der an der Westküste
der Halbinsel stehenden 243. Infanterie-Division sowie Teile des *Sturmbataillons Messerschmidt* und des Fallschirmjäger-Regiments 6 im Einsatz gegen die im Raum La Madeleine
bis Quinéville gelandeten US-Fallschirmjäger – von denen zu dieser Zeit viele in genau diesem Raum wieder herunterkamen. Doch das überall von hohen und dichten Hecken durch-
zogene Gelände sowie das großflächige Überflutungsgebiet erschwerten den Soldaten beider Parteien ein rasches Vordringen sowie die Kampfhandlungen. Auch für die noch immer
ständig einfliegenden Lastensegler stellten die überschwemmten Gebiete und immer wieder die üppigen Hecken eine ganz erhebliche Gefahr dar.

Um kurz nach 21:30 Uhr kam wieder ein Pulk von Horsa-Lastenseglern über *Utah* herein. Einer von ihnen war vollbesetzt mit Personal für das Hauptquartier der 82. Airborne Division. Das Ziel war die *Landezone O* nahe westlich Ste.-Mère-Église. Aber kaum über dem

Cotentin angekommen, bekam die Zugmaschine, eine Douglas C-47, Probleme mit der Abkopplungstechnik des Gleiters hinter ihr. Im letzten Licht des anbrechenden Abends entdeckte ihr Pilot nahe Holdy hinter einem Saum hoher Bäume ein offenes Feld, auf dem er mit dem Lastensegler im Schlepp eine Notlandung riskieren wollte. Beim Landeanflug sackte der Gleiter infolge der plötzlich verminderten Geschwindigkeit jedoch derart tief ab, daß er mit voller Wucht in die Bäume raste. Der fragile, nur aus Sperrholz bestehende Lastensegler brach augenblicklich auseinander. Im nächsten Moment überschlug sich das Wrack beim Aufsetzen auf die Wiese und zersplitterte endgültig. Seine Insassen wurden weit umhergeschleudert. Es gab Tote und Schwerverletzte.

Die gleichermaßen spektakuläre wie grausame Szenerie wurde von einigen der Amerikaner, die auf dem Terrain der von ihnen eingenommenen Holdy-Batterie standen, beobachtet. Augenblicklich schickte Dr. Lage mehrere Sanitäter zur Unglücksstelle. Ihnen bot sich ein schrecklich blutiger Anblick. Auch Dr. Lage begab sich sofort zur Absturzstelle – mit seinem Fotoapparat.

Infolge seines zu frühen Absackens in der Luft war der Horsa-Lastensegler mit hoher Geschwindigkeit in eine der vielen dichten Hecken der Bocage geraten und wurde darin völlig zerrissen. Der Sanitäter James Milne (unten links) fand im Rumpf des Gleiters einen noch lebenden Soldaten, der jedoch rettungslos auf einem der Holzsparren aufgespießt war...
Foto: Kollektion Dr. G. L. Lage

22:07 Uhr: Sonnenuntergang.

Wenige Minuten vor 23:00 Uhr erfolgte im letzten Licht des Tages noch einmal ein Bombardement auf die Marine-Küsten-Batterie Marcouf. Das höhergelegene Areal war mit zunehmender Dämmerung nun noch besser von der Küste und vom Meer aus sichtbar, da noch immer kleine Flammen aus der Scharte der Kasematte Nr. 2 loderten. Gleichzeitig wurde die Küste von amerikanischen Flugzeugen stark eingenebelt. Erst gegen 23:30 Uhr gelang es Oberleutnant Ohmsen's Artilleristen, die letzten Flammen im Kampfraum und dem Geschützstand der Kasematte zu löschen.

Seit dem 19. Mai 1944 war die Batterie fast jeden Abend bombardiert worden – allein vom 19. April bis zum 4. Juni mit insgesamt 800 Tonnen Bomben. Am 6. Juni wurden 598 Tonnen Bomben auf das Terrain der MKB abgeworfen. Auf das nur fünfhundert Meter entfernte Marcouf waren ebenfalls 800 Tonnen Bomben abgeworfen worden, weil sich dort die Niederlassung der 6. Kompanie des Grenadier-Regiments befand *(Oberstleutnant Geißler)*. Doch sie blieb weitgehend verschont, aber das Bombardement hatte 31 Tote unter der dortigen Bevölkerung zur Folge *(die Anzahl der Verletzten ist nicht bekannt)*. Die Marine-Küsten-Batterie einzunehmen, war den Amerikanern bisher dennoch nicht gelungen, ebenso die Heeres-Küsten-Batterie beim nahen Azeville.

An der äußersten westlichen Flanke des Invasionsraums befand sich hinter Quinéville die 4. Batterie Le Mont Coquerel. Infolge der Schartenausrichtung ihrer Kasematten war es von dort aus nicht möglich gewesen, auf den für die Batterie viel zu südlich gelegenen Landesektor *Utah Beach* zu feuern. Das wiederum hatte zur Folge, daß auch die Batterie den ganzen 6. Juni über nicht ein einziges Mal beschossen wurde – als einzige sämtlicher Küsten-Batterien im gesamten Invasionsraum *(außer der ohnehin eliminierten Batterie La Madeleine beziehungsweise St.-Martin-de-Varreville).*

Lagebericht des Oberbefehlshabers West vom Abend des 6. Juni 1944: *Abends erneute Meldungen über Lastensegler auf verschiedene Stellen des angegriffenen Raumes. Ein Teil dieser Luftlandungen ist im Raum Caen (britischer Landeabschnitt „Sword") in die rückwärtigen Teile der im Angriff zur Küste befindlichen 21. Panzer-Division erfolgt und hat diese gezwungen, zunächst ihren eigenen Raum wieder freizukämpfen. Dadurch kam ihr Angriff, der bereits die Küste erreicht hat, zum Erliegen. 12. SS-Panzer-Division ist noch nicht heran, Panzer-Lehr-Division erst recht nicht, so daß an eine Bereinigung des Landekopfes in dieser Nacht nicht mehr gedacht werden kann. Da aber Feind auch am Westende seines Landekopfes (bei Asnelles im britsch-kanadischen Landeabschnitt „Juno") trotz der eigenen Gegenstöße nach Süden durchbricht und bereits Straße Bayeux-Caen erreichen konnte, beurteilt Ob. West Lage wie folgt:*

Feind hat Fuß gefaßt und wird sich weiter laufend verstärken. Daher Fortsetzung der schweren, verlustreichen Kämpfe. Angesichts der ungeheuren materiellen Überlegenheit des Feindes (Luftherrschaft und Wirkung der zahlreichen Schiffsgeschütze) erscheint mit den bereits im Kampf stehenden Divisionen eine Bereinigung der Landeköpfe nicht mehr möglich. Ob. West sucht daher das Heranführen der Panzer-Divisionen mit allen Mitteln zu beschleunigen, stellt seinerseits das Panzer-Gruppen-Kommando der Heeresgruppe B zur Verfügung und erklärt sich mit dem Heranziehen von Kräften

Bis zum Abend waren immer mehr deutsche Kriegsgefangene an den „Utah Beach" geführt worden, um dort Landungsboote zu besteigen, mit denen sie zu den großen Truppentransportern und mit diesen nach Großbritannien gebracht wurden. Über die teilweise noch im jugendlichen Alter befindlichen Wehrmachtangehörigen waren die GI's entsetzt. Fallschirmjäger Jack Dixon alias Winggezy sagte diesbezüglich: „Ich hätte niemals auf diese Kinder schießen können. Das Fatale war nur, daß sie auf uns geschossen haben."

Fotos: US National Archives
Foto unten: Mémorial de la liberté retrouvée, Quinéville

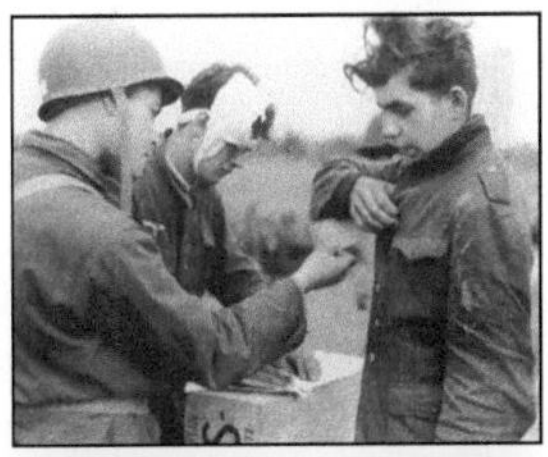

aus der Bretagne einverstanden, ebenso mit der Verlegung einer Kampfgruppe der 346. I.D. auf das südliche Seine-Ufer zum Bereinigen des Landekopfes ostwärts der Orne vor der Batterie Merville (siehe den Buchtitel zur Serie „Pegasus-Brücke und Batterie Merville").

Luftflotte 3 befiehlt für die Nacht 6./7. Bekämpfung von Schiffszielen und Anlandungen sowie weitere Aufklärung in Seine-Bucht. Marinegruppe West befiehlt außer Vorfeldüberwachung und dem Auslegen von Blitzsperren zwischen Le Havre und Boulogne Einsatz der Torpedoboote und Schnellboot-Flottille auf Landungsflotte.

Der Kommandierende General des LXXXIV. Armee-Korps meldet im Einverständnis mit dem Oberbefehlshaber der 7. Armee seinen persönlichen Eindruck vom heutigen Tage wie folgt: „Eigene Truppe hat außerordentlich tapfer gekämpft. Hohe Verluste. Feldmäßig eingebaute Waffen mußten für den Kampf erst wieder ausgegraben werden, da sie durch Luftwaffe und Schiffsartillerie eingedeckt waren. Sämtliche L.A.G. (Landeabwehrgeschütze) durch langes Vorbereitungsfeuer der Schiffsartillerie durch Schartentreffer außer Gefecht. Gegenangriffe zunächst alle durchgedrungen, dann jedoch im Feuer der Schiffsartillerie und Luftwaffe liegengeblieben."

Nicht alle Soldaten und auch nicht alles Kriegsgerät hatten am „D-Day" nicht nur am „Utah Beach" das Landerreicht...
Foto: US National Archives

Innerhalb ihres als *Utah Beach* bezeichneten Landeabschnittes war es den Amerikanern gelungen, bis zum Ende dieses Tages drei wichtige Strandausgänge einzunehmen, einen mehr als zehn Kilometer langen Brückenkopf zu bilden, sowie das dahinterliegende Überschwemmungsgebiet an seiner südlichen Seite zu umgehen und sogar 11 Kilometer weit und bis über Ste.-Mère-Église hinaus vorzustoßen.

(Seitens der Amerikaner wurden die Verluste an Toten während ihrer Landung am „Utah Beach" bisher mit „nur" 197 Männern beziffert, davon 21 Pioniere [beim Beseitigen der Strandhindernisse und Minen] sowie 60 Männer auf See. Die Verlustrat am „Utah Beach" war die niedrigste aller fünf Landeabschnitte im gesamten Invasionsraum. Der Invasions-Planungsstab hatte für diesen Angriff ursprünglich mit einem um das zehnfache höhere Maß an Verlusten disponiert. Die Verluste der 82. und 101. Airborne Division betrugen [bei einer Gesamtstärke von 13.200 Fallschirmjägern und mit Lastenseglern abgesetzten Infanteristen 2.499 Tote, Verwundete und Vermißte – fast die Hälfte sämtlicher Verluste der Amerikaner am „D-Day"]. Von offizieller Seite wurde jedoch klargestellt, daß es sich dabei nicht um definitive Angaben handeln kann, denn [Zitat des US-amerikanischen Buchautors Cornelius Ryan in „Der längste Tag"] „die Art des Angriffs machte es unmöglich, genaue Zahlen zu errechnen".

Konkreter, aber deutlich abweichend [und völlig unrealistisch], publizierte der britische Autor David Howarth in seinem Buch „Invasion":

„Von den vielen Tausenden, die am Utah-Abschnitt anlandeten, fielen nur zwölf, und knapp über hundert wurden verwundet. Daß sie mit so geringen Verlusten davongekommen waren, verdankten sie den Fallschirmtruppen und dem schweren Bombardement durch Flotte und Luftwaffe.")

Außer der Anlandungen von 23.250 Soldaten, 1.700 Fahrzeugen und 1.800 Tonnen Versorgungsgütern am Utah Beach waren von den Amerikanern auch die wichtigen, nördlich gelegenen Brücken über die Douve und die Schleusen von Le Brequetet *(bei Carentan)* von den Amerikanern unter Kontrolle gebracht worden. Der von den Infanteristen der 4. Division sowie den Fallschirmjägern der 101. Airborne Division gebildete Brückenkopf war am Utah Beach am Abend dieses Tages der größte von den drei amerikanischen Landeabschnitten.

Der starke Einsatz der Luftlandetruppen auf der Cotentin-Halbinsel hatte einen bedeutenden Anteil am Erfolg. Insgesamt wurden *(nach Abzug der Verluste)* 10.701 Fallschirmjäger und Infanteristen hinter dem Landeabschnitt *Utah* abgesetzt. Von den 805 Lastenseglern waren beim Transport über den Ärmelkanal zwanzig verlorengegangen. Der Planer der Luftlandeunternehmen, Leigh-Mallory, hatte sogar 80 Prozent disponiert...

Hinter dem Omaha Beach, war es den 34.142 angelandeten Amerikanern indessen endlich gelungen, auf einer Länge von sieben Kilometern und einer Breite von nur wenig mehr als einem Kilometer Fuß fassen zu können. In den anglokanadischen Landeabschnitten *Gold, Juno* und *Sword* waren die Brückenköpfe, die man dort gebildet hatte, von größerer Dimension. Auf der kleinen Landzunge der Pointe du Hoc, wo ein Brückenkopf als Bindeglied zwischen *Utah Beach* und *Omaha Beach* entstehen sollte, war es den amerikanischen Rangern lediglich gelungen, das Kliff an nur einer einzigen Stelle zu ersteigen – am äußersten östlichen Rand des großen deutschen Stützpunktes. Einen Brückenkopf zu bilden, war ihnen dort noch verwehrt geblieben – *noch...*

Der 24-jährige Hans Blaschke war als Kraftfahrer seit mehr als einem Jahr Chauffeur des Kommandeurs der Artillerie-Abteilung 1152, Oberstleutnant Erich Rüttinger, und bereits seit den frühen Morgenstunden des 6. Juni mit dem Auto im Großraum um St. Marcouf unterwegs gewesen. Über den Einsatz der mobilen deutschen Batterien im küstennahen

Nahe nördlich Hiesville war von den Amerikanern eine Sammelstelle für gefallene deutsche Soldaten angelegt worden. Die meisten hatten ihr Leben während der vereinzelten Kampfhandlungen mit Fallschirmjägern der 101. Airborne Division verloren. Auf der Seite der deutschen Truppen waren die Verluste an Gefallenen ganz erheblich, besonders unter den Soldaten des Fallschirmjäger-Regiments 6. (Konkrete Angaben betreffs deutscher Gefallener am „D-Day" wurden niemals offiziell bekanntgegeben.)
Foto: US National Archives

Gefangengenommene Soldaten des Georgier- beziehungsweise Ost-Bataillons 795.

Bis zu seiner Gefangennahme war dieser georgische Leutnant „treuer" Angehöriger der Wehrmacht (siehe Seite 48), nun ein Kollaborateur mit den Amerikanern, denn es war deutschen Soldaten – auch Georgiern – untersagt, im Fall einer Gefangennahme mehr preiszugeben als seinen Namen und Dienstgrad (siehe die im Soldbuch eingedruckten „10 Gebote des deutschen Soldaten" im Ausschnitt unten rechts).

Fotos: US National Archives
Abbildung rechts: Archiv von Keusgen

Hinterland der Cotentin-Halbinsel am ersten Invasionstag sagte Blaschke: „Von den vielen mobilen Batterien hatte ich an diesem Tag fast nichts gehört. Die müßten doch wie wild gefeuert haben, aber ich konnte nur wenig davon hören – das war seltsam..."

Auch größere deutsche Verstärkungstruppen waren für die an der Küste stehenden, schwachen Elemente an diesem Tag keine eingetroffen – noch nicht einmal irgendwo in Bewegung gesetzt worden. Auch die deutsche Luftwaffe hatte keine nennenswerten Einsätze geflogen. Fast sämtliche Telefonverbindungen waren schon früh unterbrochen, und Meldefahrer kamen nirgends mehr durch. Man konnte auf keine Befehle mehr hoffen, auch nicht auf Hilfe. Alle Verbände im Invasionsraum waren derart in Kampfhandlungen verwickelt, daß es inzwischen fast unmöglich war, eine andere Truppe mit den gesamten eigenen Kräften effektiv zu unterstützen.

> **9.** Gerät **ein deutscher Soldat in Gefangenschaft,** so muß er auf Befragen seinen Namen und Dienstgrad angeben. **Unter keinen Umständen** darf er über Zugehörigkeit zu seinem Truppenteil und über militärische, politische und wirtschaftliche Verhältnisse auf der deutschen Seite aussagen. Weder durch Versprechungen noch durch Drohungen darf er sich dazu verleiten lassen

Am späten Abend des 6. Juni resümierte US-Hauptmann Daniel Campell: „Ich habe sehr viele Russen gesehen – Mongolen. Sie trugen deutsche Uniformen. Sie waren nach ihrer Gefangennahme im Osten später der Wehrmacht beigetreten. Ich glaube, auf zwanzig Mongolen kamen nur drei Deutsche."

(Hauptmann Campell war mit seiner Einheit an diesem Tag lediglich bis zu fünf Kilometer hinter die Küstenlinie vorgedrungen, in jenen Bereich bei St. Martin – zwischen St.-Martin-de-Varreville und Ste.-Mère-Église gelegen – in dem das Ost-Bataillon 795 des Hauptmanns Stiller aufgestellt war.)

Der Fernmeldetrupp, dem der GI William Hollies angehörte, war auf einem großen Feld nahe der Küste verblieben. Er erzählte: „Wir haben unsere Fahrzeuge getarnt und uns auf die Nacht vorbereitet. Wir waren nach der langen vorherigen Nacht alle sehr müde. Von irgendwo wurden wir von Infanteristen beschossen. Aber woher, das konnten wir nicht feststellen; es knallte ja sowieso überall die ganze Nacht hindurch. Getroffen wurde von uns aber keiner. Mein Gewehr habe ich an diesem Tag überhaupt nicht benutzen müssen. Ich habe noch nicht einmal irgendwo einen einzigen Deutschen gesehen."

Am 6. Juni 1944 wurden seitens der Alliierten insgesamt 14.674 Einsätze mit 113 Verlusten geflogen. Die deutsche Luftwaffe startete im Verlauf des *D-Day* 12 Einsätze mit 10 Verlusten im gesamten Invasionsraum. Den US-Landeabschnitt *Utah* erreichte an diesem Tag nur ein einziges deutsches Flugzeug – für nur wenige Minuten.

Der 7. Juni

In der Nacht vom 6. auf den 7. Juni wurden weitere 600 Tonnen Bomben auf die MKB Marcouf abgeworfen. (Über die weiteren dramatischen Ereignisse betreffs der beiden Küstenbatterien Marcouf und Azeville wird in dem Buch „Die Kanonen von Saint Marcouf" ausführlich berichtet.)

Das *Sturmbataillon A.O.K. 7* war in der Nacht bei Azeville infolge seiner Umfassung in eine äußerst schwierige Situation geraten. So hatte sich sein Kommandeur dazu entschlossen, sich durch Absetzen in westliche Richtung, in den Bereich der Nationalstraße 13, zwischen Neuville-au-Plain und Montebourg, zu begeben.

Die ganze Nacht über hatte die Kompanie, der Harry Kalkowicz angehörte, auf dem Feld hinter den Dünen nahe La Madeleine gelegen. Gegen Morgen, es war noch dunkel, hatte Kalkowicz Wache. Plötzlich vernahm er ein ihm fremdes Geräusch. Dann war wieder alles still. Kurz darauf hörte er das Geräusch wieder. Harry richtet sich auf und sah in einiger Entfernung einen großen, schattenhaften Umriß, der sich ihm langsam zu nähern schien. *Deutsche!* kam es ihm in den Sinn: „Wir hatten Angst vor den Deutschen, und da bewegte sich was. Da habe ich einfach geschossen. Dann hörte ich ein tiefes Stöhnen und einen dumpfen Plumps, so, als wenn etwas sehr Schweres zu Boden fällt. Vorsichtig ging ich näher, um zu sehen, was ich da getroffen hatte. Dann sah ich es – eine Kuh. Sie war tot."

Im Dunkeln konnten auch Rinder für feindliche Soldaten gehalten werden…

Foto: US National Archives

In Großbritannien hatte der 22-jährige Lastensegler-Pilot Leutnant Robert Charles Casey in der Nacht vom 6. auf den 7. Juni nicht lange geschlafen: „Die C-47 der 437. Gruppe waren von Frankreich zurückgekehrt, wo sie die Männer der 82. Airborne nahe einer Ortschaft namens Ste.-Mère-Église hatte abspringen lassen. Mich interessierte, wie die zurückgekehrten Maschinen nach ihrem Einsatz aussahen. Alle waren sie wieder da, einige von der Flak getroffen. Eine Maschine war mit nur noch einem intakten Motor zurückgeflogen. Als ich mir die Maschinen ansah, bekam ich eine Ahnung, wie schwierig dieser Einsatz gewesen sein mußte und was mich in der nächsten Nacht noch erwarten würde…

An diesem noch sehr frühen Morgen hatten wir noch eine kurze Zusammenkunft mit allen Flugleitern. Gordon Chamberlain und ich würden als Co-Pilot und Pilot zusammen fliegen, und unser Gleiter hatte *(nach dem Abkuppeln von der Zugmaschine)* fünf andere zu leiten. Zusammen mit den Männern des 325. Regiments der 82. Airborne würden wir die C-Kompanie transportieren. Unsere Startzeit sollte 4:37 Uhr sein, unsere Ankunft in der *Landezone O* voraussichtlich 7:00 Uhr. Insgesamt sollten an diesem 7. Juni in der Normandie 400 Gleiter landen, und einer davon sollte der unsere sein…"

Indessen war man sich im obersten deutschen Führungsstab und bei vielen Truppenkommandeuren immer noch *(wochenlang)* nicht sicher, ob es sich bei diesem Landeunternehmen tatsächlich um den erwarteten Hauptstoß handeln würde. Noch immer glaubte man an ein Ablenkungsmanöver, um deutsche Truppenverbände in der Normandie zu

*Fallschirmjäger-Regiment 6:
„Es war die dschungelähnliche
Landschaft in der Normandie,
die den Krieg dort so grausam
machte. Weil man zwischen
den vielen hohen Hecken und
den Bäumen mit dem langen
Efeu daran nicht weit sehen
kann, lebte man ständig in Anspannung und der Angst, daß
hinter jeder Hecke und jedem
Baum der Feind lauert..."*
Foto: Kollektion K.-H. Mayer

binden, und man war noch immer der Meinung, daß eine noch folgende Hauptlandung am Pas-de-Calais stattfinden würde. Von Rundstedt beurteilte die Situation am Morgen des 7. Juni ähnlich wie Hitler: „Trotz stärksten Einsatzes auf verhältnismäßig engem Raum ist mit Wahrscheinlichkeit anzunehmen, daß dieser Angriff nur Vorläufer weiterer Invasionsangriffe ist."

Das I. Bataillon des FJR 6 hatte sich inzwischen deutlich in Richtung Küste bewegt, als es auf der *(alten)* von Cherbourg nach Caen führenden Nationalstraße *(der heutigen N13)* plötzlich von Sainte-Mère-Église her heftig von angreifenden US-Fallschirmjägern in süd-östliche Richtung auf Carentan abgedrängt wurde – bis nahe Saint-Côme-du-Mont.

Karl-Heinz Mayer berichtete: „Die verschiedenen Kompanien unseres Regiments waren längst durcheinander geraten und größtenteils in Auflösung begriffen. Ich hatte mich Soldaten des III. Bataillons angeschlossen. Aber auch die waren durcheinander gekommen, etliche zogen nach Norden, Richtung Turqueville. Auch da ging alles furchtbar durcheinander, und dazwischen rannten die Amerikaner 'rum und schossen auf uns.

Als es dann etwa vier Uhr war, gerade hatte die erste Morgendämmerung eingesetzt, da wollte ich mein Maschinengewehr aufstellen. Ich habe immer irgendwas rascheln hören, in den Bäumen, und so ein leises Gequassel. Man verstand zwar nichts, aber ich hab' unserem Unteroffizier gesagt, *da stimmt was nicht...*

Da oben hockten oder hingen noch Amis, die sich nicht von ihren Fallschirmen losmachen konnten oder wollten. Dann hat's geknallt, und ich hab einen Schuß abgekriegt. Das Geschoß hatte mein Gesicht über dem rechten Auge seitlich gestreift und war direkt unterhalb des Schlüsselbeins 'reingegangen und in die Lunge. *(Wie sich später herausstellte, war das Geschoß vom Schulterblatt abgeprallt und in die Lunge eingedrungen.)*

In diesem Moment ging auf einmal eine ungeheure Ballerei los – die Schiffsartillerie. Sie schossen mit Phosphorgranaten. Die Dinger schlugen in die Bäume ein, und man konnte überall die brennenden Teilchen sehen, die umherflogen. Sie haben dabei auch ihre eigenen Leute getroffen, die auf den Bäumen. Die waren da oben völlig schutzlos, baumelten an ihrem Geschirr herum, strampelten und schrieen vor Schmerz.

Plötzlich war ich an mehreren Stellen selbst am brennen. Ein Kamerad hat mir den MG-Gurt 'runtergerissen und die Jacke aus. Überall flogen diese gefährlichen Funken. Dann ging das Geknatter los; links, rechts, überall wurde geschossen. Der Kamerad sagte, *Du weißt ja, wo Du hin mußt...*

Kurz zuvor hatten wir vor dem Wald noch ein Hinweisschild zu einer Sanitätsstelle gesehen. Die Verwundung in meinem Gesicht hat furchtbar geblutet; es lief nur so an mir 'runter, und mein Arm war wie gelähmt. Dann bin ich losgelaufen, und beim schnellen Atmen kam immer die Luft aus dem Loch in der Schulter 'raus. Mit der anderen Hand hab' ich es dann zugehalten..."

Um 4:37 Uhr, wurden in Großbritannien, auf der Ramsbury Air Force Base, zehn Horsa-Gleiter von einer Douglas C-47 angeschleppt und hoben nur fünfundzwanzig Sekunden später vom Boden ab – in Richtung Normandie. Einer der beiden Piloten war Leutnant Robert C. Casey: „An diesem Morgen starteten wir mit Männern und Material und deutlichem Übergewicht. Über England gab es tiefhängende Wolken und gelegentlichen Regen. Als wir dann den Kanal überquerten, konnten wir Hunderte Flugzeuge in der Luft sehen, Kampfflieger ebenso wie Truppentransporter und Lastensegler. Es kam gerade etwas Tageslicht auf, und wir sahen unter uns Tausende Schiffe auf dem Wasser; ein unglaublicher Anblick. Ich war etwas stolz auf meinen Einsatz, weil meine Großeltern in Frankreich lebten und unter der Besatzung der Nazis litten, außerdem war meine Mutter eine geborene Französin.

Dann flogen wir über die Halbinsel von Cherbourg, die stark befestigt war. Unsere Staffel flog über der Höhenreichweite der deutschen Fliegerabwehrkanonen. Sodann gingen wir auf 140 Meter hinunter. Als wir Utah Beach erreichten, machten wir eine 90°-Drehung und stiegen auf 210 Meter Höhe. An dieser Stelle warteten wir auf das Lichtsignal in der Kuppel unseres Schleppflugzeugs, um unsere Ankunft an unserer Landezone anzuzeigen und daß wir uns ausklinken konnten. Wir hatten Glück, denn in diesem Bereich war alles sehr ruhig.

Dann war es soweit. Wir klinkten aus, machten eine weitere 90°-Drehung und suchten ein geeignetes Feld zum Landen. Wir waren überladen, und beim Aufsetzen brach eines unserer Vorderräder weg. Wir schlingerten quer über das Feld und schlugen mit der Breitseite gegen eine Hecke. Glücklicherweise ging dennoch alles gut, und unsere Männer verließen den Flieger mit ihrer Ladung Minen und liefen los, um ihr Einsatzgebiet zu finden.

Als wir da quer über das Feld gerutscht waren, war derart viel Dreck ins Cockpit gespritzt, daß sogar mein M1-Karabiner ziemlich verschmutzt wurde. Als ich kurz darauf Mörsergranaten über mich hinwegfliegen und in unserer Nähe krepieren hörte, dachte ich, daß es wohl besser sei, mein Gewehr zu reinigen.

Kurze Zeit nach dem ersten kamen zwei weitere Lastensegler auf diesem Feld herunter. Als der letzte Gleiter landete, stieß er mit seiner linken Tragflächenspitze gegen einen Telegrafenmasten, geriet außer Kontrolle und krachte in unseren gerade zuvor gelandelen Horsa-Gleiter. Die Folge waren vierzehn Verletzte. Einer von ihnen hatte sogar einen Beckenbruch erlitten."

Leutnant Robert C. Casey: „Das Fliegen mit einem Horsa ist nicht gefährlich – aber es kann sehr gefährlich werden..."
Foto: Kollektion R. C. Casey

Im ersten Licht des Tages erschienen in St. Floxel 20 deutsche Soldaten einer Radfahr-Kompanie, die sich auf dem Anwesen der Familie Jaunet unter deren Apfelbäumen niederließen und damit begannen, dort eine kleine Verteidigungsstellung anzulegen. Bernard Jaunet beobachtete sie: „Dann geschah eigentlich nichts. Ihre Verteidigungsstellung war auch nichts Tolles. Sie waren alle bewaffnet, hatten Gewehre und Munition. Dann warteten sie ab und taten nichts – bis zum 9. Juni..."

Auch andernorts gab es viele kleinere und größere Trupps, die sich einigelten und defensiv verhielten. Der Gefreite Heinrich Müller von der 1./919, der mit zwei Kameraden

Das Fahrrad war für Unteroffiziere sowie Mannschaften das allgemein gebräuchlichste Fortbewegungsmittel. Für Nachtfahrten mußten spezielle Verdunklungskappen über die Lampen gezogen werden, in denen es lediglich einen schmalen Schlitz für das Licht gab, was in der nachts so besonders dunklen Normandie nicht ungefährlich war…
Fotos: Kollektion M. Mundt

noch immer in einem Schützenloch nahe Sainte-Marie-du-Mont lag, gab seine Meinung kund, die viele deutsche Soldaten schon zu diesem Zeitpunkt vertraten: „Wir hatten erfahren, daß vor der Küste Hunderte Kriegsschiffe lagen, überall waren Fallschirmjäger und diese komischen fliegenden Kisten 'runtergekommen, feindliche Panzer und Lastwagen rollten umher, überall streiften schwerbewaffnete Feinde herum, aber auf unserer Seite tat sich nichts. Wir warteten auf etwas Großes, auf den ganz großen, massierten Gegenschlag unserer Truppen und Panzer. Und wo blieb Hermann Göring's glorreiche Luftwaffe? Aber nichts…, da kam ja noch nicht einmal ein Befehl zu einem Gegenangriff. Alles erschien sehr lethargisch…"

Leutnant Robert Casey hatte gerade seinen Karabiner gereinigt, „als wir Feuer bekamen. Glücklicherweise erkannten wir schnell, daß es Beschuß seitens unserer eigenen Leute war. Einer unserer Männer warf eine Granate, die orangefarbenen Rauch ausstieß, um zu signalisieren, daß wir derselbe Trupp waren. Der Beschuß wurde sofort eingestellt. In diesem Moment erschien ein Bauer, der eine Kuh an einem Strick führte. Ich kann ein paar Worte Französisch und fragte den Franzosen, ob er uns sagen könnte, wo wir uns hier befänden. Keine Antwort. Aber ich hatte das Gefühl, daß wir in der Nähe von Ste.-Marie-du-Mont waren.

Während wir auf das Eintreffen von Hilfe für die Verletzten warteten, flogen plötzlich aus östlicher Richtung drei feindliche Flieger in hoher Geschwindigkeit tief über uns hinweg, gejagt von einigen Spitfires der Royal Air Force. Sie hatten wahrscheinlich unsere Truppen am Omaha Beach angegriffen und wurden nun verfolgt und beschossen; einer von ihnen qualmte schon. Einige Lastenseglerpiloten versuchten, unseren Verletzten zu helfen. Aber schon bald kam ein Lastwagen, um sie zu einer Sanitätsstation zu transportieren. Ein anderer Lastwagen brachte uns Piloten dann zum Utah Beach."

Der kleine Trupp des Mohawks-Indianders und Pfadfinder-Leutnants Jack Dixon war am Nachmittag des Vortages bei Angoville-au-Plain mit einem anderen kleinen amerikanischen Trupp Fallschirm-jäger zusammengetroffen. Der Anführer, ein Hauptmann, hatte daraufhin mit Jack Dixon beschlossen, sich gemeinsam in nördliche Richtung und nach

Ste.-Marie-du-Mont zu bewegen. Dort wollte man sich mit den von der Küste kommenden US-Truppen vereinigen. Gegen Mittag des 7. Juni war man bis nahe der Ortschaft vorgestoßen.

„In der Nähe von Sainte-Marie-du-Mont wurden wir plötzlich von einem Granatwerfer beschossen", erzählte Jack Dixon. „Der Soldat hatte hinter einer dieser vielen, dichten Hekke gestanden."

Die Granate schlug zwischen dem Fallschirmjäger-Trupp ein. Es gab einen Toten und mehrere Verwundete. Ein sehr kleiner Granatsplitter streifte Jack Dixon's oberen Teil der Stirn, direkt unter dem schmalen Stahlhelmschirm. Aus der Wunde rann ihm sofort das Blut über sein Gesicht: „Wir feuerten mit unseren Maschinenpistolen Streufeuer in die Hecke, solange, bis die Magazine leer waren. Während des Schießens hörten wir auf der anderen Seite Schreie, dann war alles still..."

Leutnant Jack Dixon, mit indianischem Namen Winggezy (Fischadler), am Mittag des 7. Juni in einem Haus am Stadtrand von Ste.-Marie-du-Mont. Ein kleiner Granatsplitter hatte ihm kurz zuvor eine stark blutende Verwundung im oberen Bereich seiner Stirn verursacht.
Foto: Kollektion J. Dixon / Winggezy

Die letzten Männer des Zuges der westlich von Ste.-Marie-du-Mont eingeschlossenen 4./FJR 6, dem auch Christian Fett angehörte, gerieten ebenfalls gegen Mittag in noch stärkere Bedrängnis: „Wir hatten keine MG-Munition mehr, war alles verschossen. Da kamen mittags die Amerikaner über so ein kleines Stück freien Feldes, so etwa zwölf, dreizehn Mann. Wir waren nur noch neun Mann, das war alles, was von unserem anfangs 36-köpfigen Zug übriggeblieben war. Aber man konnte den Amerikanern ansehen, daß die ebenso fertig waren, wie wir. Die waren ganz schön sauer.

Bei uns war auch ein Gefreiter dabei, der sagte, als wir die Amis kommen sahen, *laßt schnell das MG verschwinden, ihr kommt sowieso nicht mehr zum Schießen!* Ich hab's MG noch schnell in so einem kleinen Graben versenken können. Meine Pistole hatte ich noch, die wollte ich bis zum letzten Moment..., aber dann hab' ich sie fallenlassen. Das war eine P 38. Munition dafür hatte ich sogar in der Gefangenschaft noch ein paar Kugeln. Dann hoben wir die Hände...

Da kamen von See her Panzer angerollt und haben uns in das Überschwemmungsgebiet gedrängt. Wir mußten da 'rein, sonst hätten sie uns überrollt. Wir waren sowieso wehrlos. Dann haben wir uns da wieder herausgearbeitet, und die Amis haben uns gefangengenommen und zu einem nahen Gehöft geführt. Wir waren total naß und froren, und so haben sie uns da 'reingesteckt, mit noch anderen Gefangenen. Wir wurden da gesammelt."

Bis zum Mittag hatte man in der Batterie Marcouf den Schaden am Geschütz Nr.3 endlich behoben; das Rohr ließ sich wieder zur Seeseite drehen – und wieder brüllte die 21-cm-Langrohrkanone in Richtung See. Auf dem Strand hatten sich mittlerweile eine Menge amerikanischer Fahrzeuge angesammelt, die am frühen Morgen von den großen Transportschiffen angelandet worden waren. Nach einiger Zeit rapportierte Ohmsen gegenüber Oberst Triepel: „Keine Treffer beobachtet."

So konnte die Anlandung weiterer amerikanischer Truppen und Materials immer störungsfreier weiter fortgesetzt werden.

Nachdem die Landung der Alliierten am ersten Tag der Invasion in allen fünf Landeabschnitten gelungen war, begannen sie am 7. Juni mit dem massierten Nachschub an Soldaten, wichtigem Kriegsmaterial und dringend benötigten Versorgungsgütern für einen weiteren und raschen Vorstoß ins Landesinnere. Bis zum Abend dieses Tages brachten sie weitere 22.323 GI'sund 2.627 Fahrzeuge am „Utah Beach" an Land.
Fotos: US National Archives

Die Fallschirmjäger der 82. und 101. Airborne Division hatten in ihren Landezonen dennoch viele kleinere und größere Gefechte, stellenweise auch größere Kampfhandlungen auszutragen. Nach deutlich mehr als 30 Stunden seit ihrer Landung auf dem Cotentin sehnten sie sich nach der angekündigten Verstärkung durch weitere von *Utah Beach* heranrückende Truppen der 4. US-Infanterie-Division. Einige ihrer Panzer waren bereits bis Ste.-Mère-Église vorgedrungen. Indessen gingen die Soldaten von Schliebens 709. Division und Teile der 91. Luftlandedivision an verschiedenen Brennpunkten im Großraum bei Ste.-Mère-Église zu Konterattacken vor. Der Divisionsgeneral wollte jeden Vorstoßversuch der Amerikaner in Richtung auf Cherbourg vereiteln.

Der Rest von Major von der Heydte's Bataillonen hatte auf seinen Befehl hin indessen begonnen, sich in östliche Richtung auf Carentan zurückzuziehen. Zur Lage bei Ste.-Mère-Église berichtete Generalleutnant von Schlieben in seinem schriftlichen Rapport: *Dort unterstützte das Bataillon das Gren.Rgt.1058, das an diesem Tage wechselvolle Kämpfe um den Besitz von Ste.-Mère-Église führte, ohne diesen Ort mit stärkeren Teilen nehmen und halten zu können. Auf der Feindseite zeigten sich an diesem Tage bereits eine Anzahl Panzer, auch trat das Feuer aus feindlichen, großkalibrigen Schiffsgeschützen sowie starkes Granatwerferfeuer höchst unangenehm in Erscheinung. Durch dieses schwere Feuer der feindlichen Schiffsartillerie kam auch der Angriff des durch Nachtmarsch stark ermüdeten Regiments Müller nicht vorwärts.*

Am Nachmittag des 7.6. bekam ich in der Gegend hart nördlich Neuville-au-Plain den Eindruck, daß das Regiment 1058 nicht mehr in der Lage war, Ste.-Mère-Église zu nehmen, geschweige denn unter der Einwirkung der feindlichen Schiffsartillerie und der feindlichen Panzer zu halten (was sich in der Folge der Ereignisse bewahrheitete).

Indessen stand Fallschirmjäger Günter Prignitz in Carentan auf dem Kirchturm: „Vom Turm aus sah ich durch das Scherenfernrohr des dort oben postierten Oberjägers Peter Bräck, von der 12. Kompanie, in zehn Kilometern Entfernung zirka fünfundzwanzig große Schiffe. Jedes dieser Schiffe hatte am Bug und Heck einen Fesselballon, und die Schiffe feuerten Breitseiten.

Unsere Anwesenheit auf der Plattform außerhalb des Kirchturms wurde von zwei Piloten amerikanischer Jagdflugzeuge beobachtet, die uns nun mit ihren Bordmaschinengewehren beschossen. Der Kirchturm bestand aus dickem Natursteinmauerwerk. Beim Anflug der Jabos gingen wir hinein, bei ihrem Abflug wieder hinaus. Als sie ihre Munition verschossen hatten, flogen sie fort, und wir haben ihnen nachgewinkt."

Der Lastwagen, auf dem sich auch Leutnant Robert Casey befand, hatte inzwischen den *Utah Beach* erreicht: „Der Beachmaster *(Strandkommandant)* sagte, daß wir an Bord eines der geräumigen LCTs gehen sollten. So wateten wir durch's Wasser, und als wir auf dem LCT waren, stellten wir fest, daß sich darauf 218 deutsche Kriegsgefangene befanden. Mein erster Gedanke war, mein Bajonett auf mein Gewehr zu pflanzen..."

Das LCT brachte alle zu einem weiter vor der Küste liegenden großen Truppentransporter. Die Piloten sollten so rasch wie möglich wieder zurück nach Großbritannien transportiert werden, um schon bald wieder einen weiteren Einsatz zu fliegen, auch Robert Casey: „Als ich im Dunkel der angebrochenen Nacht an Deck mit einem Besatzungsmitglied sprach, erfuhr ich, daß die Deutschen nachts von Flugzeugen aus schwere Minen in den Ärmelkanal abwerfen, wo unsere fünftausend Schiffe lagen. Eines der Schiffe war kurz zuvor in unserer Nähe getroffen worden und innerhalb von nur drei Minuten untergegangen."

Deutsche Kriegsgefangene am „Utah Beach" (im Hintergrund ein noch vollbeladenes Panzerlandungsboot).   **Foto: US National Archives**

Den gesamten 7. Juni über waren kontinuierlich weitere amerikanischen Truppen angelandet und aus der Luft abgesetzt worden. Trotz vieler, bisweilen sehr blutiger Kampfhandlungen konnte das stete Vordringen der Alliierten in ihrem gesamten Invasionsraum infolge eigener Materialüberlegenheit und des starken Soldatenpotentials einerseits, sowie mangelnder deutscher Gegenwehr andererseits, nicht mehr aufgehalten werden, außerdem hatte sich bereits ganz allgemein ein geradezu dramatischer Mangel an Artillerie- und Infanterie-Munition eingestellt.

Auch das Fallschirmjäger-Regiments 6 hatte weitere Probleme und Verluste zu verzeichnen. Dr. med. Schad berichtete: „Unser III. Bataillon wurde an diesem Tag nördlich der Douve

Oberst von Kistowski: „Am Abend des 6. Juni und am Morgen des 7. Juni trat die 352. Infanterie-Division mit der Bitte an unser Regiment heran, ihr Munition für MG'42 zu überlassen, da sie selbst fast restlos verschossen sei. Dasselbe traf auf Gewehrmunition zu. Dem Wunsche wurde, soweit tragbar, entsprochen."
Foto: Kollektion W. Kistowski

eingesetzt *(im Raum St.-Côme-du-Mont, Ste.-Mère-Église und Ste.-Marie-du-Mont)*. Wegen der schweren Verluste der Bataillone mußten die Einheiten auf den Nord- und Ostrand von Carentan zurückgenommen werden, zumal die Gefahr einer Umzingelung durch amerikanische Einheiten bestand."

Weitere Verstärkung für die Amerikaner sollte am D+4 *(D-Day plus 4 Tage)* mit der 9. US-Infanterie-Division erfolgen, und am D+8 sollte die 79. Division mit ihrer Anlandung beginnen. Beide Divisionen würden dann dem VII. Korps unterstellt sein. Eines der primären Ziele stellte die Einnahme und Wiederinbetriebnahme des Überseehafens Cherbourg dar. Alle anderen Ziele waren Fernziele, die zu erreichen zuerst ein weiteres und weites Vorstoßen ins Landesinnere vorausging, sogar bis weit über dessen Grenze hinweg...

Die Tage danach

Schon früh morgens ließen die Amerikaner die neun Gefangenen der 4./FJR 6 und die anderen Deutschen auf dem kleinen Gehöft nahe des Überschwemmungsgebiets sich aufstellen. Christian Fett „war mulmig zumute, als die da so mit ihren Maschinenpistolen dastanden. Da hat man gedacht, *was passiert jetzt...?* Dann wurden wir gefilzt. Uns wurde alles abgenommen, was wir besaßen, zuerst die Armbanduhren, die haben sie gleich kassiert. Das Wetter an diesem Tag war trübe und wir immer noch naß. Dann wurden wir in einer Kolonne abgeführt, Richtung Osten..."

Der kleine Trupp des *Sturmbataillons Messerschmidt* „lag nun schon den dritten Tag in diesem Schlamassel", wie Heinz Lunkenheimer die Gesamtsituation sah. „Ständig warteten wir auf Verstärkung. Rätselhaft, daß derart schweres Kriegsgerät wie Panzer und Geschütze von den Amerikanern so schnell herangeschafft werden konnte, schneller als ich imstande war, mir eine neue Uniform zu beschaffen. Aber wo waren *unsere* Panzer...?"

Noch während Heinz Lunkenheimer seinen Gedanken betreffs einer besseren Uniform nachhing, geschah vor seinen und den Augen seiner Kameraden etwas äußerst Ungewöhnliches:

„Da rollte ein mit einem roten Kreuz gekennzeichnetes amerikanisches Fahrzeug in unser total offenes Blickfeld. Es kam aus einem schlecht einsehbaren Waldstück und fuhr merkwürdigerweise rückwärts. Man streckte eine Rot-Kreuz-Fahne aus dem Führerhaus und schwenkte sie aufgeregt, als habe man etwas sehr Wichtiges mitzuteilen. Hatten sie uns entdeckt?

Alles, was nun geschah, ereignete sich etwa hundert Meter vor unserer gut getarnten Stellung, und wir trauten unseren Augen nicht, was wir da sahen:

Zwei Amerikaner stiegen aus dem Wagen, gingen nach hinten und öffneten eine Tür am Fahrzeugheck. Sachen gibt's, die gibt's eigentlich gar nicht, denn da stieg ein deutscher Landser aus dem Auto. Dann noch einer und ein dritter. Drei deutsche Soldaten in voller

Uniform; entwaffnet, wie es schien, aber in guter Verfassung. Die Amerikaner entledigten sich der Soldaten in aller Eile. Auch ohne Fernglas konnte man erkennen, daß sie das mit einem ordentlichen, militärischen Gruß taten. Die drei Deutschen erwiderten den Gruß und fingen an zu applaudieren. In unserer Stellung nahmen wir verwundert die Finger von den Abzügen und klatschten innerlich mit.

Wie sich schon bald herausstellte, gehörten die drei deutschen Soldaten zu unserem Bataillon, waren aber schon abgeschrieben gewesen. Sie waren jedoch von dem Amerikanern gefangengenommen worden, und als sie ihnen lästig wurden, ganz einfach wieder abgeschoben."

Teile des III. Fallschirmjäger-Bataillons, dem der Sanitäts-unteroffizier Karl Bader angehörte, waren indessen bis zur Brücke über die Dives vor Carentan zurückgedrängt worden: „Unsere 12. Kompanie war längst mit der 14. vermischt, und unser Regiment vor der Übermacht der Amerikaner längst ins Wanken gekommen, aber die Brücke haben wir noch drei Tage lang gehalten. Dann sind wir bis zur Bahnlinie. Dort haben wir uns am Bahndamm eingebuddelt. Da gab es fürchterliche Verluste. Von der Sammelstelle sind die Verwundeten dann weggekarrt worden, nach Périers, mit 15 Lastwagen. Manche mußten den weiten Weg zu Fuß laufen. Wir hatten ja kein Sanitätsmaterial mehr.

Der grausamste Fall war ein Bauchschuß. Da wußte man gar nicht, wie man den zu transportieren hatte. Den haben wir dann einfach auf ein Fahrrad gelegt, einfach so d'rauf. Ich habe ihn dann zum Verbandplatz geschoben. Das war einen Kilometer weit. Er stöhnte unentwegt. Das war ein Trauma..."

Fallschirmjäger-Sanitätsunteroffizier Karl Bader: „Ich habe mehr ausgesehen wie ein Schlachter, als ein Sanitäter."
Foto: Kollektion K. Bader

Auch den gesamten 8. Juni waren die Amerikaner an der Küste noch immer nicht bis zum W 14 und darüber hinaus in nordwestliche Richtung vorgedrungen. Ihr Vormarsch konzentrierte sich wegen des weitläufigen Überschwemmungsgebietes im Wesentlichen auf den südöstlichen Bereich ihres Landeabschnitts. Der zum W 14a gehörende Infanterist Heinrich Leichter sagte dazu: „Wir hier hinten, bei uns unten am Strand, blieben völlig unbehelligt. Hier war überhaupt nichts los. Der Krieg spielte sich rechts von uns und hinter uns ab, hinter dem Überschwemmungsgebiet, und die Kriegsschiffe haben immer nur über uns hinweg geschossen."

Anders verhielt es sich mit dem Zerstörer *USS Shubrick*, der über längere Zeit die Batterie Maisy zielgenau beschoß und dadurch ihre teilweise Zerschlagung bewirkte.

Am frühen Abend dieses Tages mußte Heinrich Leichter vom W 16 warmes Essen für die Soldaten des W 14a holen. Mit einem Thermobehälter auf dem Rücken kamen ihm beim längst unbewohnten Weiler Les Gougins zwei Kameraden vom W 14 entgegen, die ebenfalls Essen für ihre Leute in dem Widerstandsnest geholt hatten. Sie grüßten einander und verschwanden in der Dunkelheit.

Noch am selben Abend erfuhr Heinrich Leichter, „daß die beiden Kameraden vom W 14 auf ihrem Rückweg von Fallschirmjägern aus dem Hinterhalt erschossen worden waren. Die Amerikaner waren wahrscheinlich in das überflutete Gebiet abgesprungen und hatten sich in den leerstehenden Häusern des Weilers versteckt".

Foto: US National Archives

An diesem 8. Juni war es den vom Landesektor „Gold Beach" vorgedrungenen britischen Truppen gelungen, die zehn Kilometer im Hinterland liegende Stadt Bayeux einzunehmen.

In der alten Kirche von Angoville-au-Plain hatten die beiden Sanitäter Kenneth Moore und Robert Wright bisher unermüdlich die Verwundeten versorgt. Inzwischen waren sie drei Nächte und drei Tage lang durchgehend im Einsatz und hatten nur sporadisch und sehr wenig Nahrung zu sich nehmen können. Zu ihrer größten Überraschung erschienen plötzlich, von oben, aus dem Turm der Kirche kommend, zwei deutsche Soldaten. Sie hatten sich dort schon vor dem *D-Day* als Beobachter aufgehalten. Als dann in der Nacht zum 6. Juni die amerikanischen Fallschirmjäger landeten, waren sie aus Angst, erschossen zu werden, weiterhin dort oben geblieben. Sie wußten, daß Fallschirmjäger nur selten gegnerische Soldaten gefangennehmen. Nun waren sie von Hunger und Durst hinuntergetrieben worden. Außerdem war die Schießerei um die Kirche herum zugunsten der Amerikaner erst am späten Vormittag dieses Tages beendet worden. Nun ergaben sich die beiden Deutschen ihnen.

Erst an diesem Nachmittag und nach Beendigung der Kampfhandlungen legten sich Kenneth Moore und Robert Wright endlich völlig erschöpft zum Schlafen auf den Fußboden der Kirche.

Seit dem Nachmittag des 8. Juni näherten sich sowohl vom *Utah Beach* sowie von der Pointe du Hoc vorstoßende US-Trupps dem Grandcamp. Der Kommandeur des Flak-Sturm-Regiments 1 hatte bereits seit dem frühen Abend des 6. Juni seine Kanoniere anweisen lassen, mit der Flak-Munition sparsam umzugehen. Oberst von Kistowski berichtete weiter: „Zu Beginn der Invasion wurde die Versorgung in jeder Form unzureichend, und zwar hauptsächlich wegen der langen Anmarschwege. Am besten war noch die Versorgung mit Flak-Munition, am schlechtesten die Brennstofflage" *(was sich alles in den nächsten Tagen noch weiterhin verschlechtern sollte)*.

Bis zum Morgen des 9. Juni hatte sich die der Flak-Abteilung 497 benachbarte, aber ohnehin schon schwer angeschlagene Batterie Maisy noch halten können, doch seit dem Vorabend rückten von Osten her US-Infanteristen und Ranger zum Grandcamp vor. Am Vormittag des 9. wurde die große Batterie dann von den Amerikanern angegriffen. Bis zum Mittag kämpften die an der Pointe du Hoc gelandeten Ranger des 2. Bataillons und jene des am *Omaha Beach* gelandeten 5. Bataillons zusammen mit Infanteristen des 116. Regiments sowie der 83. Chemie-Waffen-Kompanie *(für Entgiftungseinsätze)*, erst dann gaben die Verteidiger der Widerstandsnester 83 und 84 auf. 119 überlebende deutsche Soldaten gerieten in Gefangenschaft, einige schwerverwundet.

Auch die Flak-Abteilung 497 war am Grandcamp in starke Bedrängnis geraten und hatte längst begonnen, ihre Stellungen zu räumen. Diesbezüglich erklärte Oberst von Kistowski:

„Bei der Unhandlichkeit der 8,8-cm*(-Flak)* im Herausziehen aus der Feuerstellung war sie dann meistens erledigt. Ich habe selbst festgestellt, daß vom Erkennen eines Flak-Kampftrupps bis zum gegnerischen Feuerüberfall etwa drei Minuten vergingen. In dieser Zeit wäre niemals ein 8,8-cm-Geschütz herauszuholen gewesen, und bei seiner Empfindlichkeit war es bald unbrauchbar. Die Luftüberlegenheit des Gegners war überwältigend. Die Jabos blieben in einer Höhe, aus der sie die Batterie, selbst unbeschossen, angreifen konnten. Einzig und allein mit der 3,7-cm-Flak konnte man etwas erreichen, aber deren Richtmittel und Geschoßgeschwindigkeiten waren den modernen Jabos derart stark unterlegen, daß auch ihr die großen Erfolge versagt blieben.

Wenn nicht am 6. Juni bei Formigny die 3,7-cm-Batterie der leichten 90 den Gegner aufgehalten hätte, bereits am 8. Juni der Divisionsgefechtsstand vom Gegner besetzt gewesen wäre, und wenn nicht am 8. im Raum Bricqueville-Trévieres *(sechs Kilometer westlich Bayeux)* die Flak-Kampftrupps den Panzergegner aufgehalten hätten, unser Rückmarsch am 9. Juni auch nicht mehr geglückt wäre."

Am späten Vormittag dieses Tages rollte ein US-Truck auf das Anwesen La Colombière bei Holdy, um die dortigen deutschen Verwundeten abzuholen. Einer der Amerikaner ging auf Josef Horn zu, sah die Kette seiner Taschenuhr, die ihm einst sein Vater geschenkt hatte, lose aus der Uniformjacke hängen, zog die Uhr heraus und steckte sie sich ein.

Horn war darüber sehr verärgert: „Zufällig stand in unmittelbarer Nähe ein amerikanischer Hauptmann, etwa dreißig Jahre alt, der dolmetschen sollte. Der hatte eine Tätowierung an der Schläfe – unverkennbar ein Jude, sprach hessischen Dialekt. Bei dem beschwerte ich mich über den Diebstahl. Der Hauptmann hat dann den GI ganz schön zur Sau gemacht und ihm befohlen, mir die Uhr zurückzugeben, was der dann auch tat. Aber mein größeres Problem bestand in meinem nach nunmehr drei Tagen immer stärker angeschwollenen Arm, der nun vom Gips geradezu zusammengepreßt wurde; das drückte ganz unangenehm.

Deutsche Kriegsgefangene wurden durch den „Exit No.2" zu einer Sammelstelle an den „Utah Beach" geführt. Otto Dreher berichtete: „Ich war da auch dabei. Die Amerikaner, die uns abführten, waren Fallschirmjäger, ganz brutale Typen, die uns schlugen, sogar geradezu quälten. Da waren welche, die hatten oben am Schädel eine Nummer eintätowiert, eine Zuchthäuslernummer. Die waren ganz besonders gefährlich..." **Foto: US National Archives**

Dann mußten wir alle auf den Lastwagen klettern. Die Schwerverwundeten wurden auf Tragen d'raufgeschoben, und wir wurden an die Küste gefahren, nahe an den Strand. Das Grundstück, auf dem wir ausgeladen wurden, war mir gut bekannt, das war das Widerstandsnest 5 gewesen – alles kaputt. Auf dem Platz, wo wir ausgeladen wurden, warteten schon viele andere deutsche Gefangene. Der Hans Kramer war noch immer bewußtlos, und ich fragte mich, ob er das alles überleben würde...

Nach einiger Zeit wurden wir alle an den Strand geführt. Unsere Schwerverwundeten mußten von den anderen gefangenen Kameraden auf den Tragen mitgeschleppt werden. Als wir zwischen den Dünen hindurchgingen *(durch jene schmale Passage hinter den heutigen GI-Skulpturen)*, haben wir gestaunt, was wir da sahen. Da lagen massenhaft Schiffe, und am Strand Hunderte Landungsboote und die großen Transportschiffe für Panzer. Überall standen Panzer, Geschütze, Lastwagen und Fahrzeuge aller Art, Planierraupen und Panzer mit diesen Dreschflegeln zur Minenvernichtung – Hunderte. Aber es lagen auch unheimlich viele tote und verwundete Amerikaner dort. Ich war sehr beeindruckt. Außerdem herrschte inzwischen ein reger Flugverkehr. Dann Schuhe aus und durchs Wasser zu einem dieser großen Transportschiffe gewatet. In diesem Moment kam eine Me 109 – *eine* – im Tiefflug über uns hinweggerast, drehte eine Runde über den Kriegsschiffen, und weg war sie wieder. Gemacht hat sie nichts. Das war das einzige deutsche Flugzeug, das ich an diesem ganzen Tag zu sehen bekam. Dann mußten wir auf die Schiffe klettern. Unsere Verwundeten wurden mitsamt der Tragen, auf denen sie lagen, von einem kleinen Kran hochgezogen. Als die Trage mit Hans Kramer hochgezogen wurde, stieß sie ein paarmal gegen die stählerne Bordwand. Da machte Hans die Augen wieder auf..."

Der 36-jährige Gefreite Hermann Nissen hatte zur Mannschaft des W 9 gehört. Mit einigen Kameraden hatte er sich am 6. Juni vor den am Strand landenden Amerikanern durch das Überschwemmungsgebiet zurückziehen müssen. Drei Tage lang waren sie immer wieder in Gefechte mit ständig von See her nachrückenden US-Infanteristen und von der Landseite vorrückenden Fallschirmjägern verwickelt gewesen. An diesem 9. Juni fiel Hermann Nissen nahe St.-Martin-de-Varreville. *(Er wurde, wie viele andere Gefallene, erst auf dem Friedhof von St.-Martin-de-Varreville bestattet, später auf den deutschen Soldatenfriedhof bei Orglandes umgebettet.)*

Heinz Lunkenheimer lag indessen noch immer mit seinen drei Kameraden bei Ozeville: „Die amerikanischen Flugzeuge verfügten über die absolute Luftherrschaft. Nur ein einziges einsames deutsches Flugzeug sah ich irgendwann am Himmel. Es mußte sich verirrt haben. Dann tauchte ein deutscher Panzer auf, und die Zeit des langen Wartens auf Verstärkung schien zu Ende zu sein – aber welche Enttäuschung, es blieb bei diesem einen, und es sah ganz danach aus, als habe er sich ebenfalls verirrt... Zwei Soldaten entstiegen dem

Panzer. Durch den Ruß und Staub waren beide völlig unkenntlich, aber aufgrund seines Dialekts erkannte ich zu meiner größten Überraschung in einem einen ehemaligen Schulkameraden. Sie blieben für die Zeit, eine Tasse Kaffee zu trinken, die sie uns vier Mann mit einem Spirituskocher zubereiteten. Dafür hatten sie ihn auf die Abdeckung der Kette ihres Panzers gestellt.

Ein heiß diskutiertes Thema während dieser kurzen Kaffeepause war ein unerfreulicher Vorfall, den einer von uns, der am Morgen spähen gegangen war, beobachtet hatte: Ein gefangener Landser war plötzlich von einem provisorischen amerikanischen Kriegsgefangenen-Lagerplatz aufgesprungen und abgehauen. Die Amis hatten nicht lange gefackelt und ihn gnadenlos abgeknallt. Ein sinnloser Tod. Sinnlos auch manches Vorgehen unserer Leute. Es bringt alles nichts, es kostet nur…"

Das 8. US-Infanterie-Regiment hatte nahe hinter „Utah Beach" eine Verwundetensammelstelle (eine von vielen auf der Cotentin-Halbinsel) für Verwundete ihrer 4. Infanterie-Division eingerichtet. Aber auch verwundete deutsche Soldaten wurden dort erstversorgt (siehe jenen rechts unten).
Foto: US National Archives

Dieser Meinung war auch Fallschirmjäger Günter Prignitz: „An den folgenden Tagen waren wir in heftige Angriffs- und Verteidigungskämpfe mit amerikanischer Infanterie verwikkelt, unter anderen auch bei St. Hilaire, südlich Carentan. Wir hatten viele Verluste. Auf unserer Seite kämpften russische Offiziere und Soldaten in deutschen Uniformen.

Als ich dann verwundet auf einem rückwärtigen Verbandplatz lag, traf ich den amerikanischen Sanitätssoldaten wieder, mit dem ich in der Nacht zum 6. Juni amerikanische Verwundete in die Kirche auf dem Friedhof von St.-Georges-de-Bohon getragen hatte…"

Karl-Heinrich Büchner befand sich indessen noch immer in der B-Stelle der HKB Azeville, nahe Crisbecq: „…Dann hat Hauptmann Dr. Treiber telefonisch mit Oberst Triepel verhandelt, und wir hatten die Genehmigung gekriegt, am 9. Juni den Bunker verlassen zu dürfen. Der Oberst hat dann den Befehl erteilt, daß wir zu seinem Gefechtsstand auf der Ginsterhöhe kommen sollten. Wir waren acht Leute."

Der Batteriechef befahl nun, sämtliches Gerät zu zerstören, und spät abends, gegen Mitternacht, setzte er sich mit seinen letzten sieben Männern von der B-Stelle in nordwestliche Richtung zum Regimentsgefechtsstand ab. Sie schlichen in der Dunkelheit zuerst über das Terrain der benachbarten Marine-Küsten-Batterie, durch metertiefe Bombenkrater und breite Granattrichter. Nur langsam und mit äußerster Vorsicht und vorgehaltenen Waffen gingen die acht Männer auf schmalen Pfaden zur von den Amerikanern noch nicht erreichten Ginsterhöhe, auf der sie in der zweiten Stunde des 10. Juni ankamen.

„Wir haben dann dort geschlafen", erzählte Karl-Heinrich Büchner, „und am nächsten Morgen wurde ein Stoßtrupp von drei Mann und einem Leutnant zusammengestellt. Da hat man mich auch dazu eingeteilt, obwohl wir Artilleristen und keine Infanteristen waren. Der Trupp sollte feindliche Fallschirmjäger aufspüren, die sich in der Umgebung aufhielten. Wir sind dann gegen zehn Uhr ein Stück durch den Wald gegangen, entlang einer Hecke. Plötzlich haben uns irgendwelche Amerikaner entdeckt und angefangen, zu schießen. Den Leutnant hat's sofort erwischt; der war gleich tot. Eines der Geschosse hat meine rechte Gesäßhälfte durchschlagen und das Ende des Mastdarms. Das hat natürlich sehr geblutet. Ich bin daraufhin zum Regimentsgefechtsstand zurück und zum Arzt. Da hat man es noch fertiggebracht, mich und andere Verwundete in der Nacht nach Cherbourg zu fahren, ins dortige Festungslazarett. Dort bin ich gleich operiert worden und habe ein Bett bekommen. Von Hauptmann Dr. Treiber hatte ich mich wegen der Verwundung leider nicht mehr verabschieden können."

Immer wieder (und noch etliche Wochen lang) trafen am „Utah Beach" verwundete amerikanische und deutsche Soldaten ein, um zu den großen Schiffen übergesetzt und nach Großbritannien, in die dortigen Lazarette, gebracht zu werden.
Foto: US National Archives

Nach den schweren Kämpfen zur Einnahme der Batterien Azeville und Marcouf wollte der Kommandeur der 4. US-Infanterie-Division den Vorstoß seiner Truppen rasch weiter vorantreiben. Dafür ließ er am Nachmittag dieses 9. Juni aus dem 22. Infanterie-Regiment, dem 746. Panzer-Bataillon und dem 899. Panzerjäger-Bataillon eine spezielle Kampfgruppe bilden, die Brigadegeneral Henry A. Barber unterstellt wurde, dem stellvertretenden Divisionskommandeur. Ab 16:30 Uhr war diese *Task Force* einsatzbereit, doch ihr Vorstoß wurde bei Azeville durch die erbitterte Verteidigung von Teilen des deutschen Grenadier-Regiments 922 aufgehalten. Ein rascher Vorstoß der Amerikaner wurde mit jeder Annäherung an die weiterhin einzunehmenden Ortschaften verlangsamt.

Am vierten Tag des Einsatzes des speziell zusammengestellten *Sturmbataillons Messerschmidt* stieß ein Zug samt des Kompaniechefs zu den vier Kameraden bei Ozeville, zu denen auch Heinz Lunkenheimer gehörte. Bei den Soldaten dieses Zuges befanden sich auch einige Verwundete, zum Teil sogar Schwerverwundete, deren Versorgung und Transport sich als äußerst problematisch und extrem schwierig erwies. Gerade als der Kompaniechef, mit dem sich Heinz Lunkenheimer sehr gut verstand, sich diesbezüglich mit ihm zu unterhalten begann, heulte eine Granate heran, schlug in der Nähe ein und verwundete den Oberleutnant schwer. Dazu erklärte Lunkenheimer: „Es mußte ein sehr großer Granatsplitter gewesen sein, der in seinen Brustkorb eingedrungen war. Die Ironie jedoch war, daß das unsere eigene Artillerie verursacht hatte. Die ballerte andauernd in unsere Stellung. Doch dann stellten sie das Feuer plötzlich ganz von selbst ein – zu spät. Auf unseren Stabsarzt hatten wir bereits kaum nachdem die Invasion begonnen hatte, verzichten müssen. Er war auf eine Mine getreten und hatte einen Fuß verloren.

Vor seinem Abtransport hatte mir der Kompaniechef noch sein Fernglas gegeben. Er sagte, er brauche es ja nun nicht mehr. Ich war erschüttert. Das klaffende Loch in seiner Brust hatte ich mit steriler Verbandgaze verschlossen, luftdurchlässig, so daß seine verirrte Atemluft dort ungehindert entweichen konnte."

Alsbald stießen noch andere Soldaten des Sturmbataillons hinzu, und man setzte sich gemeinsam in südliche Richtung in Bewegung. Lunkenheimer erzählte weiter:

„Es schien auf deutscher Seite überhaupt keine gescheite Strategie zu geben. Immer öfter stießen wir auf kleine, wahllos zusammengestoppelte, versprengte Gruppen, die scheinbar nur eines im Sinn hatten, nämlich irgendwie den chaotischen Verhältnissen zu entrinnen. Es mag sein, daß Teile unseres Bataillons von festen Positionen aus agieren konnten. Die Gruppen, die wir, ein Sanitäts-Unteroffizier und ich, begleiteten und denen ich mich

Während sich im küstennahen Hinterland in manchen Regionen die Lage etwas entspannt hatte und die Amerikaner sich sogar Zeit für längere Ruhephasen nehmen konnten, wurde andernorts verbittert gekämpft.
Fotos: US National Archives

gelegentlich auch allein anschließen mußte, waren führungslos geworden und völlig überfordert. Ich selbst war zeitweise völlig demoralisiert.

Irgendwann trafen wir auf eine kleine Soldatengruppe, die mit der Meldung aufwartete, unsere ursprüngliche Einheit sei auf nur noch ganze neun Mann zusammengeschrumpft. Die Antwort, ob sie mit *Einheit* die Kompanie oder das gesamte Bataillon meinten, blieben sie uns schuldig. Niemand kannte sich mehr aus, und es sprudelte immer munter aus der Gerüchteküche. Man fragte sich, wie unsere Zukunft aussehen würde. Sterben wollte niemand, auch nichts von einer Gefangennahme wissen, die uns durch die Amerikaner unausweichlich bevorstand. So gab es, außer einem sinnlosen Heldentod, nur die Alternative, sich der immer enger werdenden Umklammerung zu entziehen. Auch ich war mit diesem letzten, soeben gefaßten Entschluß einverstanden und geriet dabei keineswegs in Gewissensnot. Zurück in nördliche Richtung sollte es gehen, umgehend. Wer wußte schon, wie lange man sich überhaupt noch auf ein solches Wagnis einlassen konnte. So machten wir uns auf den Weg…"

An diesem Tag war es den von Bayeux weiter in westliche Richtung vorstoßenden britischen Truppen gelungen, nun auch Isigny, unterhalb und leicht östlich der Vire-Bucht, einzunehmen.

Auch in der Nacht zum 10. Juni dröhnte im Zentrum und auf der gesamten nordöstlichen Seite der Cotentin-Halbinsel wieder anhaltender Gefechtslärm. In der Nähe von St. Floxel

In St. Marcouf wurden zwei Fallschirmjäger der 101. Airborne Division von einem französischen Zivilisten informiert.

Unter den US-Fallschirmjägern gab es außer vieler Indianer auch einen großen Anteil farbiger Soldaten.

Fotos: US National Archives

kam es zu ernsten Kampfhandlungen zwischen deutschen Infanteristen und US-Fallschirmjägern. Bernard Jaunet schilderte die dramatische Situation: „Die Amerikaner kamen auf unseren Hof und haben einfach die Ställe geöffnet und alle Tiere hinausgejagt. Dann schickten sie auch uns fort. Ängstlich liefen wir und einige andere Franzosen vom eigenen Anwesen zu einem benachbarten, um Schutz in den selbstgebauten Unterständen zu finden. Dabei flogen uns die Kugeln um die Ohren. Da wurde mit Karabinern, Maschinengewehren und Granatwerfern geschossen. Als wir abends nochmals wieder für nur kurze Zeit zurückkehrten, war die Hälfte unserer Tiere tot – qualvoll verendet durch die Splitterwirkung des Granatwerferbeschusses.

Aber schnell war zwischen St. Floxel und Ste.-Mère-Église eine regelrechte Front entstanden. Um den gefährlichen Schießereien auszuweichen, sind wir rasch zur Küste hinuntergegangen. Dort unten war es ruhig. Erst nach einigen Tagen gingen wir wieder nach Hause. Da mußten wir zuerst einmal unsere toten Tiere beerdigen. Wir hatten 28 Tiere verloren. Dann war der Hof wieder in Ordnung zu bringen. Nur langsam zogen sich die Deutschen in Richtung Montebourg zurück. Die Amerikaner zogen in eine andere Richtung. Sie ließen auf unserem Anwesen fünf Deutsche zurück, die sie zuvor gefangengenommen hatten. Nachdem die Amerikaner fort waren, blieben die Deutschen da und warteten artig ab, bis die Amerikaner bald darauf zurückkamen und sie mit einem Lastwagen abholten."

An diesem 10. Juni erreichte das Schiff mit dem Gefangenentransport, bei dem sich auch Josef Horn befand, in aller Frühe den Hafen von Portland in Großbritannien. Dort mußten alle von Bord gehen. Die Verwundeten wurden in ein amerikanisches Lazarett eingeliefert.

Josef Horn sollte gleich morgens operiert werden: „Ich hatte solche Schmerzen, daß ich selbst den Gips auf einer Kante meines Feldbettes kaputtgeschlagen habe. Nun konnte man sehen, daß da massenhaft Läuse d'runter waren. Ein amerikanischer Arzt fragte: *Haben Du Schmerzen?*

Nach der Operation kam er wieder und sagte: *Herr Unteroffizier, wir haben Sie zwei Kugeln herausoperiert. Es waren keine amerikanischen, sondern deutsche…*

Was hatte mein Vater mir gesagt? *Der Feind steht hinter Dir…"*

Bis zum 10. Juni war der nördliche Abschnitt der Cotentin-Ostküste noch immer nicht von den Amerikanern erreicht worden. Heinrich Leichter berichtete: „W 14 und W 14a hatten keine Telefonverbindung mehr zu irgend einem anderen Stützpunkt. Der nächste war W 16. Mit dem waren wir noch telefonisch verkabelt. Aber da hatte wohl schon am 6. Juni eine Bombe das Kabel zerrissen. Da mußte ich dann entlanggehen und die freiliegende Leitung

Infolge der zunehmenden Masse deutscher Gefangener war am „Utah Beach" ein großes, provisorisches (Durchgangs-)Gefangenenlager eingerichtet worden.   **Foto: US National Archives**

zusammenflicken. Ich mußte mich vorsehen, weil ja die Jagdflieger immerfort über uns waren. Sowie einer kam, mußte ich in Deckung gehen.

An diesem Tag wurde bemerkt, daß sich uns aus der Ferne, von Südosten her, auf der Küstenstraße, langsam amerikanische Panzer näherten. Da kam einer unserer Pioniere mit einem Kanister voll Sprengstoff, und genau dort, wo der runde, französische Bunker steht, da hat er ein großes Loch in die Straße gesprengt, so daß die Panzer nicht mehr rüberkamen. Durch das sumpfige Überschwemmungsgebiet ging's ja auch nicht, da wären sie versunken. Dann wurde in einen der durch's Wasser führenden Wege, dort bei den leerstehenden Häusern, auch eine Lücke gesprengt, daß nun tatsächlich keine Panzer vom Inland mehr herunterkommen konnten."

Dem kleinen Trupp mit Heinz Lunkenheimer war es gelungen, sich ohne weitere Verluste bis über Montebourg hinaus durchzuschlagen. Von überall her klang entfernter Kampflärm. Als man wieder einmal eine Rast einlegte, entschied sich Lunkenheimer, allein weiterzugehen.

Nach einiger Zeit durchquerte er ein kleines Waldstück, in dem offensichtlich eine Granate größeren Kalibers eine nicht unerheblich große Schneise gesprengt hatte. Als der Hilfssanitäter am jenseitigen Rand der Schneise angekommen war, stockte ihm der Atem: „... Als ich plötzlich in die häßlichste Fratze des Krieges blicken mußte. Ich war zutiefst erschüttert. An einer halbzerstörten Natursteinmauer kauerte ein Soldat, dem das halbe Gesicht weggerissen war. Keine Nase mehr, kein Mund, der Kiefer total zerstört, die Augen unbeschreiblich... Geblutet hatte der Bedauernswerte kaum. Ich kenne nichts Vergleichbares, womit man diese schreckliche Tragödie bildlich machen könnte. Zwei Fäuste hätte ich in seinen offenen Kopf legen können. Völlig ratlos stand ich vor der bedauernswerten Kreatur. Ich sprach ihn an: *Gib' mir ein Zeichen, Kumpel; mach' eine Faust, wenn Du mich hören kannst...*

So redete ich auf ihn ein, schließlich hatte er noch seine Ohren. Aber das war auch alles. Als ich den Soldaten daraufhin sanft am Arm packte, reagierte er kaum. Kein Mensch auf dieser Welt würde ihm jemals helfen können. *Wenn er überlebt, wird er den Rest seines Lebens elendig dahinsiechen müssen*, schoß es mir durch den Kopf. So wurde mir schnell klar, wie ich ihm helfen könnte, eigentlich zwingend müßte. Ich hätte ihn auf der Stelle erschossen, wenn ich noch im Besitz meines Karabiners gewesen wäre. Sicherlich wäre es

Foto: US National Archives

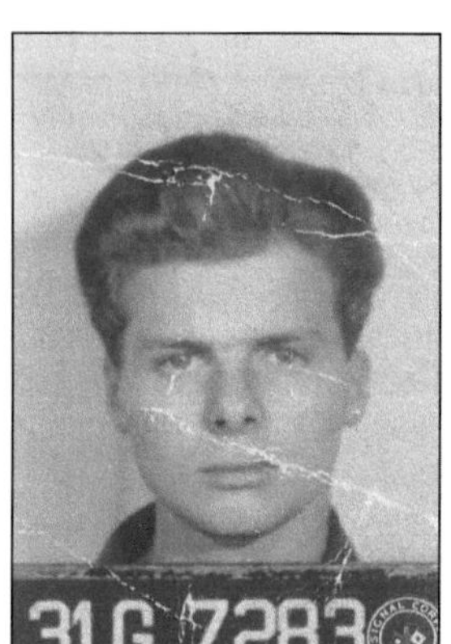

*Dieses Foto von Heinz Lun-
kenheimer wurde 1944 im
Kriegsgefangenenlager Houlton
(USA) aufgenommen, als
Paßbild für die Registrierungs-
unterlagen der US-Army, das er
1946 heimlich entwendete und
mit nach Hause nahm. (Seine
abenteuerlichen Kriegserlebnis-
se wurden in seiner diesbezüglichen Autobiographie „Der
D-Day und die schwarze Frau“
publiziert.)*

*Foto: US Signal CorpsKollektion H.
Lunkenheimer*

mir aber möglich, einen zu besorgen. Doch bevor ich wegen dieser Tat zum Mörder wurde, kam es zu einer unerwarteten Wende: Plötzlich Granateinschläge ganz in der Nähe. Ich rannte um mein Leben. Aus nicht sehr weiter Entfernung beobachtete ich dann drei Explosionen, genau dort, wo ich gerade noch mit diesem armen Kerl beisammen gewesen war. Ein Wunder war geschehen! Ich konnte mir so gut wie sicher sein, daß es ihn nun voll erwischt hatte. Aber keine zehn Pferde hätten mich dorthin zurückbringen können. Der kaum zu ertragende Anblick des Soldaten hatte mir unglaublich zugesetzt. Ich war total verzweifelt.

Nach einiger Zeit traf ich auf einen einzelnen, älteren Soldaten namens Leo, dem ich mich anschloß. Er sah, genau wie ich, in der selbstmörderischen Vorgehensweise keinen weiteren Sinn. Beiläufig fragte er mich: *Hast Du eine Pistole dabei?*

Ich verneinte.

Das läßt sich ändern, mein Junge. Man weiß nie, wann man so'n Schießeisen mal gebrauchen kann, gerade jetzt. Hier, nimm schon.

Er hielt mir diese klobige Null-Acht hin und zeigte mir auch seine eigene. Ich wußte erst nicht, was ich dazu sagen sollte. Gerade erst hatte ich mich von meiner Braut getrennt, war froh gewesen, daß ich sie mir vom Buckel geschafft hatte. Ich lehnte ab, schon wegen der Rot-Kreuz-Binde. Leo verstand das nicht. Ich dachte einen Moment lang darüber nach. Dann entschied ich mich, die Binde vom Arm und die Pistole anzunehmen."

Einige Zeit gingen die beiden Soldaten weiter. Von überall her vernahmen sie sporadischen Kampflärm. Da hörten sie den nicht weit entfernten Abschuß eines Granatwerfers – dann den Granateinschlag in ihrer Nähe. Heinz Lunkenheimer schrie schmerzlich getroffen auf: "Plötzlich hatte ich ein Gefühl, als hätte mir eine Wildsau in den Arsch gebissen. Dieser verdammte Granatsplitter! Ausgerechnet eine derart vertrackte Stelle mußte er sich aussuchen. Leo, dem ich mich gerade angeschlossen hatte, legte bei der provisorischen

Versorgung der Wunde mit Hand an. Zum Glück war ich noch gehfähig. Wir schafften es, uns noch ein Stück weit vom Kampfgebiet zu entfernen. Unterwegs trafen wir zwei ebenfalls verwundete deutsche Soldaten mit demselben Ziel: Festungslazarett Cherbourg. Einer von ihnen hatte ein Maschinengewehr am Trageriemen über die Schulter gehängt und in Höhe der Hüfte im Anschlag.

Als wir an einem Bauernhof vorbeikamen, detonierten Granaten in unserer Nähe derart heftig, daß wir kurzentschlossen in dem Gebäude Schutz suchten. Dort gingen wir in einen Keller, der außer drei fast mannshoher Fässer nichts weiter beinhaltete. Dem typischen Geruch nach lagerte man in den Fässern massenhaft Cidre.

Dann entdeckten wir einige in einer Ecke kauernde, verängstigte französische Zivilisten, Frauen und Männer, die wie wir Schutz vor den Granateinschlägen suchten. Die Sympathie der Zivilisten zu uns deutschen Soldaten war natürlich auf dem Nullpunkt. Wer sollte es diesen Leuten auch verdenken?

Nun streifte ich meine Hose 'runter und versuchte, das Ausmaß meiner Verwundung zu ergründen. Allerdings mit wenig Erfolg. Auf meine Bitte hin brachte mir eine der Französinnen einen großen Spiegel. Aber auch das half mir nicht weiter. Ich wußte ja nicht, was der scharfkantige Stahlsplitter so tief da drinnen angerichtet hatte, der in bedenklicher Nähe... Nun ja, pinkeln konnte ich noch. Ob sonst noch alles in der unmittelbaren Nachbarschaft funktionierte, würde ich wohl irgendwann später erfahren...

Draußen nahm uns dann ein Wehrmachtfahrzeug auf. Die beiden Soldaten hatten eigentlich beabsichtigt, in Richtung Süden zu fahren, doch ließ der Frontverlauf dieses nicht mehr zu. Also ging es nach Norden, wo ich ohnedies hin wollte."

Noch am Nachmittag dieses Tages kam Heinz Lunkenheimer im Lazarett in Cherbourg an. Nach der Aufnahme seiner Personalien wurde er noch für denselben Abend zur Operation eingeteilt.

Am „Utah Beach" wurde auch weiterhin massenhaft Nachschub an Fahrzeugen, Kriegsgerät, Munition und Versorgungsgütern sowie weiterer Soldaten angelandet (wie hier nahe westlich des W 5; der Unterstand im Vordergrund war die äußerste nördliche MG-Stellung). Noch lange rollte der Nachschub von hier aus zu den ständig weiter vorrückenden amerikanischen Truppen und versorgte sie für ihren Feldzug in Richtung Osten...
Foto: US National Archives

Ein unaufhaltbarer Flächenbrand

Am Morgen des 11. Juni erwachte Heinz Lunkenheimer im Bett des Lazaretts. Die Operation war gut verlaufen, und es waren keine folgenschweren inneren Verletzungen festgestellt worden. Rein zufällig erfuhr Lunkenheimer, daß auch sein schwerverwundeter Kompaniechef ebenfalls in diesem Lazarett lag. Trotz seiner Schmerzen bemühte sich der Soldat noch im Laufe des Tages zu seinem Chef, und es kam zu einem kurzen Gespräch.

Die dichten Wallhecken der Bocage mit ihren bis zu mehr als zwanzig Meter hohen, meistens auch noch von dichtem Efeu umrankten Bäumen stellten für die Amerikaner ein ganz erhebliches Hindernis bei ihrem Vorstoß dar.

Foto: von Keusgen

Der sporadische Artilleriebeschuß durch die noch intakten deutschen Küstenbatterien störte noch immer die ständigen Anlandungen der Amerikaner vor *Utah*. Deshalb befahl der kommandierende General des VII. US-Korps, Joseph L. Collins, dem 39. Infanterie-Regiment der gerade erst am Vortage angelandeten 9. Infanterie-Division, die letzten Küstenbatterien zu neutralisieren, besonders die schwere Batterie Marcouf bei Crisbecq.

Aber es gab unter der Vielzahl von Schwierigkeiten noch eine ganz spezielle: Die Hecken der Bocage. *(Diese sogenannten Wallhecken – auch als Knicks bezeichnet – säumten auf den etwa einen Meter hohen und zwei Meter breiten Erdanschüttungen nicht nur fast jeden Weg in der Normandie – „Redder" genannt –, sondern auch die Felder und Wiesen der Bauern, um sie vor der Austrocknung durch den vom Meer herüberwehenden Wind oder vor dem Überlaufen von Vieh zu schützen. Auch waren sie als Grenzmarkierung und für den Viehtrieb wichtig. Diese von den Hecken so sehr geprägte Landschaft bezeichneten die Franzosen als „Bocage". Sie bot den ortskundigen deutschen Truppen aber auch gute Deckungsmöglichkeiten.)*

Obwohl diese dichten Hecken bereits während der Invasionsplanung in Großbritannien erwähnt worden waren, hatte man nicht vorhersehen können, welche enormen Schwierigkeiten sie beim Vorstoß der eigenen Truppen bereiten würden. Ihre dichte Vegetation machte das eigene Artilleriefeuer stellenweise nicht nur wirkungslos, sondern sogar gefährlich für die eigenen Leute. Die US-Soldaten nannten die Bocage „gottverfluchtes Land".

Da jedes einzelne Feld erkämpft werden mußte, kam der amerikanische Unteroffizier Curtis G. Culin jr. auf die Idee, an den Bug eines Panzers zwei stählerne, stark gezackte Metallplatten (aus den Resten von Strandhindernissen) direkt übereinander zu befestigen, die sich (vom Motor des Panzers angetrieben) mit schnellen Bewegungen in entgegengesetzter Richtung bewegten. So entstand eine sehr starke Schneidemaschine, mit der sich der Panzer in wenigen Augenblicken durch jede Hecke hindurcharbeiten konnte. General Bradley befahl, so schnell wie möglich so viele Panzer wie möglich mit dieser „Heckenschere" ausrüsten zu lassen. Mittels dieser Vorrichtung gelang den US-Truppen ein deutlich rascheres Vorrücken.

An diesem Tag, dem *D-Day + 5*, landete die 9. US-Infanterie-Division am *Utah Beach*. Im Gefechtsstand der 6. Kompanie des Grenadier-Regiments 919, in St. Marcouf, hatte man bemerkt, daß die Schiffsartillerie nun auch immer häufiger auf die kleinen Widerstandsnester am Strand schoß *(zum Schutz der Anlandung der 9. Division)*. Deshalb sollten die 11 Soldaten des W 14a ihre kleine Stellung vorsichtshalber räumen. Heinrich Leichter erzählte:

„Wir sollten uns zu dem großen Bunker bei der Kirche zurückziehen, weil es völlig sinnlos war, daß wir da noch länger lagen. Wir hatten ja auch mitgekriegt, daß unsere Küstenbatterien immer öfter auf die Verteidigungsanlagen am Strand schossen, weil sie sahen, daß dort die Amerikaner am Vorrücken waren, immer weiter auf Quinéville zu. Es wurde da unten für uns immer gefährlicher. Doch dann mußten wir erkennen, daß wir von den Amerikanern mehr und mehr eingeschlossen wurden. Durch's Fernglas hatten wir ja gesehen, daß da oben, bei der Batterie Marcouf, schon seit einigen Tagen schwer gekämpft wurde. Wir konnten die beiden großen Geschützbunker in der Ferne sehen und daß da eine Menge Soldaten waren, die sich nun auszuruhen schienen. Das konnten nur Amerikaner sein. Das war in unserem Rücken. Dann sahen wir einen US-Panzer von Marcouf her zu uns herunterfahren, auf dem Weg, der durch's Wasser führte. Es war ja nicht tief. Er wollte zum Strand vorstoßen, aber dann rutschte er seitlich in das Loch, das unsere Pioniere dort in den Weg gesprengt hatten, und aus war's. Daraufhin haben wir die Geschützverschlüsse ausgebaut und in unsere Brotbeutel gesteckt, um somit unsere Kanonen unbrauchbar zu machen. Jetzt wollten wir uns endlich absetzen.

Die ersten Kameraden gingen vor, ich wollte etwas später nachfolgen. Aber als ich losging, knallte es da vorn, und einige der Kameraden kamen zurückgelaufen. Sie waren von einer Batterie im Hinterland beschossen worden. Die dachten da oben wohl, hier würden die Amerikaner vorgehen, dabei waren's nur wir. Einer der Kameraden hatte durch den Beschuß einen Arm verloren. Der war dann schnell weitergelaufen. Wir anderen sind dageblieben.

In der Nacht zum 12. Juni war die Batterie Marcouf auf Anraten des Seekommandanten, Konteradmiral Henneke, von Oberleutnant Ohmsen aufgegeben worden. Die Amerikaner konnten somit das große Terrain ohne weitere Kampfhandlungen besetzen. (Foto: Die Kasematte Nr. 2 mit ihrer großen 21-cm-Kanone).

Foto: US National Archives

Gegen Abend kam unser Zugführer, ein Oberfeldwebel, mit einem Unteroffizier. Der Unteroffizier trug eine weiße Fahne. Ich hatte gerade die Wache übernommen. Der Oberfeldwebel sagte, ich sollte meinen Kameraden Bescheid geben, daß wir diese weiße Fahne aufstecken sollten. Auf dem Kompaniebunker bei der Kirche hätten sie auch schon eine 'rausgesteckt, weil sie wieder Beschuß befürchtet hatten. Die hatten dort auch einen Verwundeten. Deren Fahne wehte da schon den ganzen Tag, aber Amerikaner waren keine gekommen. Und nun sollte ich die Fahne, irgendein weißes Laken, am Strand vor unserem W 14a aufstellen. Da habe ich mich gesperrt, den Befehl verweigert. Wir hatten alle keine Lust, in Gefangenschaft zu gehen. Wir waren jung, wir wollten auf keinen Fall in Gefangenschaft gehen. Das wäre eine Kapitulation, ohne daß es einen Grund dafür gab; da war ja noch gar nichts geschehen, das uns zur Kapitulation gezwungen hätte. In meiner Empörung und meiner erregten Stimmung habe ich dann die Fahne genommen und einfach vor der Mauer im Sand vergraben. Das war jetzt peinlich für den Oberfeldwebel, daß die Mannschaft nicht mitmacht und kapituliert. Nun war er unter großem Druck. Alle anderen fanden richtig, was ich getan habe. Dann haben wir uns selbst derart aufgeschaukelt, daß wir bewaffnet in Richtung Süden losgegangen sind, dem Feind entgegen. Das war gefährlich, denn wir wußten ja, daß da Fallschirmjäger 'runtergekommen waren.

Je weiter die Kampfhandlungen ins Hinterland vordrangen, umso mehr Franzosen flohen davor – und wurden sehr häufig Opfer der schweren Schiffsartillerie, der Bomber und der schnellen Jabos…
Foto: Archiv von Keusgen

Wir waren gerade hundert Meter gegangen, da kamen uns von da hinten zwei Figuren entgegen. Ich nahm an, daß das zwei von uns waren. Die kamen direkt auf uns zu, und wir ließen sie auch kommen. Plötzlich blieben sie hinter so einem hohen, zweirädrigen französischen Holzkarren stehen. Dann legten sie auf einmal ihre Gewehre auf uns an. Da haben wir gemerkt, daß es wohl doch der Feind war. Dann haben sie geschossen, und wir haben feste zurückgeschossen, den einen direkt umgelegt, dem anderen durch's Ohr geschossen. Der konnte entkommen. Einer von uns ist hin zu dem Toten und hat gleich dessen Spatzenflinte mitgebracht. Das Gewehr haben wir erstmal genau angesehen; das war ja schön leicht, so wie bei uns ein Luftgewehr.

In diesem Moment kam ein Oberleutnant von unserer Kompanie. Den kannte ich noch gar nicht, deshalb machte ich Meldung, auch wegen der weißen Fahne. Da befahl er, daß wir alle mit ihm zum W 16 gehen sollten. Er gab mir seine Mauser-Pistole und nahm die Maschinenpistole, die ich bisher getragen hatte. Als wir dann gegen halb elf beim W 16 ankamen, wurde es schon dunkel. Der ganze Stützpunkt war gut eingezäunt. Als wir uns näherten, rief der Oberleutnant: *Nicht schießen! Nicht schießen!*

Als wir im W 16 waren, ließ der Offizier alle antreten, auch unseren Zugführer und den Unteroffizier. Er hielt eine kurze Ansprache, in der er den Oberfeldwebel und den Unteroffizier der Feigheit vor dem Feind beschuldigte. Dann mußte ich ihn entwaffnen, mußte ihm die Pistole abnehmen, und dem anderen Offizier auch. Danach mußten wir die beiden zum W 14 abführen. Dort sperrte man sie die Nacht über in einen Munitionsbunker.

Am nächsten Morgen wurden der Oberfeldwebel und der Unteroffizier irgendeiner kleinen Kommission vorgeführt. Die hatte dann sofort entschieden, daß man die beiden nicht kriegsrechtlich verurteilt, sondern ihnen Panzerfäuste geben und sie an die Front schicken sollte, um feindliche Panzer abzuschießen. Wir anderen Soldaten mußten wieder zu unserem kleinen W 14a zurück. Dort war noch immer kein einziger Amerikaner zu sehen.

Nachmittags kam unser Stabsfeldwebel zu uns, um mit uns die Räumung des kleinen W 14a abzusprechen. Es war ja wirklich sinnlos, dort stehen zu bleiben und sich der Gefahr eines Granatbeschusses auszusetzen. Im W 16 wollte man dann festlegen, wie die Räumung abends vonstatten gehen sollte. Die schweren Waffen mußten ja alle mit Pferd und Wagen abtransportiert werden.

Auf einmal knallten Gewehrschüsse. Da waren die Amerikaner am W 14 vorbei. Unsere Leute da hinten, die hatten offenbar keinen Widerstand mehr geleistet. Entweder hatten sie sich inzwischen abgesetzt, oder sie waren gefangengenommen worden.

Plötzlich waren die Amerikaner auch bei uns. Sogar einer ihrer Panzer hatte es geschafft, das Loch zu überwinden, das da unter Wasser in die Straße gesprengt worden war. Nun hatte uns die Schießerei auch erreicht. Zwei meiner Kameraden konnten gerade noch abhauen, die anderen bezogen schnell ihre Deckungslöcher und den Graben. Der Stabsfeldwebel und ich hatten Deckung in unserem Erdbunker genommen. Da war das Schießen draußen schon vorbei. Ein Amerikaner rief in den Bunker, daß wir uns ergeben und 'rauskommen sollten.

Wir warteten einen Moment lang ab, denn es könnte ja sein, daß wir gleich 'rauskommen, und die knallen uns sofort ab. Als ich dann im Eingang stand, und der Stabsfeldwebel daneben, da flog eine Handgranate zu uns herein. Geistesgegenwärtig hab' ich sie mit dem Fuß ein Stück zurückgeschubst, dann hat's gekracht. Ein Granatsplitter hat dem Stabsfeldwebel den Fuß kaputtgerissen, aber die Amis haben sich sofort um ihn gekümmert, ihn gleich auf eine Trage gelegt. Ich mußte meinen Mantel hergeben, als Kopfunterlage. Bei dieser amerikanischen Einheit waren auch Polen, Emigranten. Vor denen hatten wir mehr Angst. Dann wurden wir entwaffnet, gefangengenommen und zum W 14 geführt.

W 14 war deutlich größer als unser W 14a, und darin stand auch ein Haus. Nur zwei Amerikaner waren da zu dieser Zeit noch bei uns letzten etwa zwanzig Mann von den beiden Widerstandsnestern. Ein Dritter streifte hinter dem Haus herum, ständig sein Gewehr im Anschlag. Da fing er plötzlich an zu schießen, schoß auf einen eigenen Kameraden. Der hatte sich dahinten auch 'rumgetrieben. Da wußte einer nichts vom anderen.

Dann mußten wir zu einer Koppel marschieren. Wir mußten die Hände nicht hochheben. Auf der Koppel forderten die Amerikaner uns auf, alles, was wir besaßen, wegzuwerfen. Ich hatte ein paar kleine Konservendosen und Brot bei mir – alles weg. Auch eine kleine Tasche mit Fotos aus meiner Jugendzeit und von meinem Elternhaus hatte ich noch. Die haben sie mir gelassen. Auf der Koppel mußten wir dann die Nacht verbringen."

Amerikanische Soldaten sammelten die Leichendeutscher ein, die von Fallschirmjägern der 101. Airborne Division erschossen worden waren (und sich im vorübergehenden Zustand der Starre befanden).
Foto: US National Archives

Im weiter östlich befindlichen Kampfgebiet war es nunmehr nach erbitterten, tagelangen Kämpfen den Amerikanern gelungen, auch die letzten deutschen Verteidiger aus Carentan zu vertreiben.

Vom 7. bis zum 12. Juni war der *Kampfgruppe von der Heydte* nur ein einziger Truppenverbandplatz erhaltengeblieben, jener auf dem Gehöft *Le Bras Pendu*. Die dort verbliebenen sowie die ständig neu eintreffenden Verwundeten wurden von inzwischen mehreren Ärzten und etlichen Sanitätern versorgt.

Dr. Schad berichtete: „Nach den schweren Kämpfen und den starken Verlusten bis zum 12. Juni hatten wir innerhalb von vierundzwanzig Stunden einmal einen Durchgang von etwa achthundert Verwundeten."

Vom 12. Juni an verlegte der größte Teil der *Kampfgruppe von der Heydte* weiter in östliche Richtung. Die vorgeschobenen Verbandplätze befanden sich bei den Bataillons-Stäben.

Die Verluste der 91. Luftlandedivision waren inzwischen enorm und betrugen seit Beginn des *D-Day* bis zu diesem Tag etwa 3.000 Soldaten. Fast ein Drittel der Division war innerhalb der ersten vier Tage seit Beginn der Invasion aufgerieben worden. Für eine derart stark reduzierte Division, die auch noch unter extremem Munitionsmangel litt, war eine dermaßen lange Front wie jene vom Merderet, über Carentan bis Le Ham von ihr allein nicht zu verteidigen. Deshalb hatte sie Verstärkung durch das Grenadier-Regiment 920 erhalten *(Oberst Klosterkemper – vier Tage später Oberst König, der bis dahin Kommandeur des Grenadier-Regiments 1057 gewesen war)*. Dennoch hatte die Stärke nicht ausgereicht, eine Gegenoffensive einzuleiten. Man hatte sich lediglich auf Defensiv-Aktionen beschränken können. Es war absolut nicht möglich gewesen, die Angriffe der 9. US-Division abzuwehren. Durch den Einsatz dieser starken Division wurden die deutschen Verbände auf der Cotentin-Halbinsel endgültig getrennt.

Im Verlauf der vielen Kampfhandlungen war die 91. Luftlandedivision bis auf eine einzige Kampfgruppe zusammengeschrumpft und mußte am 10. Juni aufgelöst werden – bereits vier Tage nach dem „D-Day"... Bis zum Ende des 10. Juni war die 709. Infanterie-Division in 6.596 Kampfhandlungen verwickelt, und innerhalb von vier Wochen waren 1.250 ihrer Soldaten gefallen. **Foto: Archiv von Keusgen**

„Schon seit dem Morgen des 13. Juni verfolgte ich, was die im Lazarett neu Ankommenden zur aktuellen Lage draußen zu berichten hatten", erzählte Heinz Lunkenheimer, „es waren keine Erfolgsmeldungen betreffs deutscher Truppen. Endlich bald alles vorbei, und ich war froh darüber. Ein Held wäre ich sowieso nicht geworden.

Wie versprochen, suchte mich der Stabsarzt bald wieder auf. Zwei Dinge habe er mir mitzuteilen, sagte er, eines gut, das andere schlecht. Er begann mit der schlechten Meldung: *Ihr Oberleutnant hat es überstanden. Er hatte leider überhaupt keine Überlebenschance...*

Das ging mir nahe.

Die zweite Nachricht, vermutlich die gutgemeinte, galt nun mir. Er machte es kurz: *Gratulation!*

Er reichte mir die Hand: *Auf meiner Liste stehen Sie als Empfänger des Eisernen Kreuzes Zweiter Klasse; außerdem erhalten Sie das Verwundetenabzeichen in Schwarz.*

Was sollte ich dazu sagen? Irritiert war ich. Würde man zu Hause auf sowas überhaupt noch Wert legen? Was konnte ich anderes tun, als diese in meinen Augen abstrakte Dekoration einfach zur Kenntnis zu nehmen? Außerdem, was hatte ich schon an heldenhaften Aktionen geleistet?"

„Am nächsten Morgen mußten wir ins Hinterland marschieren", berichtete Heinrich Leichter, „nicht sehr weit, nur ein paar Kilometer, und von etwa fünfzehn mit Gewehren bewaffneten Amerikanern begleitet. Dann kamen wir auf einen großen, unbewohnten Bauernhof. Jeder bekam nun von den Amis eine Blechbüchse. Da waren drei Zigaretten drin, Schokolade und Kekse. Das war unsere Tagesration an Verpflegung. Aber davon konnten wir nicht satt werden, und Durst hatten wir auch. Es war warm an diesen sonnigen Tagen. Da ließ uns ein amerikanischer Offizier antreten. Dann kam noch einer und noch einer. Ich wurde ausgewählt, mit einem Kameraden mit einem der Offiziere mitzugehen, zu einem kleinen Schuppen, so groß wie eine Garage; der hatte keine Tür. Da lag ein toter deutscher Soldat d'rin, hatte eine Verwundung in der Brust, und ein Fuß war ab; der hing nur noch lose d'ran. Dann ging der Offizier mit uns um ein größeres Haus. Wir fürchteten, daß er sich an uns rächen wollte. Uns war wirklich mulmig zumute. Dann mußten wir aus einem anderen Schuppen zwei Schaufeln holen und für den Deutschen ein Loch graben. Wir beiden haben uns abgewechselt mit schaufeln. Irgendwann sagte der Offizier, daß das Loch tief genug sei. Dann haben wir eine Zeltplane 'reingelegt und den Toten d'rauf. Der Amerikaner hat noch einen deutschen Stahlhelm besorgt, guckte ins Lederkörbchen, ob da ein Name

Das Verwundetenabzeichen des Zweiten Weltkrieges war jenem des Ersten nachempfunden und wurde in drei verschiedenen Ausführungen an alle Soldaten verliehen, die durch feindliche Waffeneinwirkung Verwundungen erlitten hatten: Die schwarze Ausführung für ein- oder zweimalige Verwundung, die silberne Ausführung für drei- oder viermalige Verwundung und die goldene Ausführung für mehr als viermalige Verwundung.
Foto: Archiv von Keusgen

d'rin stand. Den hat er mit seinem Taschenmesser 'rausgeschnitten. Während wir das Grab dann zugeschüttet haben, hat er noch ein ordentliches Holzkreuz zusammengebastelt, daran die Erkennungsmarke gehängt und den Helm d'rauf. Wir waren beeindruckt. Das war ein Amerikaner – und auch noch ein *Offizier*…!

An demselben Tag mußten wir noch runter, zum Landekopf marschieren. Da haben wir eine ganze Zeit lang am Strand gesessen. Die Amerikaner hatten dort viele große Fesselballone *(Sperrballone)* in der Luft, nicht hoch. Die sahen aus wie kleinere Zeppeline. Der Strand wurde gelegentlich immer noch von deutscher Artillerie beschossen. Ich beobachtete gerade einen Farbigen, der sollte so einen Fesselballon an eine andere Stelle rangieren. Da heulte wieder eine Granate heran. Der Farbige ließ vor Schreck den Ballon los, und der stieg auf und stieg auf, und wir haben uns gefragt, wie hoch der wohl noch steigen wird. Als er schon sehr, sehr hoch war, da platzte er. Die Fetzen flogen weit durch die Gegend."

Nun mußte Heinrich Leichter mit noch vielen anderen deutschen Kriegsgefangenen am *Utah Beach* in ein großes Panzerlandungsboot steigen, das sie zu einem der Truppentransporter brachte, der dann alle nach Großbritannien fahren sollte. Der einzige ihm bekannte Mann, den er auf dem Schiff traf, war sein ehemaliger Zugführer.

Es dauerte noch bis zum 14. Juni, daß die Amerikaner nach langen und schweren Kampfhandlungen mit wechselseitigen Erfolgen endlich Quinéville einnehmen konnten. Die in der Nähe befindliche Batterie Mont Coquerel wurde um 21:30 Uhr eingenommen, nachdem die Batterieangehörigen kapituliert hatten. Die Kämpfe in diesem Bereich forderten bei den Amerikanern 5 Tote und 28 Verwundete *(die Verluste auf deutscher Seite sind auch hier nicht bekannt)*.

Der Planungsstab der Invasion hatte ursprünglich vorgesehen, direkt vor Quinéville einen künstlichen Hafen zum Anlanden von Nachschubmaterial zu installieren. Dieser Plan wurde aber infolge der zu dieser Zeit in diesem Bereich noch immer anhalten heftigen Kampfhandlungen am 12. Juni aufgegeben und ein solcher nahe „Utah Beach", im Sektor „Sugar Red", fast nördlich angrenzend an „Tare Green" angelegt.

Foto: US National Archives

Das Ende

Das stete Vordringen der Amerikaner, nun auch in nördliche Richtung, auf Cherbourg, veranlaßte auch die Verlegung mehrerer mobiler Batterien, auch jener, der Hans Günther Schönberner angehörte:

„Unsere Batterie war schon weiter südlich verlegt worden, näher an Valognes 'ran. Und dann sind wir in die finstere Nacht hinterhergestolpert. Da war schwer was los. Da brannten ganze Straßenzüge und es herrschte Chaos. Da sah ich Landser, die sind in eine Bäckerei gegangen und haben sich einfach die großen Kuchen genommen, zusammengewickelt und dann raus. Aber sie sind nicht weit gekommen. Gerade da, wo Chaos herrscht, sind doch massenhaft Feldjäger herumgelaufen. Die haben sie dann mitgenommen – und auf Plünderung stand die Todesstrafe...

Die Landetruppen hatten sich nun auch hier eingekrallt. Da hat uns unser Batteriechef auf die lange Landstraße geschickt, die Nationalstraße, die bis hinauf nach Cherbourg führt. Wir sollten da helfen, etwas zu bereinigen, hieß es. Aber womit? Mit unserem Funkgerät? Jetzt haben wir überhaupt erst erfahren, daß da nicht die Engländer kamen, sondern Amerikaner.

Auf der geraden Landstraße konnte man kilometerweit voraussehen, auf der kamen da einige von uns mit einer 3,7-cm-Pak angewalzt. Da war auch ein junger Offizier dabei. Plötzlich wurde von da ganz weit vorn mit einer Kanone auf uns geschossen; die sah auch aus wie eine Pak. Die Biester flogen uns einen Meter über die Köpfe. Wir haben unsere Kanone sofort in Stellung gebracht und zurückgeschossen. Aber das führte zu nichts. Nun kamen auch noch zwei dieser schnellen Jagdbomber, wahrscheinlich, um die Straße sauber zu fegen. Auf der anderen Straßenseite stand ein von diesen Jabos kaputtgeschossener Panzer. Hinter dem wollten nun drei von uns Deckung suchen, dabei war auch der Offizier. Wir sind auch gut über die Straße gekommen, aber dann haben wir festgestellt, daß die Schweinehunde den abgeschossenen Panzer beschießen, sind immer herumgekreist und haben gefeuert. Die hatten wohl ihren Spaß dabei. Sie konnten ja sehen, daß wir dahinter lagen. Auf einmal schoß einer von ihnen seine Bordraketen ab. Eine traf den Panzer, explodierte, und ich kriegte einen Granatsplitter direkt seitlich ins rechte Auge. Das Ding war fast halb so groß wie eine Erbse. Er ging ganz durch und blieb im Knochen dahinter stecken *(im sogenannten Siebbein)*. Gleichzeitig drang mir ein anderer Splitter direkt in den Oberschenkel, ganz tief. In den Kanal, durch den das Ding in mein Bein gedrungen war, hätte man einen Bleistift stecken können, so tief und so breit war er.

Einer der beiden Kameraden hatte den größten Teil der Splitter in den Bauch und in beide Schienbeine gekriegt. Der Offizier hatte mehrere Bauchtreffer. Da drehten die Jabos ab und verschwanden.

Wenn auch nur mit großen Schmerzen, so konnten wir drei uns dennoch erheben und auf eigenen Beinen fortbewegen. Ich konnte jetzt fühlen, daß mein Auge etwas heraushing, und die Augenflüssigkeit lief mir über die Wange. Ich hatte zwei Löcher im Auge, das Unterlid war durchtrennt. Irgendwann kam ein alter französischer Postbus, da wurden die Verwundeten reingepackt und ins Inland gefahren.

Am sehr späten Nachmittag traf der Bus bei einem Lazarett in Rennes ein. Dort angekommen, die Hose runter, das Loch im Oberschenkel angesehen, Klammerpflaster drauf, fertig. Die Wunde hat aber beim Laufen noch lange Zeit sehr weh getan.

Daraufhin kam ich zu einem Arzt für Kopfverletzte. Ich hatte noch Glück gehabt. Das Auge war nicht weg. Der Arzt hat sich mein Auge angesehen und dann mit einem kleinen Magneten den Stahlsplitter durch den Augenwinkel wieder 'rausgeholt. Dann bat er eine Krankenschwester, sich ein langes Haar auszureißen. Während er das Haar so lange in Alkohol tauchte, bis es ganz gerade war, hat er mir ein Mittel zum Einnehmen gegeben, dennoch war ich bei vollem Bewußtsein, jedoch ohne Schmerz, als er dann mit einer speziellen, gebogenen Nadel und mit vier Stichen das Loch in meinem Auge zugenäht und das Haar ganz klein verknotet hat. Die Flüssigkeit im Auge hat sich in den nächsten Wochen langsam wieder nachgebildet. Ich blieb noch einige Zeit in Rennes und mußte dort mehrmals zur Kontrolle zu einem Augenarzt."

(Hans Günther Schönberner wurde am 20. Juli von Rennes direkt ins Militärlazarett Siegen verlegt: „Dort hat sich in meinem Auge eine bakterielle Infektion eingestellt, und es mußte aufgeschnitten und leergepumpt werden."

Am 1. Januar 1945 wurde Schönberner an die Front in Ungarn geschickt. In seinem Lazarett-Entlassungsschein stand: Auf dem rechten Auge blind. Mehr als zehn Jahre später mußte Schönberner nochmals eine Augenoperation ausführen lassen: „Da sagte der Arzt, ich mache Ihnen mal was Neues; ich werde Ihnen jetzt eine Linse, die Sie brauchen, ins Auge einsetzen. Das mußte aber beim Zusammenheilen voll sein, damit es die richtige

In vielen Ortschaften in der Normandie wurde gekämpft, in den schmalen Straßen, sogar in Häusern von Zimmer zu Zimmer. **Foto: Archiv von Keusgen**

Hans Günther Schönberner's Auge heilte wieder, und er hat bis ins hohe Alter viele Schießwettbewerbe, sogar Meisterschaften gewonnen, was eine Vielzahl von Trophäen und Urkunden beweisen. Den zweiten, größeren Granatsplitter behielt er für den Rest seines Lebens im Oberschenkel.
Foto: Kollektion H. G. Schönberner

Ein Arzt vom 3. Bataillon des 508. PIR (links) und ein Leutnant von demselben Bataillon bei Orglandes (16 Kilometer hinter „Utah") am 17. Juni.
Foto: US National Archives

Form bekommt. Da wurde unten im Unterlid reingestochen und eine bestimmte Menge Flüssigkeit eingespritzt. Während des Heilungsprozesses verlor das Auge aber immer wieder etwas Flüssigkeit, so mußte noch mehrmals wieder neue eingespritzt werden.")

Die Gefangenenkolonne, der auch der 17-jährige Fallschirmjäger Christian Fett angehörte, hatte am 15. Juni Colleville erreicht, unmittelbar hinter dem Omaha Beach:

„Als wir da auf eine große Wiese, hoch über dem Strand, kamen, wurden an uns Schaufeln und Hacken ausgegeben, und wir mußten Gräber ausheben, viele Gräber *(der heutige US-Friedhof Colleville)*. Mit Kipper-Lastwagen brachten sie dann tote Amerikaner. Die Deutschen interessierten die ja nicht. Dann kippten sie die sogar ab. Die waren alle in weiße Fallschirme eingepackt und rutschten von der Ladefläche 'runter. Dann wurden alle einzeln in die Gräber gelegt. Da war ein Pfarrer dabei, der bekam die Erkennungsmarken. Das haben wir aber nur einen Tag lang gemacht. Am nächsten Tag mußten wir auf die Landungsboote, dann auf eines der großen Schiffe, und ab nach England..."

Am Morgen des 16. Juni erging bei der 7. Batterie der Flak-Abteilung 152 der telefonische Befehl, daß die gesamte Munition für das 10,5-cm-Langrohrgeschütz eingezogen würde. Johann Ennenga war befremdet: „...Aus Sicherheitsgründen, wie es hieß. Aber zu wessen Sicherheit? Bisher hatten wir hier noch keinen einzigen feindlichen Soldaten gesehen. Dann kam ein Lastwagen, und die ganze Munition wurde aufgeladen und weggefahren, wohin, das wußte niemand, er war nach Süden davongefahren..."

Am 17. Juni rückten die Amerikaner, von Négreville kommend, in Richtung der nur noch unweit entfernten 7. Batterie vor. Es kam zu einem ersten Schußwechsel, bei dem Ennenga's Kamerad Gerd Niedersteusche fiel *(auch er wurde auf dem deutschen Soldatenfriedhof bei Orglandes bestattet)*.

Am Abend dieses Tages sahen sich die Soldaten der 7. Batterie von den Amerikanern weitgehend umstellt. Johann Ennenga konnte sie von weitem kommen sehen: „Am 18. Juni morgens gelang uns der Ausbruch. Abgebaut hatten wir ja sowieso längst alles. Es ging vorbei an der großen Baustelle mit den langen Abschußtunnels für die V1-Raketen, immer in Richtung Cherbourg. Auf der halben Strecke konnte ich als Fußkranker auf einem Lastwagen mitfahren."

In dem großen Durcheinander der allgemeinen Rückzugbewegungen nach Norden traf Johann Ennenga einen guten Bekannten aus Schleswig Holstein: „Der Jan war vierzig Jahre alt und geradeeben von der Ostfront in die Normandie verlegt worden. Als er mich sah, fragte er: *Hes Du Not, min Jung?*

Dann sagte er, daß man in Russland wenigstens wußte, wo vorne und hinten war; in der Normandie ginge alles durcheinander."

Auch am Nachmittag des 20. Juni *(und in der Folge noch einige Wochen länger)* wurden noch immer Soldaten und Versorgungsgüter am *Utah Beach* angelandet. John Meihofer, GI

vom 51. US-Infanterie-Regiment *(General Patton)* kam direkt
vor dem ehemaligen W 5 an Land: „Der Beachmaster sagte uns, daß irgendwo auf dem großen Terrain hinter den Dünen ein Platz für unsere Kompanie gekennzeichnet ist. Wenn
wir da ankommen, sollten wir Signalschilder aufstellen, weil
man ja mit den Franzosen zusammenarbeiten würde. Wir haben dann die Signale aufgestellt. Aus weiter Ferne konnten
wir das Grollen der Kampfhandlungen hören und am Horizont
dunklen Qualm sehen. Der Krieg war noch nicht zu Ende. Am
nächsten Tag wurden wir vom Utah Beach in Richtung St. Lô
gefahren."

Der GI Harry Kalkowicz war mit seiner Einheit längst vom
Utah Beach abgerückt – ins Hinterland, ebenfalls in Richtung
St. Lô. Er berichtete: „Während des ganzen Krieges waren
die Amerikaner, und dafür sind sie bekannt, damit beschäftigt, Souvenirs zu sammeln. Wenn die Franzosen der Résistance einen Deutschen aufgegriffen hatten, gaben wir ihnen
dafür eine Packung Zigaretten. Wir taten ihm nichts, aber alle
seine Auszeichnungen nahmen wir ihm ab und als Souvenir
mit. Für einen deutschen Offizier gaben wir eine ganze Stange Zigaretten. Wir nahmen ihm dann alles ab, was er am Lei-
be trug, seinen Offiziersdolch, seine Orden, seine Pistole, seine Applikationen, manchmal seine gesamte Uniform, und bisweilen standen sie sogar fast ohne Unterwäsche da. Dann
übergaben wir sie wieder den Franzosen."

*Obwohl die Parole immer
wieder „Halten!" hieß, waren
die Kampfhandlungen für die
deutschen Soldaten von Beginn
der Invasion an lediglich Vertei-
digungs- und Rückzugkämpfe.*
Fotos: Archiv von Keusgen

Bereits seit dem 9. Juni befanden sich deutsche Truppen
im östlichen Invasionsraum auf dem Rückzug. Deutsche Verbände im Bereich *Utah Beach* zogen sich langsamer und in
östliche Richtung *(auf Carentan)*, in südöstliche Richtung *(ins
Landesinnere und mit Zielrichtung St. Lô)* und in nordwestliche Richtung auf Montebourg zurück. Außer dem Mangel an
eigenem Nachschub stellten für die deutschen Truppen die
ständigen Jabo-Angriffe das größte Problem dar, wie Oberst
von Kistowski bestätigte: „Die Überlegenheit der Jabos über

eine fahrende oder marschierende 8,8-cm-Batterie zeigte sich hier wieder, hatte die Batterie
doch außer ihren 2-cm-Geschützen keine weiteren Abwehrwaffen. Es wurde auch hier wieder festgestellt, daß die Gummireifen der Geschützanhänger sofort aufbrannten und dann
das Geschütz auf den Felgen nicht mehr fahrbereit war. Die Gummibereifung war nicht
schußsicher. Dadurch fiel ein großer Teil der Geschütze aus."

In und um Montebourg kam es nun zu äußerst heftigen Gefechten. Im Generalstab in
Cherbourg war man sich darüber im Klaren, daß die große Hafenstadt an der Nordküste
des Cotentin bereits in Montebourg verteidigt werden mußte. Würde Montebourg fallen,
dann fiele auch Cherbourg... Daher tobte in der Umgebung Montebourg's mit Angriff *(4.
US-Division)* und Gegenangriff *(Reste des Grenadier-Regiments 1058 sowie eine Artillerie-
Gruppe der 243. Infanterie-Division)* eine dreitägige Schlacht. Zum Kampfkommandanten

Fort, nur fort, mit allem, das es noch mitzunehmen gab. Die Übermacht der Amerikaner war viel zu groß.
Fotos: Archiv von Keusgen

von Montebourg hatte die 709. Infanterie-Division den Chef der dort liegenden Nachschubkompanie, Hauptmann der Reserve Dr. Max Simoneit, ernannt, dem es gelang, mit seiner Einheit als Kern aus umherirrenden Resten anderer Kompanien rasch eine Kampfgruppe aufzustellen. *(Vorher hatte dieser Psychologe, dem OKW angegliedert, eine Abteilung für die Auswahl von Offiziersanwärtern geleitet. Mit seinem obersten Vorgesetzten, Feldmarschall Keitel, war er aber in eine Konfrontation um die militärische Verwendung von dessen Sohn geraten. Simoneit's Abteilung wurde aufgelöst, er als Reservist eingezogen und in die 709. Infanterie-Division im „Atlantikwall" versetzt. In Montebourg war er zur rechten Zeit am richtigen Platz. Der erfahrene Psychologe verstand es, seine Soldaten, auch jenen aus den weniger kampferprobten Nachschubeinheiten, zum Durchhalten zu motivieren.)*

Drei Tage gelang es Hauptmann Dr.Simoneit mit den ihm zur Verfügung stehenden Soldaten Montebourg zu halten *(wofür er noch mit dem Ritterkreuz ausgezeichnet und zum Major befördert wurde).*

Am 20. und 21. Juni zogen sich die völlig erschöpften und unter einem schlimmen Mangel an Verpflegung und Munition leidenden Truppen der 709. Division aus dem Raum Montebourg über Valogne auf Cherbourg zurück.

Am 23. Juni wurde Cherbourg *(1944 zirka 41.000 Einwohner)*, in dem sich einer der wichtigsten Kriegshäfen Frankreichs befand, von Hitler zur Festung bestimmt und Generalleutnant von Schlieben zu ihrem Kommandanten. Die größtenteils zerschlagene 709. Division wurde nun mit etlichen im Erdkampf völlig unerfahrenen Marine-Soldaten aufgefüllt – was keine besondere Verstärkung darstellte.

Nur drei Tage später, am Montag, den 26. Juni, kapitulierte von Schlieben, und die Amerikaner rückten in die Stadt ein. Die 709. Infanterie-Division wurde nun formell für aufgelöst erklärt, und ihre Soldaten begannen, den Weg in die amerikanische Kriegsgefangenschaft anzutreten.

Am 27. Juni drangen amerikanische Soldaten in das dortige, große Lazarett ein, in dem noch immer Heinz Lunkenheimer lag: „Als ich plötzlich erwachte, stand ein Jeep vor meinem Bett, und jene, die da gerade ausstiegen, erweckten nicht den Eindruck, als seien sie freundliche Überraschungsgäste. Da sah ich, daß das große Eingangstor weit offen stand und einige schwerbewaffnete amerikanische Soldaten hereinpolterten. Doch allesamt benahmen sich dann uns gegenüber sehr rücksichtsvoll. Was sie so verwegen aussehen ließ, war dieser furchterregende Kriegsbehang, den sie an sich herumschleppten."

Ein deutscher Offizier setzte die Verwundeten von Schlieben's Kapitulation und der soeben vollzogenen Übergabe des Lazaretts in Kenntnis. Von nun an waren alle darin befindlichen Deutschen Kriegsgefangene und hatten der Anordnung der Amerikaner Folge zu leisten. Einige der amerikanischen Soldaten gingen von Bett zu Bett. Da fragte einer von ihnen Heinz Lunkenheimer auf Deutsch nach seinem Alter.

„Nineteen", antwortete Lunkenheimer und war der Meinung: „Ich glaubte, im Gesicht des Amerikaners sogar ein wenig Mitleid mit mir erkannt zu haben…"

Auch Karl-Heinrich Büchner war vor einigen Tagen in dasselbe Lazarett in Cherbourg verlegt worden – in einen anderen Trakt: „Auf einmal kamen Amerikaner ins Lazarett, aber ohne Waffen. Sie hatten alle Rot-Kreuz-Armbinden um. Das war der Tag meiner Gefangennahme. Da kam ein amerikanischer Generalarzt, der bestimmte, wer abtransportiert werden konnte. Weil ich wegen meiner Verwundung nicht gehen konnte, wurde ich mit einem amerikanischen Sanka zum Utah Beach, wie sie den Strand nun nannten, gefahren und dort in einem provisorischen Zeltlazarett untergebracht – für nur eine einzige Nacht. Man hat uns gut behandelt.

Am nächsten Tag wurde ich mit einem Jeep, auf dem man vier Tragen befestigen konnte, zu einem dieser sogenannten Liberty-Schiffe gefahren. Da wurden auch verwundete Engländer, Amerikaner und wir deutschen Kriegsgefangenen eingeladen."

Zu jenen Verwundeten, die an diesem 28. Juni von den Amerikanern abtransportiert wurden, gehörte auch Heinz Lunkenheimer: „Keiner wußte, wo die Reise hinging. Je nach Verwundungsgrad lud man uns auf Jeeps oder in Sankas. Die nur kurze Fahrt führte in den Hafen von Cherbourg. Nach England wollte man uns verfrachten. Jetzt hieß es umdenken, denn oftmals in der letzten Zeit hatte ich geglaubt, bald wieder nach Hause kommen zu können…

Schon bald darauf konnte ich endlich einmal auf's Meer hinaussehen. Welche ungeheure Menge an Kriegsund Transportschiffen ich nun zu sehen bekam, überstieg weit mein Vorstellungsvermögen. Eines davon, ein nicht sehr großes, gemessen an den im Hafen festgemachten Pötten, würde uns nun über den Kanal befördern…"

Karl-Heinrich Büchner berichtete: „Auf dem Weg über den Kanal sind wir gut verpflegt worden. In Portsmouth sind wir dann angekommen. Mit einem Lazarettzug ging es weiter nach Basingstoke. Da war ein Lazarett, wo wir für eine Nacht versorgt wurden. Wir haben Tabletten bekommen und wurden frisch verbunden. Am Morgen des 29. Juni ging es wieder zum Bahnhof, und man hat uns bis hoch nach Yorkshire gefahren. Dort gab es eine Baracke für deutsche Kriegsgefangene. Wieder wurden wir gut behandelt und verpflegt. Nach einiger Zeit hat man uns auf einer Farm eingesetzt, mich für zweieinhalb Jahre. Ich habe sogar Käse hergestellt – für England."

„Der 29. Juni war der Tag, an dem ich den schrecklichsten Moment meiner Militärzeit erlebt habe", erzählte Johann Ennenga. Was von der einstigen 7. Batterie der gemischten Flak-Abteilung 152 übriggeblieben war, hatte inzwischen Cherbourg durchzogen und war bis zum Weiler Bienvenu, nahe Gréville gekommen, 12,4 Kilometer westlich Cherbourg und 800 Meter von der nördlichen Küste des Cotentin entfernt.

Karl-Heinrich Büchner: „Als Kriegsgefangene waren wir in England weitgehend von der dortigen Bevölkerung isoliert, und wenn man mal zufällig mit ihnen zusammentraf, haben sie ihre Kinder von uns fortgezogen. Als dann die Regierung die Nicht-Verbundenheit aufgehoben hat, war alles vollkommen anders. Wir konnten nun mit der englischen Bevölkerung zusammenkommen. Ich habe dann bei dem Farmer mit am Mittagstisch gesessen. Da haben sie erkannt, daß die Deutschen gar nicht so schlecht sind, wie das dargestellt worden war. Die haben ja die gleiche Propaganda gehabt, wie wir sie auch hatten."

Foto: Kollektion K.-H. Büchner

Nachdem in Bienvenu ein großes Versorgungsdepot freigegeben war, „bedienten" sich Hunderte hungrige Soldaten der bisher dort gelagerten Vorräte. Am frühen Abend war der Fernmelder Johann Ennenga mit einem 20-Liter-Kanister voll Erbsensuppe auf dem Rükken mit einigen Artilleristen auf dem Weg zu ihren Kameraden der 7. Batterie: „Da schossen die Amerikaner plötzlich mit Schrappnells, und da stand ich mittendrin. Die Anderen haben sich gleich hingeschmissen. Ich aber hatte diesen großen Apparat auf dem Buckel und konnte mich damit nicht einfach hinwerfen, dann hätte ich die ganze heiße Brühe ins Genick gekriegt. Ich stand da wie angewurzelt. Fünf oder sechs Granaten schlugen da ein, und ich habe gedacht, *jetzt ist es aus*, doch dann war wieder Ruhe. Wir haben in dieser Situation sehr viel Glück gehabt."

Soldaten der 79. US-Infanterie-Division haben unweit Cherbourg in einem von den Deutschen aufgegebenen Schützengraben nahe eines halb unterirdischen Bunkers (im Hintergrund links) Stellung bezogen. In einer Gefechtspause genießen sie Rotwein und Calvados. (Auffällig sind die ungewöhnlich grobmaschigen Tarnnetze, die nur von den Soldaten dieser Division auf ihren Helmen getragen wurden.)
Foto: US National Archives

Am Morgen des 30. Juni wurde die Lage der letzten Männer der 7. Batterie plötzlich dramatisch. Johann Ennenga erzählte: „Wir waren dort oben an der Küste mit noch einigen anderen Soldaten in einem der Bunker. Nun waren die Amerikaner angekommen, und einer rief auf deutsch, daß wir uns ergeben sollten. Er sagte auch: *Wir haben einen Panzer direkt vor der Tür stehen, an der ist eine geballte Ladung angebracht. Wenn Ihr nicht innerhalb von fünf Minuten aufmacht, dann knallt's!*

Da war auch ein Leutnant namens Reuter von der Infanterie mit im Bunker. Der wollte sich nicht ergeben.

Wir kapitulieren nicht, sagte er und stellte sich mit seiner Pistole in der Hand vor die dikke Panzertür. Da fingen die Leute an zu murren. Da waren ja auch Familienväter dabei, die hatten Kinder zuhause; die wollten sich nicht so ohne weiteres in die Luft jagen lassen. Was sollten wir machen? Der Reuter wollte nicht. Da sagte der Offizier von der Marine:

Herr Reuter, treten Sie zurück, ich übernehme das Kommando. Wir ergeben uns.

Der war ranghöher. Dann haben sie dem Leutnant mit alle Mann die Waffe gewaltsam abgenommen und mit dem Fuß in die Ecke geschoben. Der wollte sich partout nicht ergeben, obwohl sich nicht zu ergeben ja Wahnsinn war.

Ein anderer Soldat von der Marine sprach englisch. Der Offizier sagte zu ihm: *Sagen Sie dem Ami, wir ergeben uns.*

Dann die Tür auf, und die Amerikaner standen davor. Das erste, was ich gehört habe, war: *Come on, get your hands up!*

Das wußten wir, was das heißt – Ende der Vorstellung. Doch da wurde noch auf diesen Bunker von irgendwoher geschossen. Da hat der Offizier geblafft:

Stellt das Feuer ein, wir haben uns ergeben!

Da war Schluß. Es war 10:00 Uhr morgens. Da habe ich dagestanden und Gott gedankt. Ich war erst achtzehn Jahre jung. Dann wurde uns die Munition abgenommen, nichts weiter, und die ganze Kolonne abgeführt. Dann haben uns die Amerikaner in so einer großen Scheune eingesperrt, auf dem Bauernhof da. Mißhandelt wurden wir nicht. Manchmal hat einer einen Tritt in den Arsch gekriegt, das war ja nicht so schlimm, das kommt im Krieg immer mal vor, und man hat sowas gar nicht für ernst genommen. Ich habe mich zufriedengegeben und mir gesagt, *jetzt bist Du hier Gefangener, jetzt hast Du nichts mehr zu sagen.*

Dann kamen drei große Lastwagen angefahren, und je sechzig Mann mußten auf einen Lkw. Man war da total zusammengepfercht. Umkippen konnte man nicht. Dann fuhren sie uns durch Équeurdreville *(nahe westlich Cherbourg)*. Da standen die Franzosen an der Straße und machten Krach. Die mochten uns nicht. Einer hat oben aus einem Fenster geschossen. Die Amerikaner hatten auf der Beifahrerseite ihrer Lastwagen so eine runde Luke im Dach mit einem MG d'rauf, und der Beifahrer schoß oben raus. Er hat die Leute nicht erschossen, aber hat eine Salve in ihre Richtung abgegeben. Die Amerikaner haben uns verteidigt, muß ich ehrlich sagen.

Dann ging's wieder ganz zurück, fast genau dahin, wo wir hergekommen waren, vorbei an Négreville, dann zum nahen *(6 Kilometer entfernten)* Bricquebec, auf einen großen Marktplatz. Einfach Stacheldraht herumgezogen, war's ein Gefangenenlager. Auf diesem Marktplatz mußten wir die ganze Nacht verbringen, völlig ungeschützt im strömenden Regen und naß bis auf die Haut. Wir werden wohl so zweihundert bis dreihundert Leute gewesen sein."

Am nächsten Morgen kamen ein paar Lastwagen zu dem provisorischen Gefangenenlager gefahren. Kisten und Kartons wurden abgeladen und am Eingang aufgestellt. Verpflegung wurde an die deutschen Kriegsgefangenen ausgegeben. Johann Ennenga war einer der ersten Empfänger: „Wir kamen als Erste gleich raus, kriegten diese Packung, Dosen mit Bohnen, und mußten nach dem Essen gleich wieder auf einen Lastwagen steigen. Ich dachte, *oh Gott, wo geht's jetzt wohl mit uns hin?* Ein bißchen Angst hatten wir ja auch...

Wir kamen zu einer kleinen Ortschaft, die Orglandes heißt *(10 Kilometer westlich Ste.-Mère-Église)*. Direkt nebenan war ein großes, freies Feld. Oh Gott, Schaufeln lagen da und Kreuze, was nun?

Da kam ein amerikanischer Offizier und sagte: *Ja, meine Herren, ich weiß, was Sie denken, aber Sie brauchen vor uns keine Angst zu haben, wir tun Ihnen nichts. Sie sollen lediglich Ihre gefallenen Kameraden beerdigen.*

Wir haben an diesem Tag siebzig Mann beerdigt. Alle in Einzelgräber, keine Massengräber. Die wurden auf Lastwagen

Unter der Bewachung durch US-Soldaten mußten deutsche Kriegsgefangene bei Orglandes Gräber für ihre gefallenen Kameraden ausheben und sie darin bestatten – und nicht nur dort. **Foto: US National Archives**

herangefahren. Da wurden die Deutschen 'runtergenommen und alle hingelegt. Tote Amerikaner, die dabei waren, blieben auf dem Lastwagen liegen. Ich fragte den Amerikaner, wo sie die hinbringen. Er sagte: *Zwei Kilometer weiter, da haben wir einen Friedhof.*

Ich fragte, wie viele denn da liegen: *Hier liegen etwa zweitausend, aber bei uns liegen schon dreimal so viele.*

Und damit war die Angelegenheit erledigt.

(1947 wurde diese provisorische Begräbnisstätte der Amerikaner aufgelöst und die Toten auf den bereits seit 1944 bei Colleville-sur-Mer, am „Omaha Beach", angelegten Militärfriedhof umgebettet.)

Die siebzig toten Deutschen, die lagen da alle in einer Reihe, die sollten wir nun begraben, und das mußte ich den anderen sagen. Da kam ein Amerikaner mit einem langen Messer und hat sämtliche Taschen der Toten aufgeschnitten. Es wurde alles 'rausgenommen, alles in einen Leinenbeutel 'rein. Wenn der Tote eine Erkennungsmarke hatte, wurde die eine Hälfte abgebrochen und mit in den Beutel getan. Dann kam ein weiterer Amerikaner mit vielen Karteikarten, und es wurde alles genau notiert. Der Beutel jedes Soldaten wurde zugeschnürt. Wer nichts bei sich getragen hatte, der liegt heute noch als Unbekannter da. Dann wurden alle Leichen in weiße Bettbezüge eingepackt. Die wurden an einer Seite aufgerissen, den Toten d'rauf und zu. Dann kam er ins Grab. Ich habe den Amerikanern hoch angerechnet, daß alle einzeln beerdigt wurden, immer zwanzig nebeneinander, dann wurde ein schmaler Pfad angelegt, dann kamen wieder zwanzig, mit den Köpfen zu den anderen ausgerichtet. Dann wieder ein Pfad und so weiter. Da ist zwar heute Rasen drauf, aber so liegen die da; das stimmt."

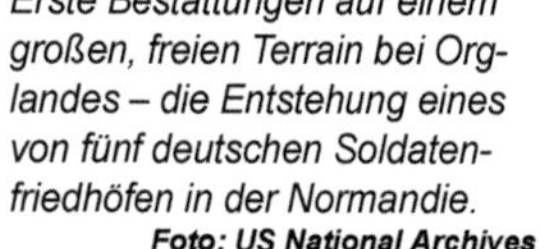

Erste Bestattungen auf einem großen, freien Terrain bei Orglandes – die Entstehung eines von fünf deutschen Soldatenfriedhöfen in der Normandie.
Foto: US National Archives

Nach ihrer Bestattungsarbeit wurden Johann Ennenga und seine Kameraden nachmittags mit Lastwagen an die Ostküste des Cotentin gefahren, zum *Utah Beach*. Der 18-jährige Ennenga war beeindruckt: „Da habe ich die ganzen Ausmaße gesehen, was die Amerikaner an Material besaßen. Die hatten die deutschen Geschütze einfach an die Seite geschoben, und sie hatten durch dieses Sumpfgebiet einen kilometerlangen Damm zusammengeschoben, innerhalb dieser drei Wochen. Am Strand schoben sie mit ihren großen Bulldozern Kanäle und kleine Hafenbecken rein, in die sie dann mit ihren Booten 'reinfuhren, auch bei Ebbe. Sowas hatten wir noch nie gesehen. Wir haben da stundenlang am Strand gelegen und das alles beobachtet. Die großen Schiffe standen da draußen, die hatten alle diese kleinen Schwimmfahrzeuge, diese Zigarrenkisten. Die fuhren hin und her, voll beladen, in einer Tour. Die kamen an Land, schmissen die Ladung 'runter und fuhren wieder

auf's Meer. Toll, was die da hatten, das kann man sich nicht vorstellen. Wie wir gegen sowas überhaupt Krieg führen konnten… Wer das gesehen hat…, einfach toll. Da hatten sie
Panzer, Lastwagen und Jeeps mitgebracht. Da stand ein riesiger Fuhrpark am Strand. Da
war a-l-l-e-s voll.

Wir hatten dann Glück und konnten trockenen Fußes in eines dieser Landungsfahrzeuge gehen. Das war eins von den Panzer-Landungsbooten. Andere Kriegsgefangene wateten bis zum Hals durch's Wasser. Da war *(am Strand)* vorher eine Riesenfläche, auf der
die Kriegsgefangenen standen, die war nun leer. Wir waren alle total erschöpft, hundemü-
de und völlig fertig. Ich habe mich dann auf dem Schiff auf den Boden gelegt und bin sofort
eingeschlafen."

(Johann Ennenga wachte erst am nächsten Tag wieder
auf – im Hafen von Southampton.)

An diesem 30. Juni ergab sich beim Cap de la Hague,
im äußersten, nordwestlich gelegenen Teil des Cotentin der
Kommandeur des Grenadier-Regiments 919, der 46-jährige
Oberstleutnant Günther Keil, mit seinen letzten Männern. Am
selben Tag kapitulierte bei Cherbourg auch das Ost-Bataillon,
zusammen mit den Resten seines Stammregiments.

Am 1. Juli bestieg Josef Horn mit etlichen Kameraden
ein Schiff, auf dem sie erst nach Liverpool gefahren wurden, dann in die USA. Am 14. Juli kam Horn mit den Kameraden in New York an und wurde per Zug nach St. Michigan,
ins Fort Custer, gebracht und dort in ein Lazarett eingeliefert.
Nach vier Monaten Lazarettaufenthalt wurde er nach Mc Alli-
ster gefahren: „…in ein kleines Lager mit nur zwanzig Leuten.
Dort habe ich Offiziere bedienen müssen, drei Frauen und
sechs Männern das Essen gebracht, das Geschirr gespült,
geputzt…, vier Wochen lang, dann kam ich woanders hin."

(Im April 1946 wurde Josef Horn zurück nach Großbritan-
nien gebracht, im September 1947 aus der Kriegsgefangen-
schaft entlassen.)

Johann Ennenga: „Ich muß
sagen, die Amerikaner haben
sich da tadellos benommen. Sie
waren uns auch nicht feindlich
gesinnt. Nee, die waren gut,
das sage ich heute noch, ob-
wohl ich auch Negatives gehört
habe."

Foto: Kollektion J. Ennenga

Am 12. Juli wurde Brigadegeneral Theodor Roosevelt jr. mit der höchsten amerikanischen Tapferkeitsauszeichnung, der *Medal of Honor*, ausgezeichnet. Außerdem bestätigte
General Eisenhower Roosevelt's Ernennung zum Kommandeur der 90. US-Infanterie-Division. Doch davon erfuhr Roosevelt jedoch nichts mehr, denn er erlag an diesem Tag einem
Herzinfarkt – im Alter von 57 Jahren.

Das *Sturmbataillon Messerschmidt* wurde – zusammen mit der 709. Infanterie-Division –
im Verlauf des Juli bei Cherbourg vollständig zerschlagen.

Am 26. Juli kapitulierte der Seekommandant von Cherbourg, Fregattenkapitän Hermann
Witt, auf den Außenmolen. Der für die Alliierten so wichtige Hafen war jedoch von zahlreichen auf Grund gesetzten Schiffswracks völlig blockiert, außerdem weitgehend vermint und
großenteils zerstört.

Bis zum 6. September 1944 war der Hafen nach intensiven Arbeiten insoweit instand
gesetzt, daß er teilweise wieder benutzbar war. Erst nach drei Monaten ununterbrochener
Tag- und Nachtarbeiten war der Hafen komplett wiederhergestellt.

Was nach der Invasion in der Normandie zurückblieb, war ein vom Krieg nachhaltig gezeichnetes Land...
Foto: Archiv von Keusgen

Am 7. September verließen im Hafen von Cherbourg 23.000 „frische" amerikanische Soldaten mehrere Schiffe. Von dort aus wurden sie mit Lastwagen an die immer weiter nach Osten vorrückende Front gebracht.

Am 15. Oktober kamen in Cherbourg täglich mehr als 20.000 Tonnen Ausrüstungs- und Versorgungsgüter an Land.

Die Schlacht um die Normandie war eine der größten und entscheidendsten des gesamten Zweiten Weltkriegs. Sie dauerte noch bis zum Abend des 21. August 1944, an dem die deutsche 7. Armee nach noch etlichen heftigen und verlustreichen Kämpfen gegen die immense Überlegenheit der Alliierten die Masse ihrer Verstärkungen im Kessel von Falaise verlor. Die Wehrmacht hatte in den zehn Wochen seit dem *D-Day* 85 Prozent ihres Materials verloren.

Oberst Ernst Goth, der Kommandeur des Infanterie-Regiments 916 *(es stand am „Omaha Beach")*, sagte später: „Erst nach 14 Tagen sahen wir die ersten *(deutschen)* Panzer. Bis dahin hatte mein Regiment nur mit Handfeuerwaffen gekämpft."

Dwight D. Eisenhower erklärte betreffs des militärischen Erfolgs der Alliierten: „Unsere beste Waffe war die deutsche Führung, die entgegen aller Regeln der Kriegskunst gehandelt hat."

Der weitere Vormarsch der Amerikaner war nicht mehr aufzuhalten. Während der fünf Monate vom 6. Juni bis November 1944, in denen die Amerikaner *Utah Beach* für die Anlandungen von Kriegsmaterial und Soldaten nutzten, wurden insgesamt 836.000 Soldaten aus 40 Divisionen *(40% sämtlicher in der Normandie gelandeter)*, 220.000 Fahrzeuge und Geschütze sowie 725.000 Tonnen Versorgungsgüter, bestehend aus Lebensmitteln, Sanitätsmaterial und Munition, angelandet. An diesem Strand wurden auch 40.000 verwundete Soldaten und 60.000 deutsche Kriegsgefangene evakuiert. Ein großer Teil dieses Versorgungsmaterials wurde vorsichtshalber und für den Fall eines Zurückgeschlagenwerdens eigener Truppen in den großen Dünen im Strandbereich vergraben – von deutschen Kriegsgefangenen *(und ein beträchtlicher Teil davon bis heute nicht wiedergefunden)*.

Am 2. November wurde Cherbourg von 133 Schiffen angelaufen, die eine Million Bruttoregistertonnen umschlugen, somit der Hafen für einige Zeit zu einem der größten Umschlagplätze auf der Welt geworden war. Im Februar 1945 waren es bereits zwei Millionen Bruttoregistertonnen.

Betreffs der Versorgungslage in der Normandie zur Zeit der deutschen Besatzung und der Invasion erklärte Bernard Jaunet *(später Bürgermeister von St. Floxel)*: „Die Bauern in der Normandie waren gut versorgt, nur in den Städten war das nicht so gut. Die Deutschen waren gelegentlich gekommen, um Kühe und Kälber zu kaufen, um sich mit Frischfleisch zu versorgen. Es wurde immer alles ordentlich bezahlt. Das war normal. Aber weder die Deutschen, noch die Amerikaner später, kamen und fragten nach anderen Lebensmitteln. Sie waren immer gut versorgt, außer mit Milch. Als die Amerikaner kamen, schenkten sie den Kindern Kekse, Kaugummi und Schokolade und der gesamten Bevölkerung wieder die Freiheit."

Das Monument Leclerc

Auf der schmalen Küstenstraße, der D 421, befindet sich vor den Dünen vor St.-Martin-de-Varreville und dem dortigen Durchgang zum Strand eine Gedenkstätte, die an die hier stattgefundene Landung der 2. französischen Panzerdivision am 2. August 1944 erinnert: Das Monument zu Ehren des Generals Leclerc, der mit vollem Namen Jacques-Philippe François Marie Leclerc de Hauteclocque hieß – und dennoch nicht...

De Hauteclocque wurde am 22. November 1902 in Belloy-Saint-Léonard im Département Somme als Sohn des Grafen Adrien de Hauteclocque *(1864-1945)* und dessen Ehefrau Marie-Thérèse van der Cruisse de Waziers *(1870-1956)* geboren. Nach Abschluß seiner Ausbildung in der Militärschule von Saint-Cyr *(1924)* trat er in die französische Armee ein. 1937 wurde er zum Hauptmann befördert. Nach Frankreich's Besetzung durch die Deutschen, im Jahr 1940, emigrierte de Hauteclocque nach Großbritannien. In London wurde er vom bereits ebenfalls dorthin emigrierten General Charles de Gaulle schon anläßlich ihrer ersten Zusammenkunft am 25. Juli zum Major ernannt und von ihm als Gouverneur von Französisch-Kamerun in Französisch-Äquatorialafrika entsandt, um die dortigen Kolonien ins *Lager des Freien Frankreich* zu überführen. Zum Schutz seiner in Frankreich verbliebenen Ehefrau Auguste de Gargan und ihrer sechs gemeinsamen Kinder nahm de Hauteclocque einen sogenannten *Kriegsnamen (nom de guerre)* an: Colonel *(Oberst)* Jacques-Philippe Leclerc – ein Name, der in seinem Heimatdistrikt durchaus keine Seltenheit war.

Die Inschrift auf dem Denkmal lautet: ICI ABORDA LE GENERAL LECLERC, COMMANDANT LA 2ieme DIVISION BLIN-DÉE (Hier landete General Leclerc, Kommandant der 2. Panzerdivision).
Foto: von Keusgen

In Afrika zeichnete sich der „Oberst" durch besondere Tapferkeit und großem Mut aus *(als größte Leistung gilt seine Durchquerung der Sahara vom Tschad bis zum Mittelmeer, im Februar 1941, während der seine Truppe sämtliche italienischen Verteidigungspositionen und Oasen eroberte).* Danach schwor er, seine Waffen erst niederzulegen, wenn die Trikolore über der Kathedrale von Straßburg wehen würde. Am 10. August 1941 erfolgte Leclerc's Ernennung zum Brigadegeneral.

Mit 2.500 Soldaten stieß Leclerc dann bis nach Tripolis vor. Dort schloß er sich am 23. Januar 1943 der britischen 8. Armee an und nahm mit ihr am Tunesien-Feldzug teil *(Kampagne gegen die Achsenmächte Deutschland-Italien).* Am 25. Mai 1943 erfolgte Leclerc's Beförderung zum Generalmajor.

Am 1. August 1944 landete General Leclerc mit seiner 2. Panzerdivision im US-Landeabschnitt *Utah*, im Sektor *Sugar*, und wurde der 3. US-Armee des Generals Patton unterstellt. Mit seiner Division nahm Leclerc am Vormarsch der Alliierten teil. In Paris nahm er am Bahnhof Montparnasse die Kapitulation der deutschen Besatzungstruppen durch General von Choltitz entgegen. Danach zog Leclerc bis nach Deutschland und zu Hitler's Domizil am Obersalzberg.

(Leclerc wurde später wiederholt der Vorwurf gemacht, seine Soldaten hätten beträchtliche Übergriffe auf deutsche Kriegsgefangene, sogar auf Zivilisten begangen, außerdem [freiwillige] französische Soldaten der 33. Waffen-SS-Grenadier-Division „Charlemagne" getötet zu haben.)

Jacques-Philippe Leclerc de Hauteclocque kam am 28. November 1947 bei einem Flugzeugabsturz ums Leben, nahe Colomb-Béchar im heutigen Algerien. Am 23. August 1952 wurde er postum zum Marschall von Frankreich ernannt. Nach Leclerc wurden in Frankreich etliche Straßen, sogar ein moderner Kampfpanzer benannt, und ihm mehrere Denkmäler gewidmet. Er wurde in der großen Krypta des Invalidendoms in Paris bestattet – oberhalb des Sarges Kaiser Napoléon's I.

Ein Haus mit einer besonderen Geschichte

Drei US-Matrosen des 2. Marine-Strand-Bataillons (in Armee-Uniformen) vor dem als Haus getarnten Gruppenunterstand am zweiten Tag der Invasion.

Foto: US National Archives

Einst ein kleines Fischerhaus, dann Küchenhaus des W 5 – und am „D-Day" den Feuersturm überstanden...

Foto: US National Archives

Am südlichen Ende der Küstenstraße D 421 befindet sich auf dem Terrain des ehemaligen Widerstandsnestes 5 – der heutigen *Utah-Beach*-Gedenkstätte – ein Haus mit einer außergewöhnlichen Geschichte:

An der damaligen schmalen Straße, die von Ste.-Marie-du-Mont kommend, vorbei an den Weilern La Vienville und La Madeleine und die 1944 direkt mitten durch die deutsche Verteidigungsanlage fast bis zum Strand führte, befand sich schon damals ein einsam stehendes, eingeschossiges Haus *(Foto rechts)* etwa einhundertfünfzig Meter vom Strand entfernt. *(Der Verlauf der Wege, die durch das ehemalige Widerstandsnest 5 führten, wurde inzwischen verändert.)* Dieses Haus gehörte einem normannischen Fischer und war schon zu Kriegsbeginn in keinem guten Zustand mehr.

Als 1942 damit begonnen wurde, auf dem Terrain rund um dieses Haus eine weitläufige, deutsche Verteidigungsanlage zu errichten *(ehemals WN 105)*, wurde der Fischer evakuiert und sein Haus, das nun fast im Zentrum des W 5 stand, als Küche genutzt.

Als die Anlage im Jahr 1943 und im Frühjahr 1944 von der Organisation Todt weiter ausgebaut und darauf auch mehrere Gruppenunterstände des Regelbau-Typs 702 für das Personal betoniert wurden, baute man auch einen dieser Bunker direkt an die westliche Hauswand an. Im April 1944 ließ der gerade von der Ostfront eingetroffene neue Stützpunktführer, Leutnant Arthur Jahnke, zur Tarnung des Bunkers Fenster auf dessen Außenwände malen, um somit den Piloten der Aufklärungsflugzeuge ein angebautes Haus vorzutäuschen.

Am 6. Juni 1944, um 10:30 Uhr, wurden drei versiegelte Lastwagen mit kompletten Funkausrüstungen und zusammen mit 40 Funkern und Fernmeldetechnikern vor dem W 5 angelandet. Unter ihnen waren sieben Offiziere. Die meisten Männer von ihnen kannten bisher einander nicht. Sie alle waren bewaffnet an den Strand gekommen, doch mußten sie ihre Waffen nicht mehr gebrauchen, weil das Terrain zu diesem Zeitpunkt bereits feindfrei war. Diese Männer sollten nun dort für den verantwortlichen Marine-Offizier von *Utah Beach* arbeiten. Er war, zusammen mit dem sogenannten Beachmaster *(Strandaufseher und -manager)*, für die Anlandung der amerikanischen Soldaten, deren Ausrüstungen und Fahrzeuge am D-Day und in den ersten darauf folgenden Tagen verantwortlich. Da die Informationen und Nachrichten dieses Teams strengster Geheimhaltung unterlagen, mußten sämtliche Übermittlungen mit einem speziellen Code versehen und gemorst werden.

Am 7. Juni hatten Spezialisten des Naval Demolition Teams *(Marine-Zerstörungstrupp)* festgestellt, daß in dem am ehemaligen Fischerhaus angebauten Gruppenunterstand keine Sprengfallen angebracht waren. Daraufhin wurde die gesamte Funkausrüstung von den Lastwagen abgeladen und in dem Bunker aufgestellt und installiert. Dann wurden Außenantennen errichtet und deren Kabel von deutschen Kriegsgefangenen im Erdboden vergraben.

Ab dem 8. Juni war der Bunker als Funkzentrale einsatzbereit. Trotz akuten Platzmangels wegen der vielen darin aufgestellten Geräte, konnte von den 18 nun hier stationierten Funkern immer nur eine Gruppe von bis zu sieben Männern darin arbeiten. Fast fünf Monate lang, bis zum 31. Oktober 1944, arbeiteten die Funker täglich zwei Vier-Stunden-Schichten. Infolge eines speziell eingerichteten, weltweiten Sendekanals war es möglich, über Schiffe als Zwischenstationen, überall hin Übermittlungen zu funken.

Es war unbedingt notwendig, die Funkstation in einem Bunker einzurichten, denn während der ersten Woche nach dem *D-Day* wurde das Gebiet tagsüber zweimal und nachts mindestens dreimal von deutschen Flugzeugen bombardiert. Auch schlugen noch immer vereinzelt schwere Granaten der inzwischen weit entfernt stehenden deutschen Artillerie ein. Die auf dem Terrain stationierten Soldaten und Funker lebten in den Gruppenunterständen und in Erdlöchern, die mit Zeltplanen überspannt waren.

Erst nach einer Woche ließen die deutschen Bombardierungen und der Artilleriebeschuß nach. Als die Funkstation ab Ende Oktober 1944 nicht mehr gebraucht wurde, entließ man

Einst ein Fischerhaus, dann Küche des W 5, und nach seiner Neuerrichtung ein gut besuchtes Restaurant – mit einem ungewöhnlichen Anbau…
Foto: von Keusgen

Der ehemalige Gruppenunterstand diente dem Restaurant wegen der darin herrschenden, niedrigeren als den Außentemperaturen bis Anfang 1994 als idealer Weinkeller. Dann wurde er vom damaligen Besitzer, Frank Methevier, mit Funkgeräten und etlichen anderen funktechnischen und militärischen Accessoires zum 50. Jahrestag ausgestattet und so zu einem kleinen privaten Museum umgestaltet.
Foto: von Keusgen

die Funker in verschiedene Richtungen, um sie mit anderen Aufgaben zu betrauen. Bevor sie den Bunker verließen, haben die achtzehn Männer alle ihre Namen an seine Wände geschrieben.

Erst etliche Tage nach den Bombenangriffen wurden etwa dreihundert Meter landeinwärts, hinter dem Bunker und unter einem Erdhügel, sieben verschüttete Leichen gefunden – sechs amerikanische Soldaten und ein deutscher. Als man sie ausgegraben hatte, stellte man fest, daß einer der Amerikaner nur noch aus der oberen Körperhälfte bestand, ein anderer hatte ein Bein verloren. Alle waren von Ameisen, Würmern und Maden bedeckt.

Nach dem Krieg wurde das alte Fischerhaus abgerissen und an seinem Standort und auf dessen Fundament ein neues, fast baugleiches, allerdings 2-etagiges errichtet – ein Restaurant. Es erhielt den Namen *Au Débarquement (Zur Landung)*. Später wurde der Name in *Le Roosevelt* umbenannt, zu Ehren des in seiner Nähe angelandeten Brigadegenerals.

Am 6. Juni desselben Jahres, anläßlich des 50. Jahrestages der Invasion, betraten die beiden US-Marine-Veteranen Teymond Acosta und Roger Chagnon mit ihren Ehefrauen diesen Bunker, in dem sie zusammen mit 16 weiteren Männern, Seeleuten und Funkern, vom 6. Juni bis 31. Oktober 1944 die Kommunikationsstelle führen mußten. Zu ihrer Überraschung waren noch ihre Namen und alle jene der Kameraden deutlich zu sehen, die sie damals, beim Abschied, an die Wände gekritzelt hatten – und das ist bis heute so.

Die Utah-Beach-Gedenkstätte

Im Zentrum des ehemaligen Widerstandnestes 5 – seit 1962 die Gedenkstätte *Utah Beach* – wurde im Jahr 2003 das *United-States-Bundesdenkmal Utah Beach* errichtet. Aus einem quadratischen, roten Granit-Obelisken bestehend, ist es das höchste und markanteste von etlichen bereits und danach dort aufgestellten Denkmälern. Sie alle sind dem amerikanischen Landeunternehmen und der Leistungen des VII. Korps vom 6. Juni bis zum 1. Juli 1944 zum Gedenken errichtet worden.

1962 war einer der ehemaligen deutschen Gruppenunterstände auf dem Terrain des ehemaligen W 5 zu einem ersten kleinen Museum umgebaut und eingerichtet worden – auf Initiative des damaligen Bürgermeisters von Ste.-Marie-du-Mont.
Foto: Musée du Débarquement Utah Beach

Seit der Gründung des Utah-Beach-Museums 1962 waren auf dem Terrain des ehemaligen W 5 im Laufe der Jahrzehnte etliche Denkmäler entstanden. Den US-Pionieren zu Ehren, die während ihrer gefährlichen Arbeiten ihr Leben verloren hatten, wurden jene Straßen benannt, die zum noch heute als *Utah Beach* benannten Strand führen.

Das markanteste Gebäude am gesamten, als *Utah* benannten Abschnitt der ehemaligen Invasionsküste auf der Cotentin-Halbinsel ist das heutige **Musée du Débarquement Utah Beach** *(Landungsmuseum)*, errichtet vom *Comité du Débarquement*.

Bild links: Derartige Schilder wurden zu Ehren jener amerikanischen Pioniere errichtet, die an eben diesen Wegen und Straßen bei ihrer gefährlichen Tätigkeit ihr Leben verloren hatten.
Foto: von Keusgen

Bild rechts und unten: Das Ende der 1980er Jahre erbaute und inzwischen noch vergrößerte „Musée du Débarquement Utah Beach "fügt sich trotz seiner modernen Architektur äußerst harmonisch in die Küstenlandschaft nahe der Vire-Buchtein.
Fotos: von Keusgen

Die Architektur dieses großräumigen Museums ist ganz bewußt der *(stark stilisierten)* Form einer Auster nachempfunden, da nach dem Krieg gerade an diesem Küstenabschnitt die großen normannischen Austernbänke angelegt wurden. Ein Teil des Museums überspannt den *(wiederhergestellten und wieder begehbaren)* Unterstand des Leutnants Arthur Jahnke sowie einen Tobruk-Stand.

Die Anlage des ehemaligen W 5 war Ende der 1950er Jahre teilweise planiert und egalisiert worden, und im Laufe der Jahrzehnte hatte man Wege und Parkplätze angelegt und Denkmäler errichtet. Dadurch hat die Anlage heute nur noch eine sehr geringe Ähnlichkeit mit der einstigen deutschen Verteidigungsanlage.

Am 7. Juni 2006 traf ich mich mit dem derzeitigen 51-jährigen Bürgermeister von Sainte-Marie-du-Mont im Utah-Beach-Museum, Monsieur Michel de Vallavieille, dem Sohn des Begründers dieses Museums. De Vallavieille berichtete nicht nur von der Entstehung dieses Museums, sondern erklärte sich darüber hinaus auch gern bereit, mir eine ganz persönliche Führung zuteil werden zu lassen, während der er mir außer der Beschreibung etlicher ganz besonderer Exponate auch noch viele interessante Hintergrund-Informationen vermittelte. Nachfolgend ein Auszug aus dieser Führung *(Original-Wortlaut):*

„In einer dieser Vitrinen ist Major von der Heydte abgebildet, der zum fünften Jahrestag der Invasion hierher zurück kam. Wir sehen in der Vitrine seinen Stahlhelm, den er damals als Fallschirmjäger trug. Rechts in der Vitrine befindet sich das Telemetriegerät des deutschen Artilleriebeobachters *(Otto Dreher)*, das damals auf dem Kirchturm dieser Stadt stand. Von der Heydte hat erzählt, daß er hier am 6. Juni 1944 auf den Kirchturm gestiegen ist, um auf das Meer hinauszusehen. Er hat auch erzählt, daß er sich von einem Soldaten mit einem Motorrad mit Beiwagen von Carentan hierher, bis Ste.-Marie-du-Mont, hatte fahren lassen. Es muß sehr schwierig für ihn gewesen sein, an den amerikanischen Fallschirmjägern vorbeikommen zu können. Ich glaube nicht, daß sie ihn so ohne Weiteres hätten passieren lassen…"

Auf meine Frage, ob zu dem Museum, das sehr oft von amerikanischen Veteranen besucht wird, auch deutsche Veteranen kommen würden, sagte Monsieur de Vallavieille: „Es ist hier ein bißchen schwierig mit den Deutschen, weil wir hier überwiegend Amerikaner haben. Die Deutschen kann man heute noch gut erkennen, auch ohne Uniform. Weil sie immer noch Angst haben, erkannt zu werden, sprechen sie meistens englisch. Es wird aber Jahr für Jahr leichter, daß sie sich zu erkennen geben. Die Zeit der Feindschaft ist vorbei, und sie verlieren ihre Angst. Doch nach wie vor hat das Museum nicht den Zulauf von Deutschen."

Betreffs des ganz offensichtlich sehr gut erhaltenen deutschen Miniatur-Panzers des Typs *Goliath* erklärte de Vallavieille: „Eine Kopie von einem Goliath ist das nicht, sondern es ist ein Original, das wieder aufgearbeitet wurde. Er wäre sonst irgendwo verrottet. Die Goliaths haben damals nicht funktioniert, als sie am Strand eingesetzt werden sollten. Alles, was draußen gelegen hat, wurde ins Museum geholt, anstatt verschrottet zu werden *(mit Ausnahme der beiden ‚Alligator' siehe Foto).*

Der erste schwarze Veteran, der überhaupt noch einmal wiedergekommen ist, kam zum 60. Jahrestag. Die verteilten Rollen zwischen Weißen und Schwarzen in der amerikanischen Armee waren immer sehr, sehr schwierig. Ich hoffe, daß diese Unterschiede sich inzwischen gebessert haben."

Dann zeigte Monsieur de Vallavieille auf eine unmittelbar seitlich am Museum befindliche Ringstellung:

„Dieser Unterstand *(des ehemaligen W 5)* befand sich, während das Museum gebaut wurde, außerhalb. Man hat ihn erst sehr viel später entdeckt, und anhand der Maßeinteilungen, die sich darin befinden, konnten wir vieles rekonstruieren. Es war eine noch nicht vollständig beendete Arbeit; daran befanden sich noch Reste von der alten Holzverschalung. Als man ein Telemetriegerät ausgegraben hat, stieß man auf die Reste dieses Unterstandes."

Auf meine Frage, ob er wisse, wie viele Verluste es unter den Amerikanern während ihres Angriffs auf *Utah Beach* gab, antwortete de Vallavieille überraschend präzise: „Es gab 187 Tote; wie viele Verwundete es gab, weiß man nicht."

Ich kam noch einmal auf die Entstehung dieses Museum zu sprechen; dazu erzählte mir Monsieur de Vallavieille: „Das ursprüngliche Gemeindemuseum wurde 1962 durch meinen Vater, Michel de Vallavieille, 1949 bis 1991 Bürgermeister von Ste.-Marie-du-Mont, gegründet. Am 6. Juni war er irrtümlich von amerikanischen Fallschirmjägern während ihrer Eroberung der Batterie Brécourt verwundet worden. Er verwendete sein gesamtes späteres Leben mit seiner ganzen Energie darauf, das Museum zu schaffen und mit großem Respekt die Erinnerung an alle Soldaten vom Utah Beach stets lebendig zu erhalten. Alle Erinnerungsstücke und Fotografien in diesem Museum sind das Ergebnis seiner stets mit großem Streben nach Authentizität unternommenen Bemühungen.

Der „Kilometer 0" – von hieraus zogen die Amerikaner bis nach Berlin...   **Foto: von Keusgen**

Einst befanden sich noch zwei von den während der Invasion nur hier, am „Utah Beach", eingesetzten „Alligator's" auf dem Terrain des Museums. Diese LVTs (Landing Vehicle Tracking = Amphibien-Traktoren) waren kettenbetriebene Amphibienfahrzeuge, die vornehmlich von der US Navy und dem US Marine Corps und (seltener) auch von der US Army eingesetzt wurden. Ihre mit schaufelähnlichen „Krallen" ausgestatteten Kettenlaufwerke ermöglichten nicht nur ein rasches Vorwärtskommen auf Sandstränden, sondern auch ein problemloses Überwinden von Korallen- und Muschelbänken. Deshalb kam die Masse der insgesamt 18.621 seit Mitte der 1930er Jahre hergestellten Exemplare im Pazifikkrieg zum Einsatz. Da diese beiden auch als „Amtracs" bezeichneten Landungsfahrzeuge niemals vor den Unbilden des Wetters geschützt wurden, mußten sie genau sechs Jahrzehnte nach ihrem D-Day-Einsatz infolge Verrottung verschrottet werden. **Foto: von Keusgen**

Dort, wo sie einst über den schmalen Pfad durch die Dünen auf das Terrain des W 5 kamen, wurden 2015 diese lebensgroßen, bronzenen GIs samt eines (eisernen) Landungsbootes aufgestellt. **Fotos: von Keusgen**

Dieses Museum befindet sich in beständiger Weiterentwicklung, um stets in demselben Geist der Hochachtung und Dankbarkeit die Erinnerung an alle Soldaten hier am Utah Beach lebendig zu halten. Der Kino-Saal wurde zum vierzigsten Jahrestag der Landung eingerichtet, um Filme vorzuführen, die ausschließlich aus authentischen Dokumentationen zusammengestellt wurden. Das Museum erhielt seine gegenwärtige Gestalt 1990, zum fünfzigsten Jahrestag, unter der Leitung von Jean Lavillonnère, Bürgermeister von 1991 bis 1998, und mit Unterstützung seitens vieler Körperschaften. Der sogenannte Sechseckige Saal soll dem Zweck dienen, mit Hilfe einer großen Modelltafel aus den USA alle Phasen der Landung am Utah Beach detailliert darzustellen. Die Modelltafel hat aber jetzt eine neue Verwendung in abgeänderter Form im Saal 5 gefunden."

Die Aufräumarbeiten dauerten in dieser Küstenregion noch viele Monate lang, ebenso die Säuberung der vielen Minenfelder *(wozu auch deutsche Kriegsgefangene gezwungen wurden)*, was noch etliche Opfer *(auch)* unter den amerikanischen Pionieren gefordert hat. Mit der Beseitigung der ungeheuren Schrottmengen wurde erst 1951 begonnen. Ein belgischer Unternehmer namens van Loo aus Antwerpen erwarb die Rechte, zwischen Port-en-Bessin und Cherbourg mit Hunderten Arbeitskräften den gesamten Kriegsschrott zu demontieren beziehungsweise einzusammeln. Er wurde zerkleinert und eingeschmolzen – um daraus *(auch)* wieder neue Waffen zu produzieren...

Heute erinnert die Küstenstraße zwischen den kleinen Ortschaften La Madeleine und Lestre, die D 421, mit ihrem Namen *Route des Alliés* an die am *D-Day* und in der Folgezeit gelandeten amerikanischen Invasionstruppen.

Auf dem weitläufigen Terrain der heutigen Gedenkstätte steht ein markanter, eineinhalb Meter hoher, pollerartiger Meilenstein, einer jener vielen auf dem langen Weg, auf dem die Amerikaner 1944 bis in die Ardennen zogen; nur dieser ist ein ganz besonderer, denn er bezeichnet den westlichsten Ausgangspunkt – den ***Kilometer 0***.

Quellenverzeichnis *(56 Zeitzeugen)*

Erlebnisberichte

Die wichtigsten „Quellen", die diesem Buch zugrunde gelegt wurden, waren die Aussagen jener Personen, die an den hier beschriebenen Ereignissen persönlich teilgenommen hatten *(wie auch die nachfolgend separat aufgeführten Korrespondenzen)*:

Karl Bader, Sanitätsunteroffizier, 12. Komp. III. Btln. FJR 6 / 91. LL.Div.
Bernardin Birette, Bauer in Audouville
Hans Blaschke, Gefreiter, Militär-Kraftfahrer / Art.Abtlg. 1152 / 91. LL.Div.
Karl-Heinrich Büchner, Gefreiter, Fernmelder , 2. Bat. / HAAR 1262
Daniel Campell, Leutnant, Chef d. D-Komp. 8. Regt. / 4. US Inf.Div.
John Canhan, Seemann, LCA-Bootsführer
Robert C. Casey, Leutnant, Lastensegler-Pilot / 82. Air.Div.
James F. Corne, Gefreiter, C-Komp. 8. Rgt. / 4. US Inf.Div.
Jack Dixon alias **Winggezy**, Leutnant, Fallschirmjäger-Pfadfinder / 101. Air.Div.
Otto Dreher, Gefreiter, Funker, Beobachter, 3. Bat. HKAR 919 / 91. LL.Div.

Johann Ennenga, RAD-Fernmelder, 7. Bat. Fla.Rgt. 152 / 91. LL.Div.
Christian Fett, MG-Schütze, 4. Kom. I. Btln. FJR 6 / 91. LL.Div.
Manfred Häberle, Sanitäter, 7. Komp. I. Btln. FJR 6 / 91. LL.Div.
Bruno Hinz, Gefreiter, MG-Schütze, 6. Komp. II. Btln. FJR 6 / 91. LL.Div.
William J. Hollis, Obergefreiter, B-Komp. 50. Fernm.Btln. / 4. US Inf.Div.
Josef Horn, Gefreiter, Funker, 3. Bat. HKAR 919 / 91. LL.Div.
Bernard Jaunet, Bürgermeister von St. Floxel
Emerson H. Johnston, Soldat / 4. US Caval.Rgt.
Harry Kalkowicz, Gefreiter / 4. US Inf.Div.
Heinrich Leichter, Infanterist im W 14a, 6. Komp. Gren.Rgt. 919 / 91. LL..Div.
Warren R. Lloyd jr., Soldat, 90. US-Infanterie-Division
Hans Lücking, Obergefreiter, Kartenzeichner, 8. Komp. Gren.Rgt. 726 / 716. Inf.Div.
Heinz Lunkenheimer, Soldat, Sanitätshelfer, Sturmbtln. Messerschmidt / A.O.K. 7
Karl-Heinz Mayer, Gefreiter, Scharfschütze, 3. Komp. I. Btln. FJR 6 / 91. LL.Div.
John Meihofer, Soldat / 51. US Inf.Rgt.
Kenneth J. Moore, Gefreiter, Fallschirmjäger, Sanitäter, 501. PIR, / 101. Airb.Div.
Benno Müller, Unteroffizier, Funker *(Stützpunkt Pointe du Hoc)* 2. Bat. / HKAA 1260
Heinrich Müller, Obergefreiter, Infanterist , 5. Komp. / Gren.Rgt. 919 / 91. LL.Div.
Manfred Mundt, Oberfeldwebel im W 5, 3. Komp. Gren.Rgt. 919 / 91. LL.Div.
Rolf Munninger, Wachtmeister, Gefechtsschreiber in Rommels Stab
Shane Olson, Großneffe des Harvey S. Olson / 4. Cav.Rec.Squadr.
Alan Reid, Seemann, MG-Schütze / Sicherungsboot der Alliierten
Robert R. Reynolds, Leutnant, Pilot / US Air Force
Warren R. Lloyd, Infanterist / 90. US Inf.Div.
Hans G. Schönberner, Funker, 3. Bat. Pz.Art.Rgt. 116 / 91. LL.Div.
Dr. med. Walter Schad, Arzt, III. Btln. FJR 6 / 91. LL.Div.
Heinrich Spieles, Gefreiter, Funker, Gren.Rgt. 1058 / 91. LL.Div.
Walter Steimler, Obergefreiter, Artillerist, 2. Bat. gem. Fla.Abtlg. 497, Fla.Stm.Rgt. 1 / III. Fla.Korps
Michel de Vallavieille, Bürgermeister von Ste.-Marie-du-Mont
Robert E. Wright, Gefreiter, Fallschirmjäger, Sanitäter / 101. US Airb.Div.

Korrespondenzen / Dokumente

Ferdinand Ardner, Unteroffizier, II. Btln. Gren.Rgt. 919 / 91. LL.Div. – *private Korrespondenz*
Robert C. Casey, Leutnant, Horsa-Pilot / 82. Airb.Div. – *schriftlicher Bericht*
Jan-August Hadenfeldt, Sohn des Majors Max Hadenfeldt, Kommandeur II. Btln. Gren. Rgt. 919 / 91. LL.Div. – schriftlicher Bericht
Fritz Kahre, Gefreiter, I. Btln, Gren.Rgt. 919 / 91. LL.Div. – *private Korrespondenz*
Hans Kattnig, Oberleutnant, Stützpunkt-Führer, 2. Bat. / HKB Azeville
Werner von Kistowski, Oberst, Kommdr. des Fla.Stm.Rgt.1 / III. Fla.Korps – *schriftlicher Bericht*
George H. Leidenheimer jr., 507. PIR / 82. Airb.Division – *schriftlicher Bericht*
Frank Methevier, ehem. Besitzer des Restaurants *Le Roosevelt* im ehem. W 5 – *schriftl. Bericht*
René Milet, Bürgermeisters von St. Marcouf / Memoiren
Walter Ohmsen, Oberleutnant zur See / Chef MKB Marcouf – *schriftlicher Rapport vom 1. Juli 1944*

Günter Prignitz, Soldat, 13. Kompanie, III. Bataillon, FJR. 6 / 91. LL.Div. – *schriftlicher Bericht*

Dr. med. Walter Schad, Arzt, III. Btln. FJR. 6 / 91. LL.Div. – *schriftlicher Bericht*

August K.-W. von Schlieben / Kommandeur 709. Inf.Div. – *schriftlicher Bericht*

Dr. Hugo Treiber, Hauptmann / Chef HKB Azeville – *Tagebücher, Briefe und Foto-Dokumentation*

William Walton, US-Kriegsberichterstatter – *schriftlicher Bericht*

Kriegstagebuch der Wehrmacht 1939-1945, *6. Juni 1944*

Kriegstagebuch der Seekriegsleitung 1939-1945, *6. Juni 1944*

Ziegelmann, Oberst / Ia im Stab der 352. Inf.Div.-*Divisionsgeschichte / Fernsprech-Meldebuch*

Archive / Institutionen

Bundesmilitärarchiv / Freiburg
Deutsche Dienststelle – Wehrmachtauskunftsstelle / Berlin
Deutsches Rotes Kreuz – Suchdienst,
Divisionsschicksale/Verschollenenbildliste / München
Deutscher Soldatenfriedhof La Cambe / Normandie
Fallschirmjäger-Regiment 6 – Kameradschaftspräsentation
Militärgeschichtliches Forschungsamt – Dokumentenzentrale / Freiburg
Physikalischer Verein / Frankfurt
United States National Archives and Record Administration, Coll. Park, Maryland

Literatur

Bando, Mark *101st Airborne – The Sceaming Eagles at Normandy*
Zenith Press, 2001

Barth, Reinhard / Bedürftig, Friedemann *Taschenlexikon Zweiter Weltkrieg*
Piper Verlag GmbH, München, 2004

Harnier, Wilhelm von *Artillerie im Küstenkampf*
Wissenschaftliche Berichte, Hrgbr. Arbeitskreis für Wehrforschung, Band 7, 1969

Harrison, Gordon A. *Cross-Channel-Attack*
Center of Military History, Washington D.C., 1993

Hastings, Max *Overlord – D-Day & The Battle for Normandy*
Touchstone Simon & Schuster, INC., 1984

Höller, Hans / Reisner, Markus *Unter Rommels Kommando*
Verlagsbuchhandlung Stöhr GmbH, Wien, 2013

Molt, Albert *Der deutsche Festungsbau von der Memel zum Atlantik 1900-1945*
Podzun-Pallas-, Verlag GmbH – Lizenzausgabe für Edition Dörfler im Nebel Verlag GmbH, Utting

Shilleto, Carl *Utah Beach – Ste.-Mére-Èglise*
Pen & Sword Military, Barnsley, 2006

Speidel, Hans *Invasion 1944 – Ein Beitrag zu Rommels und des Reiches Schicksal*
Rainer Wunderlich Verlag Hermann Leins, Tübingen und Stuttgart, 1950

Bildnachweis

Privat-Kollektionen:
Marguerite Digeon – Jack Dixon / Winggezy-Marianne Falley – Franz J. Frhr. von der Heydte – Bruno Hinz – Dr. Alexander Konschak – Ilse Lücking – Rolf Munninger – Alan Reid – Dr. Hugo Treiber – Robert E. Wright
Archive:
ecpa>d. Paris – H.E.K.Creativ Verlag – Mémorial de la liberté retrouvée, Quineville – Musée du Débarquement Utah Beach – United States National Archives and Record Administration, Coll. Park, Maryland – von Keusgen

Danksagungen

Für ihre freundliche Unterstützung am vorliegenden Werk bedanke ich mich bei folgenden Personen und Institutionen:

Frau Sieglinde Brunke – Madame Marguerite Digeon – Frau Marianne Falley – Madame Yvette Lecarpentier – Frau Karin Clarissa Röhrs – Frau Margot Treiber – sowie meiner Ehefrau Élodie.

Herrn Karl Bader – Herrn Hans-Dieter Bechtold – Monsieur Bernardin Birette – Herrn Hans Blaschke – Herrn Karl-Heinrich Büchner – Monsieur Georges Bernage – Mister Daniel Campell – Mister John Canhan – Mister Robert C. Casey – Mister James Francis Corne – Mister Jack Dixon – Herrn Otto Dreher – Herrn Johann Ennenga – Herrn Christian Fett – Herrn Dr. med. Manfred Häberle – Herrn Jan August Hadenfeldt – Herrn Alexander Hagl – Herrn Franz J. Frhr. von der Heydte – Herrn Bruno Hinz – Mister William J. Hollis – Herrn Josef Horn – Monsieur Bernard Jaunet – Mister Emerson H. Johnston – Herrn Fritz Kahre – Mister Harry Kalkowicz – Herrn Gerd Kattnig – Herrn Thomas Kischko – Herrn Askar von Kistowski – Herrn Dr. Alexander Konschak – Herrn Jürgen Krug – Herrn Heinrich Leichter – Mister George H. Leidenheimer jr. – Mister Warren R. Lloyd – Herrn Hans Lükking – Herrn Heinz Lunkenheimer – Herrn Karl-Heinz Mayer – Mister John Meihofer – Monsieur Frank Methevier – Monsieur René Milet – Mister Kenneth J. Moor – Herrn Benno Müller – Herrn Heinrich Müller – Herrn Manfred Mundt – Herrn Rolf Munninger – Mister Shane Olson – Herrn Günter Prignitz – Mister Alan Reid – Mister Robert R. Reynolds – Herrn Dr. med. Walter Schad – Herrn Hans G. Schönberner – Herrn Heinrich Spieles – Herrn Walter Steimler – Herrn Prof. Hubert Treiber – Monsieur Michel de Vallavieille – Mister William Walton – Mister Robert E. Wright.

Bundesmilitärarchiv Freiburg – Deutsches Rotes Kreuz, München, Suchdienst, Divisionsschicksale – Deutsche Dienststelle, Berlin, Wehrmacht-Auskunftstelle – Éditions Heimdal, Damigny – Mémorial de la liberté retrouvée, Quinéville – Musée du Débarquement Utah Beach – Volksbund Deutsche Kriegsgräberfürsorge e. V.; Deutsche Kriegsgräberstätte La Cambe, Normandie.

Impressum

Eine Veröffentlichung von EK-2 Publishing GmbH
Friedensstraße 12
47228 Duisburg
Registergericht: Duisburg
Handelsregisternummer: HRB 30321
Geschäftsführerin: Monika Münstermann

E-Mail: info@ek2-publishing.com
Website: www.ek2-publishing.com

Autor: Helmut Konrad von Keusgen
Karten Helmut Konrad von Keusgen
Originalausgabe H.E.K.Creativ Verlag, 2019
Neuauflage EK-2 Publishing GmbH, 2024

Druck und Distribution im Auftrag von:
tredition GmbH, Heinz-Beusen-Stieg 5,
22926 Ahrensburg

Verpassen Sie keine Neuerscheinung mehr!

Tragen Sie sich in den Newsletter von EK-2 Militär ein, um über aktuelle Angebote und Neuerscheinungen informiert zu werden. Somit verpassen Sie auch kein Buch von Helmut Konrad von Keusgen! Wir werden nämlich Stück für Stück seine komplette D-Day-Serie sowie weitere ausgewählte Titel des Autors neu veröffentlichen.
Als besonderes Dankeschön erhalten Sie kostenlos das E-Book
»Die Weltenkrieg Saga« von Tom Zola. Enthalten sind alle drei Teile der Trilogie.

Link zum Newsletter:
https://ek2-publishing.aweb.page

Über unsere Homepage:
www.ek2-publishing.com
Klick auf Newsletter rechts oben
Via Google-Suche: EK-2 Verlag